辽宁大学应用经济学系列丛书·学术系列

农业风险控制与农业保险绩效研究

Study on Agricultural Risk Control and Agricultural Insurance Performance

聂 荣 沈大娟 著

中国财经出版传媒集团

经济科学出版社

Economic Science Press

图书在版编目（CIP）数据

农业风险控制与农业保险绩效研究/聂荣，沈大娟著.
—北京：经济科学出版社，2017.5
（辽宁大学应用经济学系列丛书．学术系列）
ISBN 978 - 7 - 5141 - 8043 - 5

Ⅰ.①农…　Ⅱ.①聂…②沈…　Ⅲ.①农业管理 - 风险
管理 - 研究 - 中国②农业保险 - 经济绩效 - 研究 - 中国
Ⅳ.①F324②F842.66

中国版本图书馆 CIP 数据核字（2017）第 116214 号

责任编辑：于海汛　胡蔚婷
责任校对：王肖楠
版式设计：齐　杰
责任印制：潘泽新

农业风险控制与农业保险绩效研究
聂　荣　沈大娟　著
经济科学出版社出版、发行　新华书店经销
社址：北京市海淀区阜成路甲 28 号　邮编：100142
总编部电话：010 - 88191217　发行部电话：010 - 88191522
网址：www. esp. com. cn
电子邮件：esp@ esp. com. cn
天猫网店：经济科学出版社旗舰店
网址：http：//jjkxcbs. tmall. com
北京汉德鼎印刷有限公司印刷
三河市华玉装订厂装订
710×1000　16 开　23. 25 印张　330000 字
2017 年 7 月第 1 版　2017 年 7 月第 1 次印刷
ISBN 978 - 7 - 5141 - 8043 - 5　定价：56. 00 元
（图书出现印装问题，本社负责调换。电话：010 - 88191510）
（版权所有　侵权必究　举报电话：010 - 88191586
电子邮箱：dbts@ esp. com. cn）

辽宁省高等学校一流特色学科经费资助；教育部人文社科规划项目"中国农业保险多维绩效与制度优化研究"（14YJA790040）；辽宁省教育厅人文社科重点研究基地专项项目"辽宁省农业保险制度优化研究——基于福利绩效视角"（ZJ2015023）

总　序

　　这是我主编的第三套系列丛书。前两套丛书出版后，总体看效果还可以：第一套是《国民经济学系列丛书》（2005 年至今已出版 13 部），2011 年被列入"十二五"国家重点图书出版物；第二套是《东北老工业基地全面振兴系列丛书》（共 10 部），在列入"十二五"国家重点图书出版物的同时，还被确定为 2011 年"十二五"规划 400 种精品项目（社科与人文科学 155 种），围绕这两套系列丛书还取得了一系列成果，获得了一些奖项。

　　主编系列丛书从某种意义上说是"打造概念"。比如说第一套系列丛书也是全国第一套国民经济学系列丛书，主要为辽宁大学国民经济学国家重点学科"树立形象"；第二套则是在辽宁大学连续获得国家社科基金"八五"、"九五"、"十五"、"十一五"重大（点）项目，围绕东北（辽宁）老工业基地调整改造和全面振兴进行系统研究和滚动研究的基础上继续进行探索，从而为促进辽宁大学区域经济学建设、服务地方经济不断做出新贡献。在这个过程中，既出成果，也带队伍、建平台、组团队，遂使辽宁大学应用经济学学科建设不断地跃上新台阶。

　　主编第三套丛书旨在使辽宁大学的应用经济学一级学科建设有一个更大的发展。辽宁大学应用经济学学科的历史说长不长、说短不短。早在 1958 年建校伊始，便设经济系、财政系、计统系等 9 个系，其中经济系由原东北财经学院的工业经济、农业经济、贸易经济三系合成，财税系和计统系即原东北财经学院的财信系、计统系。后来院系调整，将经济系留在沈阳的辽宁大学，将财政系、计统系搬到在大连组建的辽宁财经学院（即现东北财经大学前身），对工业经济、农业经济、贸易经济三个专业的学生培养到毕业为止。由此形成了辽宁大学重点发展理论经济学（主要是政治经济学）、辽宁财经学院重点发展应用经济学的大体格局。实际上，后来辽宁大学也发展应用经济学，东北财经大学也发展理论经济学，发展得都不错。1978 年，辽宁大学恢复招收工业经济本科生，1980 年受人民银行总行委托、经教育部批准招收国际金融本科生，1984 年辽宁大学在全国第一批成立经济管理学院，增设计划统计、会计、保险、投资经济、国际贸易等本科专业。到 20 世纪 90 年代中期，已有西方经济学、世界经济、国民经济管理、国际金融、工业经济 5 个二级学科博士点，当时在全国同类院校似不多见。2000 年，辽宁大学在理论经济学一级学科博士点评审中名列全国第一；2003 年，在应用经济学一级学科博士点评审中并列全国第一；2010 年，新增金融、应用统计、税务、国际商务、保险等全国首批应用经济学类专业学位硕士点；2011 年，获全国第一批统计学一级学科博士点，从而成为经济学、统计学一级学科博士点"大满贯"。

在二级学科重点学科建设方面，1984 年，外国经济思想史即后来的西方经济学、政治经济学被评为省级重点学科；1995 年，西方经济学被评为省级重点学科，国民经济管理被确定为省级重点扶持学科；1997 年，西方经济学、国民经济管理、国际经济学被评为省级重点学科和重点扶持学科；2002 年、2007 年国民经济学连续两届被评为国家重点学科；2007 年，金融学被评为国家重点学科。

在一级学科重点学科建设方面，2008 年应用经济学被评为第一批一级学科省级重点学科，2009 年被确定为辽宁省"提升高等学校核心竞争力特色学科建设工程"高水平重点学科，2014 年被确定为辽宁省一流特色学科第一层次学科。

在"211 工程"建设方面，应用经济学一级学科在"九五"立项的重点学科建设项目是"国民经济学与城市发展"、"世界经济与金融"；"十五"立项的重点学科建设项目是"辽宁城市经济"；"211 工程"三期立项的重点学科建设项目是"东北老工业基地全面振兴"、"金融可持续协调发展理论与政策"，基本上是围绕国家重点学科和省级重点学科而展开的。

经过多年的学科积淀与发展，辽宁大学应用经济学、理论经济学、统计学"三箭齐发"，国民经济学、金融学、世界经济三个国家重点学科"率先突破"，由长江学者特聘教授、"万人计划"第一批入选者、全国高校首届国家级教学名师领衔，中青年学术骨干梯次跟进，形成了一大批高水平的学术成果，培养出一批又一批优秀人才，多次获得国家级科研、教学奖励，在服务东北老工业基地全面振兴等方面做出了积极的贡献。

这套《辽宁大学应用经济学系列丛书》的编写，主要有三个目的：

一是促进应用经济学一级学科全面发展。以往辽宁大学主要依托国民经济学、金融学两个国家重点学科和区域经济学省级重点学科进行建设，取得了重要进展。这个"特色发展"的总体思路无疑是正确的。进入"十三五"时期，根据高校和区域特色，本学科确定的目标是优先发展国家重点学科国民经济学、金融学，重点发展地方特色学科区域经济学、产业经济学、财政学和国际贸易学，协同发展重点支持学科经济统计学、数量经济学和劳动经济学，努力把本学科建设成为重点突出、地域特色鲜明、为国家经济建设和东北老工业基地全面振兴做出重大贡献、具有较大国际影响的一流学科。因此，本套丛书旨在为实现这一目标提供更大的平台支持。

二是加快培养中青年骨干教师苗壮成长。目前，本学科已建成长江学者特聘教授、"万人计划"第一批入选者、全国高校首届国家级教学名师领衔，教育部新世纪优秀人才、教育部教指委委员、省级教学名师、校级中青年骨干教师为中坚，以老带新、新老交替的学术梯队。本丛书设学术、青年学者、教材三个子系列，重点出版中青年教师的学术著作，带动他们尽快脱颖而出，力争早日担纲学科建设。与此同时，还设立了教材系列，促进教学与科研齐头并进。

三是在经济新常态、新一轮东北老工业基地全面振兴中做出更大贡献。对新形势、新任务、新考验，提供更多具有原创性的科研成果，具有较大影响的教学改革成果，具有更高决策咨询价值的"智库"成果。

　　这套系列丛书的出版，得到了辽宁大学校长潘一山教授和经济科学出版社党委书记、社长吕萍总编辑的支持，得到了学校发展规划处和计划财务处的帮助，受辽宁省一流特色学科和辽宁省 2011 协同创新中心建设经费共同资助。在丛书出版之际，谨向所有关心支持辽宁大学应用经济学建设和发展的各界朋友、向辛勤付出的学科团队成员表示衷心地感谢！

林木西
2016 年国庆节于蕙星楼

面对我国农业人口众多、资源有限的现实情况，"二元经济结构"、"工业化发展时期"及"转型阶段"等经济特点，使得我国农业除了具有自然风险、市场风险、制度风险、技术风险等普遍意义的多重风险及他们之间的交互作用之外，农业风险还包括农产品有效供给不足、产品定价不科学、农业资源条件约束、农村大量剩余劳动力等特殊风险给农业及农户带来的风险，因此，我国的农业风险具有复杂性。本书致力于构建可持续发展的农业风险控制机制与农业保险绩效研究，因而本研究具有重要的理论价值及实践意义。

一、有效控制农业风险有助于稳定农户收入、提高社会福利水平

对农业风险进行有效的管理、控制与创新才能保障农业产出水平，稳定农民的收入及其社会福利状态。针对不同类型特质的农业风险要采取与之相匹配的风险规避手段与机制。农业是典型的风险产业。农业生产者面临着一系列影响农业生产成本以及农产品产量和价格的风险。风险事件一旦发生，多数情况下都会给农业生产者带来不同程度的损失。在农业风险的控制方面，实现农作物最优供给、农产品的最优定价、农业资源与人口的优化配置及农业剩余劳动力的有效转移是规避我国农业风险，减少风险损失的主要管理与控制目标。中国农户多是风险规避型的，并且存在"过度消费平滑"的特征，面对农业风险的复杂性，会主动采取规避手段，例如，储蓄、积累财产、购买各种保险、向正规或非正规部门借贷等来规避风险冲击，稳定福利水平。技术创新与推广普及是农业规避技术风险的关键举措。我国由于受到经济发展及农业资源

的制约，农业技术相对落后而且创新开发及推广缓慢。因此如何根据地域特点，围绕特色产业，在政府引导下加大科技攻关和科技成果转化力度，推动产业升级和结构优化，是农业规避技术风险的首要任务。农产品期权及订单具有规避农业市场即价格风险的功能。期货市场与订单合约等手段为农业生产经营者提供了价格信息和避险工具，农户根据期货市场价格及订单合约价格合理安排生产，避免由价格波动带来的市场风险。因此如何借鉴国外先进经验，结合我国实际情况，建立完善农产品期货市场并规范农产品订单合约机制是农业规避市场风险迫切需要解决的问题。

二、农业保险作为风险管理的主要手段，其具有提高农户消费水平、促进农村经济发展、保障粮食安全的绩效

农业作为国民经济的基础，关系到农民收入的增减和农业健康、稳定的发展，其作用不言而喻。但在经济体制与经济结构双重转型同时发生的背景下，农业风险呈现出来源广泛、损失严重、预防困难、成本高昂、影响深远等新特点，农业风险的有效应对机制严重低效或缺失。突出表现在当前以农民个人为主的传统防护模式（非正规风险规避机制）的作用虽然在下降但仍然不可被替代，而以政府和保险公司介入为特征的正规防护体系却难以迅速建立起来。这就意味着，单纯地强调农户、政府和保险市场中某一种方式的作用而忽视其他任一方面的作用是一种错误思想。因此，在应对农业风险这个问题上，强调重视农民个人应对机制的作用，对其采取的措施及绩效进行评估。制定可持续发展的宏观农业政策能够使农户避免政策性风险带来的损失。包括制定农业风险管理相关法律法规、健全农业风险管理组织、创新农业风险管理工具、完善灾害风险管理体系及农业保险制度等。农业保险的有效实施具有规避农业自然风险的重要意义。农业保险绩效主要表现在以下几方面：（1）提高农户消费水平是拉动农村经济发展的重要途径，而农户消费水平取决于农户收入水平，还受到收入风险等因素的影响。农业生产容易受自然条件的影响，我国农业生产的风险较高，如自然灾害风险、病虫害风险等，这些风险影响农户收入的稳定性，进而会导致农户消费波动。农业保险

通过对农户进行补贴，主要起风险弱化和收入预期的作用，减少农村居民收入的不确定性，从而增加农村居民消费能力。（2）农业保险作为转移农业生产风险的有效工具，不但具有农业风险的经济补偿功能，更关乎国家的粮食安全和农民收入稳定。为此，国务院发布《农业保险条例》并于2013年3月1日起实施，这为农业保险持续稳定发展提供了切实可行的法律依据。但欣喜之余要清醒地认识到，农业保险有效需求不足问题的解决仍任重道远。（3）农业保险是有效支持和保护农业的手段，是农村可持续发展的重要保障。农业保险是WTO承认的"绿箱政策"，借鉴有关国家农业保险的成功经验，建全有中国特色的农业保险体系，对于支持和保护我国农业发展，减少农民的灾害损失，增加粮食供给量，保障国家粮食安全有重要作用。

农业保险宏观上有助于农村社会保障体系进入良性循环，微观上有助于实现农户自身效用的最大化。农业是弱质产业，对自然气候有较强的依赖性，农业保险是规避自然风险的重要手段，但是农业保险不同于其他商业保险，具有外部效应及溢出性，所以为了国家农业安全及农民利益，政府如何介入政策性农业保险、如何实施农业保险补贴，兼顾农业保险福利绩效及社会价值是规避农业自然风险的关键问题。农业保险是降低和分散农业风险的一种特殊经济补偿制度和风险管理工具。无论是发达国家或发展中国家，农业保险的发展都离不开国家的宏观调控和政府扶持，与商业保险具有明确的政策界限和不同的经营方式，农业保险是政府对农业实施保护政策的一项有力措施。农业保险，也具有农业风险的经济补偿职能，农业保险作为农业风险规避的重要手段之一，为农业生产提供经济保障，为农户解决农业自然风险之忧。但由于农业保险作为一种准公共物品，带有明显的社会效益性，而它的这种社会效益性在市场经济条件下受到了严峻的挑战。因此，从宏观及微观两方面对农业保险的需求及供给进行研究，具有重要的理论价值和现实意义。

目　录

第一章

绪　　论

第一节　研究背景和意义

我国是世界上自然灾害比较严重的国家之一，农业物质技术基础薄弱，抗御灾害能力较差，各种突发性自然灾害往往会造成巨大的农业经济损失。据统计，全国1990～2013年的24年间，农作物受灾面积为1 524 396.7千公顷，成灾面积超过563 964.92千公顷，成灾面积占受灾面积的比重为36.99%，其中水灾的成灾面积占受灾面积的比重约为55.24%；旱灾的成灾面积占受灾面积的比重约为51.86%（如表1-1和图1-1所示）。频繁的、巨大的自然灾害不仅造成农产品供给和农民收入的减少，还加重了政府的财政负担，也使农业生产的物质条件遭到破坏，造成农业再生产的困难，直接危害粮食安全，导致农村整体贫困。因此加强农业风险控制可以减少风险对农业生产的影响，保障农业生产的有序、可持续进行。

表1-1　　　　全国1978～2013年农业受灾及成灾情况　　　单位：千公顷

年份	受灾面积	成灾面积	成灾面积占受灾面积比重（%）	水灾		旱灾	
				受灾面积	成灾面积	受灾面积	成灾面积
1978	50 790	24 457	48.2	2 850	2 012	40 170	17 970
1980	44 526	29 777	66.9	9 146	6 070	26 111	14 174

续表

年份	受灾面积	成灾面积	成灾面积占受灾面积比重（%）	水灾		旱灾	
				受灾面积	成灾面积	受灾面积	成灾面积
1985	44 365	22 705	51.2	14 197	8 949	22 989	10 063
1990	38 474	17 819	46.3	11 804	5 605	18 175	7 805
1991	55 472	27 814	50.1	24 596	14 614	29 414	10 559
1992	51 333	25 859	50.4	9 423	4 464	32 980	17 049
1993	48 829	23 133	47.4	16 387	8 611	21 098	8 657
1994	55 043	31 383	57	17 329	10 744	30 425	17 049
1995	45 821	22 267	48.6	12 731	7 630	23 455	10 401
1996	46 989	21 233	45.2	18 146	10 855	20 151	6 247
1997	53 429	30 309	56.7	11 414	5 840	33 514	20 012
1998	50 145	25 181	50.2	22 292	13 785	14 236	5 060
1999	49 981	26 731	53.5	9 019.5	5 070.5	30 156	16 614.3
2000	54 688	34 374	62.9	7 323	4 321	40 541	26 784
2001	52 215	31 793	60.9	6 041.6	3 614.1	38 472	23 698
2002	47 119.1	27 318.9	58.0	12 377.8	7 473.9	22 207	13 247
2003	54 506.3	32 516.3	59.8	19 207.7	12 288.5	24 852	14 470
2004	37 106.26	16 297.32	43.98	7 313.627	3 746.517	17 253.45	8 481.6
2005	38 818.23	19 966.06	51.48	10 931.75	6 046.96	16 028.08	8 479.2
2006	41 091.41	24 631.94	59.98	8 003.098	4 568.8	20 737.91	13 411.34
2007	489 924	25 064	51.2	10 463.27	5 104.867	29 385.67	16 169.93
2008	39 990	22 283	55.7	6 477	3 656	12 137	6 798
2009	47 214	21 234	45.0	7 613	3 162	29 259	13 197
2010	37 425.9	18 538.1	49.53	17 524.6	7 024.2	13 258.6	8 986.5
2011	32 470.5	12 441.3	38.32	6 863.40	2 839.5	16 304.2	6 598.5
2012	24 962	11 475	45.97	7 730	4 145	9 340	3 509
2013	31 350	14 303	45.62	8 757	4 859	14 100	5 852

资料来源：1999～2014 年中国统计年鉴整理。

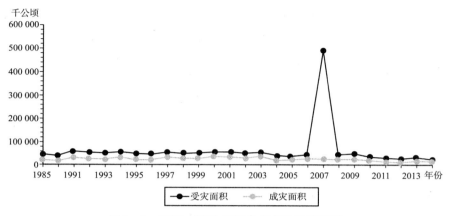

图 1 - 1　1978 ~ 2013 年粮食成灾及受灾面积

资料来源：根据中国统计年鉴整理。

中共中央 2016 年《关于落实发展新理念加快农业现代化实现全面小康目标的若干意见》指出："要抓紧构建新形势下的国家粮食安全战略，加大农业保险支持力度"，这是中央文件连续 13 年关注农业保险。农业保险宏观上有助于农业生产进入良性循环，微观上有助于实现农户自身效用最大化。目前我国政府对农业保险的财政支持力度越来越大，也越来越重视农业保险绩效问题，从图 1 - 5 ~ 图 1 - 8 可以看出全国农业保险的深度及密度在逐年上升。现阶段建立科学系统的保险绩效研究体系，对保障我国农业保险制度高效运行和持续发展具有迫切的理论价值及现实意义。

一、农业保险越来越得到政府及学术界的重视

农业保险作为分散农业生产风险、补偿经济损失的一种机制，同时也是农业保障体系中的一个重要组成部分，已经成为国际上最重要的非价格保护工具之一，近年来越来越受到学术界和政府部门的重视。目前我国农业保险规模已超过日本，仅次于美国，跃居世界第二，成为全球最重要、最活跃的农业保险市场之一（中国政府网，2013）。国务院于

2013 年 3 月 1 日起实施《农业保险条例》，至此我国农业保险的持续稳定发展有了切实可行的法律保障，也说明我国政府对农业保险持续发展的行动和决心。已有研究表明，一国农业保险的发展水平与其经济发展水平和阶段密切相关，因而农业保险不仅仅是保险行业中的一个分支，同时也是一国工业和农业并行发展阶段或工业化后期工业"反哺"农业的一项发展政策，是国家对农业投入的一种重要形式。

我国是农业大国，农业风险大，成本较高、技术落后、管理水平有限，所以解决"三农"问题的关键就在于农业社会保障问题，农业保险作为一种政策性工具，对农户而言是转移风险的工具，对政府而言是保护和发展农业的一个手段，因而全面推广农业保险意义重大。中国保监会已经明确将农业保险与责任保险、养老保险、健康保险，并列为未来重点发展的四大领域。学术界已经有很多关于农业保险的研究成果。目前农业保险已经越来越得到政府及学术界的重视。

二、对农业保险绩效的研究迫在眉睫

众所周知，农业保险的福利化是农业保险发展到高级阶段的主要标志。我国目前农业保险主要是具有损失性补偿性质的物化成本保险，而发达国家早已进入福利保障性保险。所以，我国的农业保险与发达国家农业保险相比，存在较大差距，农业保险需要进一步丰富和完善。虽然目前上海、苏州已经率先进行了福利保障性农业保险试点，这预示着我国农业保险从长远来看，在国力条件允许的情况下也会朝着高层次的"福利化方向"发展。但是考虑到中国是一个发展中国家，尤其是农民人口数量巨大，区域经济发展参差不齐，对农业保险进行高保障所要求的补贴对我国还不具有普遍的现实意义，所以借鉴发达国家农业保险福利化转型的经验，探索建立适合中国国情国力，兼具"公平"与"效率"效果的农业保险创新模式具有迫切的现实需要。

农业保险不但宏观上有助于农村社会保障体系进入良性循环，微观上也有助于实现农户自身效用最大化。但是鉴于目前随着我国政策性财政补贴投入力度越来越大，所带来的绩效却呈现出递减趋势，对政策性农业保险运行绩效进行系统研究不仅是我国政府的一项重要战略目标，也是当前学术领域的热点和前沿问题。科学的评价与提升我国农业保险绩效，设计农业保险适度补偿机制使其效率最大化，是政府及学术界需要解决的当务之急。因此，本书从农户消费视角、需求价值视角及国家粮食安全视角对农业保险绩效进行实证研究，具有重大的现实意义。

农业自然灾害风险、农产品价格风险、农业技术风险及政策风险是威胁农业生产的主要风险。农业保险是控制农业自然风险的主要手段，农业保险的有效实施在宏观上有助于农村社会保障体系进入良性循环，微观上有助于农户自身效用的最大化；期货和订单是控制农产品价格风险的手段，期货市场与订单合约为农业生产经营者提供了价格信息和规避工具，农户根据期货市场价格及订单合约价格合理安排生产，避免价格波动带来的市场风险；技术创新与推广普及是农业规避技术风险的关键举措，在政府引导下加大科技攻关和科技成果转化力度，推动产业升级和结构优化，是农业规避技术风险的首要任务；制定可持续发展的宏观农业政策能够使农户避免政策性风险带来的损失。

农业保险是降低和分散农业风险的一种特殊经济补偿制度和风险管理工具。无论是发达国家或发展中国家，农业保险的发展都离不开国家的宏观调控和政府扶持，与商业保险具有明确的政策界限和不同的经营方式，农业保险是政府对农业实施保护政策的一项有力措施。美国、法国、日本等国是世界上农业保险发展历史比较悠久，经营得比较成功的国家，而菲律宾则是发展中国家中农业保险经营比较成功，比较有特色的一个典型代表。美国、菲律宾是国家经营农业保险的典型，法国和日本则是政府扶持、互助保险机构经营农业保险的典型。从 20 世纪 30 年代我国开始试验、经营农业保险开始，我国农业保险经历了三个阶段的发展。中国已加入 WTO，借鉴有关国家农业保险的成功经验，对于支持和保护我国农业，减少农民的灾害损失，提升我国农业的竞争力，建立和完善有中国特色的农业保险体系非常重要。

由于我国的地区经济差异、自然条件及农户个体差异的复杂性，从多维度评估农业保险绩效，并提出有针对性的农业保险制度建议在理论上具有一定的难度，目前还缺乏系统的理论研究成果。另外，由于我国从 2007 年才在部分省份陆续开展农业保险试点并逐步推广，因此，所积累的实践经验不足，其绩效价值也因地域差异而不尽相同，所以对农业保险的实践效果评估也缺乏足够的经验支持。因此目前亟须解决的核心难题为：第一，学术研究方面：如何全方位系统地构建农业保险多维绩效的理论评价体系，并构建数理评估模型问题；第二，实践应用方面：如何制定高效可持续的农业保险政策，来提升与优化农业保险绩效问题。针对以上核心问题本书拟运用相关理论、方法及技术进行研究：第一，在理论上，期望构建适应我国发展水平及自然状况的农业保险绩效理论研究体系，并提供农业保险绩效研究的新思路及新方法。第二，在实践上，期望突破传统模式，创建基于绩效角度的最适度运行模式与机制，为我国农业保险绩效提升提供核心决策支持，为在资源约束条件下，我国农业保险的高效运行和持续发展提供政策建议和对策保障。

由于我国相关风险管理工具缺失且不规范，农户在遭遇自然灾害风险后常常无力进行灾后重建，在无保险情况下也很难得到安全性要求较高的银行信贷支持，农产品生产的稳定性和持续增长难以保障。因此，在农业产业风险管理工具缺失和一体化风险管理体系缺乏的状况下，最终只能导致农户和农产品加工（流通）企业"风险自担，利益独享"，农户和加工（流通）企业无法成为真正意义上的一体化组织，农业风险管理自然会陷入"非不为也，实不能也"的窘境之中。

农业保险，也具有农业风险的经济补偿职能，农业保险作为农业风险规避的重要手段之一，为农业生产提供经济保障，为农户解决农业自然风险之忧。但由于农业保险作为一种准公共物品，带有明显的社会效益性，而它的这种社会效益性在市场经济条件下受到了严峻的挑战。因此，从宏观及微观两方面对农业保险的需求及供给进行研究，具有重要的理论价值和现实意义。

本书旨在研究可以分散、化解农业风险损失的方法；其研究成果有利于维护农产品的价格稳定，维护农民利益，提高社会整体福利水平，使农业可持续发展及优化资源配置。同时对我省农业生产与国际市场接轨、提高农产品的竞争力、维护农业生产者的生产积极性和国家的粮食安全具有重要的现实意义。因而有着重大经济及社会效益。

粮食安全是我国最重要的长期政策目标之一。目前我国粮食供求已经进入近平衡阶段。农业部副部长张宝文（2008）指出，虽然目前粮食供需矛盾有所缓解，单产不足的态势依然存在，紧平衡将是中长期中国粮食供求的常态。专家学者们认为，我国粮食产需关系偏紧的态势将长期存在，粮食产量大幅度增长的难度很大，而随着人口增长，畜牧业和粮食加工业的快速发展，粮食消费量继续增加的趋势不可逆转，紧平衡将是中长期中国粮食供求的常态，如表 1－2、图 1－2、图 1－3 和图 1－4 所示。我国 1990～2013 年 24 年间成灾面积占受灾面积的比重在 45% 以上的年份为 22 年，自然灾害中又以水灾和旱灾最为严重。成灾比例居高不下是我国粮食供给出现缺口的主要原因。我国粮食需求量持续增长，1985 年粮食需求量仅为 37 186 万吨，当年的粮食生产量为 37 911 万吨，能够满足粮食需求，但是粮食需求量逐渐加大，并且需求量的增长速度大于粮食生产量的增长，自 2000 年起我国粮食生产量低于粮食需求量，当年粮食需求量为 47 926 万吨，而粮食生产量为 46 218 万吨，供求缺口量为 1 708 万吨。2000～2013 年我国粮食供求缺口一直很大，尤其在 2003 年粮食需求量为 48 625 万吨，粮食生产量为 43 070 万吨，供求缺口量高达 5 555 万吨，成为近 30 年来粮食供求缺口量的最高峰。在 2010～2013 年年间粮食供求缺口量虽然减小但仍存在。2013 年我国粮食供求缺口量仍为 148.2 万吨。农业自然灾害是造成粮食供求不平衡的主要原因，农业属于弱质性产业，我国又是自然灾害高发国家，因此有效的风险控制可以保障农业有序并持续生产，进而保证粮食供应需求，缓解粮食供需关系，保障我国粮食安全。

表 1 – 2　　　　　　　　1985～2014 年全国粮食供求缺口　　　　　　单位：万吨

年份	生产量	需求量	进口量	出口量	供求 缺口量	粮食缺口/ 生产比
1985	37 911	37 186	932	600	725	0.0191
1986	39 151	38 018	942	773	1 133	0.0289
1987	40 298	38 439	737	1 628	1 859	0.0461
1988	39 408	39 141	717	1 533	267	0.0068
1989	40 755	39 800	656	1 658	955	0.0234
1990	44 624	40 872	583	1 372	3 752	0.0841
1991	43 529	42 010	1 086	1 345	1 519	0.0349
1992	44 265.8	42 891	1 364	1 175	1 374.8	0.0311
1993	45 648.8	43 842	1 365.1	742.5	1 806.8	0.0396
1994	44 510	44 859	1 187.5	924.9	– 349	– 0.0078
1995	46 662	45 302	102.5	2 070.1	1 360	0.0291
1996	50 450	45 927	143.6	1 195.5	4 523	0.0897
1997	49 417	46 087	853.6	705.5	3 330	0.0674
1998	51 229.5	46 557	906.5	708.6	4 672.5	0.0912
1999	50 839	47 013	759	772.1	3 826	0.0753
2000	46 218	47 926	1 401.3	1 356.8	– 1 708	– 0.037
2001	45 264	48 093	903.1	1 738.4	– 2 829	– 0.0625
2002	45 706	48 453	1 514.3	1 416.7	– 2 747	– 0.0601
2003	43 070	48 625	2 279.3	2 288.1	– 5 555	– 0.129
2004	46 947	49 090	434.4	2 993.1	– 2 143	– 0.0456
2005	48 402	49 775	998.5	3 280	– 1 372.81	– 0.0284
2006	49 747.9	50 800	584.7	3 178.9	– 1 052.1	– 0.0211
2007	50 160.3	51 979	3 296	1 658	– 1 818.7	– 0.0363
2008	52 870.9	56 571	3 935	352	– 3 700.1	– 0.0700
2009	53 082.1	57 693	4 696	259	– 4 610.9	– 0.0869
2010	54 647.7	54 803	6 695.4	275.1	– 155.3	– 0.0028
2011	57 120.9	57 289	6 390.0	287.5	– 168.1	– 0.0029
2012	58 957.9	59 036	8 024.6	276.6	– 78.1	– 0.0013
2013	60 193.8	60 342	8 645.2	243.1	– 148.2	– 0.0025
2014	60 702.6					

资料来源：1999～2015 年中国统计年鉴整理。

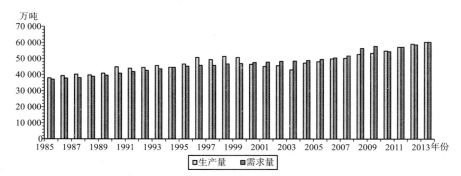

图 1 - 2 粮食产量与需求（1985 ~ 2013）

资料来源：1999 ~ 2014 年中国统计年鉴整理。

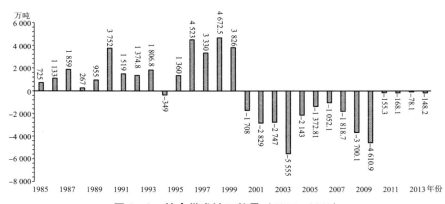

图 1 - 3 粮食供求缺口数量（1985 ~ 2013）

资料来源：1999 ~ 2014 年中国统计年鉴整理。

　　指标数据的选取必须能反映出指标的内涵，并且具有可获得性、可操作性、科学性。文中用到的数据大部分来自 2004 ~ 2015 年的《辽宁省统计年鉴》与《中国统计年鉴》，2012 年度的受灾面积则来自于《中国农村统计年鉴》。指标数据汇总如表 1 - 3 所示。

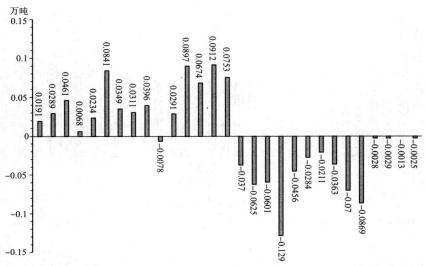

图1-4　粮食缺口占当年粮食产量的比重（1985～2009）

资料来源：1999～2014年中国统计年鉴整理。

表1-3　　　　　　　　2003～2014年辽宁省农村农业发展情况

年份	农业机械总动力（万千瓦）	有效灌溉面积（万公顷）	化肥施用量折纯（万吨）	粮食作物播种面积（千公顷）	农村水电站装机容量（千瓦）	农村用电量（亿千瓦小时）	受灾面积（千公顷）
2003	1 542.33	151.3	112.6	2 563.6	208 800	145.8	1 169
2004	1 613.79	152	117.9	2 965.8	346 700	149.6	1 249.94684
2005	1 922.7	152.7	119.9	3 179.7	384 200	153.3	987
2006	1 995.3	150	121.2	3 089.7	358 000	219	1 117
2007	2 087.4	149.1	127.5	3 127.2	385 300	265.4	2 393
2008	2 192.9	149.3	128.8	3 035.9	379 000	270.8	539
2009	2 299.4	151	133.6	3 124.1	391 333	283.9	2 172
2010	2 408.3	153.8	140.1	3 179.3	395 488	359.5	756
2011	2 558.1	158.8	144.6	3 169.8	397 348	366.3	450
2012	2 678	169.9	146.9	3 217.3	476 073	373.4	355
2013	2 631.98	1 407.8	151.7606	3 226.4			
2014	2 730.2	1 473.97	151.55	3 235.1			

资料来源：2004～2015年《辽宁省统计年鉴》以及《中国农村统计年鉴》。

根据表1-2粮食需求的数据,可以得出相应粮食缺口数量以及粮食缺口数量与产量的比值。可以看出,过去二十年中大部分年份粮食产量是大于粮食需求的。2000年以来,由于粮食产量持续下滑,同时粮食需求保持稳步增长,因此连续几年均发生粮食缺口现象,其中2003年粮食缺口数量达到最高值5 555万吨。粮食缺口数量与产量的比值的变化趋势与粮食缺口数量基本一致,2003年,粮食缺口数量与产量的比为12.90%,为最高缺口比值。

农业生产风险管理,就是运用适当的手段对各种风险源进行有效的控制,以减少农业生产的波动。我们这里主要研究农业产业所面临的自然风险和市场风险。在市场经济发达国家,自然风险的有效管理工具是农业保险,农业作物保险将生产者遇到的自然灾害风险分散到众多的投保者。我国农业保险经历了从无到有的逐步发展过程,同总体保险业发展比较来看,农业保险的发展非常缓慢,如表1-4、图1-5和图1-6所示。1985~2010年,我国保险行业的保费总体上呈上升趋势,赔款及给付总体上也呈上升趋势。保费与赔款金额之间的差距从1985~1992年逐年缩小,只有1993年赔款及给付金额超过了当年的保费金额。之后保费显著大于赔偿费用,而且保费与赔款金额之间的差距逐年增大。农业保险的保费与赔偿在2007年之前差距不大,2007年之后农业保费收入显著大于赔偿金额。

表1-4　　　1985~2014年总体保险费及农业保险费情况一览表　　单位:亿元

年份	保费	赔款及给付	农业险保费	农业险赔款及给付
1985	257	13	0.4	0.5
1986	42	19	0.8	1.1
1987	67	28	1	1.3
1988	95	37	1.2	0.9
1989	123	49	1.2	1.1
1990	156	68	2	1.6
1991	209	114	4.5	5.4
1992	335	159	8	8.1
1993	157	255	8.3	9.6
1994	376	230	5	5

续表

年份	保费	赔款及给付	农业险保费	农业险赔款及给付
1995	453	236	5	4
1996	538	305	6	4
1997	773	247	6	4
1998	1 256	532	7	6
1999	1 406	508	6	5
2000	1 598	526	4	3
2001	2 109	597	3	3
2002	3 054	707	5	4
2003	3 880	841	5	3
2004	4 318	1 004	4	3
2005	4 932	1 137	7	6
2006	5 640	1 438	8	6
2007	7 036	2 265	53	30
2008	9 784	2 971.2	110.7	69
2009	11 137	3 125.5	133.79	95.2
2010	14 500	3 200.4	135.68	100.69
2011	14 339.3	3 929.4	174	81.8
2012	15 487.9	4 716.3	240.6	131.3
2013	17 222.24	6 212.9	306.6	194.9
2014	20 234.8	7 216.2	325.8	205.8

资料来源：1999~2015 年《中国统计年鉴》以及《中国保险史》。

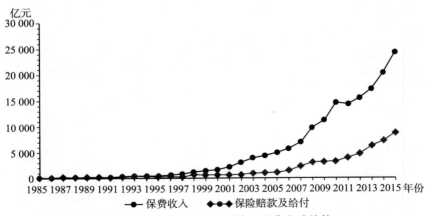

图 1－5　1985～2015 年总体保险费变动趋势

资料来源：1999~2016 年中国统计年鉴整理。

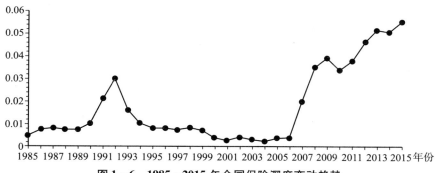

图1-6 1985~2015年全国保险深度变动趋势

资料来源：1999~2016年中国统计年鉴整理。

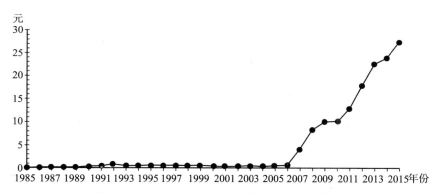

图1-7 1985~2013年全国保险密度变动趋势

资料来源：1999~2014年中国统计年鉴整理。

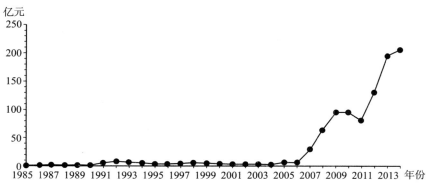

图1-8 1985~2013年农业保险赔付变动趋势

资料来源：1999~2014年中国统计年鉴整理。

第二节　文　献　综　述

农业保险具有分散农业经营风险和对农业风险损失实行经济补偿的职能。农业保险是农业保障体系中的一个重要组成部分，也是许多发达国家采用的重要的非价格农业保护工具（孙玉香，2008；邢鹂，2006；吴扬，2005；张跃华，2004；陈璐，2004；皮立波、庹国柱，2003）；基本观点认为农业保险会带来农产品产量的增加，从而使整个社会福利增加（钟甫宁，2008；费友海，2005）。作为一种有效分散农业风险及损失补偿机制，目前我国农业保险在理论研究与实际操作中还存在着许多问题（黄政军，2006；庹国柱，2003 等）；主要是农业保险市场有效需求不足并且供给短缺（史建民、孟昭智，2003）。农业保险需求不旺盛的原因是农业保险的价格（保险费率）昂贵而且期望收益不高，我国农民的支付能力又非常有限（龙文军、张显峰，2003）。农业保险供给萎缩是由于农业保险收益低，同时被保险人的道德风险及逆向选择问题也是保险公司不愿开展这一业务的原因（姜鲁宁，2008；庹国柱，2003）。对农业保险主体的互动行为进行分析，结论是农业保险需求目前仅是一种潜在需求而不是有效需求，只有在政府的支持下才能促进农业保险供需双方的和谐发展（龙文军，2004；庹国柱，2001）。

20 世纪七八十年代迅速发展起来的金融衍生品市场和金融工程技术促进了金融产品应用的日趋复杂化。农产品期货市场具有价格发现功能和套期保值功能，为农业生产经营者提供了价格信息和避险工具（何嗣江，2008；王雅丽、王盅钦，2005）。订单农业作为现代农业产业化发展过程中一种重要的交易方式，其本质相当于远期交易，对农户降低进入市场的交易成本，稳定农产品价格波动，减少生产风险，提高农户收入具有重要意义（张屹山、刘凤军，2006；华仁海，2005 等）。从交易角度看，订单农业的运作可认为是一种现货远期合约交易（张小艳，2005；何嗣江、汤钟尧，2005；樊均辉、温思美，1992）。"期货市场与订单农业"课题组（2004）研究了利用期货市场来化解农业订单风险的问题，认为可以利用期货市场化解我国订单农业履约率风险（高志杰、罗剑朝，2006；刘庆富，2006）进一步研究了期货市场在订单农业中的应用，认为"订单＋期货"模式能够促进农业产业化经营，有利于农民增收，加速农业科技推广，是规避农业价格风险的最佳途径，并能够稳定农业的长期供求关系。

一、农业风险预测与控制研究

农业是一个多风险行业。它不仅要承受来自自然的风险，还必须承受来自社会、市场的各种风险。由于历史的原因，我国农业一直是效益较低的行业，在资金来源和资金周转上相对工业来讲都有不小差距。因而造成我国农业目前的现状是：自身积累缓慢，技术进步落后，基础设施老化，抗风险能力明显减弱。

西方保险经济学理论的基本内容通常包括以下几个方面：风险和效用、保险需求、保险和资源配置、道德风险和逆选择、保险定价、保险监管。所运用的基本理论基础主要有：一般的经济理论、效用期望函数理论、心理学、伦理学和社会学以及法学等。

在风险和效用研究方面，阿罗（Kenneth J. Arrow，1965）和普拉特（John W. Prrat，1964）用阿罗－普拉特测度既测量个人规避风险的偏好强度，也测量了该强度作为财富的函数时的离差（Variation），并用其来分析绝对风险厌恶来进行保险决策（Insurance Decisions）。对于风险测度，罗斯柴尔德和斯蒂格利茨（Michael Roth. schild & Joseph E. Stiglitz，1970）对最优保险行为作出了分析。梅耶和奥米斯顿（Meyer & Orminston，1989）提出了风险增量的另一个定义："围绕着一个常数均值的密度展开"。他们认为，该方法的特征是与"随机变量的确定性变换"有关，这个方法还代表了均值保留展开型的一个特殊类型。它被运用到许多经济决策问题中去，比如不确定条件下最优产出决策（Sandmo，1971；Leland，1972）、不确定条件下的最优储蓄（Sandmo，1970）、最优证券组合选择（Meyer & Orminston，1989），以及最优保险决策（Alarie Dionne & Eeck Houd，1990）。

　　国内学术界对农业风险问题的研究较多的是以描述性的分析为主，关于农业风险的定量研究成果不是很多，有关的研究主要有：张安录等（1995）利用红安县 1949～1993 年的国民经济统计资料，运用风险型决策中的矩阵决策方法，分析了红安县 13 种主要农作物的适宜性及优势和劣势，并在此基础上提出了有关农作物结构调整的宏观战略；杜鹏等（1997）从改进的农业生态地区法出发，建立了农业气象灾害风险分析模型，并借此计算了珠江三角洲芒果主要农业气象灾害风险链以及风险体系的风险度，进而分析出最主要的农业气象灾害并提出了有关对策；杨慕义（1997）运用二阶随机优势分布模型（SDRF）和目标值－平均绝对偏差法（Target MOTAD 模型）实证地研究了市场的波动对西北黄土高原地区农户养兔及种草行为的影响；杨慕义（1999）采用以期望值基尼均差为集合空间的随机优势风险决策模型甘肃为例，研究了农户的决策特征对草地农业系统发展的影响。研究结果表明，农户回避风险的行为特征在研究区域内是普遍存在的，并且期望值基尼均差风险决策模型不适合于具有强烈回避风险心理的农户决策优化；黎东升等（2001）发表了"生态农业项目投资风险度量方法初探"，他们阐述了盈亏平衡分析法、敏感性分析法、概率分析法等几个传统的风险度量方法，提出了生态农业项目投资的评价指标及其投资风险影响因素敏感度的计算方法，探访了生态农业项目风险测算的模糊评价方法，旨在为判断生态农业项目系统风险度大小提供量化依据。

　　相比之下，国外有关农业风险分析的定量研究则有很多。实证研究成果主要有：阿肖克·米斯拉和希沙姆（Ashok Mishra & Hisham，2002）基于均值—方差方法（the Mean－Variance（E－V）Approach），以国有农场水平的数据考虑不同农场规模、地理位置、生产的农产品品种以及风险管理策略（如作物保险、参加生产和销售合同、非农收入等），对比分析了多样化生产对各种类型的农场的影响。结果显示，多样化和农场规模是负相关的；此外，老的农场经营者、拥有非农劳动收入的家庭、城市郊区的农场多样化的程度较低；也指出了农场多样化和家庭规模、独立的所有权、有作物保险或农场保险之间存在着正的显著的相关性。最后，接受政府资助的农场更倾向于多样化。科瑞·尼登（Cory Nydene）等人（1999）借助马尔可夫过程（Markov Process）确定模型所需的 12 个月的农产品价格，构建了基于 Excel 的模拟模型（Twelve - Month Excel-based Simulation Model），模拟分析了多样化经营、远期合同、期权、作物保险等风险管理策略对不同农场（包括作物农场、肉猪农场以及作物/肉猪农场）的影响。结果显示，单独的多样化经营（在作物和肉猪之间）对减少各类农场风险的作用非常有限，要想降低收益的波动性，农场主必须同时使用多种风险管理工具。阿尼尔·卡切尔（Anil Katchova）等人（2004）根据 1995～1999 年伊利诺伊州的县级水平的数据，借助空间计量经济学技术（Spatial Econometric Techniques）估计模型参数，构建了县级水平的资本化模型（Capitalization Model），并在此基础上检验了租金、风险、人口密度、土地生长率、土地使用期限以及农场规模等对土地价格和农田收益率水平的影响结果显示，风险更高的农田的价值更低，但是有更高的风险收益率水平，更大的人口压力，对更高的农田价值有显著的影响。收益风险相对较低的土地租金，相邻县的土地价格的空间自相关的影响大于租金和风险对土地价格的影响。作为管理与控制农业风险的手段，农业保险、农业订单及农业期货起着重要的作用。

（一）农业保险研究现状

1. 国外农业保险研究现状

从 20 世纪 30 年代开始，美国、加拿大、日本、法国和亚洲的一些发展中国家逐步建立了财政支持的农业保险模式，其主要特点是以国家专门保险机构主导和经营农业保险为主，有健全完善的农作物保险法律体系，政府补贴较高，并实行税收优惠政策，实行强制与自愿保险相结合的投保方式。农业保险补贴的理论依据是世界性的命题。国内外关于农业（或农作物）保险（Agricultural Crop Insurance）性质的研究具有基本一致的主题：农业保险具有一定的政策性，同时亦具有一定的商业性。政府介入农作物保险的基本原因是农业保险的准公共物品性而存在市场失灵，无法完全由私人企业来承担。

关于农业保险补贴的福利意义，农户支付意愿及预期收益问题，国外有很多的实证方面的成果，也存在很多争论。1999 年，加尔文与昆根（Calvin & Quiggin，1999）发现，农户参与联邦农业保险项目的原因中，风险规避仅仅是一个很小的因素，而主要是为了得到政府的补贴。一些模拟研究结果显示 MPCI（作物多重险保险）收益会随着农场位置、作物和区域有显著的差异。① 蒙特·L. 范迪维尔（Monte L. Vande-veer，2001）、托马斯·里尔顿（Thomas Reardon，1997）、文森特·H. 史密斯和艾伦·E. 巴奎特（Vincent H. Smith & Alan E. Baquet，1996）分别对越南、布基纳法索（非洲）、蒙大纳（美国）等地进行了保险需求、干旱地区保险潜在需求以及多重风险保险的需求研究。其中一些研究表明，奈茨和科布尔（Knight & Coble，1996，1997），MPCI 主要是适于所有没有保险的农场或者对于那些风险厌恶的农场主。另外有些研究表明农场主由于 MPCI 所提供的收益比较小而放弃农业保险。计量经济学分析表明，那些保险能够带来较高期望收益农户倾向于购买保险，说明 MPCI 存在着逆向选择。

在农业保险参与意愿方面的实证研究有：随着农场规模的增大，农业保险的参与率增加；农场在各种作物和牲畜的管理上分散风险的能力越强，其从农业中得到的收益越少，而越倾向于不购买农业保险；随着保险费率的增高，那些农场自然风险或者收入风险变化显著的农户倾向于购买农业保险。1989 年美国农业部针对未参加联邦农作物保险的农户做了一项全国调查，分析了他们之所以不参加保险的原因，并进行排序：莱特和休伊特（Wright & Hewitt，1990），发现：前五位原因分别

---

① Calvin and Quiggin Just, RE, L. Calvin, and J. Quiggin, Adverse Selection in Crop Insur-ance [J]. Amer. J. Agr. Econ. 81 (1999, November): 834 – 849.

是保障太低、保费太高、更愿意自己承担风险、农场是分散化经营的、拥有其他农作物保险，前五位原因占到总量的84.9%。可见，国外对于农业保险需求研究主要是从逆向选择这个角度进行的，克伊和阿盖皮·桑沃尤（Shiva S. Makki & Agapi Somwaru，2001），塞拉和古德温（Serra & Goodwin，2003）等在对农业保险需求的实证研究中发现，对于美国农户，当其初始财富达到一定程度后，随着财富的增加，其风险规避意愿减弱，因而购买农业保险的动机降低。

国外学者对于农业保险模式的运行效率及福利的意义的研究，主要从国家整体福利水平及农户的参与情况方面进行的，卢斯·玛利亚（Luz Maria，1978）等人对农业保险的补贴问题进行研究，肯定农业保险政府补贴的必要性；格劳伯和柯林斯（Glauber & Collins，1985、2002）等研究认为强制投保会造成社会福利的损失。对农业保险较早使用福利经济学进行分析的主要有罗马塞特和哈泽尔（Roumasset & Hazell）等人。其中哈泽尔（1986）认为，农业保险带来的产出增加不仅有利于生产者（农户），也有利于消费者；纳尔逊和雷汶（Nelson & Loehman，1987、1994）对农业保险的风险分摊机制等问题进行了研究，表明如果政府在信息的收集和农业保险合约的设计上多些投入，会比给予补贴所带来的社会效益更大。巴布科克和哈特（Babcock & Hart，2000）认为，美国较高的农业保险补贴增加了美国农户购买高保障水平农作物保险的预期边际净收益，从而提高了其农业保险绩效。

由于美国等发达国家农户在生产规模和结构，以及财富存量等方面与中国有着非常大的差异，而且农业保险已经非常成熟了，因此，对于美国等发达国家农业保险福利绩效的研究结果并不适合中国的实际情况，基于这个前提，中国经济学家对农业保险支付意愿及农业保险补贴效率等问题也做了较为系统的研究。

2. 国内农业保险研究现状分析

国内自1935年以来，研究农业保险的起点也是农业保险的效用问题的有黄公安（1937）、杨智（1941）、郑迥（1944）等；在80年代中后期以来，随着农业保险试验规模的扩大，郭晓航和姜云亭（1987）、庹国柱和王国军（2002）、李军（1996）、张俊飚和易法海（1996）、楼永（1998）、李秉龙（1994）等对农业保险的作用和价值问题作了相关的研究。研究的内容如下：从宏观上讲，农业保险有助于稳定国家的财政支出并且有助于促进农村金融的发展。从微观上讲：农业保险有助于提高农民福利效用水平、促进农业科学技术的推广也有助于农民迅速恢复再生产。

庹国柱（2001，2009）对农业保险产品的属性与一般商业保险产品属性进行了对比研究，揭示了农业保险"准公共性"的属性，指出：农业保险的纯商业性经营是不可能有出路的，它的出路在于政策性框架下的经营。庹国柱（2002）提出我国必须采取政府支持下的农业保险经营模式。杜彦坤（2006）提出了我国农业政策性保险体系构建的基本思路与模式选择。王敏俊（2007）指出，政策性是我国农业保险的基本定位。李婷，肖海峰（2009）通过对吉林、江苏两省农户问卷调查进行分析，得出农户对中国农业保险试点开展状况的总体满意程度较高，政府的保费补贴政策大大减轻了农户的保费负担，但农户对保障水平、保险责任、出险获赔的及时性和合理性等评价不高。

关于农业保险对农户支付意愿及预期收益影响问题的研究，国内已有许多理论及实证研究成果。陈妍（2007）对武汉市和兴山县100户农户的调查资料进行实证分析，结果表明，家庭农业收入、耕地面积、受教育年限和务农年限对农业保险的支付意愿及农户福利有显著影响；周稳海（2008）等抽取河北农户作为样本，通过 Logistic 回归分析得出，年龄与农业保险支付意愿及预期收益成负相关关系，年收入水平、农业生产收益、对农业保险的理解程度、购买的必要性等变量均与农业保险的支付意愿成正相关关系；惠莉（2008）等利用从江苏省10个地区获得的抽样调查数据进行研究后认为，农户对农业保险的预期收益及支付意愿主要受个人承担保费的水平、家庭农业生产劳动人口数、农业风险造成的损失程度、农民受教育程度、农业生产收入占家庭总收入的比重以及农业保险的产量保障水平等因素的影响；孙香玉（2008）认为农户对保费补贴政策的了解程度对其参保决策具有统计上的显著影响，保费补贴激励和风险厌恶激励为推动农户参保的主要因素。

我国关于农户参保支付意愿及影响因素识别方面的研究成果比较显著。实证研究还有邢鹂、钟甫宁（2005、2007，北京、新疆）；钟甫宁、张跃华（2004、2005、2006，河北、浙江、上海）；宁满秀（2006，新疆）；陈妍（2007，武汉市和兴山县）；周稳海（2008，河北）；惠莉（2008，江苏省），孙香玉（2008，江苏），赵建东（2009，安徽省）。归纳研究表明不同地域农业保险支付意愿及其影响因素有差异。

关于我国农业保险福利绩效的研究。冯文丽（2004）、庹国柱（2004）、费友海（2005）认为农业保险会带来农产品产量的增加，从而使整个社会福利增加；但是张跃华（2007）根据对河南、新疆及上海的农业保险调查及实证分析得出："农业保险影响作物产量还是较为有限的"，农业保险对农民生产动机的影响及对产量的提高是不明显的。俞雅乖（2008）通过对浙江省的研究认为农业保险最终都会实现社会效用的增加；孙香玉、钟甫宁（2008）通过对新疆棉花保险、黑龙江玉米保险、江苏水稻、小麦保险实证研究得出：由于农业保险业务有最低的参保率限制，因此农业保险补贴政策可能会带来社会经济福利的净增加（即使存在社会福利净损失的情况，损失程度也比传统经济学认为的要低），同时很多学者并不这么认为。夏姆瓦拉和瓦尔德斯（Siamwalla & Valdes，1986）、米斯拉（1996）、庹国柱和王国军（2002）、冯文丽和林保清（2003）、费有海（2005）等认为，农业保险使得粮食供给曲线向右移动，在使用消费者剩余方法衡量农业生产者福利时，整个社会的福利水平随着供给曲线右移而增加，但是，作为粮食生产者的农民，其生产者剩余是否增加并不确定；施红（2007）利用引入效用最大化的方法对农业保险在影响与不影响作物供给曲线右移的两种情况下研究福利问题。施红等（2009）对政府介入农业保险的运行效率问题研究认为，在自愿保险情况下，农业保险的运作效率受到保费补贴的激励效果和交易成本变动两方面的影响。张跃华（2006）按照传统理论对农业保险如何影响农民及国家福利进行了深入分析，发现因为农业保险对产量的影响并不显著，因此，其福利效应也并不如理论分析的那么大，对农业保险的政策性补贴也不会随着作物供给曲线右移而出现大量的福利耗散。王成丽（2009）通过兴山县烟叶保险进行研究得出：农业保险补贴尽管带来了社会福利的净损失，但提高了农户福利，增加了农业保险的需求。

近年来许多国内外专家利用农村入户调查的方式进行实证研究，涉及省份包括湖南、浙江、吉林、黑龙江、河北、新疆、河南、江苏、内蒙古及陕西省等。但目前辽宁省还没有检索到实证方面的研究结果，本书的研究将利用入户调查数据及跟踪数据进行实证研究，为辽宁省农业保险绩效的提高及可持续发展设计优化机制。

（二）农业保险补贴的理论依据

国外关于农业保险补贴必要性的研究，米兰达（Miranda，1997）和格劳伯（Glauber，2002）认为农业保险投保人所面临的系统性风险是一般保险投保人所面临的系统性风险的 10 倍左右。基于此，要开展农业保险，政府有必要对农业保险进行财政补贴。对农业保险较早使用福利经济学进行分析的主要有罗马塞特和哈泽尔等人，哈泽尔认为农业保险带来的产出增加不仅有利于生产者，也有利于消费者。米斯拉·P.（Mishra P.，1996）通过对印度农业保险的研究，认为即使农业保险不是公共产品，同样也有收益溢出的现象。那么基于农业保险的可保性，必然要政府对农业保险进行补贴。国外大多数国家都对一些重要的农作物实行强制保险，认为实行强制保险可以促进农业保险的发展。

国内学者们对该不该补贴农业保险这一核心问题基本达成了共识，就是农业保险必须进行政府补贴，并将其原因归结为农业保险的特殊性质以及由此带来的市场失灵。郭晓航（1987）首先在国内提出农业保险是政策性保险的论点，农业保险属于政策性保险，国家应从政策性这一角度考虑给予农业保险适当的支持。李军（1996）认为，由于农业保险具有社会效益外溢、经济效益较低和一定的排他性，因而具有准公共物品性质。庹国柱（2002）等认为，农业保险是一种介于私人物品和公共物品之间的准公共物品，必须由政府经营或者国家财政支持商业保险公司经营，服务于政府给定的经济和社会政策，因此，只能采取政策性保险方式。冯文丽（2004）等从福利经济学角度论证了农业保险补贴的必要性。朱俊生（2011）认为，农业保险社会效益高而经济效益低，具有显著的公共物品性质。

（三）农业保险绩效的理论与实证研究

1. 农业保险绩效的理论研究

农业保险绩效理论是纳尔逊（Nelson），克拉夫特（Kraft），古德温等自20世纪80年代以来所创立的一种农业保险经济学理论。该理论主要包括两方面内容：一方面，认为农业保险能增进农民福利（农业福利）。纳尔逊·C.（Nelson C.，1987），古德温（1995）持这种观点，由于政府对农业保险进行补贴，整个国民经济和农业部门之间也将会进行再分配，因此，农业保险是财政部门对农业部门进行转移支付的一个重要工具。另一方面，认为农业保险能增进非农业部门福利。米斯拉·P（1996）认为，农业保险补贴所带来的福利并不全归农场主，因为农业和非农业部门之间存在紧密联系，非农业部门也会获得福利收益，因而需要对农场主进行补贴。该理论比较深刻地揭示了农业保险同农民福利和国民福利之间的内在联系，为美国农业保险的福利化转型提供了直接理论依据。舒尔茨（1999）认为，农业保险的基本作用同储蓄、信贷及财产相同，都是分散农业风险的手段，在农户遭受到重大灾害时，可以起到减少农户陷入"贫困陷阱"的可能性。发展中国家贫困家庭防止贫困的消费策略加剧了贫困发生的可能性，中国农户普遍存在"过度消费平滑"现象。

国内对农业保险绩效理论的研究大都源于夏姆瓦拉、巴尔德斯（2010），米斯拉·P.（1996）和哈泽尔·P.（1986）的总结，基本肯定了农业保险的绩效价值。庹国柱和李军（1996）在分析农业保险的性质时，提出虽然农业保险自身经济效益低，但是其社会效益高，具有明显的公益性及社会福利价值。庹国柱和王国军（2002）通过研究得出结论，农业保险补贴具有福利效应已经得到理论与实践的证实。费友海认为，政府对农业保险的财政补贴能够促进农业保险的供给与需求的共同增长，促进实现更高水平的供需均衡。孙香玉（2008）等认为，农业保险补贴有可能实现福利净增加，实现的潜在福利大于政府付出的补贴成本，而且补贴至少能够促进潜在福利的实现。当然也有较中立的观点，张跃华、施红（2008）等用福利最大化的方法分析表明，在考虑了农业保险对风险规避型农民的福利效应以后，社会福利是否会出现损耗情况并不确定，因此认为我国对农业保险的补贴应侧重于平等，而不是效率问题。彭可茂、席利卿（2012）认为，农业保险"效率性"与"公平性"和谐发展的研究是我国农业保险绩效问题未来的研究重点。

2. 农业保险绩效的实证研究

农业保险绩效评价指标（体系）的实证研究主要有以下几个方面：肖宏伟（2015）根据农业保险绩效的基本内容和维度构成，从投入、产出、效果三个维度出发，构建农业保险绩效评价的层次体系；再结合我国农业保险的实际情况确定了 7 项二级指标和 37 项三级指标的评价指标体系。指标体系中的项目可以通过相关统计年鉴获得。黄颖（2014）以河南省农业保险财政补贴为研究对象，从财政补贴对农户的激励作用、各级财政部门的项目管理和实施效率、财政补贴的社会效益出发，采用层次分析法，以农户和保险公司、政府作为一级指标，并将其分解为 8 个二级指标和 17 个三级指标，构建农业保险财政补贴绩效评价体系。王秀芬、郭淑敏（2015）基于不同利益相关者视角、基层工作人员视角、补贴资金使用效率视角、契约执行视角、保险机构运行效率视角等多个视角对近几年来农业保险绩效评价的指标进行了探讨。

农业保险绩效评价的实证研究有以下几个方面：黄颖（2015）基于 2009～2013 年省际面板数据，利用 AHP 构建农业保险保费补贴绩效评价指标体系，并臻选作为 DEA 模型的投入产出的关键指标，利用实证分析我国农业保险财政补贴的规模效率较低的原因。同年，黄颖（2015）通过运用 DEA 中的 VRS 模型对我国河南省、陕西省和黑龙江省等 11 个省 2011 ~ 2013 年农业保险财政补贴的绩效进行分析和评价，研究表明部分省市出现技术无效和规模无效。刘从敏和李丹（2015）以黑龙江省的 13 个地市、农垦总局及全省作为决策单元，选取反映种植业保险补贴绩效的相关指标，运用 DEA 模型中产出导向的 BCC 模型对黑龙江省种植业保险补贴效率进行分析，得出黑龙江省各地区种植业保险补贴效率普遍不高且存在明显差异的结论。冯文丽、杨雪美和薄悦（2015）基于 DEA - Tobit 模型对我国 31 个省、自治区和直辖市及"全国总计"作为决策单元进行分析，研究表明我国农业保险市场处于有效状态。聂谦、王克和张峭（2015）利用 Copula - ALM 模型构建中国农业保险再保险共同体的一般运行模式并评价其运行效果，研究不同保费转移比例和购买商业再保险对其运营的影响。赵霞和连严燕（2010）利用 1980 ~ 2006 年的中国保费收入与 GDP 等数据对保费收入与经济增长之间的关系进行分析，借助变参数模型研究得出我国保费收入与经济增长之间存在变参数协整关系，即经济增长会在发展的不同时期对保险需求产生不同的拉动作用。

二、基于微观层面的农业保险绩效研究

（一）农业保险具有稳定农户收入（反贫困）的效用

国外学者对于农业保险稳定农户收入效用持肯定的态度。山内（Yamauchi，1986）通过日本青森县（Aomori Prefecture）的案例分析了农业保险对稳定农民收入的效果，研究表明由于购买了农业保险，农民在遭受风险损失时，不仅能收回经营成本，还能得到一部分净利润。戈登·L. 卡里克（Gordon L. Carriker，1991）利用美国堪萨斯州干旱地区 98 个小麦农场和 38 个玉米农场的数据，比较了五种作物保险和灾害救助计划对农民收入的影响，研究发现个体农场收益保险在降低农民收入风险方面的作用比其他保险或救助方式更为有效。克拉夫特（1996）用美国数据证实农业保险可以影响农

业净收入的概率分布、影响农户收入的稳定性，虽然在正常年份农民支付保险费会降低农户可获得的最大收入，但在受灾年份，农户得到的保险赔付就可以减少低收入的可能性。尼曼（Nyman，2002）通过研究贫困家庭的保险需求得出：农业保险对贫穷家庭的边际收入效用影响更大，因此，介入具体的微观经营环节对提高农业保险的覆盖面具有至关重要的作用。布鲁斯·巴布科克和查德·哈特（Bruce A. Babcock & Chad E. Hart，2005）通过对供求关系研究发现，政府补贴可以提高农户参保率，且补贴的积极效应主要体现在供给的增加和农户收入的稳定两个方面。张芮（Rui Zhang，2007）等认为，联邦农作物保险计划已经成为美国农业生产者管理价格和产量风险的一种有效手段，政府为联邦农作物保险提供的保费补贴费用从 1995 年的 4.36 亿美元增加到 2005 年的 20 亿美元，在如此巨大的政府财政支持下，参保农民的农业生产收入因自然灾害而急剧减少的概率显著下降。近几年来的实证研究也支持了上述学者的结论：胡赛尼·S.S 和格鲁扎得（Hosseini S. S. & Gholizadeh H.，2008）运用随机动态模拟方法研究了农作物保险对农民收入稳定的影响，结果显示购买农业保险之后，农民的收入波动下降了 13.4%。特克玛尼·J.（Torkamani J.，2009）使用古德温模型和 ELCE 方法，就农业保险政策对农民收入分配影响的政策效果进行了评估，研究结果显示农作物保险对农民收入分配具有积极影响，并有效降低了农民的风险厌恶程度。尹卓罗斯·G.（Enjolars G.，2012）等采用法国和意大利两国 9 555 位农民 2003~2007 年的原始数据，实证分析了农业保险对农民收入波动的影响，研究结果表明，农业保险不仅增加了农民收入，同时也降低了收入的波动性。

农业保险对农户收入的稳定效用是我国学者和决策者普遍关注的一个重要问题，也是检验政府财政补贴效率的一个重要指标。国内学者的相关研究主要从两个方面展开：一是农业保险对农民个体收入的影响，大部分学者认为农业保险具有稳定农户收入的作用。如冯文丽（2004）通过利用庇古的福利经济学思想解释了农业保险的福利功效，认为农业保险兼具危险处理财务手段及收入转移政策两种政策功能，认为农业保险具有促进农业产业化、提高农业贷款人收益、保障农民收入稳定的功能。邓磊（2005）指出，农业保险为农民的损失提供了稳定的补偿机制而且是比救济更及时、更灵活、更广泛的补偿，它使得农民有能力，有资金迅速投入新的生产，将灾害造成的减产限制在最小的程度，也减少了对下游产业的冲击，因此，它保证了农民无论有无灾害都能够获得稳定的收入。邢鹂等（2007）采用历史模拟方法，模拟了6种农业保险承保和补贴方案对农民收入的影响，并对投保前后农民收入差异进行了检验，其结果表明，随着保障水平和保费补贴比例的提高，农民的农业经营性收入将趋于上升和稳定。俞雅乖（2008）通过分析浙江省农业保险"共保体"模式，认为农业保险的社会效应主要表现在稳定农民收入和缓解城乡社会事业的矛盾，促进城乡一体化建设等方面。张建军和许承明（2013）研究发现，信贷与保险互联能有效改善农户信贷配给，显著提高农户农业收入，并有效降低农业保险保费补贴的财政压力。张伟、罗向明、郭颂平（2014）以民族地区作为研究对象，自然灾害是造成民族地区农村贫困的重要因素，研究表明农业保险提供的风险保障有利于稳定农民收入、降低贫困发生率。施红（2015）利用微观数据，采用风险测度指标，以农户收入风险为考察对象，从农户层面对生猪保险的稳定收入效应进行研究，研究表明在高保障水平的足额保险情况下，生猪保险能显著发挥稳定农业收入的作用。并指出提高保障水平、满足农户多样化的风险保障需求是农业保险不断完善的一个重要的方向。但也有学者得出相反的结论，柴智慧，赵元凤（2013）运用倍差模型分析了内蒙古农业保险对农户家庭种植业收入的影响，其结果表明，农业保险的开展对农业收入增长并没有显著影响。对于农业保险对农户收入增长影响不显著的问题，主要是因为农业保险与农户收入之间是间接关系，受到技术、土地资源等要素的制约，因此，造成研究结果中显示农业保险与农户收入之间的相关性不显著。二是农业保险对农民收入分配的影响。孙香玉和钟甫宁（2009）从理论上分析了强制保险条件下农业保险对不同农户福利的影响，认为在以种植业收入为主的地区，农户的生产规模越大，其收入越高，因此，强制种植大户参加农业保险并不会损害穷人的利益，反而会出现劫富济贫的效果。罗向明等（2011）、张伟等（2013）则分别研究了中国农业保险补贴力度的地区差异对不同区域农民收入分配的影响，认为东部沿海地区农业保险补贴力度高于中西部地区的情况如果不加以改变，将会进一步加剧农民收入水平的地区差距。

（二）农业保险具有平滑消费的作用

国外理论界对农业保险绩效探讨的一个观点是农业保险可以在年度间平滑农户的消费曲线。莫斯利·P.（Mosley P.，1995）认为农业保险通过保费和保险赔款影响农户农业净收入的概率分布，一方面农民购买农业保险需要支付保险费，从而会减少农户可获得的最大收入，但反过来，保险赔款也减少了农户低收入的可能性。斯基斯·J.（Skees J.，1999）认为农业保险的基本作用同储蓄、信贷及财产相同，都是分散农业风险的手段，在农户遭受到重大灾害时，可以起到减少农户陷入"贫困陷阱"的可能性。

国内的研究主要认为农业保险作为农业风险管理替代工具，还具有抗风险和反贫困的作用和功能。北京大学中国经济研究中心 CCER的一项研究考察了我国八个省的农村家庭风险分担机制对贫困的影响，发现农户能够通过借款、储蓄、参加多种保险等手段对风险冲击进行消费平滑，将消费平滑与贫困问题联系起来，提出风险会形成贫困，低收入家庭追求消费平滑会形成未来贫困。聂荣、闫宇光、王欣兰（2013）利用辽宁省入户调查数据，从微观角度评价农业保险的福利意义及经济绩效。研究发现，农业保险对于农户具有显著的平滑消费、规避农业风险的福利效应；农业保险有利于提高农户个体的农业产出水平；农业保险具有反贫困的福利意义，但是对于低收入的30%农户反贫困效果不明显；同时，农业保险具有满足农户消费需求的福利效用。

（三）农业保险为农户提供社会保障

文森特·H. 史密斯（Vincent H. Smith, 2001）提出，作物保险类似于一种收益保障合同，它为个体农业生产者的农作物收益提供保障，以防止预期收入的下降。

我国学术界有观点认为农业保险如同新农合、新农保，都应归属于农村社会保障体系，担当起社会保障的职责。龙文军等（2004）将博弈理论应用于农业保险的行为主体分析，用博弈的原理来分析主体行为，得出对于农民来说，无论是从事高风险或低风险产品的耕种，参与农业保险是其获得稳定收益的保障。段学慧（2006）提出，在农村社会保障体系中，农业保险处于基础或"上游"环境，影响着农村社会保障水平层次的选择、效率的高低和实施力度的大小。张国海（2007）等认为农业保险作为社会性的农业自然风险分散工具纳入农村社会保障体系来保障农户的风险冲击，利用农业保险的方式对受灾群众进行救助，是一个新思路。庹国柱（2011）指出，发达国家对农业保险实施的是典型的低费率、高补贴的社会保障政策。黄如金（1999）、聂荣（2012）认为，农业保险作为社会性的农业系统性风险分散工具，解决了农民受灾之际的生活问题，提高农户福利，增强农村社会保障网络，因而农业保险应纳入农村社会保障体系，应担当起社会保障职责。如果农业保险这个屏障没有建立，农民脱贫就没有保障，脱贫后返贫的可能性也会大大增加。俞雅乖（2008）、朱阳生（2011）研究认为中央政府是农业保险政策的主要制定者，各级政府均是农业保险保费补贴资金的提供者。希望通过政府的引导和补贴资金支持，农业保险会带来可观的经济和社会效益，与经济效益相比，农业保险的价值主要体现在其社会价值上，其社会效应主要表现在提高农业产业风险防范能力，提高财政资金使用效率，提高农村社会保障水平，促进农民收入稳定增长，从而促进"三农"问题的解决，构建和谐社会等。张跃华（2009）认为如果以农业保险替代救灾，则农业保险更多会具有社会保障的性质。庹国柱（2006）认为农业保险具有农业和农村发展及社会保障的双重功能。

（四）农户的保险需求研究

国外对于农业保险的多重险和一切险基本上都是政府直接或间接经营的解释，主要是信息不对称所引起的逆向选择和道德风险（Knight T. O. & K. H. Coble，2002）。有些学者认为农业保险需求更多的与逆向选择有关，如加尔文和昆根（Calvin & Quiggin，1999）发现，农民参与联邦农业保险项目的原因中，风险规避仅仅是一个很小的因素，而主要是为了得到政府的补贴。有些学者认为农业保险需求与农户的风险规避态度有关。随着保险费率的增高，那些农场自然风险或者收入风险变化显著的单位倾向于购买农业保险。格劳伯等（2002）研究显示农业种植面积越大，农户的农业收入越高，因此为了确保农业收入的稳定性，农户基于分散风险的考虑可能使用农业保险手段提高其效用水平，会愿意通过参加农业保险来增强农业收入的稳定性。塞拉（Serra）和古德温等（2003）在农业保险需求实证研究中发现，对于美国农户，随着其初始财富到达一定程度以后，其风险规避减弱，因而购买农业保险的动机减弱。尼曼（2002）在研究贫穷家庭的保险需求时得出：保险对贫穷家庭收入边际效用更大，因此在购买保险的人群中，贫穷家庭购买保险后的效用提高相对较快。巴布科克（Babcock，2011）研究发现农业保险补贴类似于农产品价格支持政策，大大提高了农民参加农业保险的积极性。锡德拉（Sidra Ghazanfar），张启文（Zhang Qiwen），穆罕默德·阿卜杜拉（Muhammad Abdullah），艾哈·迈德（Zeeshan Ahmad）和马吉德·拉蒂夫（Majid Lateef）（2015）对巴基斯坦300户农户的调查数据采用 Probit 模型分析显示，影响巴基斯坦农民购买农业保险的两个最主要因素是教育水平和农村信贷，农户对农业保险的认知水平较低影响农户对保险的需求意愿，因此，可以通过提高农业保险推广教育及银行农业信贷来提高农户农业保险需求。

国内学者分别从理论和实证角度分析了农业保险需求问题。理论研究方面，李军和庹国柱等主要从农业保险对农业生产和社会的效益来说明。李军（1996）是从农业保险对农业生产的效益来分析的，指出由于农业保险对于分散风险、促进农业资源的合理分配、促进农业产品总量的增加和质量的提高，以及对于保障农业的再生产和扩大再生产有着重要的意义，因此，农业保险正是存在着社会效益高而自身效益低的情况。庹国柱等（2002）同样提出农业保险所带来的最终效益是外在的，即更多地体现在全社会。冯文丽（2004）认为"农民购买农业保险、保险公司提供农业保险，保证农业生产顺利进行，可使全体社会成员享受农业稳定、农产品价格低廉的好处，因而，农业保险是一种具有正外部性的准公共产品"。费友海（2005）同样指出农业保险是一种准公共产品，具有外部性，且具有正外部性；其消费的正外部性导致农业保险"有效需求不足"，其生产的正外部性导致农业保险"有效供给不足"。张伟等（2013）、夏云等（2015）、郑军等（2015）立足于我国农业保险的发展现状对农业保险需求问题的影响因素进行了探索，研究发现农民收入、风险演变、农村土地流转、农业产业化、区域差异等因素对农业保险需求存在影响。实证研究方面，陈妍等（2007）实证分析得出农户的家庭农业收入，耕地面积及受教育年限和务农年限对农业保险需求有显著影响。王阿星、张峭（2008）以内蒙古鄂尔多斯市为例，通过 logit 模型分析了农业保险需求可能存在的影响因素，发现农户的家庭农业收入比重、受灾程度、教育、保险购买状况、性别状况等对农业保险需求存在显著影响。王秀芬、李茂松、王春艳（2013）利用吉林省农户的调查数据，在对农户以农业收入占总收入的比例为依据进行分类的基础上，建立 logistic 模型分析影响不同类型农户农业保险需求意愿的因素及差异。研究结果表明：家庭纯收入水平在一定程度上影响纯农型农户对农业保险的需求意愿，而对于其他三类农户而言，收入水平不再是影响因素，他们更关注于对农业保险重要性的认识、农业保险的服务及其对农业生产的促进作用，而对于非农型农户而言，是否购买农业保险对这类农户来说已经并不重要。聂荣、王欣兰、闫宇光（2013）根据农业保险需求理论，利用二元 logistic 模型对辽宁省农村入户调查数据进行了实证分析与检验。从农户家庭经济条件、家庭务农状况、风险分担措施的采用等全新视角对农业保险有效需求的影响因素及其作用机理进行了实证研究，同时考虑了农户的个人特质及对农业保险的认知等因素对农业保险有效需求的影响。研究结果表明：是否购买医疗保险、是否购买养老保险、年收入等因素对农业保险有效需求有负向影响，而是否享受政府救济、家庭资产、保险认知、受教育程度等因素对农业保险有效需求有正向影响。唐德祥等（2015）根据家庭生产理论建立农业保险有效需求模型，基于 2007~2013 年的中国省际面板数据对农业保险有效需求的影响因素及区域差异进行了实证分析。研究表明：农民收入水平的提高是扩大农业保险有效需求的重要影响因素，而东部地区和中西部地区存在较大差异；成灾率的提高对农业保险需求有显著的负影响；农业保险补贴政策对农民参保的有效需求激励不足，较低的赔付保障水平不利于农民参保积极性的提高。

三、基于宏观层面的农业保险绩效研究

（一）农业保险促进农村金融市场发展

如阿森斯·阿里和柯瑞安（Ahsans Ali & Kurian，1982）；纳尔逊和雷汶（Nelson & Loehman，1987）通过对农业保险市场失灵方面研究，发现农业保险需要政府的补贴才能纠正农业保险的市场失灵，带动农村金融市场发展。帕莫瑞达（Pomareda，1986）对巴拿马农业保险机构和农业发展银行进行实证分析后，认为农业信用保险可以提高贷款人的经营业绩，进而促进农村金融市场的发展。莱瑟斯（Leathers，1991）等人对美国北达科他州的实证研究表明：农业保险赔款 1 美元，可以使整个州的商业销售额增长 2.3 美元，总产量增加 1.14 美元，个人收入增长 1.03 美元。米斯拉（1996）等通过研究发现，农业保险在增加农产品供给的同时也会带来农业和非农业部门就业和收入的增加，导致需求曲线上移，价格上升。

我国学者谢汉阳（2012）通过对湖南岳阳的调查显示，农业保险能在一定程度上化解金融机构经营过程面临的道德风险和逆向选择，促

进农村信贷金融的发展。

（二）农业保险覆盖率及保障水平的研究

我国政府近年来高度重视农业保险覆盖率及保障水平问题，但目前国内对此进行专门研究的学者并不多。张文武（2010）认为我国小规模农户参保行为具有参保率低下、参保行为短期化、参保动机兼具理性和非理性等特征，提出我国农业保险应该构建"联合体"经营模式，将基于农户的各种经济合作组织与商业保险公司、农业风险基金等组成"保险合作社"，有效提高小规模农户投保的组织化程度。冯文丽（2011）认为我国农业保险存在"高补贴、低覆盖"现象，覆盖率较低的原因主要在于补贴立法滞后、农民保险意识不强、补贴制度不完善、信息不对称问题突出和巨灾风险分散制度不健全等。曹媛（2011）认为我国欠发达地区农业保险参保率低的原因有两个：一是宣传力度不够，农民对农业保险认知度不高；二是农业保险业务种类较小，难以满足农村市场发展需求。根据马洁、付雪和杨汭华（2012）的调研，在吉林省农业保险参保率已超过70%的情况下，农户的参保意愿仍高出实际参保率约10个百分点，他们的实证分析结果表明：户主对气象风险的重视程度，对农业保险的了解程度、对保费补贴政策的态度是影响潜在保险需求并决定有效需求的重要因素，提出有必要实施有条件的强制性农业保险。冯文丽、杨雪美和薄悦（2014）基于 Tobit 模型对我国农业保险覆盖率进行实证分析，研究表明农业保险覆盖率与农作物种植面积负相关，与农民人均纯收入、保费补贴合计、综合赔付率、承保利润率以及已赚保费综合费用率正相关。

（三）农业保险对种植结构的优化的研究

国外对于农业保险对农业种植结构的影响的研究主要集中在两个方面。一部分学者认为农业保险会使农业种植面积增加，并刺激农户种植农业保险补贴较高的作物。如格里芬（Griffin，1996）最先对此问题展开了研究，他发现农业保险补贴与美国大平原地区农作物种植的集中度存在明显的相关性，农业保险保费补贴较高的农作物，其种植面积逐年上升。随后，吴俊杰（JunJie Wu，1999）对内布拉斯加州中部盆地农场种植者的实证研究显示，当政府为玉米提供保费补贴的时候，农民会将原先用于生产干草或用作牧场的土地转为种植玉米，从而使得玉米的种植面积增加。基顿（Keeton）、斯基斯（Skees）和朗（Long，1999）则分别选择 1978~1982 年和 1988~1992 年这两个时间段，分析了农业保险对美国农作物种植面积的影响，研究显示农业保险的参与率每增加 10 个百分点，小麦、玉米、大豆等 6 种主要农作物的种植面积将增加 590 万亩。杨（Young，2001）等考察了美国 7 个地区 8 种最多的商品市场影响，认为农业保险补贴导致额外 96 万英亩的小麦与棉花种植，占总增加量的 75%。简·A. 科尔曼和萨利姆（Jane A. Coleman & Saleem，2009）采用累计移动回归技术，研究了农作物保险实施前后，美国北达科他州农业生产结构的变化，研究表明相对于没有补贴或者只有较少补贴的农作物而言，享有较高农业保险补贴的农作物种植面积明显增加。罗素·特隆斯塔德和布尔（Russell. Tronstad & Bool，2010）利用 1995~2005 年的县级面板数据，分析了美国棉花种植面积与农业保险之间的关系，发现较高的农业保险补贴将激励棉农扩大棉花种植面积，自 1994 年美国联邦农作物保险法调整以后，由于政府将农业保险与其他灾害救济计划捆绑在一起，并且为棉花种植保险补贴大部分保费，使得棉花种植面积从 1994 年的 580 万亩迅速增加到 1995 年的 1 580 万亩，并且低产量、低品质棉花产地比高产量、高品质棉花产地种植面积的增加更明显。安东尼（Anthony，2012）的研究表明农业保险保费补贴比例和保障水平的差异会引致农作物生产结构的变化，那些提供较高补贴的农作物品种其种植面积明显增加，没有提供补贴或者只有少量补贴的农作物面积则相对减少。还有一部分学者认为农业保险并未导致种植面积大幅度增加。如古德温，M. L. 范迪维尔（M. L. Vandeveer）和 J. L. 迪尔（J. L. Deal）（2004）使用 POLYSYYS - ERS 方法，发现农业保险计划的扩大并未导致大的种植面积增加。他利用 1985~1993 年的混合跨部门时间序列模型，发现对于热带地区的玉米与大豆以及在北部大平原地区的小麦与大麦而言，种植面积反应、保险参与、投入品使用以及 CRP 参与是共同起作用的。种植面积对玉米、大豆、大麦的保险参与的反应弹性分别为 0.014、0.0025、0.19，政策模拟的结果显示大的保费下降（30%）导致大麦以 1.1% 的比例上升，而谷物却只从 0.28% 上升到 0.49%。迪尔（Deal，2004）在其博士论文中考察了补贴型农业保险与土壤侵蚀之间的关系，他考察了 1990～1995 年以及 1996～2000 年两个时期，在南部海岸地区、密西西比河口与入海口地区农业保险对棉花种植面积与投入品使用的影响。与古德温（2004）等相似，迪尔在 GMM 框架下使用工具变量法来共同估计所提出的五个结构方程，回归结果显示在密西西比河口地区，农险参与与棉花种植之间存在负的显著关系；而在 1996～2000 年，在两个地区农险参与与棉花种植之间存在正的显著关系。棉花面积对保险参与变化的弹性分析大多是无弹性的，在 -0.104～0.099 之间变化。基于政策模拟，他发现明显的保费费率下降大体上影响保险参与，但保费费率下降却并不能解释棉花种植面积的变化。

国内学者对农业保险在种植结构调整的研究不多。宁满秀（2006）通过考察新疆玛纳斯流域棉花保险补贴时发现，农户棉花播种面积与保险支付之间呈现明显的正相关关系。蔡洪滨等（2010）则在贵州省毕节地区金沙县的 480 个村开展实验以考察农业保险对农民养猪行为的影响，发现参保率的上升显著增加了农民饲养母猪的数量，而农民是否接受政府推广的保险与他们对政府的信任程度有关。陈晓安（2015）利用《中国保险年鉴》《中国统计年鉴》《中国农村统计年鉴》中 2007～2010 年我国 30 个省、市、自治区（除西藏外）的数据，包括农业保险保费收入、受灾面积、农业赔款，以及水稻、小麦、玉米、油料、棉花等六种主要作物的补贴品种的种植面积、在总农作物种植面积中的比例、上一年价格、是否有保费补贴等数据，运用联立方程进行回归分析，实证考察了农业保险财政补贴在农业种植结构调整中的效果，认为我国农业保险在农业生产中发挥了"稳定器"与"助推器"的作用，即财政补贴保费会刺激农户增加被补贴作物的种植面积。

（四）农业保险对资源配置优化的研究

农业保险可以缓解自然灾害所造成的农户资源分配的混乱。巴布科克和轩尼诗（Babcock & Hennessy，1996）；霍洛维茨和利希滕贝格（Horowitz & Lichtenberg，1993）；昆根（Quiggin，1992）从农户服从"理性经济人"的基本假设出发，在特定的市场环境、技术与风险条件下，农户选择包括购买农业保险在内的各种不同组合的生产要素从事棉花生产，从而使得棉花生产利润的预期效用最大化。史密斯和古德温（Smith & Goodwin，1996）研究认为农业保险制度下，农户将调整其耕作方式以达到投保后农业生产预期收益效用最大化的目的。同时，农户生产方式的调整也会影响到农业保险的购买决策。米迦勒·R. 卡特（Michael R. Carter）、程兰（Lan Cheng）、萨里斯（Alexandors Sarris，2015）通过理论分析认为农业指数保险对提高农业技术进步、改善农村资源配置是非常有效的。

我国学者对农业保险资源配置优化的研究主要有：徐龙军（2014）以烟草保险为例，对保险产品影响农户劳动力配置及其收入的模拟分析表明，费率更低而保障水平更高的农业保险对农户资源配置影响更大，农业保险会促使农户将更多劳动力等生产要素投入农业，加速大户的形成。宗国富（2014）等提出农业风险可能诱发农户生产行为的转变分为 3 个方面：一是参加保险会导致非保险项目品种、面积或数量减少，而保险项目品种、面积或数量则会增加，使得种植业和养殖业结构发生改变，从而影响农户的收入结构；二是由于农业保险额度的不同，农户生产由低收入保险项目转向高收入保险项目，如由大田作物生产转向经济类作物；三是农户生产经营行为可能会由种植业转向养殖业和务工，从而使农户家庭的收入结构发生改变。

（五）农业保险带动生产集约化（土地流转）

古德温（1993）和拉弗朗斯·J. T.（Lafrance J. T.，2001）研究表明作物保险补贴会导致边际土地的使用和粗放型增长。

张跃华、史清华、顾海英（2006）基于上海农户的研究结果表明，农业保险会引起农户采用更先进的生产方式，但是农户生产方式的改变取决于农产品特征。

（六）农业保险对农业产量的影响（影响国家粮食安全）

国外学者通过理论和实证分析对农业保险影响农业产量进行研究。在理论研究中，阿森斯·阿里（Ahsans Ali）、柯瑞安（1982）、纳尔逊（Nelson）和雷汶（Loehman）（1987）的理论分析认为，农业保险具有增加产量的可能。拉马斯瓦米（Ramaswami, 1993）指出，除了降低风险与潜在提高产量的作用外，由于道德风险的存在，农业保险对产量也存在负面的影响。钱伯斯（Chambers, 2007）扩展了拉马斯瓦米的工作，在模型中包含了多种投入与多种产出，认为农业保险对产量的影响不确定。在实证研究中，杨（Young），范迪维尔（Vandeveer）和斯内夫（Sehnepf, 2001）研究认为，财政补贴的农作物保险仅仅将主要农作物的种植面积提高了 0.4%，其中小麦和棉花增加的播种面积占31%。奥登（Orden, 2001）对关于农作物保险对产量影响的研究进行了总结，认为 1998~2000 年农作物保险补贴对农作物生产的影响大概是增加产出 0.28%~4.1%。古德温，范迪维尔和迪尔（2004）考察了美国中西部玉米和大豆种植户以及北部平原地区的小麦和小麦种植户，发现农户的保费成本降低 30%，大麦的种植面积增加 1.1%，玉米的种植面积增加不到 0.5% 而大豆和小麦的种植面积变化在统计上不显著。波格丹（Bogdan）、卡门（Carmen）、克里斯蒂娜（Cristina, 2015）研究认为粮食安全主要要素包括：农业生产、粮食分布状况及减缓贫困。农业保险促进粮食生产，改善粮食供应链，增进农业风险管理，稳定农户收入，促进农业生产投资。因此农业保险是保证粮食安全的关键要素。

国内学者关于农业保险对产出影响方面的研究有，陈锡文（2004）通过新疆和田地区调查分析指出，在大范围内，农业保险可以通过改变农民对生产方式的选择，进而促进作物产量增长。但张跃华、史清华（2007）通过上海农业保险的证据研究指出上述结论并不严密，农业保险对粮食产量的影响并不显著，其福利效应也并不如理论分析的那么大，对农业保险的政策性补贴又不会随着作物供给曲线右移而出现大量的福利耗散。

（七）农业保险的经济补偿

古德温（2001）认为，农业保险是财政部对农业部门进行转移支付的一个重要工具。据他测算，在 1988～1999 年，农民平均支付 1 美元的保费，就可以收到 1.88 美元的赔偿。无论是受灾农民和未受灾农民之间、受灾地区和未受灾地区之间的再分配，还是农业部门和整个国民经济之间的再分配，都可以使国民收入的分配相对均等和合理。阿提·阿特雷亚（Ajita Atreya）、苏珊娜·费雷拉（Susana Ferreira）、米歇尔·凯尔·让（Erwann Michel Kerjan）（2015）认为洪泛区中较发达部分的比例对保险的销售率有显著的正向影响，农业保险不能预防风险，但是农业保险能够补偿经济损失。

（八）农业保险对农业起到分散风险的作用

莱特·B. D.（Wright B. D.）和休伊特（Hewitt）（1990）研究认为随着保险费率的增高，那些农场自然风险或者收入风险变化显著的单位倾向于购买农业保险。斯基斯在（1999）提出与储蓄、信贷和财产一样，农业保险的基本作用也是分散农业风险的一种手段，当农户遇到重大灾害时，能够起到降低其陷入"贫困陷阱"的可能性。

李秉龙（1994）年指出在市场经济条件下，农业保险有利于转移农业风险，保证农业生产持续稳定地发展，农业保险可以稳定国家的财政收支，促进信贷资金的流转，农业保险有利于加强农业风险的管理，减少灾害损失。张跃华（2007）研究认为在规模较大的自然灾害风险条件下，农业保险可以补充农民利用传统风险分散的能力，有助于迅速恢复再生产，因此，农业保险在农业生产过程中，能够起到一定的作用。张峭（2011）研究讨论了农业保险到底能在多大程度上分散农业风险及损失，国家对农业保险的投入比重与其带来的福利效果是否对等，政府投入规模和力度是否合适，财政补贴资金是否存在某些"浪费"的问题。但是对于这些问题目前尚没有明确的答案，我国农业保险效果评估工作的缺失已经成为我国农业保险发展的洼地。我国 2014 年成立中国农业保险再保险共同体，聂谦、王克和张峭（2015）利用 Copula – ALM 模型构建对中国农业保险再保险共同体的一般运营模式，评估其运营的效果，通过分析不同保费转移比例和购买商业再保险对其运营的影响，认为购买商业再保险的组合模式比内部分散模式更能对抗农业存在的高风险问题，能够起到很好的分散农业风险的作用。

（九）农业保险的环境效应

农业保险的环境效应主要从两个方面研究：一是农业保险对耕地的影响；二是农业保险对化学品投入的影响。

农业保险能否刺激农民扩大耕地面积一直以来是个争议的话题。一些学者对此持肯定态度：山内（Yamauchi，1986）的研究表明，"二战"后日本的农作物保险计划在鼓励高风险地区水稻种植方面作用显著，在农作物生长屡遭冻害的日本北部 Hokkaido 地区，水稻播种面积由 1950 年的 13.1 万公顷增加到 1965 年的 20.3 万公顷。杰弗里（Jeffrey，2001）等构建了一个随机作物生产的局部均衡模型，从理论上探讨了由农业保险引致的农业生产边际扩张对环境退化的影响，分析结果显示：如果收取的保费是精算公平的，农业保险对农民的土地利用决策没有影响；如果对农业保险提供保费补贴，农民将会有扩大土地生产边界的激励。另一些学者的研究则表明农业保险对农民土地利用行为的影响极其微小：如古德温等（2004）对美国大平原地区玉米和大豆生产者的实证研究发现，参与农作物保险虽然在某些情况下会导致耕地面积出现统计意义上的变化，但这种变化并不明显，即使是在统计结果最为显著的地区，在农业保险保费补贴增加 30% 的情况下，参保农民耕地面积的增加比例也只有 0.2% ~ 1.1%；苗瑞青（Ruiqing Miao，2011）等采用农场水平的数据就农业保险对农民土地利用的影响进行了实证模拟，得出了与古德温等相近的结论。

关于农业保险引致的新增耕地上农民的化学品投入情况，大量学者对农业保险与化学要素投入之间的关系进行了理论探讨和实证研究。目前对农业保险补贴对农民化学品投入的影响主要有以下三种结论。一部分学者认为农业保险会激励农民增加化学品投入，如约翰·霍洛维茨和埃里克·贝格（John K. Horowitz & Erik Lichtenberg, 1993）以农业保险影响农户化学品施用行为但反过来则影响不大、农户是风险规避者、化肥农药施用较多会引发减产以及农业保险的购买决策在化学要素实际投入之前做出等为基本假定，利用递归模型研究发现农业保险对美国中西部玉米种植者农药和化肥施量的影响，发现相比那些没有购买保险的农民，购买保险的玉米种植者每亩氮肥的施用量增加了 19%，农药的施用量增加了 21%，其中除草剂和杀虫剂的施用量分别增加了 7% 和63%。霍洛维茨和埃里克贝格（Horowitz & Lichtenberg, 1994）认为化肥及其他化学要素对产量分布具有两种不同的作用：增加化学要素施用在提高产量预期的同时也增加了产量的方差即波动性。当产量方差大到足以抵消其期望值时，增加化学要素投入能提高减产概率。如果农业保险对减产带来的损失进行补偿的话，那么农户将增加化学要素的施用。R·沙基尔（R. Chakir, 2010）等针对法国油菜保险的实证研究也支持了约翰·K. 霍罗威茨（John K. Horowitz）和埃里克·利希滕贝格（Erik Lichtenberg）的结论；另一部分学者则得出农业保险会减少农民化学品投入的结论，如 J. 昆根（J. Quiggin）（1992）利用柯布—道格拉斯生产函数，采用普通最小二乘法对美国中西部玉米及大豆种植者的研究发现，购买农业保险会使农民减少农药和化肥的使用量，农业保险与化学品投入之间形成了一种替代关系。随后布鲁斯·艾伦·巴布科克和戴维·A. 轩尼诗（Bruce Alan Babcock & David A. Hennessy, 1996）分别针对玉米和小麦种植者的实证研究也都支持了这一观点。史密斯·文森特·H.（Smith Vincent H.）和古德温（1996）运用联立方程对美国堪萨斯州的麦农购买农业保险和化学物质施用行为作了实证分析，表明购买保险的农户的氮肥投入会降低 5 美元/公顷。他们的研究验证了传统的观点：农业保险制度下的道德风险效应导致农户减少要素投入。巴布科克和轩尼诗（Hennessy）（1996）对爱荷华州的农户运用蒙特卡罗模拟进行了分析，发现如果保障水平低于（或等于）70%时，农业保险计划会引致氮肥施用的少量减少，而如果保障水平为90%时，高风险规避型的农户会减少化肥施用约10%。他们的研究结果也说明，农户风险态度与农业保险保障水平对化学要素的施用产生显著影响。还有学者得出了不确定的结论，如米斯拉等（2005）研究发现，农业保险在导致一部分农作物化学品施用量增加的同时，也造成另一部分农作物化学品施用量的减少。

目前学者就农业保险是否对农民耕地中化学品投入决策产生影响未达成一致看法。主要原因在于，以往研究中为考虑耕地类型和农业保险补贴力度对研究结果的影响。对于禀赋较高的耕地，不管有无农业保险，这类耕地都是农民从事生产的首要选择。对于土地禀赋较低的中低产耕地，农业保险保费补贴水平较低，这部分补贴不足以改善农民耕地的成本收益，因此，农业保险难以对这种耕地的规模扩张和化学品投入形成激励。只有当保费补贴和保障水平较高时，农民耕地收益加大，农民耕种这类土地变得有利可图才会扩大土地并增加生产要素的投入。

我国学者对农业保险的环境效应研究较少：邱君（2007），巩前文（2008）研究表明耕地规模的不合理扩张一方面会导致严重的生态问题，另一方面，由于扩张的主要是中低产耕地，较差的资源禀赋条件迫使农民只能通过不断增加化肥、农药的投入来提高产量，从而引起土壤化学品污染加剧。因此，农业保险对农民土地利用决策存在多大影响，农民土地利用决策的变化优惠如何影响环境，是决策部门在制定农业保险补贴政策时应当考虑的重要问题。张伟、罗向明和郭颂平（2014）构建了一个解释农业保险对农村环境影响的理论分析框架，分别从农业生产结构调整、农业生产规模扩张和农业生产技术进步三个维度对农业保险引致的环境效应进行了理论分析。研究显示，保费补贴比例的大小和保障水平的高低是影响农业保险环境效应的最主要因素，政府应该调整现行农业保险补贴政策，通过经济激励的方式诱导农民采用环境友好型的农业生产方式，使农业保险成为我国生态农业发展的重要推动力。国内学者钟甫宁、宁满秀、邢鹏、苗齐（2007）在《经济学季刊》发表的《农业保险与农用化学品施用关系研究——对新疆玛纳斯河流域农户的经验分析》一文，也对此问题进行了研究，该文以实施"低保费、低保障"的新疆玛纳斯河流域为研究对象，运用联立方程组对新疆生产建设兵团现行农业保险制度与农户农用化学要素施用行为之间的关系进行了实证分析，实证结果显示农户购买农业保险的决策对其化肥和农药的施用量具有一定程度的促进作用，但统计上并不是很显著，购买农业保险后农民的农药施用量则显著减少，没有足够的证据显示购买农业保险会鼓励农民扩大耕地播种面积。相同的研究结论也反映在宁满秀的博士论文中。

四、农业保险绩效评价研究

（一）农业保险绩效评价方法（模型）的研究

黄颖（2015）利用基于2009～2013年省际面板数据，利用AHP构建农业保险保费补贴绩效评价指标体系，并臻选作为DEA模型的投入产出的关键指标进行实证分析我国农业保险财政补贴的规模效率较低的原因。黄颖（2015）运用DEA中的VRS模型对我国河南省、陕西省和黑龙江省等11个省2011～2013年农业保险财政补贴的绩效进行分析和评价，研究表明部分省市出现技术无效和规模无效。刘从敏和李丹（2015）以黑龙江省的13个地市、农垦总局及全省作为决策单元，选取反映种植业保险补贴绩效的相关指标，运用DEA模型中产出导向的BCC模型对黑龙江省种植业保险补贴效率进行分析，得出黑龙江省各地区种植业保险补贴效率普遍不高且存在明显差异的结论。冯文丽、杨雪美和薄悦（2015）基于DEA-Tobit模型对我国31个省、自治区和直辖市及"全国总计"作为决策单元进行分析，研究表明我国农业保险市场处于有效状态。聂谦、王克和张峭（2015）利用Copula-ALM模型构建中国农业保险再保险共同体的一般运行模式并评价其运行效果，研究不同保费转移比例和购买商业再保险对其运营的影响。赵霞和连严燕（2010）利用 1980～2006 年的中国保费收入与 GDP 等数据对保费收入与经济增长之间的关系进行分析，借助变参数模型研究得出我国保费收入与经济增长之间存在变参数协整关系，即经济增长会在发展的不同时期对保险需求产生不同的拉动作用。

（二）农业保险绩效评价指标（体系）的研究

肖宏伟（2015）根据农业保险绩效的基本内容和维度构成，从投入、产出、效果三大评级维度出发，构建农业保险绩效评价的层次体系；再结合我国农业保险的实际情况确定了 7 项二级指标和 37 项三级指标的评价指标体系。指标体系中的项目可以通过相关统计年鉴获得。黄颖（2014）以河南省农业保险财政补贴为研究对象，从财政补贴对农户的激励作用、各级财政部门的项目管理和实施效率、财政补贴的社会效益出发，采用层次分析法，以农户和保险公司、政府作为一级指标，并将其分解为 8 个二级指标和 17 个三级指标，构建农业保险财政补贴绩效评价体系。王秀芬、郭淑敏（2015）基于不同利益相关者视角、基层工作人员视角、补贴资金使用效率视角、契约执行视角、保险机构运行效率视角等多个视角对近几年来农业保险绩效评价的指标进行了探讨。

我国学者基于各级政府视角对农业保险绩效评级指标的构建：俞雅乖（2008）、朱阳生（2011）研究认为中央政府是农业保险政策的主要制定者，各级政府均是农业保险保费补贴资金的提供者。希望通过政府的引导和补贴资金支持，农业保险会带来可观的经济和社会效益，与经济效益相比，农业保险的价值主要体现在其社会价值上，其社会效应主要表现在提高农业产业风险防范能力，提高财政资金使用效率，提高农村社会保障水平，促进农民收入稳定增长，从而促进"三农"问题的解决，构建和谐社会等。赵赞（2013）张旭升（2013）及黄英君（2009）从政府的视角而言，他们更关心政策的制定和执行效果，相关学者们主要从补贴资金使用情况、保障水平、保障范围、风险保障能力、农业保险渗透度、保险对象参与度等几个方面构建了反应政策制定和执行效果的基于政府视角的绩效评价指标。

基于农业保险经营主体角度对农业保险绩效评级指标的构建：目前国内学者如赵赞（2013）、张旭升（2013）主要从经营主体实力、风险承受能力、经营补贴力度三个方面建立了基于农业保险经营主体视角的评价指标。

基于投保人视角对农业保险绩效评级指标的构建：才英（2011），赵元凤、冯平（2013）基于投保人视角的农业保险保费补贴政策绩效评价的核心指标主要包括农户的"主观感受"和政策形成的"客观效果"两个方面。"主观感受"指标主要包括投保人对农业保险保费补贴政策的认知状况、投保人对农业保险保费补贴政策的满意程度、投保人对农业保险政策效果的满意程度等三个方面，属于微观尺度定性评价指标，一般通过对农户进行实地调研来完成。"客观效果"指标主要有反映投保人积极性、收益和负担能力三个方面的指标。

基于基层工作人员视角对农业保险绩效评级指标的构建：赵元凤（2014）、顾振雷（2012）等认为应该从基层工作人员对农业保险制度体系、资金管理、保险投入、保险流程、财政补贴作用、产生的效益等6个方面进行农业保险绩效评价。

基于财政资金使用效率视角对农业保险绩效评级指标的构建：各省均依据《财政支出绩效评价管理暂行办法》主要从项目决策、项目管理、项目绩效三个大的方面制定了绩效评价指标，侧重对农业保险补贴资金绩效的评价。

基于契约执行视角对农业保险绩效评级指标的构建：邓义、陶建平、沈传宝（2012）认为，农业保险从外在表现和内容载体看，归根到底就是各种契约关系的总和，它根据农业保险的目标，设定农业保险各方主体的权利与义务、责任与利益、职权与职能关系。契约承载着农业保险的核心内容，贯穿于整个农业保险过程中，包括农业保险契约形成、订立、运行、监管、救济、完善以及农业保险目标的最终实现，因此，农业保险契约是农业保险的主要载体和核心内容，是农业保险目标实现的前提和基础，农业保险契约运行的效率可以直接反映出当前农业保险的运行绩效。主要运用认知度、参与度、执行力、通融赔付、监管效力、满意度等指标来评价农业保险运行绩效。

基于保险机构运作效率视角对农业保险绩效评级指标的构建：施红、李佳（2012）以中国人民财产保险公司、中华联合保险公司以及安信、安华、阳光和国元六家农业保险经营机构为研究对象，运用DEA 方法，通过经济效率、技术效率、配置效率、纯技术效率和规模效率 5 个指标，初步评价我国农业保险业的整体运作效率，探求不同组织形式、不同经营规模的保险机构在农业保险的运作效率方面是否存在差异。通过验证表明：与其他保险市场相比较，农险业的经济效率较高；各级政府介入农业保险大大降低了农业保险的运作成本，提高了农业保险的运作效率；相互制农业保险机构的运作效率高于股份制保险公司。

（三）农业保险（农业保险补贴）绩效研究的数据来源

一是通过分析保险公司的运行数据来分析农险保费补贴的绩效。主要有：俞雅乖（2008）、朱阳生（2011）、夏益国（2012）分别运用浙江省2007 年、湖南省2007～2008 年、安徽省2008～2011 年试点保险公司部分运行数据。

二是通过参与度、认知度、满意度等问卷调查的结果来分析农险保费补贴的绩效。有：肖海峰等（2009）、才英（2011）、邓义（2012）、赵元凤（2013）等分别根据吉林、江苏两省120 个、内蒙古自治区490 个、湖北与江西两省296 个、对内蒙古251 位农户的问卷调查。

三是通过对试点地区实地考察，分析其运行过程中存在的不足。主要有：郡光等（2011）对安徽省某县农业保险试点工作中的"目标责任制"绩效管理方法的考察。王鹏（2011）对山东省2006～2010 年期间农业保险试点运行情况的考察。

五、总结

综合以上文献分析，关于农业保险绩效问题的研究是国内外学术界的热点研究课题之一。但是目前的研究中既缺乏适合中国国情的农业保险的理论研究，也缺乏系统完整的绩效评价指标体系，关于多维农业保险绩效的模型构建与实证研究非常少，研究对象还仅局限于对部分试点地区的部分指标维度，对其运行效率及影响机制也缺乏合理的解释、协调及优化机制。

本书弥补了现阶段的研究不足，对适合中国国情国力的农业保险绩效进行理论研究及模型构建，在建立农业保险绩效评估体系的基础上，从宏观及微观两个层面的多维度，寻找影响农业保险运行绩效的各种因素及其作用机理，并对多维目标进行协调研究。在对农业保险发展路径研究的基础上，基于动态角度对运行模式与补贴机制进行优化设计。本书对我国农业政策性保险绩效的提升具有重要的理论价值与实践意义，尤其对我国农业保险补贴政策的"效率性"与"公平性"和谐发展的进程带来了巨大影响。

第三节　相关理论

一、农业风险相关理论

农业是我国国民经济的基础产业，是自然再生产与社会再生产的有机统一。农业生产受到自然条件影响较高，使农业生产具有周期性、季节性、地域性等特点。而且农业是我国的重要产业，是民众的生存之本。但是农产品作为基本消费品，它的需求弹性和收入弹性相对较低，对市场信号的反应存在一定的时滞。农业生产的特点又使得农业在生产过程中受自然灾害影响较大。通过农业生产的自然特点及农产品投入市场中的经营特点，农业生产存在较高的自然风险和经营风险。农业风险按其生产和经营特点可以划分为三种：自然风险、经济风险和社会风险。农业自然风险主要是指农作物生产或牲畜养殖过程中，其所在的地区自然条件发生恶劣变化，引发自然灾害等而引起的农业风险。这些自然灾害主要包括：植物的病、虫、草害，动物疾病，气象灾害，地壳板块运动，环境灾害以及洪水、雷电、海啸等。这些自然灾害会使农业生产受到不同程度的损失。农业经济风险是指由价格变动、利率浮动、经济制度变革、贸易条件恶化等经济环境的改变所带来的农业风险。农业经济风险主要发生在农产品或牲畜在市场经营环境下发生的风险。农业社会风险是指社会在政治、行为、技术风险等方面发生异常引发社会灾害事故造成的农业风险。农业风险主要是农业生产受政策及技术等影响也较大，农户会因国家政策或是新技术试行而改变农作物或牲畜的生产和养殖计划，给农业生产带来一定的风险。

根据以上的分析，农业生产经营过程中存在着多种自然风险、经济风险和社会风险。农业风险的多样性和关联性决定了农业风险管理工具的适用性和有效性。应对自然灾害中主要依靠的是农业保险及国家灾后救济等方法；在应对经济风险时，市场经济条件下的不同来源的农业风险相互交织在一起给农业风险管理带来极大的挑战。农业保险作为一种农业风险管理措施，农业风险的特点和弱可保性决定了农业保险的经营特点，因此，对农业保险的研究也往往从农业风险入手。

（一）农业风险类型与成因

1. 风险①

农业风险可以用"天有不测风云"这句话来描述。农业自然风险很大程度上是不可控的，在农业生产过程中，农业生产的状况受到不可控的环境因素的影响，使得农业生产的产量等情况也是不确定的。

———————————

① 张庆洪：《保险经济学导论》，经济科学出版社 2004 年版，第 13 ~ 21 页。

如图 1 - 9 所示，农业生产的行为主体采取的行为之所以不会导致一个确定的结果，是因为：行为与结果之间的关系受环境的许多偶然因素的影响或对这些偶然因素的信息不完全。

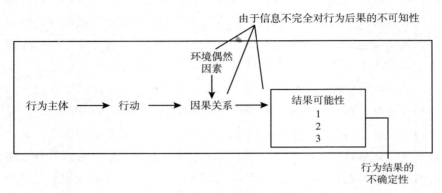

图 1 - 9　行为结果不确定性的原因

在保险经济学中，研究重点是当行为主体意识到他的行为结果是不确定的情况下应该如何处置，而不是研究造成结果不确定性的环境因素。

对于结果的不确定性，在保险经济学中理解为：结果集 X 是已知的；对于 X 中的任意子集 B，概率 Pr(B) 是已知的。

如果把集合 X 与实数集合（或其某个子集）建立起一一对应的关系，显而易见可以采用概率论中随机变量的概念。一般来说，在保险业务中，损失结果往往用货币量来衡量，直接用随机变量来表达是很直观的。因此，我们可以给风险下一个定义。

定义 1.1　风险是指行为主体面临的行为结果（损失）的概率分布。

如果结果集合 X 由 n 个可能的结果 x_1，x_2，$\cdots$，x_n 组成，每一个结果出现的概率分别为 π_1，π_2，$\cdots$，π_n，那么这个风险（仍然记为 X）可以表示为：

$$X = (x_1, \pi_1; x_2, \pi_2; \cdots; x_n, \pi_n) \tag{1.1}$$

如果结果的集合是一个连续统，比如损失可能在 0 ~ 1 000 万元之间，那

么就必然需要用到概率密度函数 f(x) 或概率分布函数 F(x) 来表达风险。这里 f(x) 满足

$$\int_a^b f(x)\,dx = \int_a^b dF(x) = 1$$

而

$$F(x) = \int_a^x f(t)\,dt \tag{1.2}$$

　　风险作为行为主体行为结果的概率分布，对于行为主体来说是客观存在的。作为一个整体，结果的概率分布完整地反映了行为主体面临的风险。然而在现实中，人们往往希望能用某个（些）数值表达出一个概率分布的特征。从概率论的知识，我们知道随机变量的数学期望和方差是最为重要的。

　　数学期望

$$\mu = E[X] = \int_a^b xf(x)\,dx = \int_a^b = xdF(x) \tag{1.3}$$

表达了行为主体面临的风险反复出现时实际损失的"平均值"。

　　方差

$$Var(X) = E[X - E[X]]^2 = \int_a^b (x - E[X])^2 f(x)\,dx \tag{1.4}$$

表达了行为主体面临的风险反复出现时实际损失的分散程度，或者说，这些实际损失偏离数学期望的程度的"平均值"。

　　有时用标准差 $\sigma = \sqrt{Var(X)}$ 来表达损失的分布偏离数学期望的程度的"平均值"。

　　如果考虑到损失的分布对于数学期望不对称，那么需要一个数值来表达这种偏斜。概率论中，一般用斜度

$$\gamma = \frac{E[X - E(X)]^3}{\sigma^3} \tag{1.5}$$

来刻画偏斜的程度。

　　2. 风险效用函数

　　上节的讨论说明，随机变量的数学期望值不能作为它的度量。这个

结论已经隐含着这样一个事实：对于风险的度量和各个行为主体的主观感受有关系。

贝努力建议，可以对原有的期望值"度量"进行修正，其方法是对结果值进行变换，即构造定义在实数集合上的函数 $u(x)$，满足 $u'(x) > 0$，$x \in R$，对于连续性的随机变量 X，可以用其对应的概率密度函数 $f(x)$ 计算效用期望值

$$E[u(x)] = \int_a^b u(x)f(x)dx \qquad (1.6)$$

对于离散型的随机变量 X，其效用期望值为

$$E[u(x)] = \sum_j \pi_j \cdot u(x_j) \qquad (1.7)$$

定理 1.1　当行为主体对不同的随机变量（因而对与其对应的概率分布）的偏好满足如下公理：

（1）保序性公理：对于 $\forall \prod_i, \prod_j \in \prod, \prod_i > \prod_j, \alpha, \beta \in [0,1]$，则 $\beta > \alpha$ 当且仅当 $\beta \prod_i + (1-\beta) > \alpha \prod_i + (1-\alpha) \prod_j$

（2）中值性公理：如果 $\prod_i, \prod_j, \prod_k \in \prod$ 且 $\prod_i > \prod_j > \prod_k$，则存在唯一的 $\gamma \in (0,1)$；使得 $\prod_j \sim \gamma \prod_i + (1-\gamma) \prod_k$

（3）对于 $\forall \prod_i, \prod_j, \prod_k \in \prod, \forall \lambda \in (0,1)$ 如果 $\prod_i \sim \prod_j$，那么

$$\lambda \prod_i + (1-\lambda) \prod_k \sim \lambda \prod_j + (1-\lambda) \prod_k \qquad (1.8)$$

则存在一个效用函数 $u(x)$ 对应行为主体行动的偏好。并且该行为主体对某一个随机变量的评价是按效用期望值作出的，即对随机变量 X 的评价值为

$$E[u(X)] = \sum_{i=1}^n \pi_i u(x_i) \qquad (1.9)$$

证明：我们只对定义域为有限区间 $[a, b]$ 上的离散型随机变量情况进行证明。

令 $\prod^*$ 是定义在 b 上的一个分布点，即 $\prod^* = [b, 1]$，$\prod^*$ 是

定义在 a 上的一个分布点，$\prod_* = [a, 1]$。在行为主体的心目中，可能 $\prod^* \sim \prod_*$（第 1 种可能情况），也可能 $\prod^* > \prod_*$（第 2 种情况），下面分别对这两种情况进行证明：

情况 1：因为 $\prod^* \sim \prod_*$，所以任意定义在 $[a, b]$ 上的随机变量的概率分布 $\prod$，都满足 $\prod \sim \prod^* \sim \prod_*$。定义 $h(\prod) = k$，k 为任意常数。

情况 2：当 $\prod^* > \prod_*$ 时，对任意定义在 $[a, b]$ 上的随机变量的概率分布 $\prod$，根据中值性定理，则存在唯一的 $\gamma \in (0, 1)$，使 $\prod \sim \gamma \prod^* + (1 - \gamma) \prod_*$。令 $h(\prod) = \gamma$。显然，按照这种办法定义的函数 $h(\cdot)$ 是定义在定义域为 $[a, b]$ 的所有随机变量的概率分布上的单值函数，并且 $\prod \sim h(\prod) \prod^* + (1 - h(\prod)) \prod_*$。

对于 $\forall \prod_i, \prod_j$，$\prod_i > \prod_j$ 等价于 $h(\prod_i) \prod^* + (1 - h(\prod_i)) \prod_* < h(\prod)_j \prod^* + (1 - h(\prod_j)) \prod_*$，根据保序性公理，又等价于 $h(\prod_i) > h(\prod_j)$。因此，$h(\cdot)$ 是反映概率分布空间上偏好关系的效用函数。

下面证明 $h(\cdot)$ 可以表达成风险效用函数 $u(\cdot)$ 的数学期望值。为此，现证明 $h(\cdot)$ 的线性特性，即对 $\forall \prod_i, \prod_j$ 和 $\forall \lambda \in [0, 1]$，

$$h(\lambda \prod_i + (1 - \lambda) \prod_j) = \lambda h(\prod_i) + (1 - \lambda) h(\prod_j) \quad (1.10)$$

成立。

根据公理（3）有

$$\lambda \prod_i + (1 - \lambda) \prod_j$$
$$\sim \lambda [h(\prod_i) \prod^* + (1 - h(\prod_i)) \prod_*] + (1 - \lambda)[h(\prod_j) \prod^*$$
$$+ (1 - h(\prod_j)) \prod_*] \sim [\lambda h(\prod_i) + (1 - \lambda)h(\prod_j)] \prod^*$$

$$+ [1 - \lambda h(\textstyle\prod_i) - (1 - \lambda)h(\textstyle\prod_j)] \textstyle\prod_*$$

从而，由 $h(\cdot)$ 的定义可知：$h(\lambda \prod_i + (1 - \lambda) \prod_j) = \lambda h(\prod_i) + (1 - \lambda)h(\prod_j)$

对于任意 $x \in [a, b]$，定义 $u(x) = h(\prod^x)$，其中 $\prod^x$ 为定义在 x 上的一点分布。对于概率分布为 $\prod$ 的随机变量 $X = [x_1, \pi_1; x_2, \pi_2; \cdots; x_n, \pi_n]$，则有 $\prod \sim \sum_{i=1}^{n} \pi_i \prod^{x_i}$，根据 $h(\cdot)$ 的定义和线性特性，有

$$h(\textstyle\prod) = \sum_{i=1}^{n} \pi_i h(\textstyle\prod^{x_i}) = \sum_{i=1}^{n} \pi_i u(x_i) \tag{1.11}$$

需要注意的是：这里建立的风险效用函数 $u(x)$ 与一般微观经济学中讨论的序数效用函数不同，是基数效用函数。风险效用函数在其他文献中往往称为期望效用函数，或冯·诺伊曼 – 摩根斯坦效用函数。为了便于数学分析，我们假定 $u(x)$ 具有一阶和二阶导函数。

如果随机变量 X 是在 $[a, b]$ 上服从以 $f(x)$ 为概率密度的连续型随机变量，则

$$E[u(X)] = \int_a^b u(x)f(x)dx \tag{1.12}$$

中值性公理给出了求风险效用函数的办法：令 $u(b) = h(\prod^b) = 1$，$u(a) = h(\prod^a) = 0$，对 $\forall x$，$a < x < b$，按照中值性公理，必有 $\pi \in (0, 1)$ 使 $\prod^x \sim \pi \prod^b + (1 - \pi) \prod^a$ 从而 $u(x) = h(\prod^x) = \pi h(\prod^b) + (1 - \pi)h(\prod^a) = \pi$。

定理 1.2 如果 $u(x)$ 是行为主体反映其对随机变量偏好关系的风险效用函数，则对任意一对实数 $a > 0$，b

$$\upsilon(x) = au(x) + b \tag{1.13}$$

是刻画行为主体同一偏好关系的效用函数；反之，反映行为主体偏好关系的风险效用函数均可表达为上式的形式。

证明：设 $X_i > X_j$，则 $E[u(X_i)] > E[u(X_j)]$，而

$$E[u(X_i)] = \sum_{k=1}^{n} \pi_k u(x_{ik})$$

$$E[u(X_j)] = \sum_{k=1}^{n} \pi_k u(x_{jk})$$

从而 $E[u(X_i)] - E[u(X_j)] = \sum_{k=1}^{n} \pi_k [u(x_{ik} - u(x_{jk}))] > 0$

设按 $v(x) = au(x) + b$ 对行动 X_i 和 X_j 的评价值分别为 $E[v(X_i)]$ 和 $E[v(X_j)]$，则

$$E[v(X_i)] - E[v(X_j)] = \sum_{k=1}^{n} \pi_k [v(x_{ik}) - v(x_{jk})]$$

$$= \sum_{k=1}^{n} \pi_k [au(x_{ik}) + b - au(x_{jk}) - b]$$

$$= a \sum_{k=1}^{n} \pi_k [u(x_{ik}) - u(x_{jk})] > 0$$

所以按效用函数 $v(x)$，仍有 $X_i > X_j$，即 $v(x)$ 反映行为主体同一偏好关系。

现证明反映行为主体同一偏好关系的风险效用函数一定可以表达成 (1.13) 的形式。

设 $v(x)$ 是任一满足 (1-1) 的风险效用函数，令

$$a = v(x_{max}) - v(x_{min}), \ b = v(x_{min})$$

$$则 \ v(x_{max}) = v(x_{max}) - v(x_{min}) + v(x_{min})$$

$$= a + b$$

$$= au(x_{max}) + b$$

对 $\forall x$，$x_{min} < x < x_{max}$，则必有 $\pi \in (0, 1)$，使 $x \sim [x_{max}, \pi; x_{min}, 1 - \pi]$ 且 $u(x) = \pi$。

$$v(x) = \pi v(x_{max}) + (1 - \pi) v(x_{min})$$

$$= \pi [v(x_{max}) - v(x_{min}) + v(x_{min})] + (1 - \pi) v(x_{min})$$

$$= \pi(a + b) + (1 - \pi) b$$

$$= au(x) + b$$

$$v(x_{min}) = b = au(x_{min}) + b$$

定理 1.2 相应于行为主体的偏好关系，风险效用函数在正线性变换的定义下是唯一的。

3. 农业风险

农业风险，是指在农业生产或经营过程中损失发生的可能性。这种损失发生的可能性与农业生产决策者的预期目标会有偏离或差异，这种偏离程度通常被用作衡量风险程度的指标。农业风险还蕴藏着潜在机会和利润，农业经营者可通过认识、分析风险，采取正确的决策，从而控制和驾驭风险，减少风险损失并获得风险收益，做到在承受同样的风险下获得最大的收益或在同样收益水平下承担最小的风险。

农业风险大致归为三大类，即自然风险、市场风险和制度风险，前两类风险是对我国农业影响最大的风险，尤其是自然风险，更具有不可抗御性和破坏性。

（1）自然风险。自然风险是指由于来自自然界的某些突发事件（随机事件）给经济造成损失的可能性。由于农业生产一方面是劳动产品、劳动力、生产关系等经济现象的经济再生产过程，同时又是动植物繁衍及其与自然界进行物质和能量相互转换等自然现象的自然再生过程，农业的这一特点决定了农业受自然条件的影响很大，而且自然现象是变化无常的，相应地存在农业自然风险，此亦为农业有别于其他产业之处。相对而言，非农产业的生产过程很少受到自然因素的直接作用。

农业自然风险主要由自然灾害、意外事故等因素所造成。农业自然灾害包括：水灾、旱灾、风灾、地裂、雹灾、冻灾、崩塌、滑坡、泥石流、海啸、森林火灾、虫灾、病灾以及气候异常（干热风、低温寡照等）。

①自然风险的破坏性。在较低的农业生产力水平条件下，无法抗御较大的自然灾害，因而它的破坏性特别突出。一场冰雹，可能导致颗粒无收；一场水灾或旱灾可造成大片农田被淹没或禾苗干枯以致大幅度减产；近几年我国棉花产量的下降，与棉铃虫的较大面积暴发有

很大关系。

②自然风险的不可预测性。科学技术发展到今天，对自然灾害的有效控制能力极为有限，对其发生原因，特别是大气环流尚无踪迹可循，故难做到事先预测。

③自然风险的区域性。从地理上讲，不同区域面临不同的自然灾害，如山区就有山洪暴发之灾，沿海地区面临海啸、台风之险。

④自然风险的内部差异性。农业内部包括农、林、牧、副、渔业；种植业又可分为粮食作物、经济作物、其他作物，甚至进一步细分下去，各种农业生产部门的生产特性不同，所面临的自然风险就有差异，农作物易遭水、旱灾之险，畜牧业多遇疾病之险，森林则易遭火灾。

⑤自然风险的季节性。农业生产具有季节性，加上某些自然现象的发生也具有时间差异性，两者共同作用，导致了农业自然风险的季节性。

⑥自然风险的多重性。由于某些自然灾害的发生具有并发性，如旱灾与病虫灾、虫灾与病灾有时会同时发生，还有台风—暴雨—洪涝—滑坡形成的灾害链，造成农业风险的多重性，让农业生产者措手不及。

总之，农业自然风险具有诸多特点，在对风险的调控中应根据这些特性，采取紧急补偿性的、地区有别的、分农业生产类型的、不同季节的综合性措施。

对于农业自然风险的规避手段主要有：农业保险和农业救济。以灾害救济为主的自然风险管理方式难以适应目前中国农业发展的需要。

（2）**市场风险**。市场风险即指一个生产经营单位在实际运转过程中，由于外部社会经济环境变化或偶然性因素出现，使实际收益与预期收益发生背离的可能性。

从系统论的角度讲，一个包含有复杂性的开放系统要和外界环境进行能量信息交流，这是维持系统的条件。但这同时会引起系统内部的涨落，即某些个体偏离平衡状态的运动。在这里偶然性对系统状态的改变起着关键性的作用，因此系统的发展进化具有不确定性。社会经济系统也不例外。社会偶然性因素发生作用是随着人类社会出现分工分业和商品交换之后才开始成为一般现象，相应地产生了经济风险性。商品经济越发展，带来的社会分工越细密，生产的链条也更长，交换关系就更发达，经济风险性也随之增大。但生产和决策是由一个个独立的经营主体进行的，因此，由各种不确定的因素引起的决策风险性更大。市场风险一般要体现在价格波动上，所以又叫价格风险。其中一种是商品的价格在时间的变动过程中引起的波动，主要原因是市场饱和、消费者需求改变、新发明或新创造、竞争活动、季节性波动等；还有一种是商品的价格随空间的变动过程引起的波动，包括地理上的各种特殊情况的变化，各商业市场的变化。

①市场经济是通过价格与供求关系的相互影响、相互调节来决定整个社会生产什么、生产多少和如何生产。由于农业生产的周期长、使生产的决定与产品的销售在时间上被分割开了，因而农产品供求受价格影响的变化往往需要一个过程，有一定时滞，这就是蛛网理论所描述的那种特殊的市场运行过程。农产品市场运行的这种特殊性决定了农业对市场变化的应急能力低下，更易遭受市场风险。

②农业生产具有明显的季节性和阶段性，受自然因素的限制，众多农业生产者做出生产决策的时机基本上是相同的，因此，他们据以做出决策所依据的价格也是同一时期的，大体相同；另外，农业生产周期长短也是基本一致的，这样上一期价格的升降引起各个生产者下一期供给量同时同向的变化，因此，农业生产会常常处于一种不均衡状态，遭受剧烈价格波动影响的可能性很大。

③农业生产具有显著的地域性。生物尤其是植物的生长繁殖，对于气候条件的反应特别敏感，因而要求也特别严格，这就形成专业化的农业区域。这种生产若遇有交通阻隔、流通不畅就会遭受价格波动和市场风险。

④农业的经营单位规模一般不宜太大，不像工业那样有很大的利用规模经济的余地，在一般农产品市场上很难形成垄断价格，加上农民获

得信息的不充分，致使农业的市场风险性大。

农业市场风险是计划经济向市场经济转变的必然产物。

①市场经济与价格风险。价格是一把"双刃剑"，只要它有足够的弹性，它就能起到平衡供求的作用，实现资源的高效配置。同时，它的波动又必然引起市场经济的波动，使市场各主体时刻面临着因价格变动而遭受经济损失的风险。

②市场风险与农业生产特性相关联。农业生产周期长，生产决策与产品销售在时间上被分割，两者之间保持一个时间差。当农产品供不应求时，通过价格变化再调整生产需要一定时间，且调整后的生产计划对新的市场供求可能又不适用，价格调节的滞后性无法消除。

③加入 WTO 后农业市场风险将大大增加。目前国内农产品价格已接近或高于国际市场价格。国际市场的低价高质农产品进入中国市场，不可避免地对国内农产品带来冲击和挑战，使国内农产品市场在一定时期内承受了巨大压力。

关于市场风险的管理与控制，主要有如下手段：农产品的保护价格制度；期货市场制度；农产品订单合约；信息服务；补贴信贷；其他风险规避方式包括诸如投资兴建农田水利建设；减少旱涝的风险，研究和推广抗病虫害品种，降低病虫害对农业的危害程度。保护价格不符合 WTO 入世准则，因而本研究主要针对农产品订单和期货市场进行研究。

（3）制度风险。制度风险是制度在变革过程中，由于其结果的不可预见性，使制度的实际收益与预期收益发生背离的可能性。农村土地制度的变迁，直接推动了我国农业在 1979～1984 年以年均 9% 的惊人速度增长，而从 1984 年起，这一速度开始下降，农业总产值年增长率下降到 3%～4%，制度风险凸现。由于原有土地制度和计划经济体制已被打破，而新的制度体系和市场经济体系尚未建立，农业经济领域出现了一个过渡性的失衡状态，许多潜在的制度因素将被激发出来，影响市场各主体的行为，制约市场功能的正常发挥，导致资源配置效率的损失而形成风险。

根据以上分析，造成农业生产存在风险的原因之一主要是农业生产是劳动与自然资源互换的过程，摆脱不了对自然的依赖。而自然条件的变化往往是难以控制的，加之我国农业生产由于资金匮乏，技术落后等原因，大部分地区仍处于传统农业阶段，预测及防范自然灾害的能力较差；农业生产存在风险的另一方面原因是关于农产品价格、供求等方面的信息匮乏。首先，农业生产周期长，往往是一年甚至更长。农户在决定生产什么、生产多少的时候所参照的经常是上一生产周期某种农产品的市场价格，而交易时，却必须按即期市场价格进行交换。农业生产中这种价格信息的滞后性，造成农户收益很大程度上的不确定性。此外，政策的导向也会造成农业生产的波动。通过对农业生产风险成因的分析，我们知道农业保险、农产品期货及农产品订单合约是用来分散和化解农业风险的重要工具和手段。

（二）农业风险特质

农业生产对土壤、雨量、气候以及生态环境等自然条件有较强的依赖性。没有"自然的赐予，自然的生产力"，就没有农业。虽然今天工厂化农业、设施农业的诞生使人们看到了农业革命的曙光，但是自然力仍然在很大程度上给农业生产的广度和深度划定了前提条件。

一般说来，各种农作物和饲养动物对外界条件都有特殊要求。由于土地具有空间固定性，而自然条件又具有地域分布规律的特点，因而是千差万别的，这便使农业生产具有明显的地域性，亦即农业生产在不同地区之间有显著的差异，而在一定的区域之内则具有普遍的相似性。正如马克思所说：农业劳动的生产率是和自然条件联系在一起的，并且由于自然条件的生产率不同，同量劳动会体现为较多或较少的产品或使用价值。因此，不同地区的农业生产，其生产工艺、耕作方式和技术、经营管理方式、饲养管理技术、适应的品种等，都具有独特性甚至不可替代性。农业生产的这种对自然条件的依赖也成为它的集约度远远低于工业生产的主要原因。农业对自然环境的依赖程度很大，这主要表现在对自然灾害的预测和抵御能力上的薄弱。中国农业受灾的比例每年大约在

40%以上，比一般发达国家高出 10%～20%。近几年来，中国每年因自然灾害导致的损失约为 125 亿元，而全世界平均每年也只有 500 亿元左右，也就是说，中国占了近 1/3 的比例。有统计数据显示，在中国，一般企业财产和家庭财产的损失率为 1%～2%，而中国西部一些省份和地区的棉花实际损失率一般在 9%～18%，粮食在 7%～13%，农业保险综合赔付率约为 115%。农业风险有许多不同于其他财产风险和人身风险的地方。主要有以下特点：

1. 风险单位很大，风险难以分散

对于农业保险来说，一个风险单位往往涉及面广，特别是洪涝灾害、干旱灾害等风险一旦发生则涉及千千万万农户、上亿公顷的农地。

按照大数法则的要求，被保险的保险标的数目要足够大，才能使风险得到分散，使风险损失接近其期望，保险的财务才可能稳定，但农业风险单位之大，使其在一县一省甚至一个国家的空间内都难以得到有效分散。另外，农业风险单位与保险单位的不一致，有时会给不了解这个特性的保险人或职业人员造成错觉，以为动员的被保险农户越多，承保的标的越多越能分散风险，岂不知如果是在一个风险单位内，承保的农户越多，承保的面积越大，风险反而越集中，风险损失会越大，保险人的经营风险就越大。美国学者巴兹莱（Bardsley）等人在研究私人保险公司不愿意经营农作物保险的原因时指出，农场与农场之间的产量风险损失是正相关的，这给农业保险经营带来特殊的困难，也为农业保险在更大范围内开展和农业保险的国际再保险的必要性提供了重要依据。

2. 农业风险的区域性明显

农业灾害特别是自然灾害具有明显的区域性，尤其是在我国，幅员辽阔，不同地区的主要灾害不同，风险类型、风险频率和风险强度差异也很大。高纬度地区气候寒冷，无霜期短，作物易受冻害。长江、黄河中下游地区，地势低洼，作物易受水涝灾害；西北黄土高原降雨量稀少，经常遭受旱灾；沿海地区易受台风、赤潮的侵袭。这都是由地理和气候分异规律决定的，它为农业保险区划，特别是费率分区的必要性提供了根据。

3. 农业风险具有广泛的伴生性

一种风险事故的发生可能会引起另一种或多种风险事故的发生，因此农业保险损失也容易扩大，而且由于这种损失是多种风险事故的综合结果，很难区分各种风险事故各自的损失后果。例如，在雨涝季节，高温高湿就会诱发作物病害和虫害，台风灾害往往伴有暴雨灾害，山区的暴风雨灾害还可能导致山洪和泥石流的发生等。在这种条件下，单一风险的保险理赔就会遇到麻烦，这也是许多国家开办多重风险或一切险农作物保险的理由之一。

4. 风险事故与风险损失的非一致性

在很多情况下，农业风险事故甚至重大的农业风险事故，最终不一定导致损失，反而可能导致丰收，或者一个地区的风险事故会使相邻地区受益。一场台风可能使台风中心地区的农作物受损，但台风带来的雨水，可能会使附近地区的作物解除旱情，创造丰收的条件。但对于其他财产的风险来说，就不具有这种特点。例如，一场大火烧毁了房屋，船舶触礁沉没都是绝对的损失，保险标的不可能因此不受损失或增加价值，与受灾标的相邻的标的也不会因此而变得更坚固。正是因为农业风险的这一特点，使农业保险需要特殊的理赔程序和方法。

5. 农业灾害发生的频率较高，损失规模较大

风险事故发生的频率和损失规模是厘定保险费率的基本依据，保险标的所面对的风险事故发生的频率高和损失规模大，费率必然高，反之情况相反。一般财产保险，例如，一般情况下火灾的发生概率在5‰左右，飞机失事的概率是1/2 000 000。但农业风险的发生频率很高，如前所述，1950～1990年的40年间，我国农业受灾面积平均达29.8%，成灾面积平均为12.7%。农作物产量低于平均产量的年份在部分国家都超过20%。这种特征世界各国概莫能外。

正因为农业的特殊风险，导致农业风险不能有效地分散，农业的

发展受阻；正因为农业的弱质性，需要进行保护；也正因为农业保险的准公共物品的属性，需要政府给予大力支持。因此，建立一个有效的农业风险分散机制，完善农业保险制度已经是一个非常迫切的现实问题。

6. 农业风险的弱质性

农业生产首先会受到动物、植物、微生物等这些活的生物自身特性和生命运动规律的制约。具体表现在：①农业产出数量和产品质量的高低，既取决于生物自身的生命力和抗逆性，也取决于农业劳动者的照料和经营的精心程度。在调查中，常听到农民提到这样一句俗语："人勤地不懒"。说的就是对农业生产经营照顾的重要性。②生物生长在特殊的环境里，而且生产周期比较长，短则数周，长则数年，其资金周转速度慢，大多数作物生产有明显的季节性，价值转移时间长，因此其固定资产的利用效率低。③农产品具有鲜活的特性，不仅活牛、活猪、活鸡、活鱼容易染病死亡，稻、麦、蔬菜、水果、牛奶等农畜产品及其各种加工品一旦霉烂变质，便失去或降低使用价值，其价值的实现必然受阻。④由于农业受自然再生产过程的约束，一般对市场信号的反应滞后，不能像工厂生产一样及时调整生产，对市场信号迅速作出反应，因此不利于农业同其他行业的竞争。

7. 农产品的需求弹性比较小

农产品的需求扩张受到人们生理条件的限制，对超过人们生理需要的那部分农产品，人们对其效用的评价趋近于零甚至为负数。因此，农业生产者要承担现实的有时甚至是严峻的市场风险。经济再生产的规律同样制约着农业的自然再生产。

德国统计学家恩格尔（E. Engel，1821～1896）在19世纪中期提出了一个观点，也称为恩格尔定律。其主要内容为：一个家庭收入越少，其总支出中用于购买食物的费用所占的比例就越大。就一个国家而言，一个国家越穷，每个国民的平均支出中用于购买食物的费用的比例就越大。恩格尔系数是根据恩格尔定律得出的比例数，它由食物支出在消费者总支出中所占的比重来决定，常用下式计算：

$$恩格尔系数 = \frac{食物支出金额}{消费总支出金额} \times 100\% \qquad (1.14)$$

很明显，恩格尔系数大于 0 而小于 1。在总支出金额不变的条件下，恩格尔系数越小，说明用于食物支出的金额越小，两者成正比例变化。在食物支出金额不变的条件下，总支出金额与恩格尔系数成反比例变化。恩格尔系数是反映消费者收入水平和一个国家富裕程度的一个重要指标。一般说来，恩格尔系数越高，若指消费者个人则说明收入较低，若指一国则说明该国较穷。反之，恩格尔系数越低，则说明该消费者收入较高或该国较富裕。因为收入高，总支出中用于食物支出的比重就较低，反之则较高。

我国居民的恩格尔系数在不断发生变化，在 1985～2004 年的 19 年间，该系数由 53% 下降到 38%，降了 15 个百分点。按照联合国标准，40%～49% 为小康型，所以我国居民在整体上属于小康型。但是我国城乡居民的恩格尔系数有较大差异，2004 年城镇居民与农村居民的恩格尔系数分别为 38% 和 47%。

(三) 农业风险管理措施

农业是弱质性产业也是高风险行业，世界各国都在致力于通过预防、转移、分散、补偿、救济等方式管理农业风险，并建立完善的农业风险管理体系，通过，稳定农民收入、确保持续的农业生产。国外学者金佰利 (Kimberly) 和谢厄 (Skee) 在 2001 研究证实农业风险并不是不可控制的，在完善的风险管理体系下可以有效控制农业风险。黑迪 (Heady) 等在 1954 年提出如果国家拥有完备的风险管理体系可以有效地提高农民收入。

农户在面对各种农业风险时，首先采取的是积极地面对，而不是消极的承受。农户普遍规避农业风险的方法是采用传统的风险管理措施或是在政府的介入下借助正规的风险规避渠道来进行风险规避。农户积极应对风险可以稳定自身收入，因此，国家和政府部门推出科学有效的农业风险管理措施会有效地稳定农业生产、增加农户收入、使农业有序并可持续发展，同时也会被农户普遍接受。

传统的农业风险管理措施主要包括社会网络内风险统筹、多样化种植、保守生产经营等措施。正规农业风险管理机制包括政府支持、参加农业合作社、合约生产、农业保险、农产品期货市场等。传统的农业风险管理措施在一定程度上可以弱化风险的不良影响，但是传统的农业风险管理措施主要是依靠农民自身的力量，风险分散范围有限，在农业市场化、开放度日益加深的背景下，传统的农业风险管理措施远远不足以应对日益复杂的风险环境。

由于农业风险普遍存在而且影响较广，会给农业生产者和经营者带来经济损失，因此进行农业风险管理是非常重要的。国际上普遍使用的农业风险管理措施主要有以下三种：一是在政府提供财政支持的情况下开展农业保险，鼓励农户参与农业保险转移农业风险；二是事后灾害救助，在农业风险发生之后，政府对受到农业风险灾害的农户进行专项的转移支付救助；三是对于农产品市场风险，政府根据农产品在市场上的供求情况选择性地进行收购或价格补贴，来稳定农产品市场。在以上三种风险管理方式中，第二种事后灾害救济虽然直接补偿农户灾害损失，但是政府的财政预算有限，对农户灾害损失的补偿效用较小；而第三种政府选择性收购或价格补贴，虽然对稳定农业市场上供求关系及稳定农产品价格起到一定的作用，但是会在一定程度上扭曲市场价格的信号，这会影响到市场在社会经济发展、资源配置中的决定性作用。因此，在上述三种风险管理方法中农业保险是一种全面、有效、综合的控制农业风险的工具。农业保险可以通过数理模型及精确的计算来降低农业风险发生的概率，并且可以在政府的控制和鼓励下事先集合农户的闲散资金，在灾害发生时对局部风险损失进行赔偿，可以减少政府的财政压力，并更大程度上弥补农户的经济损失。农业保险的资金来源于广大农户，这部分资金没有局限性，且不会对市场价格造成影响。因此农业保险是各国普遍采用的农业风险管理方式。

二、农业保险相关理论

（一）农业保险的概念[①]

1. 保险

在保险研究的历史上，很多学者对"保险"一词下过定义，这些定义从不同方面展示了保险的本质。博尔奇·K. H.（Borch. K. H.）（挪威经济学家，被誉为保险经济学创始人之一）在他的著作《保险经济学》中总结了经典经济学家论述保险的一些思想。亚当·斯密（1776）在《国富论》中写道："保险交易给个人财产极大的安全，通过将能使个人陷于灭顶之灾的损失分散到大量的投保人中，保险容易依靠整个社会减轻损失。"这表明亚当·斯密把保险的本质看做是损失的分散机制。洛桑学派的著名经济学家利昂·瓦尔拉斯（1874）为了在完全确定的条件下合理地发展一般经济均衡理论，而把保险作为一个特殊问题专门研究，认为保险是消除其他经济活动中固有的不确定性的手段。因此在他看来，保险就是国民经济中除保险企业以外的其他经济单位把不确定性（风险）转移给保险公司的一种经济行为，目的就是（除保险企业以外）整个国民经济消除了不确定性。剑桥学派的著名经济学家艾尔弗雷德·马歇尔（1890）在《经济学原理》中认为保险费是厂商为摆脱"灾害的不确定性"所支付的价格，明确指出，企业主们知道，他们所支付的保险费比真正能给投保人充分补偿的保险费要高，所超过的这一部分就是保险公司的广告费、工作人员工资和净利润。因此，马歇尔对于保险费的理解要比庞巴维克更进一步，保险费不仅包含了"风险转移的对价"，而且还要包含"附加费"。如何来说明这种情况的合理性，马歇尔"似乎觉得伯努利原理可能是保险公司计算保险费的关键问题"。可以看出，马歇尔已经接近了现代保险经济学的思想了。日本学

---

① 张庆洪：《保险经济学导论》，经济科学出版社 2004 年版。

者园乾治把保险理解成一种制度：保险是多数经营单位，以合理计算的共同分担金作为经济补偿的手段，保障经济安定的互助共济制度。我国学者申曙光也同意保险是一种制度安排，然而认为园乾治的定义没有包含人身保险，因此提出：保险是以集中起来的保险费建立保险基金，用于对保险人因自然灾害或意外事故造成的经济损失给予补偿，或对人身伤亡和丧失工作能力给予物质保障的一种制度。《辞海》中对保险的定义与此类似：保险是"以集中起来的保险费建立保险基金，用于补偿因自然灾害或意外事故所造成的经济损失，或对个人因伤亡、伤残给付保险金的一种经济补偿制度"。

还有一类对农业保险的定义是以"保险是契约"为主要标准的。其中主要的代表人物 S. 马歇尔认为："保险是当事人的一方收受商定的金额，对于对方所受的损失或发生的危险予以补偿的契约"。我国保险法也采用了这种理解："保险是指投保人根据合同约定，向保险公司支付保险费，保险公司对于合同约定的可能发生的事故因其发生所造成的财产损失承担赔偿保险金责任，或者当保险人死亡、伤残、疾病或者达到合同约定的年龄期限时承担给付保险金责任的商业保险行为。"我国保险法对于保险的定义不仅对保险的本质是一个很好的阐述。而且明确地表明保险是一种商业行为，是市场经济体制下行为主体（投保人、保险公司）之间的契约。这个契约的主要内容是投保人以向保险公司支付保险费去交换保险公司有条件偿付保险金的承诺。

兑现保险承诺的偿付是根据保险事故出现后的损失来确定的，即偿付值 I 是损失值 L 的函数。这个函数也称为"转换规则"，通常称为"保险形式"。这个过程经常称为"抽象地满足需求"。定值保险主要用于人寿保险。

相反，在非人寿保险中存在着损失和偿付之间的数量关系，因此称为"实际的满足需求"。偿付 I 与损失比例 L 的比例 $\alpha = I/L$ 称为保险的补偿度。保险补偿度超过 1 按惯例是不允许的。保险补偿度为 1 是完全保险，补偿度低于 1 是不完全保险。

图 1-10 给出了最重要的保险形式，有关符号的含义如下：

I 为补偿值；L 为损失值；VS 为保险金额；VW 为保险价值；AW 为指明价值；AF 为自负额；α 为自负额对 VS 的比值；IF 为极值自负额；α 为保险补偿度$\left(\alpha = \dfrac{I}{L}\right)$。

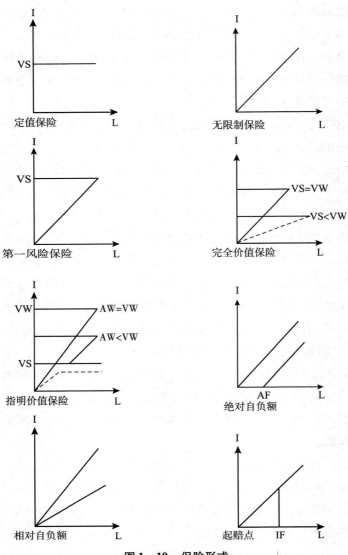

图 1－10　保险形式

（1）定值保险。

$$I = VS$$

α 不能确定，因为 L 不知道或不能确定。

应用：人身保险和意外死亡保险。

（2）无限制利益保险。

$$I = L$$

$$\alpha = 1$$

应用：无限制的医疗费用保险和无自负额的机动车辆损失险。

（3）第一风险保险。

$I = L$，最大为 VS（保险金额），即

$$I = L，如果 L \leqslant VS$$

$$I = VS，如果 L \geqslant VS$$

$$\alpha = 1，如果 L \leqslant VS$$

$$\alpha < 1，如果 L \geqslant VS$$

应用：责任保险、机动车辆第三者责任险和财产保险中的附加费用（比如清理费用）。

（4）完全价值保险

$I = \dfrac{VS}{VW} \cdot L$，最大为 L，即

$$I = L，如果 VS \geqslant VW（完全保险）$$

$$I < L，如果 VS < VW（不足保险）$$

$\alpha = \dfrac{VS}{VW}$，最大值为 1，即

$$\alpha = 1，如果 VS \geqslant VW（完全保险）$$

$$\alpha < 1，如果 VS < VW（不足保险）$$

应用：大多数财产保险分支，例如，火灾保险和家用财产保险。

（5）指明价值保险

这是损失保险的一般形式。是否是完全保险，还是不足保险、过度保险，要根据 AW/VW 来决定。偿付值最高为保险金额，它根据指明价

值的部分来度量。

$$I = \frac{AW}{VW} \cdot L, \text{ 最大为 VS, 即}$$

$I = L$, 如果 $AW \geqslant VW$ 和 $L \leqslant VS$ (完全保险)

$I \leqslant L$, 如果 $AW < VW$ (不足保险) 或 $L > VS$

$\alpha = 1$, 如果 $AW \geqslant VW$ 和 $L \leqslant VS$ (完全保险)

$\alpha < 1$, 如果 $AW < VW$ 或 $L > VS$ (不足保险)

应用：在全损概率很小的情况下大储备量的入室偷窃保险和水渍保险。

带有自负额的保险的转换规则分两步应用：首先根据基本保险形式计算偿付值，接着按照自负额规则计算最终的偿付值。

下面的例子是以无限制利益保险的基本保险形式为基础。

（1）具有绝对自负额（免赔额）的保险。

$$I = L - AF$$

$\alpha = 0$, 如果 $L \leqslant AF$

$1 > \alpha > 0$, 如果 $L > AF$

应用：具有免赔额的机动车辆车身损失险。

（2）具有相对自负额（比例免赔额）的保险。

$$I = L \cdot (1 - a)$$

$\alpha = (1 - a)$, 即

$$\alpha < 1$$

应用：医疗费用保险。

（3）具有起赔点的保险。

$I = 0$, 如果 $IF \geqslant L$

$I = L$, 如果 $IF < L$

$\alpha = 0$, 如果 $IF \geqslant L$

$\alpha = 1$, 如果 $IF < L$

应用：海上运输保险。

因此，投保人和保险公司之间的一项契约可以用（P，I）表示，其

中，P 为投保人向保险公司缴纳的保险费，而 I 为保险公司按照契约有条件地（即在发生保险事故时）给予投保人的偿付。在市场经济条件下，投保人必须自主地考虑，是否愿意向保险公司缴纳保险费 P，以换取保险公司的承诺：在投保人发生保险事故时向投保人偿付 I。如果他认为这样的交换对自己是适当的，那么他就愿意进行交换。另一方面，保险公司也必须自主地考虑，是否愿意在接受保险费 P 的同时也接受风险：在投保人发生保险事故时向投保人偿付 I。如果这样的交换对保险公司来说也是称心如意的，那么它也愿意交换。双方都愿意交换时，那么这个交换才能实现。

保险通过对国民经济中的经济单元如企业、家庭或是个人提供安全保障，使得该经济单元维持稳定来保障国民经济的稳定。这种保险提供的稳定主要体现在两个方面：①经济单元的风险可以转嫁。经济单元向保险公司投保后，保险公司对投保人所受到的损失给予一定的赔偿，可以将投保人的风险进行转嫁。投保人一旦出现损失，这种损失包括有形损失和无形损失，有形损失如自然灾害损失、销售额损失等，无形损失如信用损失等，此时投保人可以从保险公司得到合理的赔付，保障生产经济的延续。②平摊灾害损失。在投保人向保险公司转嫁风险时，投保人需要向保险公司支付一定的保费，这种支付保费的情况相当于把偶然发生的灾害损失平摊到每年的风险成本中，这会保障投保的经济单位每一年的收入和支出不会出现大的波动。保险公司接受其他经济单位转嫁的风险后，会为该经济单位的风险进行咨询和监督，这会有利于投保的经济单位对风险进行控制。

当保险公司收取保费并集聚大量保险基金后，可以把这些保险基金投入货币市场和资本市场，而由于保险基金有补偿投保单位经济损失的要求，保险公司会对保险基金的投资持谨慎的态度，这种情况有利于资本市场的稳定性。按照福利经济学的观点，一个行业对于社会的贡献在于消费者剩余加上生产者剩余。消费者剩余是由需求函数表达的消费者愿意支付的最高价格与实际支付价格之差，乘以实际购买量所得的结果。生产者剩余是实际销售的价格与供给函数表达的边际成本之差，乘以实际销售量所得的结果。当把这两个概念引入到保险经济学中时，不能简单地把保险费看成保险产品的价格，因为保险费的大小与投保标的有关。通常，我们可以用每一单位货币保险金额所需要的保险费来表示保险的价格，也可以用每一货币单位的赔付值所需要的保险费来表示保险的价格。

图1-11显示了竞争条件下保险经济对社会福利的贡献。图中的横坐标为保险金额，纵坐标表明的价格意味着每一单位货币保险金额所需要的保险费（即保险费率）。需求曲线EJ是一条递降曲线，意味着价格下跌会导致对保险的需求增加。供给曲线与边际成本曲线重合。点F是需求曲线与供给曲线的交点，即D点代表了均衡价格，点H代表均衡供给量。矩形ADFH表示市场达到均衡时投保人实际支付的保险费总量，而梯形AEFH表达了投保人愿意支付的最大保险费总量，它们的差（三角形EDF）代表了消费者剩余。曲边四边形ACFH代表了保险公司实际支出的成本，因此，保险收入（矩形ADFH）与曲边四边形ACFH的差（曲边三角形CDF）表示了生产者剩余。总之，曲边三角形CEF表示了保险业对社会福利的贡献。①

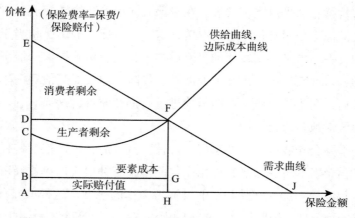

图1-11 竞争条件下的消费者剩余和生产者剩余

① 普兰纳布·巴德汉、克利斯托弗·尤迪著，陶然等译：《发展微观经济学》，北京大学出版社2002年版。

当把整个保险业看做一个企业（例如，组成卡特尔），那么按照垄断市场的情况进行分析。如图 1 - 12 所示，均衡价格由 D 表示。消费者剩余由三角形 DEK 表示，生产者剩余由曲边四边形 CDKI 表示。

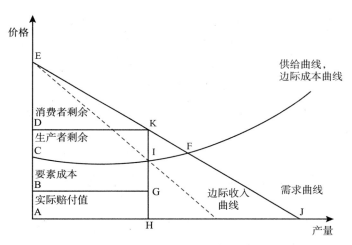

图 1 - 12　垄断情况下的消费者剩余和生产者剩余

2. 农业保险

2012 年 10 月 24 日国务院第 222 次常务会议通过的《农业保险条例》中对农业保险的定义，即农业保险是指保险机构根据农业保险合同，对被保险人在种植业、林业、畜牧业和渔业生产中因保险标的遭受约定的自然灾害、意外事故、疫病、疾病等保险事故所造成的财产损失，承担赔偿保险金责任的保险活动。

农业保险的概念有狭义和广义之分，狭义的农业保险仅限于种植业保险和养殖业保险，指保险人对从事农业生产的个人或单位在种植或养殖生产过程中遭受风险事件所造成的损失给予补偿，属于一种财产保险。而广义的农业保险包括农林牧渔各业生产及其延伸，除种植业保险和养殖业保险以外，还包括农业生产中生产者和相关的物质财产保险。

目前我国农业保险一般是指狭义农业保险。而本书的研究也是针对狭义农业保险，并且仅限于政策性种植业农业保险。

农业保险作为保险的其中一种，除了具有互助性、分散和转移风险、防灾防损、科学性、契约性等保险所具有的一般特征外，还有很多不同于一般商业保险的独特特点：

（1）标的生命性。农业保险的标的绝大多数是具有生命特征的活的动物或者植物，其标的价值随着生物的生长、成长处于不断变化的状态，唯有当其成熟或者收获时才能确定其实际价值。因此，农业保险的保险金额确定、定损时间与方式都与一般的商业保险不同，农业保险险种的变动保额和二次定损等都是农业保险所特有。

（2）地域性。农业保险在险种类别、标的范围、灾害种类、保险期限、保险费率等方面都表现出在不同地区的明显差异性。

（3）季节性。各种农作物及自然灾害本身所具有的周期性和季节性，决定了农业保险在防灾防损、承保、理赔等方面表现出明显的周期性和季节性。

（4）高风险和高成本性。农业风险具有明显的巨灾特性，一次农业风险事故的发生往往涉及多个县市甚至多个省份，一旦发生，就会对农田及牲畜造成大规模的损失。受全球气候变暖的影响，极端天气和气象灾害发生的频率和强度也日益加大，农业灾害的经济损失不断加剧，农业保险的理赔压力也越来越大。

（5）政策性。由于农业保险的高风险、高成本及由此带来的高费率，使得农民的有效需求和保险公司的有效供给不足，单纯依靠市场运作难以有效进行下去。农业保险的政策性特征，一方面体现了能得到国家财政部门的补贴和优惠；另一方面也体现出农业保险的顺利有序开展，必须依靠相关部门的努力配合，规范监督才能得以实现。

农业保险遵循保险中的大数法则，是通过集中大量的风险个体，把农业生产经营者分散的资金集中起来形成保险基金，当发生自然灾害时，受灾个体从保险基金中获得经济赔偿。农业保险的基本职能是风险分散和经济补偿。但是农业保险不仅仅是作用于农业生产部门，还保障农业发展的可持续性，因此，国家农业保险的发展状况影响农业经济水平，进而影响农村经济。但是，由于农业保险的发展状况、所处阶段及国家发展农业保险的定位不同，不同国家的农业保险的功能也有所差别。菲律宾的农业保险最初是为了保障本国不需要再进口大米；美国农业保险主要是促进美国农业的发展；日本的农业保险主要是突出"互助共济"的特点，联合共济保障农户抵御自然灾害。而我国目前农业保险的发展主要是稳定农户收入、保障农产品供给、拉动农村经济及带动农业发展。

因此，农业保险的功能主要可以从宏观和微观两个方面总结：宏观方面，农业保险能够稳定农业生产、改善农村贫困问题、增进社会福利、保障国家粮食安全，这些有助于我国社会安定和谐，促进我国国民经济平稳有序发展，同时调节我国的各地区间的产业结构；微观方面，农业保险能够保障农户农业生产收入，提高农户风险承受能力，有利于农户在生产经营过程中接纳新技术及新品种，从根本上改善农户的农业种植状况。我国是农业大国，农业是国民经济基础，农民占我国总人口的45%以上，因此，保障农户赖以生存的农业发展是保障农户生产生活的根本，农业保险在农户层面的微观功能是改善国家宏观经济层面的基础，农业保险在为农民、农业、农村提供风险保障的同时，也保障了国家经济的稳定发展。农业保险是WTO允许的绿箱政策，是补贴农民扶持农业的有效工具，是保障农户收入稳定的主要载体，农村经济发展是促进我国经济总体发展的主要动力。

（二）中国农业保险的概念、特征及目标

1. 农业保险概念的界定

农业保险或称农业政策性保险，从属性上看是政策性保险大类中的经济政策保险。我国关于农业保险的概念从1986年开始探讨，历时26年，尽管具体表述形式上不尽相同，但其基本含义却达成了共识，2004～2012年中央一号文件和政府工作报告中均使用了"农业保险"的概念和提法。

由于本书对农业保险的研究，采用庹国柱（2002）提出的农业保险的定义，即农业保险是指当保险公司独立经营时，其收益远小于成本，具有明显的正外部性，其社会总收益大于社会总成本，为获得该险种带来的社会福利，政府必须以补贴或税收优惠等政策措施推动保险公

司经营或由政府直接经营的农业保险。

2. 农业保险的特征

从社会福利的视角，与商业性农业保险相比，农业保险具有以下 5 个方面的特征：

一是非营利性的经营目标。农业保险是为实现政府的政策目标，并非营利性的经营，而商业性农业保险是以盈利为目的的市场化经营。

二是政府财政支持是其发展动力。农业保险是在政府财政支持下，由政府直接或间接组织经营，而且关系国计民生的种养殖保险必须通过政府协调才能有效开展，如农业保险与农户信贷资金发放、农产品出口价格补贴、农业救灾等农业保护工具紧密相连。而商业性农业保险通过市场机制进行运作。

三是承保险种风险高。农业保险覆盖的险种或项目风险高、区域相关性强、赔付率较高。而商业性农业保险基于营利为目的仅对单风险农作物、范围小且价值高的设施农业、精细农业等承保，风险和赔付率较低。

四是供需双重外部性。根据福利经济学理论，农业保险具有供需双重正外部性，而商业性农业保险外部性不显著。

五是带有一定程度的强制性。农业保险为解决参与率不高的问题，往往带有一定程度的强制性。如将农业保险项目与其他支农惠农政策捆绑，投保农户就可得到捆绑的惠农政策支持，否则就不能获得。而商业性农业保险采用自愿投保，不带有任何强制性色彩。需要特别指出的是，本书研究的对象是农业保险，不包括其他商业性农业保险。农业保险中的农作物保险在许多国家都被列入农业保险范畴。我国 2007 年在中央财政支持目录中，最初只支持小麦、水稻、玉米、大豆和棉花五种大宗农作物的种植业保险。另外，本书在实证研究部分选取的辽宁省微观数据，样本地区农业保险财政支持的作物仅为小麦、水稻、玉米、大豆和花生，故本书研究的对象界定为农业保险中的种植业保险。

3. 我国农业保险的制度目标

我国农业保险的制度目标主要有以下两点：一是农业保险可以促进社会公平，农业属于弱质性产业，农户农业生产的过程中受自然灾害风险等影响，农业收入较不稳定，因此农业保险通过国家财政给予农民生产补贴，可以保护弱势的农业产业及农民群体，农业保险是农村社会保障体系的重要组成部分；二是农业保险可以提高经济效率，农业保险可以一定程度上克服农业市场失灵状态，保障参保农户是最终受益者，农业保险可以稳定农业生产，对国民经济的发展起到促进作用。

4. 农业保险与商业性农业保险的对比分析

农业保险与商业性农业保险，虽然都属于农业保险范畴，都具备农业保险的一般共性，但两者在经营目标、经营主体、运营机制、承担责任、保费承担者、强制程度、外部性等方面存在很大差异。具体差异表现在以下几方面：

第一是经营目标不同，农业保险具有非营利性，经营目标主要是社会效益优先，而商业性农业保险独立核算、自主经营且自负盈亏，经营目标主要是追求利益最大化以公司效益优先；第二是经营主体不同，农业保险经营主体是政府直接或间接经营，给予财政支持，商业性农业保险的经营主体是商业性保险公司；第三是运营机制不同，农业保险的运营机制是财政支持，而商业性农业保险的运营机制是市场化运作；第四是承担责任不同，农业保险的损失概率高、赔付率高，而商业性农业保险与之相反，它的损失概率低、赔付率低；第五是保险承担者不同，农业保险的保险承担者是参保农户与政府共同承担，而商业性农业保险公司的保险承担者只有参保农户；最后是外部性不同，农业保险具有正外部性，而商业性农业保险的外部性不明显。

（三）农业保险的经济效应分析①

经济效应是农业保险功能发挥作用的外在经济表现，也就是农业保险在促进农村社会再生产中体现出来的具体作用和效果。农业保险的经济效应主要体现在以下四个方面：

---

① 谢家智：《中国农业保险发展研究》，科学出版社 2009 年版。

1. 农业保险的生产效应

农业的可持续发展是以农业稳定生产为前提的，农业可持续发展是农业稳定发展的重要前提条件。维持农业生产的可持续性，主要根源是在于农户生产的积极性。怎样稳固和保护农民生产的积极性，是一个重要的课题。在市场经济条件下，农民是农业生产的主体，也是农产品市场的主体。农民在农业生产和经营过程中是以经济效益最大化为根本目标的。农民在这一目标的基础上进行农业生产决策。但是由于农业是弱质性产业，而且我国又是自然灾害发生率较高的国家之一，农业生产的比较效益较低，工农业和城乡效益的差别存在就会使农村劳动力资源大量往城市效益高的生产部门转移，致使农业劳动力等生产要素投入严重不足，农业生产趋于萎缩，当然这还是在农业不存在风险的假定条件下市场机制自然选择的必然结果。农业风险使得农业收益下降，农民收入减少会降低农民从事农业生产的积极性，进而导致农业生产的萎缩，这种农业生产萎缩会直接威胁国家粮食安全和社会稳定。农业保险机制可以有效管理农业风险，农业风险导致的不确定性和损失会通过投保的方式转移给保险公司，农户在遭受农业风险时会获得经济补偿，农民的收入预期不会下降。因此农业保险可以最大限度地稳定农民收入预期，保证农民农业生产的积极性，稳定农业生产经营。

农业保险通过生成效益会从两个方面增加农产品的市场供给：①农业保险对风险的保障减轻了农民对风险的厌恶；改善了农民对未来的预期，部分农民在原有的基础上可能扩大生产；②保险公司会采取各种灾害预防措施，这会减少产量损失，提高单产。如果进一步从均衡的角度加以分析，就可得到下图 1 – 13。假定农民面临着一条既定的需求量比较大的需求曲线 D，缺乏农业保险保护（即无风险保障）的农民生产行为导致的供给线为 S_0，其与需求曲线 D 的交点决定农产品产量为 Q_0，价格为 P_0。但实行农业保险制度后，农民的生产行为成为有风险保障的行为，会通过上述三个途径使农产品供给曲线右移至 S_1 的水平，从而与需求曲线 D 形成一个新的均衡点，此时，农产品产量由原来的 Q_0 增长到 Q_1 的水平，尽管价格有所下降，但产量的增速会超过价格下降的速度，此时，不仅生产者从中获利，消费者也获得了农产品价格低廉的好处。这就是农业保险的生产效应。

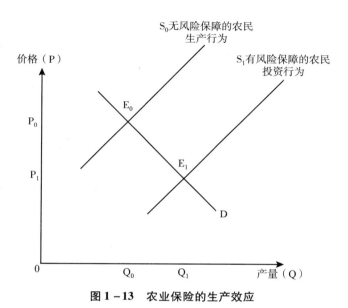

图 1-13 农业保险的生产效应

2. 农业保险的收入效应

大多数学者认为农业保险可以稳定农户收入。首先如果政府通过转移支付的方式，将部分产量波动的风险转移给全体纳税人承担，农户就可以得到一部分转移性收入，进而稳定农民的收入。其次在农业保险承保价格变化的情况下，收入稳定作用就十分显著，当农产品价格通过订单保险后，即使市场价格突然下降或者订购企业违约，农民也可以从保险公司获得相应的价差补偿。

在保险理论中，农业保险的存在必定对投保农民形成一个稳定的收入预期。图 1-14 显示了收入分布的两个正态概率密度函数，其中一个未采取任何减少风险的措施；另一个则采取如参加农业保险的风险减少措施。在两个函数中，预期收入假定相等，但采取了风险减少策略（通过农业保险）的收入水平变化的方差很低。因此，假定减少收入水平方差的这一分布无成本，那么农户都会优先考虑能减少端点值变化范围的方式，如多样化种植和增加信息等，这些措施都可能影响概率密度函数的性质。但这些管理方式的资产不可能增值，在有些情况下还会逐渐贬值。因为在某种程度上持有储备能把高收入年份转移到低收入年份，预期收入概率会减少税后净收益的概率分布的方差，但持有贮备对收入的概率分布影响不大。

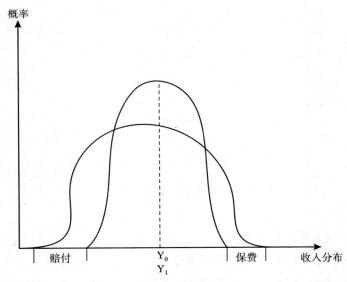

有（无）农业保险的收入概率分布

Y_0 和 Y_1 分别代表有和无农业保险的预期收入

图 1-14　农业保险的收入效应

所有的农业保险政策都以同一种方式影响着农业净收入的概率分布。一切保险合同的签订均需要农户支付保险费，从而会减少农户可获得的最大收入，但反过来也减少了低收入的可能性，将损失转为收入正值。投保产量的历史记录和保障水平是保费确定的依据，每份合约中投保农作物的平均产量决定了赔付的水平。达丽尔·卡夫（Daryl Kraft）于 1996 年指出，在许多年份中，农业保险费成为农户收入的一项成本，但赔付都会提高农户的收入。从上图 1 - 14 中可以看出，使用了农业保险措施的收入概率明显高于不使用农业保险的收入概率。

3. 农业保险的消费效应

消费是促进生产的发展和国民经济增长的有效手段，我国农村人口占总人口比重较高，农村消费是维持农村经济增长的有效动力。消费是收入的函数，收入的大小和稳定性程度是影响消费水平的关键因素。农户收入受农业风险的影响，农业保险可以有效控制农业风险，保障农户收入的稳定性。因此农业保险有着较高的消费效应。首先农户参与农业保险后会对将来的收入有一个稳定的预期，当国家补贴增加及灾后补偿增多，农户的收入稳定性增强，因此农业保险可以稳定农户收入及收入预期。在这种情况下，农户的消费会随着收入的稳定性提高而提高，农村消费市场会逐渐扩大发展。其次在农户参与农业保险后，农户对农业生产的风险预期会更加稳定，农户会积极引进农业生产技术，增加农业生产投资，扩大农业生产规模，这会拉动农业生产的产量，农产品市场供给量会增加，农产品价格会相应地下降，消费者会购买更多价格低廉的农产品，消费者剩余增加，这会使总福利逐渐增加和改进。

可以通过下图 1 - 15 来说明农业保险的消费作用。横轴代表农业保险的投保及其消费效用，纵轴代表了农业保险的价格。假定农民投保了 Q_1 数量的农业保险，此时，农民从农业保险中承担的边际私人成本（MPC）和所获得的边际私人收益（MPR）（即收入稳定量）相等，农民的消费福利得到 OEQ_1 区域的改进，但是由于农民投保后，农产品产量会增加，农业保险的利益会外溢给广大消费者，并使社会边际收益（MSR）大于边际私人收益（MPR），在农民的保费得不到政府补贴的情况下，农业保险的边际私人成本（MPC）会大于边际社会成本（MSC），由边际社会成本和边际社会收益决定的区域 OFQ_2 则为其他消费者获得的消费总福利。这说明，在农业保险的消费效应中，由于效益会大量外溢，农民可能会不愿意更多地购买农业保险，从而导致农业保险市场的需求不足。

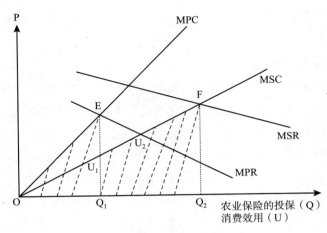

图 1 – 15　农业保险的消费效应

4. 农业保险的金融效应

农业保险有助于改善农村的信用条件，提高农民信用的可得性，增强农业的融资能力，降低农村金融风险，促进农村金融市场的发展，即农业保险的发展有助于促进农村金融的成长和发展。

长期以来落后的农村经济与滞后的农村金融形成恶性循环。经济与金融关系的研究一直备受关注，一般认为有两种模式：一是需求跟进型模式，二是供给导向模式。需求跟进型模式强调真实经济发展水平对金融的需求程度，由此而决定金融的发展能力，即经济发展水平对金融的决定作用；供给导向型模式更主张金融对资源配置的主动性和对经济发展的导向功能，通过金融的导向将资源从传统不具有增长和发展潜力的经济单位或部门转移到现代新兴行业，加速产业的升级和换代，促进新的经济增长点的形成。

由此，我们可以看出经济与金融之间并非简单地决定与被决定的关系，现代经济与金融之间更多的是一种典型的互动关系。当前我国农村金融的发展面临诸多矛盾和问题：机构萎缩，经营效益低下，农村资金大量流失，金融风险膨胀等。打破农村经济和金融发展恶性循环的重要手段是培育农村金融市场，实施农村金融优先发展战略。而农业保险的发展对推进农村金融的发展，增强农民获得农村金融资源的能力有较大的促进作用。

第一，农业保险是农村金融的组成部分。就农业保险而言，农业风险指数化、证券化产品的不断推出，已经在加速发展，规模呈不断上升趋势。独立经济主体的投资行为取决于投资预期收益的大小以及收益的稳定性程度。低风险、低收益的投资与高风险、高收益的投资可能产生相同的投资收益预期。保险作为一种资产进行信贷抵押以及银行代理保险产品等行为，将银行和保险紧紧联系在一起。换句话说，风险被视为一种投资成本，它必须从投资收益中得到补偿。农业是一个比较经济效益较差的行业，有效增强农民投资农业的积极性，在难以提高农业投资收益水平的情况下，就必须创造低风险的农业投资环境。为有效增强我国农业的生产和供给能力，促进传统农业向现代农业的转变，提高农业的集约化水平，都需要提高农业的投资能力。为增强投资能力，低收益的投资项目必须以降低投资风险为条件。农业保险的发展有助于农业生产和经营风险的降低。由此可见，保险已经作为现代金融的一个重要组成部分，深深融入现代金融体系，即使农业保险同样也成为现代农村金融体系不可分割的组成部分。农业保险的成长和发展，必将促进农村金融的发展。

第二，农业保险的发展改善农村信用状况，增强农业的融资能力。农民和农业融资难，农村信用发展的落后，有深层次的内在原因。农业生产规模较小、风险高、收益低的特点，使农业项目缺少稳定的现金流。农村普遍缺乏有效的抵押和担保，农业经营者难以满足信贷条件，农民获得农村金融资源的能力大大弱化，导致农民只会传统的小生产方式，满足于简单再生产。引入农业保险机制后，在有风险保障的条件下，农业生产和农业投资环境就会得到改善，进而促进农民的投资倾向发生变化。农民会对投资方向和投资项目进行重新选择。就这个投资而言，各项目边际收益的大小决定着农民投资的顺序。也就是说，在风险有保障的前提下，农民完全可以按照利益最大化的原则去重新安排投资顺序。农业保险的发展改善了农业风险管理水平，在很大程度上稳定了农业投资的现金流，增强了银行的授信信心，而且保险作为一种资产，自身可以充当抵押物，也改善了农民的信用状况。

第三，农业保险的发展有助于控制农村金融风险水平，促进农村金融市场的发育。农村经济的风险在缺乏有效的分摊机制情况下，其风险损失的相当一部分最终转嫁到农村金融机构，从而放大农村金融风险。发达的农业保险制度，实际上是将一些由于自然灾害等原因导致的、本应该成为银行承担的不良贷款转嫁到农业保险公司，通过农业保险机制在全社会进行分摊和化解。当前，我国的农村金融风险问题已经引起全社会的高度关注。因此，农业保险的发展将大大缓解长期以来农村金融经营的风险问题，保障农村金融的稳健成长，促进农村的信贷活动和资金流动，将促进农村金融市场的发育。

通过上述农业保险经济效应的分析，可以看出农业保险存在两方面效应：内在效应及直接效应，外在效应及间接效应。农业保险的内在效应是指农业保险给农民带来的效用和满足。在农业保险制度框架下，农民们只需要付出较小数额费用，就可买到因可能遭到的损失而得到补偿的权利。在农业保险的保障下农民的福利状况可以得到明显的改善，农业风险的分散保障农户受灾损失的降低，灾后补偿保障农民收入的稳定性，农民的信用的可获得性及信用的提升使得农民可以获得更多的贷款支持，农户生产的稳定性促进农户引进农业生产经营的新技术。农业保险效用不仅给予农民保障，而且会给予非农人口相应的效应，这是农业保险的外在经济效应。农业保险的外在效应是指农业保险对保险对象以外的人所带来的效用和满足。其农业保险外在经济效应体现为消费者可以得到更多廉价农产品，使消费者福利得到改进，政府提供救济可以减少到农民自己可以支付保险费的程度，这有利于减轻政府财政负担，改善其财政收支状况。

（四）农业保险需求的一般分析

农业保险需求是指农业生产者或经营者面对农业风险，运用保险手段管理分析损失的意愿和能力。保险需求主体的目标是寻求一种风险损失补偿手段，保险需求的直接原因是风险损失的客观存在。保险需求是风险单位在面临风险损失的可能时，对选择购买保险产品的一种欲望和能力，保险需求是风险单位在不确定性状态下的一种风险决策行为。农业保险的现实需求和潜在需求可以在一定条件下相互转化。保险实践研究更倾向于研究现实需求，理论探究既重视现实需求，也关注潜在需求，尤其重视研究实现潜在需求向现实需求转化的条件。对农业保险而言，由于现实需求较低，所以对后者的研究就显得必要。从理论上研究保险需求，就必须探讨风险单位的风险态度以及风险态度与保险需求之间的关系。

风险即损失的不确定性是客观存在的。对风险是客观现象，但是在风险决策和风险管理的过程中又对风险进行主观的认识和判断。因此，对风险问题的研究必须在主观上研究遭受灾害的单位的风险态度，即风险偏好。风险偏好的研究主要从两方面研究：风险偏好的心理学分析和风险偏好的效用分析。

1. 风险偏好的心理学分析

风险偏好是受险人对客观风险的主观感受。由于人们的心理差异不同，不同的人对同一风险有不同的风险态度。一般来说，人们对风险的不同偏好取决于每个人的心理结构。个人的心理结构由思维原创性、性格内（外）倾向、自我中心、焦虑程度、攻击性、表现欲、意志自由、抱负水平、成功动机等成分组成，这些成分在每个人身上表现的程度不同，从而形成人们面临同样风险时具有不同的心理和行为特征。

人们的风险偏好一般可分为风险厌恶型、风险喜爱型和风险中立型。当然个人的心理因素也受外界因素和环境的影响。例如，政治制度、社会文化、教育等都会影响到个人的风险偏好。同一个人在不同时期、不同的经济环境和财富状况下，也会表现出不同的风险偏好。从风险偏好的心理学分析可以看出，风险偏好差异主要是因为心理结构的差异，而心理结构的差异是由人们个体内在心理特征差异和外在环境差异共同决定的，而且风险偏好在不同时期、不同环境条件下是可以变化的。由此可看出，差异性和可变性是风险偏好的基本特征。但同时，政治制度、社会文化、教育等共同因素的影响，又会使某一类型的人在风险偏好上具有一定的同质性。

2. 风险偏好的效用分析①

效用是指人们由于拥有或使用某物而产生的心理上的满意或满足程度。在保险领域，效用是指决策人对特定风险事件的期望收益（或期望损失）产生的反映。用著名的冯·诺伊曼－莫根施特恩效用函数或期望效用函数 $U(X)$ 表示一个随机变量 x 的效用函数，$X = (X_1, \pi_1; X_2, \pi_2; \cdots; X_n, \pi_n)$，则 $U(X) = X_1\pi_1 + X_2\pi_2 + \cdots + X_n\pi_n$（其中，$\pi_n$ 为随机变量 X_n 发生的概率）。不同的个体对风险的偏好是有差异的，如果个体偏好一个确定的结果胜于任何期望值与该结果相等的前景，则称个体是风险厌恶的；反之则称个体是风险偏好的。如果个体认为二者是无差异的，则称个体是风险中性的。

对行为主体的效用函数 $U(X)$，则对于一个随机变量 X，称 $S_X = U^{-1}(E(U(X)))$ 为 X 的确定等价值。确定等价值 S_X 的含义是，在行为主体的心目中，得到确定的结果 S_X 与采取行动得到的随机变量 X 是等价的。$E(X) = \sum_{j=1}^{n} \pi_j x_j$ 可以认为是对随机变量的客观度量，它表明行为主体多次重复选择同一行动，平均每次可得到的结果，而 S_X 可以看做是行为主体对 X 的主观评价。如果 $S_X < E(X)$ 则称该行为主体是风险厌恶的。同理，$S_X > E(X)$，则称该行为主体是风险偏好的；$S_X = E(X)$ 是风险中性的。

可以证明，风险厌恶型的效用函数为凹函数（即 $U'(X) > 0$，$U''(X) < 0$）。这种人面对有确定的收益和另一个具有相同期望收益但是有风险的两个方案时，他将选择前者，在决策上表现得谨慎保守。同理风险偏好型的效用函数为凸函数（即 $U'(X) < 0$，$U''(X) > 0$），风险中性的效用函数为一条直线如图 1－16 所示。

----

① 谢家智：《中国农业保险发展研究》，科学出版社 2009 年版。

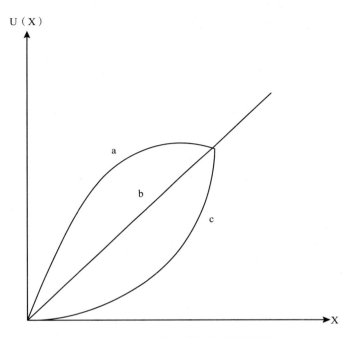

图 1－16　不同风险偏好的效用分析

　　不同的风险偏好表现出不同的风险决策。假定风险主体是风险厌恶的，即希望通过保险方式转嫁风险。投保人的风险需求所受制的因素以财产保险为例进行分析。

　　设投保人具有初始财富 W，效用函数 U，其财产存在 θ_1、θ_2 两种状态。θ_1 表示不发生损失，θ_2 表示损失 L，且概率为 π。如果投保人购买保险以转嫁风险，保费率为 p，保险金额为 q，即投保人预先缴纳 pq 的保险费，得到一个损失发生时赔偿损失 q 的承诺。则投保人在没有买保险条件下的期望效用为

$$U_0 = \pi U(W - L) + (1 - \pi)U(W) \qquad (1.15)$$

投保人在购买保险之后的期望效用为

$$U_1 = \pi U(W - pq - L + q) + (1 - \pi)U(W - pq) \qquad (1.16)$$

根据期望效用最大化原理，投保人购买保险的条件是 $U_0 \leqslant U_1$，即

$$\pi U(W-L)+(1-\pi)U(W) \leqslant \pi U(W-pq-L+q)+(1-\pi)U(W-pq)$$
$$(1.17)$$

在给定保险费率 P 的情况下，投保人总是会选择最大化的保险需求 q，即

$$\max \pi U(W-pq-L+q)-(1-\pi)U(W-pq) \quad (1.18)$$

最大化保险需求满足一阶条件

$$(1-q)\pi U'(W-pq-L+q)-p(1-\pi)U'(W-pq)=0 \quad (1.19)$$

以及二阶条件小于 0（因投保人为风险厌恶型，$U''<0$ 自然满足）。

解出个体的保险需求函数：$q=Q(W,L,p,\pi)$

说明在给定 W、L、π 的前提下，投保人的需求受保险费率的影响。

显然存在一个使投保人效用最优的保险费率 p，对于购买保险的投保人来说，最优费率 p 就是投保后不改变初始的期望收益，将其称之为公平费率 p^* 满足

$$\pi(W-L)+(1-\pi)W=\pi(W-p\times q-L+q)+(1-\pi)(w-p\times q)。$$

由此得到

$$p^*=\pi \quad (1.20)$$

即只有在保险费率与损失率相等情况下，潜在的投保人无论投保与否，其风险资产的期望值相同，投保人在这种情况下则认为是公平的、最优的选择，风险厌恶的投保人选择完全不像，即 $q=L$。

在现实生活中保费基本上是公平的。因为：一方面保险公司必须补偿其管理费用和销售费用；另一方面，如果投保人是风险厌恶的，而保费（必需）是不公平的，那么在采用比例附加费时，不买保险是最优的。如果附加费采取固定值，那么投保人要么选择完全保险，要么完全不购买保险。从以上保险需求理论的一般分析可看出，影响保险需求的主要因素是保险价格。

第二章

农业风险度量与预警

第一节 农业风险的度量与预测

一、农业风险度量的理论模型

农业是典型的风险产业。农业生产者面临着一系列影响农业生产成本以及农产品产量和价格的风险。风险事件一旦发生，多数情况下都会给农业生产者带来不同程度的损失。因此，农业风险对农业生产决策的影响是在分析中不容忽视的。迄今为止，学术界已发展出多种考虑风险的农业生产决策量化分析模型。

（一）波动性分析方法

风险是指未来收益的不确定性，实际结果偏离期望结果的程度—波动性方法在一定程度上测量了这种不确定性。这种波动性可以通过规范的统计方法量化，20世纪50年代Markowitz投资组合选择模型中均值—方差理论的应用之后，这种风险测度方法得到了广泛的应用。根据风险度量模型的发展状况，将风险度量模型分为四类：方差、标准离差、半方差和半标准离差。它们的计算式如表 2 - 1 所示。

表 2 - 1 风险度量模型比较

名称	记号	计算模型	备注
方差	MV	$E[X^T U - E(X^T U)]^2 = X^T V X$	$X = (x_1, x_2, \cdots, x_n)^T$ 是各投
标准方差	MAD	$E\|X^T U - E(X^T U)\|$	资的权重，$U = (u_1, u_2, \cdots,$
半方差	MSV	$E[\min(0, X^T U - EX^T U)]^2$	$u_n)^T$ 是各资产收益率的向量，
半标准离差	MASD	$E\|\min(0, X^T U - EX^T U)\|$	V 是投资资产收益率的协方差

方差（MV）是用来衡量一个随机变量波动大小的指标，当随机变量的波动呈对称性分布时，收益波动越大的随机变量，其潜在的损失也就越大。因此，当随机变量的分布为对称型时，用方差来表示风险是恰当的。标准离差（MAD）与方差（MV）的特征一样，只是（MV）在数学分析时较容易处理，因此传统上，度量随机变量的波动性一般采用（MV）而不采用（MAD）。另外，还有半方差（MSV），半标准离差（MASD），用于解决收益率分布不对称时的风险度量问题。

如果用图形的分布状态来说明方差的度量结果，即图形中分布较平缓意味着风险较大，而分布较陡峭意味着风险较小。

（二）期望 - 效用理论

在经济学中，最完善的决策理论是由冯 - 诺伊曼和摩根斯坦（Von Neuman & Morgenstern，1944）提出的期望效用理论（the Expected Utility Theory）。[①] 该理论提出了一系列合理的有关个人应怎样安排风险"情景"的公理，并推断出次序效用函数（Ordinal Utility Function）U（y）的存在。他们指出，只要个人能够对问题中的可能结果估算为一系列一致的效用，那么以期望效用最大化为标准能够形成与个人的真正偏好共享的决策。根据这种思想，可以按照各方案的期望效用的大小对各方案进

---

① 普兰纳布、巴德汉、克利斯托弗、尤迪：《发展微观经济学》，北京大学出版社 2002 年版。

行排序，并选取期望效用最大的方案作为决策者的行动方案。假设一个农业生产者的效用函数为：

$$U(Y) = \alpha Y + \beta Y^2 \qquad (2.1)$$

其中，α 和 β 为常数，满足 $\alpha > 0$ 且 $\beta < 0$，相应的农业生产计划的期望收益为：

$$
\begin{aligned}
E[U(Y)] &= \alpha E[Y] + \beta E[Y^2] \\
&= \alpha E[Y] + (\beta E[Y^2] - \beta E[Y]^2) + \beta E[Y]^2 \\
&= \alpha E[Y] + \beta V[Y] + \beta V[Y]^2
\end{aligned}
$$

式中，$V[Y]$ 代表收益 Y 的方差。由于假设 $\alpha > 0$ 且 $\beta < 0$，因此该农业生产者偏好于更高的期望收益 $E[Y]$，且有更低的收益方差 $V[Y]$ 的计划。

（三）风险测量的在险值（VaR）方法及计算工具

自从马科维茨（Markowitz）于1952年创立了投资组合以来，关于风险度量模型的研究一直是风险研究的热点之一，到目前为止，专家学者已提出很多种不同的度量风险模型，其中之一就是在险值法即 VaR 法。利用 VaR 法可测度一般市场风险。

VaR 法（Value at Risk）中文译作在险价值，是由 JP 摩根公司率先提出的，是指在正常的市场条件和给定的置信度内，用于评估和计量任何一种资产在既定时期内所面临的市场风险大小和可能遭到的最大价值损失。VaR 法以概率作为基础，运用现代统计学方法，得出多维风险的一个一维近似值。其最大的优点在于测量的综合性，可以将不同市场因子、不同的市场风险集成为一个数，较准确测量由不同风险来源及其相互作用而产生的潜在损失，较好地适应了市场发展的动态性、复杂性和全球整合性趋势。

1994年10月，摩根（J. P. Morgan）银行公布了其"风险度量"（Risk Metrics）体系。适应于免费的因特网，这种风险度量提供了计算 VaR 的数据库。在开始阶段，这个系统为14个国家的300种金融工具提供了风险计量手段，后来计量范围大大拓展。说到底，它所提供的是一个方差—协方差矩阵和一些随时间变化的相关系数值。

之后，由信孚银行（Bank Trust）开发的风险调整收益（Risk Adjusted Return on Capital，RAROC）系统，它将风险管理的运算和市场波动的预测结合起来进行风险度量，最后给出 VaR 的计算结果。

基于 VaR 法的众多优点，近十年来，它获得了广泛的应用，范围涉及证券公司、投资银行、商业银行、养老基金、非金融企业及一般性市场风险等。

VaR 是指在一定概率水平下（置信度），估计某一资产在未来特定的一段时间内的最大可能损失。可以表示为：

$$Prob(\Delta V > VaR) = 1 - c \qquad (2.2)$$

其中：ΔV 为资产持有期 Δt 的损失；VaR 为置信水平 c 下处于风险中的价值。从上述定义出发，计算风险价值要了解三方面的情况，一是置信区间的大小；二是持有期的长短；三是期货的价值分布特征。而置信水平和持有期的选取从某种程度上讲带有随意性。例如，信孚银行（Bank Trust）使用 99% 的置信水平；美洲银行和 JP 摩根银行使用 95% 的置信水平。置信水平越高，意味着 VaR 的数值越高。

风险价值的计算步骤涉及三要素：一是置信度的确定，可设市场的波动时发生在 95% 的置信度的状况。二是计算的损失期间，如一天之内与一个月之内发生的最大损失。三是计算 VaR 的值，是指在一定的持有期及置信度内，某一期权所面临的最大潜在损失。目前常用的风险价值计算方法有：德尔塔生态法、历史模拟法（Historical Simulation）、蒙特卡洛法（MonteCarlo Simulation）和应力测试法。表 2 - 2 是对比度量 VaR 的四种方法。

表 2 - 2　　　　　　　　　　VaR 计算方法的比较

	德尔塔生态法	历史模拟法	应力测试法	蒙特卡洛法
方法评价	线性的	全面的	全面的	全面的
历史概率分布	正态的	现实的	主观的	全面的
随时间变化情况	是	否	主观的	是

续表

	德尔塔生态法	历史模拟法	应力测试法	蒙特卡洛法
非正态分布	否	是	是	是
应用相关性	是	是	否	否
隐含的主要问题	非线性的，极端的	时间变化	吴估相关性	模型风险

资料来源：《VaR 风险价值－金融风险管理新标准》，中信出版社 2001 年版。

二、农业单产风险的度量与预测

农业生产风险，是指在农业生产过程中发生的损失。这种损失与农业生产者的预期目标的偏离或差异程度通常被用作衡量风险程度的指标。

在耕地面积一定的情况下，粮食产量主要取决于单产。粮食单产的波动不仅直接影响当年粮食供应的稳定，而且影响粮农的预期收入和下期生产决策，从而扩大后续的供应波动。我国幅员辽阔，各地区的地形地貌、土壤条件、气候综合条件等自然和生态环境因子，以及农作物生产的技术装备状况、农作物减灾防灾服务体系和农作物种植结构等均不相同，充分考虑不同区域的农业特点和资源禀赋，对各省粮食单产进行预测并按地域差异进行分类预警是国家选择中长期粮食安全战略、制定中长期粮食政策的重要依据，对调整农业产业结构及调节粮食储备，保证粮食安全具有重要的现实意义。

通过各省粮食单产的波动特征，按照 Logistic 模型模拟 "S" 形生长曲线，利用 Stata 软件对各地区 2016～2018 年的粮食单产进行预测；基于加权马尔可夫链进行单产风险预警，利用 Matlab 软件计算各种风险状态重现的概率。当然，这种预测方法仅是一种趋势预测，并不是十分精确，因为影响粮食产量的因素很多，这里并没有考虑出现极端情况下粮食产量的变化情况，给出的结果也并非具体数值，所以更加合理，也更加直观。为指导生产和抗御灾害服务，我们将全国划分出不同水平的风险区。

（一）风险等级划分

设单产时间序列为 $\{y(t) \mid t = 1, 2, \cdots, n\}$，我们把它看成是一个随机过程，其均值为 y(t)，当按照 Logistic 曲线作为预测趋势线时，$\hat{y}(t)$ 为趋势单产。用下式表示粮食单产风险。

$$\text{Risk}(t) = \frac{y(t) - \hat{y}(t)}{\hat{y}(t)} 100\% \qquad (2.3)$$

Risk(t) 衡量了以气象为主、包含政策导向和市场供需变动等因素共同起作用而促使单产偏离预期的程度，可作为粮食单产风险等级的量度，记为 Risk(t)，t 为风险等级。

根据粮食单产风险取值的不同，将风险等级及预测预警进行如下分类（如表 2 - 3 所示）。

表 2 - 3   风险分类表

风险预警	差值比率	风险等级	预测
重警	$(-\infty, -10]$	-2	大幅度减产
轻警	$(-10, -5]$	-1	小幅度减产
无警	$(-5, 5]$	0	波动平稳
轻警	$(5, 10]$	1	小幅度增产
重警	$(10, +\infty)$	2	大幅度增产

（二）单产趋势预测

在生物、农业、工程以及经济科学中，生成"S 形"或"形状为 S"的生长曲线过程是很普遍的，反映了环境容量的有限性以及资源的稀缺性。影响粮食单产增长的主导因素是栽培技术革新以及品种、农药和化肥等要素的科技进步，当这些利导因子起主要作用时，增长速度加快，但随着利导因子的消耗和被利用，限制因子逐渐凸现，增长速度受到限制，这就决定着作物单产的增长过程具有饱和性和极限性，即符合"S 形"生长曲线过程。在"S 形"曲线簇中，Logistic 曲线具有许多性质得到了广泛的应用，因此，我们使用 Logistic 曲线作为趋势产量模型。

鉴于数据的一致性（樊胜根，2006），农业地理区位及社会和文化状况，将中国划分为八个区进行分析，分别为东北区、华北区、东南区、华中区、西南区、华南区、西北一区、西北二区。

Logistic 曲线有多种表达形式，这里采用的表达式为：

$$\hat{y} = \frac{b_1}{1 + \exp\left[-b_2 \times (x - b_3)\right]} \tag{2.4}$$

其中，b_2 表示最大相对增长速度，b_1 表示单产增长的饱和水平（临界值）。我们利用 Stata 软件对全国各省（除海南、重庆）的粮食单产进行预测，结果如表 2 - 4 所示。

表 2 - 4 　　　　**各省 2016～2018 年粮食单产预测值** 　单位：公斤/公顷

地区	2016 年	2017 年	2018 年
华北区			
北京	6 009.65	6 028.40	6 046.70
天津	5 213.96	5 236.01	5 257.60
河北	5 345.93	5 430.19	5 514.89
河南	5 995.48	6 081.95	6 168.61
山东	6 368.81	6 447.28	6 525.62
山西	3 825.71	3 819.78	3 814.04
东北区			
辽宁	6 007.29	5 945.32	5 886.87
吉林	7 171.42	7 161.17	7 151.22
黑龙江	5 420.80	5 466.13	5 511.15
东南区			
上海	6 905.70	6 888.21	6 871.50
江苏	6 614.09	6 662.42	6 710.10
浙江	5 896.61	5 906.22	5 915.52
华中区			
湖北	6 108.80	6 164.18	6 219.20
湖南	6 118.98	6 164.62	6 209.90

地区	2016 年	2017 年	2018 年
江西	5 861.63	5 924.67	5 987.65
安徽	5 358.34	5 382.07	5 405.37
华南区			
广东	5 448.08	5 475.81	5 503.00
广西	5 024.61	5 064.74	5 104.55
福建	5 580.21	5 619.42	5 658.20
海南	4 951.78	5 004.76	5 057.78
西南区			
四川	5 362.36	5 389.85	5 416.91
贵州	3 755.28	3 724.26	3 695.06
云南	4 220.78	4 259.96	4 299.11
重庆	5 101.93	5 042.31	4 989.83
西北一区			
西藏	5 756.83	5 834.16	5 911.51
新疆	6 462.99	6 574.97	6 687.93
内蒙古	5 037.48	5 139.62	5 242.97
青海	3 709.12	3 711.93	3 714.65
西北二区			
陕西	4 022.50	4 053.16	4 083.54
甘肃	4 176.62	4 244.05	4 312.00
宁夏	4 921.02	5 006.28	5 092.24

资料来源：2016～2018 年单产预测数据整理。

第二节　农业风险的预测预警
——以辽宁省为例

利用随机过程中的马尔可夫链原理预测农业生产风险问题。针对粮食年单产量为相依随机变量的特点，提出以规范化的各阶自相关系数为权，运用加权的马尔可夫链来预测未来粮食年单产量变化状况，并以辽宁省统计资料为实例对该方法进行具体应用。

马尔可夫过程是具有"无后效性"的随机过程，即在已知某一随机过程"现在"的条件下，其"将来"与"过去"是独立的，马尔可夫链是状态与时间参数均离散的马尔可夫过程，其数学表达如下：

定义在概率空间（Ω，F，P）上的随机序列 $\{X(t)，t \in T\}$，其中 $T = \{0，1，2，\cdots\}$，状态空间 $E = \{0，1，2，\cdots\}$ 称为马尔可夫链，如果对任意正整数 l，m，k，及任意非负整数 $j_1 > \cdots > j_2 > j_1（m > j_1）$，$i_{m+k}$，$i_m$，$i_{j_1}$，$\cdots$，$i_{j_2}$，$i_{j_1} \in E$ 有

$$P\{X(m+k) = i_{m+k} \mid X(m) = i_m，X(j_1) = i_{j_1}，\cdots，X(j_2) = i_{j_2}，X(j_1) = i_{j_1}\}$$
$$= P\{X(m+k) = i_{m+k} \mid X(m) = i_m\}$$

成立。这里要求上式左端有意义，即假定

$$P\{X(m) = i_m，X(j_1) = i_{j_2}，\cdots，X(j_2) = i_{j_2}，X(j_1) = i_{j_1}\} > 0 \quad (2.5)$$

马尔可夫链的性质和特征定义很多，这里只考虑其"无后效性"。

实际应用中，一般考虑齐次马尔可夫链，即对任意 m，$k \in T$，有

$$p_{ij}(m，k) = p_{ij}(k)，\quad i，j \in E \quad (2.6)$$

其中 $p_{ij}(m，k)$ 表示"系统时刻 m 时处于状态为 i，经 k 步转移至状态 j 的概率"，$p_{ij}(k)$ 表示"从状态 i 经 k 步转移至状态 j 的概率"。此时转移概率与初始时刻无关。

齐次的马尔可夫链 $\{X(t)\}$ 完全由其初始分布及其状态转移概率矩阵（状态转移概率 $\{p_{ij}，i，j \in E\}$ 所构成的矩阵）所决定。

由于农作物年单产量是一列相依的随机变量，各阶自相关系数刻画了各种滞时的农作物年均单产量间的相关关系及其强弱，因此，可考虑先分别依其前面若干年的年均单产量对该年农业生产风险进行预测，然后，按前面各年与该年相依关系的强弱加权求和，即达到了充分、合理利用信息进行预测的目的，这就是加权马尔可夫链的基本思想。

基于上述思路，加权马尔可夫链预测的基本步骤为：

（1）计算各阶自相关系数。

$$r_k = \sum_{l=1}^{n-k} (x_l - \bar{x})(x_{l+k} - \bar{x}) \Big/ \sum_{l=1}^{n} (x_l - \bar{x})^2 \quad (2.7)$$

式中 r_k 表示第 k 阶（滞时为 k 年的）自相关系数；x_l 表示第 l 年的单产量，$\bar{x}$ 为年单产均值；n 表示年单产量序列的长度。

（2）对各阶自相关系数进行归一化，即：

$$w_k = |r_k| / \sum_{k=1}^{m} |r_k| \qquad (2.8)$$

并将它们作为各种滞时（步长）的马尔可夫链的权重（m 为按预测需要计算的最大阶数）。

（3）建立农作物年单产量的分级标准（即确定马尔可夫链的状态空间）。根据数据序列将农作物生产风险按年单产量分为大丰年、丰年、均年、灾年、重灾年五级（对应的状态空间 E = {1, 2, 3, 4, 5} 等）。

（4）按（3）所建立的分级标准，确定资料序列中各年年均单产量所对应的农业生产风险状态。

（5）按（3）得到的状态序列，生成不同滞时的马尔可夫链的转移概率矩阵。

（6）分别以前面若干年的年均单产量为初始状态，结合其相应的状态转移概率矩阵即可预测出该年风险的状态概率 $P_i^{(k)}$，$i \in E$，k 为滞时（步长），k = 1, 2, …, m。

（7）将同一状态的各预测概率加权和作为年均单产量处于该状态的预测概率，即

$$P_i = \sum_{k=1}^{m} w_k P_i^{(k)}, \ i \in E \qquad (2.9)$$

$\max\{P_i, \ i \in E\}$ 所对应的 i 即为该年农业生产风险的预测状态。

（8）应用马尔可夫链的遍历性定理，求其极限分布，进而分析年景的分布特征。

我们以辽宁省为例对粮食单产量数据进行序列规范化处理，然后以各阶自相关系数为权，利用加权马尔可夫链预测未来的农业生产风险状况。

（1）经计算，得出各阶自相关系数及各种滞时的马尔可夫链权重，如表 2 - 5 所示。

表 2-5 各阶自相关系数及各种滞时的马尔可夫链权重表

步长	1	2	3	4	5
r_k	0.544	0.379	0.380	0.238	0.276
w_k	0.300	0.209	0.209	0.131	0.152

（2）经计算，该序列的均值为 $\bar{x} = 347.06$（公斤/亩），无偏估计的标准差。

$$s = \sqrt{\frac{1}{n-1}\sum_{i=1}^{n}(x_1 - \bar{x})^2} = 63.38 \qquad (2.10)$$

（3）根据表 2-5，将该序列划分为五个级别，如表 2-6 所示。

表 2-6 辽宁省农业生产风险分级表

风险状态	级别	分级标准	年均单产量区间
1	大丰年	$x > \bar{x} + 1.0s$	$x > 404.42$
2	丰年	$\bar{x} + 0.5s < x \leqslant \bar{x} + 1.0s$	$374.53 < x \leqslant 404.42$
3	均年	$\bar{x} - 0.5s < x \leqslant \bar{x} + 0.5s$	$314.75 < x \leqslant 374.53$
4	灾年	$\bar{x} - 1.0s < x \leqslant \bar{x} - 0.5s$	$284.86 < x \leqslant 314.75$
5	重灾年	$x \leqslant \bar{x} - 1.0s$	$x \leqslant 284.86$

（4）按照表 2-6 的分级标准，可确定序列中各年年景状态，如表 2-2 中"风险状态栏"中所列。

（5）经计算，可得各种滞时的状态转移概率矩阵 P：

$$P^{(1)} = \begin{bmatrix} \frac{2}{4} & 0 & \frac{2}{4} & 0 & 0 \\ \frac{1}{6} & \frac{3}{6} & \frac{2}{6} & 0 & 0 \\ \frac{1}{10} & \frac{2}{10} & \frac{4}{10} & \frac{2}{10} & \frac{1}{10} \\ 0 & \frac{1}{3} & \frac{1}{3} & \frac{1}{3} & 0 \\ 0 & 0 & \frac{2}{6} & 0 & \frac{4}{6} \end{bmatrix}$$

$$P^{(2)} = \begin{bmatrix} \frac{1}{3} & 0 & \frac{2}{3} & 0 & 0 \\ 0 & \frac{3}{6} & \frac{2}{6} & 0 & \frac{1}{6} \\ \frac{3}{10} & \frac{2}{10} & \frac{3}{10} & \frac{2}{10} & 0 \\ \frac{1}{4} & 0 & \frac{2}{4} & \frac{1}{4} & 0 \\ 0 & \frac{1}{6} & \frac{2}{6} & 0 & \frac{3}{6} \end{bmatrix}$$

$$P^{(3)} = \begin{bmatrix} \frac{1}{2} & 0 & \frac{1}{2} & 0 & 0 \\ \frac{1}{6} & \frac{2}{6} & \frac{3}{6} & 0 & 0 \\ \frac{2}{10} & \frac{2}{10} & \frac{4}{10} & \frac{2}{10} & 0 \\ 0 & \frac{1}{3} & 0 & \frac{1}{3} & \frac{1}{3} \\ 0 & 0 & \frac{3}{5} & 0 & \frac{2}{5} \end{bmatrix}$$

$$P^{(4)} = \begin{bmatrix} 1 & 0 & 0 & 0 & 0 \\ \frac{2}{6} & \frac{2}{6} & \frac{2}{6} & 0 & 0 \\ \frac{1}{10} & \frac{2}{10} & \frac{3}{10} & \frac{3}{10} & \frac{1}{10} \\ 0 & \frac{1}{3} & \frac{2}{3} & 0 & 0 \\ 0 & \frac{1}{6} & \frac{4}{6} & 0 & \frac{1}{6} \end{bmatrix}$$

$$P^{(5)} = \begin{bmatrix} 1 & 0 & 0 & 0 & 0 \\ \dfrac{2}{6} & \dfrac{2}{6} & \dfrac{2}{6} & 0 & 0 \\ \dfrac{1}{9} & \dfrac{2}{9} & \dfrac{4}{9} & \dfrac{2}{9} & 0 \\ 0 & \dfrac{1}{3} & \dfrac{1}{3} & 0 & \dfrac{1}{3} \\ 0 & \dfrac{1}{6} & \dfrac{4}{6} & \dfrac{1}{6} & 0 \end{bmatrix}$$

（6）依据辽宁省年均单产量及其相应的状态转移概率矩阵对辽宁省农业生产风险状况进行预测，以此我们可以一直预测到2013年的年单产量，预测结果如表2－7所示。

表2－7　　2007～2013年辽宁省粮食年单产量及风险状态预测表

预测年份	1	2	3	4	5	状态	预测区间
2007	0.195	0.355	0.397	0.042	0.056	3	314.75 < x ≤ 374.53
2008	0.271	0.355	0.376	0.042	0.000	3	314.75 < x ≤ 374.53
2009	0.331	0.285	0.442	0.042	0.035	3	314.75 < x ≤ 374.53
2010	0.246	0.223	0.520	0.105	0.042	3	314.75 < x ≤ 374.53
2011	0.326	0.200	0.459	0.130	0.021	3	314.75 < x ≤ 374.53
2012	0.623	0.153	0.366	0.084	0.000	1	x > 404.42
2013	0.612	0.084	0.496	0.105	0.021	1	x > 404.42
2014	0.444	0.088	0.655	0.109	0.021	3	314.75 < x ≤ 374.53

（7）各种步长的马尔可夫链的特征分析

我们以相依性最强的步长为1的马尔可夫链的特征分析为例。由其状态转移概率矩阵可推出：该马尔可夫链的5个状态都是相通的，即 $i \leftrightarrow j(i, j \in E, i \neq j)$，且为非周期的，其全部状态（5个状态）构成了一个闭集 C，该链的状态空间 E。因而，该链是不可约的。该链为状态空间有穷（5个状态）的不可约马尔可夫链，故而该链的5个状态都是正常返的。所以，该链是遍历的（非周期、不可约、正常返）。因此，该链存在唯一的平稳分布，且此时的平稳分布即为它的极限分布。

求其平稳分布，有方程组：

$$\begin{cases} \sum_{j \in E} \pi_j = 1 \\ \pi_j = \sum_{i \in E} \pi_j p_{ij} \end{cases} \quad (2.11)$$

式中，i，j 为状态；π_i，π_j 分别为状态 i，j 的平稳分布；p_{ij} 为状态 i 到 j 的一步转移概率。

$$\begin{cases} \sum_{j=1}^{5} \pi_j = 1 \\ \pi_j = \sum_{i=1}^{5} \pi_j p_{ij} \end{cases} \quad j = 1, 2, 3, 4, 5 \quad (2.12)$$

依照步长为 1 的转移矩阵 $p^{(1)}$，可得到各种状态的重现期 $T_j = 1/\pi_j$，如表 2 - 8 所示。

表 2 - 8　　　　　　　平稳分布、极限分布及各状态重现期表

状态（j）	1	2	3	4	5
π_j	0.160	0.240	0.400	0.120	0.120
$T_j = 1/\pi_j$	6.250（年）	4.167（年）	2.500（年）	8.333（年）	8.333（年）

由表 2 - 8 可知，按本书确定的分级标准，依现有的资料信息推断，在长期过程中，辽宁省农业生产风险出现均年的机会最多，约平均每隔 2.5 年出现一次，概率为 0.400；其次是丰年出现的概率较大，为 0.240，即每 4.167 年出现一次；灾年和大灾年出现的可能性相对最小，概率为 0.120，重现期为 8.3 年；大丰年出现的概率为 0.160，每 6.25 年出现一次。

第三节　区域经济差异与粮食生产风险分析

一、辽宁地区经济发展差异成因研究

辽宁省地区间经济发展不平衡，导致后进地区发展动力不足，人民

生活得不到应有改善，后发优势得不到应有发挥。那么，造成各地区经济发展差异的因素有哪些？这些因素对经济发展影响程度如何？带着这样的疑问，本书从经济发展实现机制出发，研究地区经济发展差异及其成因，无论是对未来地区经济发展规划还是制定地区发展政策都具有积极意义。

目前，学术界在相关领域的研究主要集中在三个方面：一是利用经济学中反映区域差异变化的指标对经济增长和地区经济差距进行测度和分解。如，许召元等（2006）基于基尼系数对我国的地区差距情况进行描述，指出由于存在着要素收入的地区间转移和转移支付、投资率的差异等因素，两者之间不完全一致。二是从某一角度，如政策制定角度，或产业结构角度对区域发展差距进行比较。如，坎布尔（Kanbur，2005）的研究结果指出，中国经济波动主要受内部因素的影响，很有可能是紧缩性的宏观政策导致了 90 年代中后期经济增长速度的下降。三是采用计量方法对反映区域经济差异的各类指标建立模型、进行分析。如林毅夫、刘培林（2003）采用严格的计量分析方法，基于 1978～1999 年面板数据，指出大陆各省区市之间发展水平差距的主要原因在于重工业优先发展的赶超战略下形成的生产要素存量配置结构，与许多省区市的要素禀赋结构决定的比较优势相违背，从而导致大量的赶超企业缺乏自生能力。

由于地区经济发展差距的复杂性、不确定性和非线性，给实证研究带来较大困难。从现有研究结果看，由于分析模型、样本时段、经验变量以及计量分析方法选取等差异，导致研究结果存在较大差异。加之，我国地域辽阔，省际经济异质性和要素禀赋差异性大，从实证角度研究经济发展差异的成因恐怕难以一概而论。鉴于此，本书立足辽宁省客观实际，研究地区经济发展差异的影响因素，并对影响因素的差异性进行分析。

二、指标体系的构建及实证研究

（一）指标体系构建

为了客观评价地区经济发展差距，应遵循全面性、客观性、可行性和一致性的原则选择测度区域经济发展水平的指标，作为衡量区域间差距的标准。

根据选取原则和推动经济发展因素的作用路径，本书选取下列 13 个指标作为衡量经济发展差异的影响因素：①采用人均固定资产投资额（X1）来综合测度地区物质资本投入的规模、速度、比例和使用方向。②采用农村人均消费支出（X2）和城市人均居民消费支出（X3）来反映消费需求对经济增长的拉动作用。③采用人均进口额（X4）和人均出口额（X5）来衡量区域开放程度。④采用千人拥有高校学生数（X6）和普通高等学校教职工数（X7）来反映地区人力资本的初始存量和教育水平的发展程度。⑤采用非农产业比重（X8）和非农户籍人口比重（X9）来衡量产业结构对经济发展的作用。⑥采用每万人互联网用户数（X10）来反映地区的信息基础设施状况。⑦采用年末实有道路面积（X11）反映地区交通基础设施状况。⑧采用地方财政科技投入预算支出（X12）反映科学技术因素对经济发展的作用。⑨采用人均政府支出（X13）反映政府支出对经济增长的拉动作用。

本书选用全国 31 个省 2014 年上述 13 个指标的截面数据，数据来源于《中国统计年鉴》（2015）。

（二）实证分析

由于分析变量数目较多，且它们之间存在相关性，为此，本书采用因子分析法，研究众多变量之间的内部关系。因子分析法是通过构造因子模型，将原始观察变量分解为因子变量的线性组合，这些重新组构成的因子变量在保证反映原始变量绝大部分信息的同时，实现数据维度的降低，模型表达式为：

$$X_i = a_{i1}F_1 + a_{i2}F_2 + \cdots + a_{im}F_m + \mu_i$$

其中，$i = 1, 2, \cdots, p$，p 为观测变量数；m 为主成分数；a 为观测变量和主成分之间的相关系数，也称为因子载荷；μ 为残差。

本书运用 SPSS16.0，对原始数据相关矩阵进行 KMO 检验，其值为 0.732，属于可接受范围。同时，Bartlett 球度检验结果显示近似卡方值为465.474，自由度为78，检验显著性概率为0.000。因此，各因素之间相关性显著，适合进行因子分析，如表2-9所示。

表2-9   **KMO 和 Bartlett 球度检验结果**

Kaiser – Meyer – Olkin 检验测度		0.732
Bartlett 球度检验	Approx. Chi – Square	465.474
	Df	78
	Sig.	0.000

计算变量间相关系数矩阵的特征值和相应的特征向量，然后得到公因子解释方差百分比，结果如表2-10所示。

表2-10   **总方差解释**

成分	初始特征值			累积贡献			旋转后累积贡献		
	特征值	方差贡献率（%）	累积方差贡献率（%）	特征值	方差贡献率（%）	累积方差贡献率（%）	特征值	方差贡献率（%）	累积方差贡献率（%）
1	6.725	51.73	51.73	6.725	51.730	51.730	6.021	46.318	46.318
2	2.959	22.765	74.494	2.959	22.765	74.494	3.315	25.498	71.816
3	1.011	7.776	82.27	1.011	7.776	82.270	1.359	10.454	82.270
4	0.908	6.982	89.252						
5	0.573	4.406	93.658						
6	0.314	2.416	96.074						
7	0.161	1.236	97.31						
8	0.105	0.804	98.114						
9	0.097	0.75	98.863						
10	0.049	0.378	99.242						
11	0.046	0.351	99.593						
12	0.037	0.281	99.874						
13	0.016	0.126	100						

注：主成分分析法。

由表2－10结果表明，经过提取和旋转，13 个影响因素指标重构成3个维度的主要解释成分。第一个主因子的特征值为6.725，旋转后的特征值为6.021，贡献率为51.730%，旋转后的贡献率为46.318%；第二个主因子的特征值为2.959，旋转后的特征值为3.315，贡献率为22.765%，旋转后的贡献率为25.498%；第三个主因子的特征值为1.011，旋转后的特征值为1.359，贡献率为7.776%，旋转后的贡献率为10.454%。以上3个主因子的累积方差贡献率达到82.270%，大于80%的临界点。因此，这3个主因子具有代表初始影响因素的优良性，同时具备线性回归所要求的独立性特征。

为更好地解释各主因子的含义，将因子载荷矩阵进行方差最大正交旋转，旋转后的因子载荷矩阵如表2－11所示。

表2－11　　　　　　　　旋转后的因子载荷矩阵

影响因子	因子		
	1	2	3
X3 城市人均居民消费支出	0.967	0.021	0.084
X4 人均进口额	0.932	−0.085	−0.051
X2 农村人均消费支出	0.876	0.136	0.275
X9 非农户籍人口比重	0.867	0.121	0.301
X5 人均出口额	0.847	0.217	−0.057
X12 地方财政科技投入预算支出	0.784	0.541	−0.016
X8 非农产业比重	0.755	0.119	0.356
X6 千人拥有高校学生数	0.697	0.015	0.334
X10 每万人互联网用户数	0.183	0.934	−0.106
X11 年末实有道路面积	0.127	0.920	0.135
X7 普通高等学校教职工数	0.330	0.847	0.018
X13 人均政府支出	0.320	−0.691	0.116
X1 人均固定资产投资额	0.225	−0.080	0.948
贡献率（%）	51.730	22.765	7.776

注：主成分分析法；方差最大正交旋转法；4 次迭代后旋转得到收敛。

根据表 2 - 11 结果分析，可得出以下结论：

（1）第一主因子主要由 X2、X3、X4、X5、X6、X8、X9 和 X12 决定，这 8 个指标主要反映地区经济与国际经济联系的紧密程度、地区第二、三产业结构和城市化水平以及居民消费和人力资本存量对经济的拉动作用，体现了一个地区的经济基础，称之为综合和经济外向度因子。

（2）第二主因子主要由 X7、X10、X11 和 X13 决定，这 4 个指标主要反映信息基础条件、交通基础设施建设等物质条件以及科技投入力度，称之为基础设施建设及技术促进因子（简称基建和技术促进因子）。

（3）第三主因子主要由 X1 决定，这个指标主要反映地区固定资产投资实际到位情况，称之为固定资产投资因子。

上述 3 大因子与 13 个原始指标之间的对应，如表 2 - 12 所示。

表 2 - 12　　　　　　　　　　主因子成分

	高载荷指标	因子命名
因子 1	农村人均消费支出 城市人均居民消费支出 人均出口额 人均进口额 千人拥有高校学生数 非农产业比重 非农户籍人口比重 地方财政科技投入预算支出	综合和经济外向度因子
因子 2	普通高等学校教职工数 每百人中互联网用户数 年末实有道路面积 人均政府支出	基建和技术促进因子
因子 3	人均固定资产投资额	固定资产投资因子

根据因子得分系数和原始变量标准化值，可计算得出各指标在 3 个主因子上的得分，如表 2 - 13 所示。

表 2 – 13　　　　　　　各地区各因子得分情况表

地区	F1	F2	F3
北京	3.1117	– 0.6943	– 0.2513
天津	1.2284	– 0.9588	2.7258
河北	– 0.6051	0.8301	– 0.2301
山西	– 0.3908	– 0.0764	– 0.3825
内蒙古	– 0.3911	– 0.5740	2.1066
辽宁	– 0.0872	0.3994	1.5031
吉林	– 0.3435	– 0.2932	0.4150
黑龙江	– 0.3920	– 0.0585	– 0.8858
上海	3.2350	– 0.9327	– 1.6579
江苏	0.7608	1.9854	1.1392
浙江	1.0381	0.7347	0.2854
安徽	– 0.4728	0.4765	– 0.1163
福建	0.2670	– 0.0183	0.5182
江西	– 0.4884	– 0.0180	– 0.0913
山东	– 0.3738	2.0800	0.6952
河南	– 0.6053	0.9660	– 0.5074
湖北	– 0.2982	0.8084	0.3512
湖南	– 0.4040	0.3834	– 0.3998
广东	1.1102	2.3095	– 1.3325
广西	– 0.6765	– 0.0163	– 0.7902
海南	– 0.5643	– 1.0271	– 0.5354
重庆	– 0.0802	– 0.3737	0.7294
四川	– 0.4101	0.6843	– 0.6481
贵州	– 0.7062	– 0.4985	– 1.1308
云南	– 0.6329	– 0.2517	– 1.5420
西藏	– 0.4933	– 2.0561	– 0.4266
陕西	– 0.3334	0.0027	0.7397
甘肃	– 0.6537	– 0.5706	– 0.8140
青海	– 0.4286	– 1.4607	0.3807
宁夏	– 0.3617	– 1.1092	0.4753
新疆	– 0.5582	– 0.6724	– 0.3228

为使上述因子得分排名评价结果更加直观、清晰，采用聚类分析对各地区经济发展的相似性和差异性进行比较。对表 2-13 中的因子得分情况，采用分层聚类分析的 WARD 法进行最优分割，可将全国 31 个省区市分为 5 类，如表 2-14 所示。

表 2-14　　　　　　　全国经济发展水平综合评价区域划分

	地区
第一类	北京 上海
第二类	江苏 山东 广东
第三类	天津 内蒙古 辽宁 吉林 重庆 陕西 浙江 福建
第四类	河北 山西 安徽 江西 河南 湖北 湖南 四川
第五类	其他省份

由表 2-14 可见，本书所研究的因素在促进经济发展作用方面，对北京、上海两市影响最大，属第一类；其次为江苏、山东、广东，属第二类；然后是天津、内蒙古、辽宁、吉林、重庆、陕西、浙江和福建所属的第三类；再次是河北、山西、安徽、江西、河南、湖北、湖南、四川，属第四类；而这些因素对黑龙江、广西、海南、贵州、云南、甘肃、青海、宁夏、新疆的综合影响较小，属第五类。由此类结果可得出结论：各项指标因素对经济发展的作用在 31 个省区市间存在差异性，导致经济发展呈现差异性。

鉴于各主因子具备相互独立性特征，为反映各主因子对地区经济发展水平的影响程度，将 3 个主因子作为自变量，与本书研究的经济发展水平这一因变量做线性回归，回归模型为：$X = b + a_1 F_1 + a_2 F_2 + a_3 F_3 + \mu$，回归结果如表 2-15 所示。

表 2-15　　　　　　　　　　主要回归结果

R	R^2	调整后 R^2	标准误	F 值	D. W. 值
0.980	0.960	0.956	0.46305	218.392	2.127

由表 2-15 中数据可以看出，反映自变量与因变量之间线性关系密

切程度的 R 值为 0.980，表明线性关系强；代表模型拟合优度的 R^2 为 0.960，除去样本容量对模型的影响后，调整后的 R^2 值为 0.956，也就是说因变量的变异中有 95.6% 是由模型中的因素引起的。F 统计量为 218.392，相伴概率为 0.000，因此，方程通过显著性检验。D.W. 值为 2.127，通过随机误差项检验，不存在自相关。

对常数项以及 3 个主因子和因变量之间的相关系数检验，结果如表 2-16 所示。

表 2-16 相关系数检验结果

	标准误	标准化系数	t	Sig.
b 常数项	0.083		61.014	0.000
F1 综合和经济外向度因子	0.084	0.857	22.389	0.000
F2 基建及技术促进因子	0.085	0.107	2.782	0.010
F3 固定资产投资因子	0.085	0.465	12.150	0.000

由表 2-16 中相关系数检验结果可见：①常数项及 3 个主因子的标准误均较低，为 0.085，证明估计参数可以很好地代表真值，反映自变量和因变量之间的关系；②t 统计量在给定 5% 的置信水平下的 $t_{0.05}(14)=$ 1.76，所有参数 t 值的绝对值均远大于 1.76，相伴概率均为 0.000，证明所有参数均通过显著性检验；③对参数标准化后的回归系数可以反映各主因子对因变量的影响程度，回归模型估计结果为：

$$X = 5.074 + 0.857F_1 + 0.107F_2 + 0.465F_3 + \mu \qquad (2.13)$$

（三）结论及建议

从实证分析结果可以看出，全国各地区经济发展主要受 3 大因子的影响，按其影响系数由大到小排列分别为：综合和经济外向度因子、固定资产投资因子、基建及技术促进因子，但各因子对地区经济发展的影响程度不尽相同。因此，由于各地区资源禀赋、技术条件、开放程度、产业结构和城市化水平等因素对经济发展的影响程度不同，导致地区经济发展存在较大差异。

（1）从整体上看，对地区经济发展具有较大影响地位的是综合和经济外向度因子。其每提高 1 个百分点，经济发展水平受其影响提高 0.857 个百分点。分地区看，受该主因子正面影响较大的前 5 个地区是上海、北京、天津、广东和江苏，而受其负面影响较大的 5 个地区是贵州、广西、云南、甘肃和新疆，都是经济发展相对落后的地区，该因子包含了多方面的内容，为了更好地对相关结果进行分析，下面逐一进行说明。首先其中包含了非农产业比重以及非农户籍人口比重这两个指标，上述负面影响表明这些地区第二、第三产业在经济中所占比重过小，农村城市化进程相对落后，因此这些地区一方面应加快农村产业化、工业化、城镇化，转移农村剩余劳动力，发展农村社会事业以缩小城乡差距，通过发展第二、第三产业带动地区经济发展。另一方面，利用市场机制优化资源配置也十分重要。应着重提升本地产业集聚度，政府要善于利用区位优势、资源优势、劳动力优势，统筹地区间的产业分工，走地区特色发展道路；然后，由人均进口额以及人均出口额反映地区经济与国际经济联系的紧密程度，这些地区应该全面提高对外开放水平。一要加快调整进出口商品结构，推动加工贸易转型升级。二要增加出口产品技术含量，培育一批有自主创新能力的出口企业，促进具有自主品牌和自主知识产权的高新技术产品出口，加快出口结构升级。三是政府应消除地区壁垒和封锁，积极调整产业结构，促进生产要素的合理流动和资源的有效配置，提高地区经济竞争力。需要重点指出的是，各地区必须从自身区位特性、资源禀赋和空间经济转移规律出发，制订相应的对外开放发展战略和措施，以防范国际金融领域的动荡对地区经济发展造成的冲击；农村和城市人均消费支出反映了内需对经济的拉动作用，上述受到负面影响的地区为了扭转颓势，一要加快提高居民收入水平，从根本上解决城乡居民特别是低收入群体收入增长缓慢、消费水平提升不快的问题。二要确定符合各地区传统消费习惯的消费战略和对策，构筑有效扩大需求的措施，引导合理消费；同时这些地区也要尽快提升教育水平，提升人力资本积累水平。教育水平越高，其利益外溢表现越明显。

（2）固定资产投资因子对经济发展整体上的影响位居第二。其每提高1个百分点，经济发展水平受其影响提高0.465个百分点。分地区看，受其正面影响较大的是天津、江苏、辽宁和内蒙古，而受其负面影响较大的地区是上海、云南和广东，表明这些地区固定资产投资对经济增长作用的空间较大。受其负面影响较大的地区，一要提升全社会固定资产存量及技术含量。其对经济增长具有杠杆效应，不仅对经济增长具有直接的拉动作用，且能间接拉动与投资活动相关行业的产出和消费需求的增长，另一方面要提高固定资产投资的利用效率，特别是对已经转型为金融中心的上海和以创新为未来发展方向的广东，合理的利用固定资产能够提高经济的活力，盘活整个区域的经济发展。

（3）基建及技术促进因子对全国经济发展整体上的影响位居第三。其每提高1个百分点，经济发展水平提高0.107个百分点。受其正面影响较大的地区为广东、山东、上海和河南。而西藏、青海、宁夏和海南受其负面影响较大，表明这些地区在信息基础条件、交通基础设施建设以及科技投入力度等方面不能满足经济发展的要求。对于基建及技术促进因子没有发挥积极作用的地区，一是要加快交通基础设施和信息基础条件建设。这对弥补自然资源禀赋的区位约束具有不可替代的作用，能够通过其他地区经济增长对本地区的溢出效应来间接地促进本地经济增长。二要增加财政投入力度。在有些地区当前财政投入短缺的约束下，应努力提高财政预算支出的使用效率，以缓解支出不足的困境，如表2-17所示。

表2-17　　　　　　　　　全国八区域划分表

省份	分布区域
天津 河北 河南 山东 山西 北京	华北地区

续表

省份	分布区域
辽宁 吉林 黑龙江	东北地区
上海 江苏 浙江	东南地区
广西 广东 福建 华南	华南地区
湖北 湖南 江西 安徽	华中地区
新疆 青海 西藏 内蒙古	西北一区
四川 贵州 重庆 云南	西南地区
陕西 甘肃 宁夏	西北二区

资料来源：中国各省 1985～2015 年统计年鉴。

三、地域分布及回归方程

利用多元线性回归方程对各区域的单产决定因素进行分析，方程为

$$y = \alpha + \beta_1 x_1 + \beta_2 x_2 + \beta_3 x_3 + \beta_4 x_4 + \beta_5 x_5 + \beta_6 x_6 \qquad (2.14)$$

因变量 Y：粮食单产

自变量 X1：农业机械动力/作物播种面积（千瓦/公顷）

自变量 X2：化肥使用量/作物播种面积（吨/公顷）

自变量 X3：农业劳动力/作物播种面积（人/公顷）

自变量 X4：成灾面积/作物播种面积（％）

自变量 X5：财政支出/作物播种面积（千元/公顷）

自变量 X6：有效灌溉面积/作物播种面积（％）

表2－18 各区域回归方程

区域	回归方程	F 检验值 Sig.	拟合优度 Adjusted R²
西南地区	$y = 7\,281 - 903.5x_1 + 19\,701.7x_2 - 1\,436.5x_3$ $- 1\,714.8x_4 - 2\,745.2x_6$	0.000	0.934
东北地区	$y = 2\,557 + 2\,922.9x_1 - 2\,075.5x_4 + 6\,681.2x_6$	0.000	0.837
东南地区	$y = 5\,757 + 205.1x_1 - 492.7x_3 - 323.5x_4 + 402.7x_5$	0.000	0.794
华北地区	$y = 4\,382 + 5\,197.7x_2 - 589.1x_3 - 3\,733.1x_4 + 1\,916.9x_5$	0.000	0.648
华南地区	$y = 2\,574.1 + 841.3x_1 - 830.387x_4$	0.000	0.678
华中地区	$y = 4\,157 - 264.8x_1 + 3\,875.9x_2 - 1\,576.7x_4 + 3\,637.4x_5$	0.000	0.546
西北一区	$y = 1\,116.4 + 12\,994.6x_2 + 536.5x_5 + 922.8x_6$	0.000	0.864
西北二区	$y = 1\,370 + 498x_1 + 5\,171.2x_2 - 1\,257.9x_4 - 638.6x_5$	0.000	0.876

资料来源：中国各省1985～2015年统计年鉴整理。

通过上面的回归方程，我们得到以下结论：

（1）各地域农业机械动力对粮食单产是正相关。即随着机械化的进一步发展，粮食单产会上升。但结构也显示华中地区及西南地区例外，具体原因会在后面做进一步研究。

（2）各地域化肥使用量与粮食单产具有正相关关系。正相关关系意味着随着化肥施用量的增加单产将增加。

（3）农业劳动力与粮食单产之间为负相关。负相关意味着如果继续增加劳动力投入，粮食单产将呈下降趋势。

（4）成灾比率与粮食单产显然是负相关关系。回归分析证明了这一点，即随着受灾面积及成灾率的增加，粮食单产量降低。

（5）农业财政支出对粮食单产的影响是正相关。就是意味着随着国家对农业财政支出力度的加大，比如在农业基础设施及农业科技研究方面投入加大，会使单产有所提高，尤其是农业技术的突破性进步将是提高粮食单产的主要动力，但是西北二区及西南地区是负相关，具体原因会在后面做进一步研究。

（6）有效灌溉面积对粮食单产是正相关，尤其因为东北地区的主要作物水稻等需要更好地灌溉。但对于西南地区是负相关关系，具体原因会在后面做进一步研究。

第三章

农业风险规避与控制

第一节　农产品价格风险度量与最优定价模型

一、农产品价格风险度量模型

在市场经济条件下，市场价格的形成是市场机制作用的结果。完善的市场机制应具有很高的定价效率，形成合理的市场价格，并将相关信息迅速反馈给生产者及消费者，以供他们调整自己的决策，从而起到合理配置资源的作用。

由于农产品生产的季节性，它的产量在很大程度上取决于气候等自然条件，致使农产品供给和需求的失衡成为经常性的和不可避免的。农产品的价格主要是由农业产出量来决定的。当丰收时，农产品的大量供给难以被短期的需求所吸收，从而造成农产品价格的大幅度下跌。当歉收时，则又形成农产品的需求远远超过供给，进而导致农产品价格的大幅度上涨。这就是说，由于受自然条件等因素的影响，农产品的生产者和消费者都将面临供需失衡带来的价格风险。本章运用随机微分方程及偏微分方程，对农产品的价格及风险进行估计，对指导农业生产，平抑农产品的价格波动具有一定的现实意义。

(一) 价格的随机模型

由于市场变动的影响使得农产品价格经常出现大幅度波动。本章假设农产品价格是随时间 t 作连续性波动的动态随机过程，其变化既包括确定性变化，也包括随机性变动，且假设农产品的价格 x(t) 行为遵循以下的伊藤 (Ito) 随机微分过程：

$$dx(t) = \mu x(t)dt + \sigma x(t)d\omega(t), \quad \mu > 0, \quad \sigma > 0 \tag{3.1}$$

x(t)—t 时刻随机过程所描述系统的价格状态水平。

$\omega(t)$—t 一标准维纳过程且 $\Delta\omega(t) = \varepsilon\sqrt{\Delta t}$，$\varepsilon \sim N(0, 1)$。

σ—农产品价格的波动率 (漂移系数)。

μ—单位时间内农产品价格的预期收益率 (扩散系数)。

(二) 价格均值及风险的估计

通常，我们用数学期望来表示平均值，用方差作为度量风险的指标。当随机变量的波动成对称分布时，方差越大，说明随机变量的波动越大，其潜在的损失也就越大。通过方程 (3.1) 可知，农产品在 t 时刻的价格 x(t) 是一随机变量，则在 t 时刻的价格平均值 R(t) 和风险 Var(t) 分别为 t 时刻农产品价格的数学期望和方差，即：

$$R(t) = E[x(t)] \tag{3.2a}$$
$$Var(t) = D[x(t)] = E[x(t) - R(t)]^2 \tag{3.2b}$$

在这种情况下，农产品在 t 时刻的收益率 x(t) 将与其初值有关，是一个马尔可夫过程，方程 (3.1) 中的均值与方差分别是条件均值和条件方差。

为了计算农产品价格的均值和风险，必须知道农产品的价格在 t 时刻的条件概率密度。令 p(x, t; x₀) 表示从初始 t = 0 时刻价格水平为 x_0 的状态转移到 t 时刻价格水平 x(t) 状态的转移概率密度。按照如下定理可以定出由 (3.1) 所描述系统的转移概率密度函数 p(x, t; x₀)。

定理1 柯尔莫哥洛夫 (Kolomogorov) 前进扩散定理也称 Fok ker –

Planck 方程。

假设 x 可以由伊藤随机状态过程 $dx(t) = \mu x(t)dt + \sigma x(t)d\omega(t)$ 描述，则 x 的转移概率密度 $p(x, t; x_0)$ 存在，且满足如下的偏微分方程组：

$$\frac{\partial p(x, t; x_0)}{\partial t} = -\frac{\partial(\mu x p(x, t; x_0))}{\partial x} + \frac{1}{2}\frac{\partial^2(\sigma^2 x^2 p(x, t; x_0))}{\partial x^2} \quad (3.3a)$$

$$\lim_{t \to t_0} p(x, t; x_0) = \delta(x - x_0) \quad (3.3b)$$

根据以上定理，如果已知农产品价格的转移概率密度 $p(x, t; x_0)$，那么，就可以得到农产品的价格在任意 t 时刻的数学期望值 $R(t)$ 和风险 $Var(t)$：

$$R(t) = \int_{-\infty}^{+\infty} x p(x, t; x_0)dx \quad (3.4a)$$

$$Var(t) = \int_{-\infty}^{+\infty} [x - R(t)]^2 p(x, t; x_0)dx \quad (3.4b)$$

由于转移概率度 $p(x, t, x_0)$ 的表达式很难直接求出，但是只要确定出方程（3.1）的漂移系数 μ 和扩散数 σ 就可以计算出农产品价格的平均值和风险，我们用下面的方法。

定理 2 如果农产品的价格方程式（3.1）成立，则价格的平均值和方差分别满足下列方程：

$$\frac{dR(t)}{dt} = \mu R(t), \ R(t_0) = x_0 \quad (3.5a)$$

$$\frac{dVar(t)}{dt} = -2\mu R^2(t) + (2\mu + \sigma^2)g(t), \ Var(t_0) = 0 \quad (3.5b)$$

其中，辅助变量 $g(t)$ 满足下列方程：

$$\frac{dg(t)}{dt} = (2\mu + \sigma^2)g(t), \ \gamma(t_0) = x_0 \quad (3.5c)$$

证明：考虑马氏过程的边界条件：农产品价格转移到 $-\infty$ 和 $+\infty$ 的概率为 0 的性质，即：

$$p(\pm\infty, t; x_0) = 0$$

在方程式（3.3a）的两边同时乘以 x 后，在方程的两边对 x 积分，再利用分部积分法根据式（3.4a）中关于 $R(t)$ 的定义，得：

左端 $= \int_{-\infty}^{+\infty} x \frac{\partial p}{\partial t} dx = \frac{\partial R(t)}{\partial t}$

右端 $= \int_{-\infty}^{+\infty} x\mu \frac{\partial(xp)}{\partial x} dx + \frac{1}{2} \int_{-\infty}^{+\infty} x\sigma^2 \frac{\partial^2(xp^2)}{\partial x^2}$

$= -\mu x^2 p \Big|_{-\infty}^{+\infty} + \int_{-\infty}^{+\infty} \mu xp dx + \frac{1}{2}\sigma^2 \frac{\partial(x^2 p)}{\partial x} x \Big|_{-\infty}^{+\infty} - \frac{1}{2} \int_{-\infty}^{+\infty} \sigma^2 \frac{\partial(x^2 p)}{\partial x} dx$

$= 0 + \int \mu xp dx + 0 - \frac{1}{2}\sigma^2 x^2 p \Big|_{-\infty}^{+\infty}$

$= \int_{-\infty}^{+\infty} \mu xp dx = \mu R(t)$

左端 = 右端，所以，式（3.5a）成立。

对式（3.4b）的两端关于时间 t 求导，运用分部积分法可得：

$\frac{dVar(t)}{dt} = \int_{-\infty}^{+\infty} \left\{ 2[R(t) - x]^2 \frac{\partial R(t)}{\partial t} p(x, t; x_0) + [R(t) - x]^2 \frac{\partial p(x, t; x_0)}{\partial t} dx \right.$

$= 0 + \int_{-\infty}^{+\infty} [R(t) - x]^2 \frac{\partial p(x, t; x_0)}{\partial t} dx$

再把方程（3.3）代入上式，并继续使用分部积分法，可得：

$\frac{dVar(t)}{dt} = \int_{-\infty}^{+\infty} [R(t) - x]^2 \left\{ -\mu \frac{\partial(xp(x, t; x_0))}{\partial x} + \frac{1}{2}\sigma^2 \frac{\partial(x^* p(x, t; x_0))}{\partial x^2} \right\} dx$

$= -[R(t) - x]^2 \mu xp \Big|_{-\infty}^{+\infty} - \int_{-\infty}^{+\infty} 2[R(t) - x] \mu xp dx$

$\quad + \frac{1}{2}[R(t) - x]^2 \sigma^2 \frac{\partial(x^2 p)}{\partial x} \Big|_{-\infty}^{+\infty} + \frac{1}{2} \int_{-\infty}^{+\infty} 2\sigma^2 \frac{\partial(x^2 p)}{\partial x}[R(t) - x] dx$

$= 0 - 2 \int_{-\infty}^{+\infty} [R(t) - x] \mu xp(x, t; x_0) dx + 0 + \sigma^2 \int_{-\infty}^{+\infty} x^2 p(x, t; x_0) dx + 0$

$= -2\mu^2 R(t) + (\sigma^2 + 2\mu) \int_{-\infty}^{+\infty} x^2 p(x, t, x_0) dx$

若记 $g(t) = \int_{-\infty}^{+\infty} x^2 p(x, t; x_0) dx$ 则有式（3.5b）成立

下面推导 $g(t)$ 满足的方程，将式（3）两端乘以 x^2 后积分，运用分部积分法得：

$\frac{dg(t)}{dt} = \int_{-\infty}^{+\infty} 2\mu x^2 p dx + \sigma^2 \int_{-\infty}^{+\infty} x^2 p dx = (2\mu + \sigma^2) g(t)$

因此，公式（3.5c）成立，证毕。

以上是基于方程（3.1）所描述的随机过程，由于很难求出转移概率密度的显示表达式，因而通过变形利用定理2来求出农产品价格的平均值，并对风险进行了估计。现在研究一种特例，假设方程（3.1）所描述的随机过程是稳态（即给定变量 x(t) 的初始分布之后，它在任意时刻的概率分布都是不变的），先求出这种特殊情况的转移概率密度，最终得出农产品的价格期望值及风险表达式。

定理3 对于方程（3.1）所描述的随机过程，假设当转移时间 $t - t_0$ 接近无穷时马尔可夫过程接近稳定态，即随着时间的增加转移概率密度函数 $p(x, t, x_0)$ 趋于稳定值 $p_s(x)$。则有：

$$\frac{\partial p_s(x)}{\partial t} = 0 \tag{3.6}$$

代入方程（3.3a），此时下式成立：

$$-\frac{\partial(\mu x p(x, t; x_0))}{\partial x} + \frac{1}{2}\frac{\partial^2(\sigma^2 x^2 p(x, t; x_0))}{\partial x^2} = 0$$

进一步变为：

$$\frac{\partial[\mu x p_s(x)]}{\partial x} - \frac{1}{2}\frac{\partial^2[\sigma^2 x^2 p_s(t)]}{\partial x^2} = 0$$

令 $b(x) = \mu x$，$a(x) = \sigma^2 x^2$ 代入上式中，并对上式积分一次，得到更简洁的形式：

$$b(x)p_s(x) - \frac{1}{2}\frac{\partial[a(x)p_s(t)]}{\partial x} = C_1 = 常数 \tag{3.7}$$

设 $a(x)p_s(x) = h(x)$

方程（3.7）变为：

$$-2\frac{b(x)}{a(x)}h(x) + \frac{\partial h(t)}{\partial x} = -2C_1 \tag{3.8}$$

这个方程有通解：

$$h(x) = C_2\exp\left[2\int_0^x\frac{b(x)}{a(x)}dx\right] - \frac{2C_1}{a(x)}\int_0^x\exp\left[2\int_r^x\frac{b(x)}{a(x)}dx\right]dr \tag{3.9}$$

将式（3.9）代入式（3.8），就得到 p_s 的通解为：

$$p_s(x) = \frac{C_2}{a(x)}\exp\left[2\int_0^x \frac{b(x)}{a(x)}dx\right] - \frac{2C_1}{a(x)}\int_r^0 \exp\left[2\int_r^x \frac{b(x)}{a(x)}dx\right]dr \quad (3.10)$$

积分常数 C_1，C_2 可以由归一化条件和边界条件确定。马氏过程的转移概率密度满足如下归一化条件：

$$\int_{-\infty}^{+\infty} p(x, t; x_0, t_0)dx = 1$$

边界条件设为：

$$p_s(\pm\infty) = 0, \frac{dp_s(\pm\infty)}{dx} = 0$$

则由式（3.8）、式（3.9）知 $C_1 = 0$，将 $b(x) = \mu x$，$a(x) = \sigma^2 x^2$ 代入上式中，于是可得：

$$p_s(x) = \frac{C_2}{a(x)}\exp\left[2\int_0^x \frac{b(x)}{a(x)}dx\right] = \frac{C_2}{\sigma^2 x^2}\exp\left[2\int_0^x \frac{\mu}{\sigma^2 x}dx\right]$$

常数 C_2 由归一化条件确定。

再将 p_s 代入方程（3.5a）、（3.5b）中，得到农产品价格的平均值和风险。

$$R(t) = \int_{-\infty}^{+\infty} xp_s(x, t; x_0)dx = \int_{-\infty}^{+\infty} x\frac{C_2}{\sigma^2 x^2}\exp\left[2\int_0^x \frac{\mu}{\sigma^2 x}dx\right] \quad (3.11a)$$

$$Var(t) = \int_{-\infty}^{+\infty} [x - R(t)]^2 p_s(x, t; x_0)dx$$

$$= \int_{-\infty}^{+\infty} [x - R(t)]^2 \frac{C_2}{\sigma_2 x^2}\exp\left[2\int_0^x \frac{\mu}{\sigma^2 x}dx\right] \quad (3.11b)$$

本书在连续时间的框架基础上，充分研究农产品的价格行为过程，首先利用随机微分方程与偏微分方程的关系，对农产品价格平均值进行估计，同时给出了价格风险指标的动态轨迹；最后考虑随机过程处于稳态状态下相应的转移概率密度，得出稳态状态下农产品价格及风险解的特例。本问题的研究也可应用于风险投资等领域。

二、农产品最优定价模型

在市场经济条件下，市场价格的形成是市场机制作用的结果。完善的市场机制应具有很高的定价效率，能够及时、灵活地反映市场供求的变化，形成合理的市场价格，并迅速反馈给生产者、经营者和消费者，以供他们及时调整自己的生产、经营和消费决策，从而起到合理配置资源的作用。对于农产品市场，一般而言，我们可以根据农产品市场价格变化来判断农产品的生产状况并预测下一年度的供给情况。但由于农业生产的周期性及供给的滞后性，在其他条件相同的情况下，农产品价格升高意味着供不应求，会使下一生产周期的产量增加；反之，农产品价格下降意味着供大于求，下一生产周期的产出量将减少。但近年来我国农产品价格出现了大幅度的波动及价格失真现象，给农业生产者、消费者及农产品流通企业决策带来了不确定性，影响了农业的可持续发展。

目前我国农产品市场定价机制存在缺陷，造成了价格的扭曲，究其原因主要有：①农业内部的过度性竞争。我国农业生产具有很大程度的分散性，生产者数量众多、生产规模狭小，造成农业内部的过度竞争，使得农产品生产者在市场上的讨价还价能力大大被削弱，最终成为价格的接受者。这样一来，农产品价值被低估，市场价格受到压制；②"哑铃型"的农产品市场结构。在农产品的初级及最终市场上，生产者及消费者的人数众多，而连接这两个市场从事农产品收购、储存、加工、运输、销售的营销企业，在规模经济的诱导和竞争机制的作用下，规模相对较大，从而形成一个两头大、中间小的农产品"哑铃型"市场结构。这种市场结构带来两个结果，一是农产品的收购价格过低，使农业生产者所创造的一部分价值转化成为流通领域的利润；二是使消费者面临比较高的零售价格，但消费者支付的相当一部分在流通领域里转化成了垄断利润或者被流通领域的低效率所消耗掉了。出现了所谓的"两头哭，中间笑"的现象。另外农业生产者与购买者所掌握的市场信息不对称也加大了农产品市场价格的波动。为了避免上述情况的发生，政府应采取有效措施，既能充分发挥市场机制的作用，又能维护生产者及消费者的利益。本书考虑在兼顾农业生产者、消费者及流通企业三方面均衡利益的前提下，确定最优收购价格及零售价格，所得出的价格数值对政府制定宏观价格政策、指导农业生产者、营销企业及消费者制定决策及进一步完善我国农产品市场定价机制具有重要意义。

农产品价格主要包括农户价格（收购价格）和零售价格，前者对农业生产有着重要影响，后者影响居民消费。本书从经济学利润最大化和均衡观点出发，利用分布参数控制理论研究由农业生产者提供的农产品，经过营销企业的收购、储存、加工、运输、销售，最后到达消费者手中的流通过程；建立了由农产品生产、流通和需求构成的农业系统分布方程；并探讨了在保证生产者、消费者及流通企业三方面利益之和最大化的情况下，如何对农产品进行最优定价问题，同时给出了关于农产品的生产量、需求量的预测方程。

（一）农业生产供给分布模型

农业生产过程具有特殊性，农产品的产量及价值是随着农作物的成长而逐步形成的，不仅与初始时刻的农业投入有关，在农作物的生产过程中还会受到多种外部不确定性因素的影响，比如自然风险、政策风险等。因此，农业生产的供给及农产品的农户价格（即营销企业对农产品的收购价格）是一个动态随机过程，既包括确定性变化，也包括随机性波动；而且产量的供给与收购价格之间具有一定的相关性。所研究的地域中，不同的地区由于气候环境、土壤条件及经济发展水平的区别，其产量及价格都有一定的差异，因而可按照不同的地区来划分农户的生产量及农户价格（收购价格）。

本章农业生产分布模型的建立是将研究地域划分为 m 个不同生产条件的地区。令 $F(x, y, t)$ 表示所研究的地域在 t 时刻产量不超过 $x\{x \in (x_L, x_U)\}$，收购单价不超过 $y\{y \in (y_L, y_U)\}$ 农户数，x_L、x_U 分别代表农户的最小、最大产量，y_L、y_U 分别代表最小、最大的收购价格，则 $f(x, y, t) = \dfrac{\partial^2 F(x, y, t)}{\partial x \partial y}$ 为相应的分布密度函数。如前所述，由于随着农作物的生长，农产品的预期产量及价值将逐步形成，既与初始时刻的投入有关，又与生产过程中外部因素的影响有关，因而可以假设农产品的产量与价格随时间 t 连续地变化，且有 $\Delta x = h_1 \Delta t + \sigma_1 \Delta w$ (t)，$\Delta y = h_2 \Delta t + \sigma_2 \Delta w(t)$ 成立，其中 h_1 表示农户产量的确定性变化率，σ_1 表示产量的随机波动率；h_2 表示收购价格的确定性变化率，σ_2 表示收购价格的随机波动率，$w(t)\{w(t), t \geq 0\}$ 为一标准维纳（Wiener）过程且 $\Delta w(t) = \varepsilon\sqrt{\Delta t}$，$\varepsilon \sim N(0, 1)$。这里 h_1，h_2 可取为 m 个地区的 $h_i(i = 1, 2, \cdots, m)$ 的加权平均，即 $h_j = \dfrac{1}{N}\sum\limits_{i=1}^{m} h_{j,i} n_i (j = 1.2)$；$\sigma_1$，$\sigma_2$ 可取为 m 个地区的 $\sigma_i (i = 1, 2, \cdots, m)$ 加权平均，$\sigma_j = \dfrac{1}{N}\sum\limits_{i=1}^{m} \sigma_{j,i} n_i (j = 1.2)$；其中 n_i 为 i 地区的农户数，有 $N = \sum\limits_{i=1}^{m} n_i$。定义 $p(x, y, t; x_0, y_0, t_0)$ 表示从 t_0 时刻产量为 x_0，收购单价为 y_0 的状态转移到 t 时刻产量为 x，收购单价为 y 状态的农户分布转移概率密度。

本问题的 x 由伊藤随机状态方程 $dx = hdt + \sigma\varepsilon\sqrt{dt}$ 描述，其中 h 为 x 确定性转移速率，σ 为 x 的随机波动率。设 t = 0 为研究此问题的初始时间，此时 x 的值为 x_0，w(t) 为以时间 t 为变量的随机过程。由伊藤方程可知 x(t) 是以时间 t 为变量的随机过程，w(t) 是有以下几个性质的维纳过程，首先规定 w(0) = 0，考虑很小的时间间隔 $\Delta t > 0$，w(t) 的变化 Δw，则 Δw 与 Δt 之间有关系：$\Delta w = \varepsilon\sqrt{\Delta t}$ 这里 ε 是服从标准正态分布 N(0, 1) 的随机变量。此外，对任意两个互不相关的时间间隔 Δt，相应的两个 $\Delta w(t)$ 相互独立。于是 w(t) 有以下的性质：（1）w(t) 是高斯随机过程；（2）w(t) 的数学期望（平均值）为 0，即 $E\{w(t)\} = 0$；（3）w(t) 具有平稳独立增量。可推知 w(t) 是一个马尔可夫过程。

对于解伊藤微分方程 $dx = hdt + \sigma\varepsilon\sqrt{dt}$，可先考虑方程右边的两个组成部分，hdt 项说明了变量 x 每单位时间转移速率的期望值为 h；若无 $\sigma dw(t)$ 项，方程变为：$dx = hdt$

即 $\dfrac{dx}{dt} = h$

有：$x = x_0 + ht$

这里 x_0 是 $t = 0$ 时 $x(t)$ 的初值，经过时间长为 T 的时间段之后，x 增加值为 ht，$\sigma dw(t)$ 可看成是加到 x 轨迹上的噪声或滤波率，这个滤波率的大小是维纳过程的 σ 倍。开始经过 Δt 时间后，原式将变成：$\Delta x = h\Delta t + \sigma\varepsilon\sqrt{\Delta t}$。

进一步考虑，如果 x 由伊藤随机状态方程 $dx = hdt + \sigma\varepsilon\sqrt{dt}$ 描述，写成差分形式 $\Delta x = h\Delta t + \sigma\varepsilon\sqrt{\Delta t}$，即说明 Δx 服从平均值为 $h\Delta t$，标准差（均方差）为 $\sigma\sqrt{\Delta t}$ 的正态分布。考虑开始时 $t = 0$，$x(t)$ 的值为 x_0；时间 t 增加到 t_0 时，$x(t)$ 转移成平均值为 $x_0 + ht_0$，均方差为 $\sigma\sqrt{t_0}$ 的正态分布随机变量；时间 t 增加到 $t_0 + \Delta t$ 时，$x(t)$ 转移成平均值为 $x_0 + h(t_0 + \Delta t)$，均方差为 $\sigma\sqrt{t_0 + \Delta t}$ 的随机变量。因此 $x(t)$ 从 t_0 时服从正态分布 $N(x_0 + ht_0;\ \sigma\sqrt{t_0})$ 到 $t_0 + \Delta t$ 时服从正态分布 $N(x_0 + h(t_0 + \Delta t);\ \sigma\sqrt{t_0 + \Delta t})$ 的转移概率密度，可以表示成：

$$p(x,\ t_0 + \Delta t;\ x_0 + ht_0,\ t_0) = \frac{1}{\sqrt{2\pi\sigma^2(t_0 + \Delta t)}}$$

$$\exp\left\{-\frac{[x - (x_0 + h(t_0 + \Delta t))]^2}{2\sigma^2(t_0 + \Delta t)}\right\}\quad t > 0 \qquad (3.12)$$

按照以上方法，可以推导出转移概率密度 $p(x,\ y,\ t;\ x_0,\ y_0,\ t_0)$，即二维随机变量 $(x(t),\ y(t))$ 的转移概率密度。即二维随机变量 $(x(t),\ y(t))$ 的转移概率密度。如果有 $\Delta x = h_1\Delta t + \sigma_1\Delta w(t)$ 及 $\Delta y = h_2\Delta t + \sigma_2\Delta w(t)$ 成立，且 x 与 y 具有相关性，则二维随机变量 $(x(t),\ y(t))$ 从 t_0 时刻服从二维正态分布 $(x(t_0),\ y(t_0)) \sim N(x_0 + h_1t_0,\ y_0 + h_2t_0;\ \sigma_1\sqrt{t_0},\ \sigma_2\sqrt{t_0};\ \rho)$，到 $t_0 + \Delta t$ 时服从二维正态分布 $(x(t_0 + \Delta t),\ y(y_0 + \Delta t)) \sim N(x_0 + h_1(t_0 + \Delta t),\ y_0 + h_2(t_0 + \Delta t);\ \sigma_1\sqrt{t_0 + \Delta t}),\ (\sigma_2\sqrt{t_0 + \Delta t};\ \rho)$ 的转移概率密度，可以表示成：

$$p(x, y, t_0 + \Delta t; x_0 + h_1 t_0, y_0 + h_2 t_0, t_0)$$

$$= \frac{1}{2\pi\sigma_1\sigma_2(t_0 + \Delta t)\sqrt{1-\rho^2}} \exp\left\{ -\frac{[x-(x_0 + h_1(t_0+\Delta t))]^2}{2\sigma_1^2(t_0+\Delta t)(1-\rho^2)} \right.$$

$$+ \frac{[x-(x_0+h_1(t_0+\Delta t))][y-(y_0+h_2(t_0+\Delta t))]}{\sigma_1\sigma_2(t_0+\Delta t)(1-\rho^2)}\rho$$

$$\left. -\frac{[y-(y_0+h_2(t_0+\Delta t))]^2}{2\sigma_2^2(t_0+\Delta t)(1-\rho^2)} \right\} \quad t > 0 \tag{3.13}$$

其中：$\rho = \dfrac{Cov(x, y)}{D(x)D(y)} = \dfrac{E\{[x-(x_0+h_1(t_0+\Delta t))][y-(y_0+h_2(t_0+\Delta t))]\}}{\sigma_1\sigma_2(t_0+\Delta t)}$

转移概率密度函数 $p(x, y, t; x_0, y_0, t_0)$ 的导数形式可以表示为：

$$\frac{\partial p(x, y, t; \xi_x, \xi_y)}{\partial t} = \lim_{\Delta t \to 0}[p(x, y, t+\Delta t; \xi_x, \xi_y, t) - p(x, y, t; \xi_x, \xi_y, t)]\frac{1}{\Delta t}$$

$$= \lim_{\Delta t \to 0}\left\{ \frac{1}{2\pi\sigma_1\sigma_2(t+\Delta t)}\exp\left[-\frac{[x-(x_0+h_1(t+\Delta t))]^2}{2\sigma_1^2(t+\Delta t)} \right.\right.$$

$$\left. -\frac{[y-(y_0+h_2(t+\Delta t))]^2}{2\sigma_2^2(t+\Delta t)} \right] - \frac{1}{2\pi\sigma_1\sigma_2 t}$$

$$\left. \exp\left[-\frac{[x-(x_0+h_1 t)]^2}{2\sigma_1^2 t} - \frac{[y-(y_0+h_2 t)]^2}{2\sigma_2^2 t} \right] \right\}\frac{1}{\Delta t}$$

$$\tag{3.14}$$

1. 模型的建立

为了推导出关于 $f(x, y, t)$ 的状态方程，可建立如下等式：考虑在 $t+\Delta t$ 时刻，分布密度函数 $f(x, y, t+\Delta t)$ 应是从 t 时刻开始产量和价格的分布按一定概率转移到 $t+\Delta t$ 时刻的农户数分布密度，即：

$$f(x, y, t+\Delta t) = \int_{x_L}^{x}\int_{y_L}^{y} p(x, y, t+\Delta t; \xi, \eta, t)f(\xi, \eta, t)d\xi d\eta \tag{3.15}$$

令上式中 $\Delta t \to 0$，可得出：

$$f(x, y, t) = \int_{x_L}^{x}\int_{y_L}^{y} p(x, y, t; \xi, \eta, t)f(\xi, \eta, t)d\xi d\eta \tag{3.16}$$

用式（3.15）减去式（3.16）可得：

$$f(x, y, t + \Delta t) - f(x, y, t)$$

$$= \int_{x_L}^{x} \int_{y_L}^{y} [p(x, y, t + \Delta t; \xi, \eta, t) - p(x, y, t; \xi, \eta, t)] f(\xi, \eta, t) d\xi d\eta$$

将上式两边同除以 Δt，然后令 $\Delta t \rightarrow 0$，仿照上式可得：

$$\frac{\partial f}{\partial t} = \int_{x_L}^{x} \int_{y_L}^{y} \frac{\partial p(x, y, t; \xi, \eta)}{\partial t} f(\xi, \eta, t) d\xi d\eta \qquad (3.17)$$

通过公式（3.17）可求出 $\frac{\partial p(x, y, t; \xi, \eta)}{\partial t}$，将其代入方程（3.16）中，即得农户数分布密度函数 $f(x, y, t)$ 满足的方程，加上 $f(x, y, t)$ 应满足的初边值条件，即得到农户数分布密度 $f(x, y, t)$ 的积微分方程及初边值条件如下：

$$\frac{\partial f}{\partial t} = \int_{x_L}^{x} \int_{y_L}^{y} \frac{\partial p(x, y, t; \xi, \eta)}{\partial t} f(\xi, \eta, t) d\xi d\eta \quad x \in (x_L, x_U) \quad y \in (y_L, y_U)$$

$$(3.18a)$$

且有：

初始分布条件：　　　　　$f(x, y, 0) = f_0(x, y)$ 　　　　　$(3.18b)$

边界条件：　　　　　　　$f(x_L, y, t) = 0$ 　　　　　　　$(3.18c)$

式（3.18a）、式（3.18b）、式（3.18c）即为农产品生产分布参数模型。收购价格最小值 y_L 的设定通常等于或略大于成本；边界条件公式（3.18c）中两个条件可以这样理解：在区间 $x \in [x_L, x_U]$ 上，总能找到边界线，使产出量小于 x_L 的农户不存在；在区间 $y \in [y_L, y_U]$ 上，总能找到边界线，当收购价格小于 y_L 时，仍然从事农业生产的农户不存在。

以上是仅考虑农产品产量和收购价格按一定概率转移的农户数分布密度函数应满足的方程。事实上影响农户数分布规律的还有其他随机因素的作用，如从外地域迁入本地域或从本地域迁出的农户、新组建或解体的农户等。令 $v(x, y, t)$ 表示 t 时刻由于偶然因素所引起的迁入（迁出）或新组建（解体）的产量不超过 x，收购单价不超过 y 的农户数分布密度在单位时间的变化率，此时 $f(x, y, t)$ 满足的方程（3.18a）应由如下方程代替：

$$\frac{\partial f}{\partial t} = \int_{x_L}^{x} \int_{y_L}^{y} \frac{\partial p(x, y, t; \xi, \eta)}{\partial t} f(\xi, \eta, t) d\xi d\eta + v(x, y, t)$$

$$x \in (x_L, x_U) \quad y \in (y_L, y_U) \tag{3.18a'}$$

2. 农产品需求分布方程

假设消费者对农产品的需求量及农产品的市场零售价格都是动态随机过程，不仅包括确定性变化，也包括随机性波动，而且需求量与零售价格之间具有相关性。由于不同经济发展水平的地区，其人均收入等条件的不同，所以居民对农产品的需求量及市场零售价格有所不同。设农产品需求模型的建立是将所研究的区域划分为 r 个不同经济条件的地区。令 $G(x', y', t)$ 表示所研究的地域在 t 时刻需求量不超过 $x'\{x' \in (x'_L, x'_U)\}$，市场零售单价不超过 $y'\{y' \in (y'_L, y'_U)\}$ 的家庭户数，x'_L，x'_U 分别代表需求量的最小和最大值，y'_L，y'_U 分别代表零售价格的最小最大值，$g(x', y', t) = \dfrac{\partial^2 G(x', y', t)}{\partial x' \partial y'}$ 为相应的分布密度函数。假设农产品需求量与零售价格随时间连续变化，有 $\Delta x' = I_1 \Delta t + \omega_1 \Delta w(t)$，$\Delta y' = I_2 \Delta t + \omega_2 \Delta w(t)$，其中 I_1 表示需求量的确定性变化率，ω_1 表示需求量的随机波动率；I_2 表示零售价格的确定性变化率，ω_2 表示零售价格的随机波动率。$w(t)\{w(t), t \geq 0\}$ 为一标准维纳过程且 $\Delta w(t) = \varepsilon \sqrt{\Delta t}$，$\varepsilon \sim N(0, 1)$。这里 I_1，I_2 可取为 r 个地区的 $I_i (i = 1, 2, \cdots, r)$ 的加权平均，即：$I_j = \dfrac{1}{N} \sum_{i=1}^{r} I_{j,i} n_i$，$(j = 1.2)$；$\omega_1$，$\omega_2$ 可取为 r 个地区的 $\omega_i (i = 1, 2, \cdots, r)$ 加权平均，$\omega_j = \dfrac{1}{N} \sum_{i=1}^{r} \omega_{j,i} n_i (j = 1.2)$；其中 n_i 为 i 地区的家庭户数，有 $N = \sum_{i=1}^{r} n_i$。定义 $p(x', y', t; x'_0, y'_0, t_0)$ 表示从 t_0 时刻需求量为 x'_0，零售单价为 y'_0 的状态转移到 t 时刻需求量为 x'，零售单价为 y' 状态的家庭分布转移概率密度。

按照方程 (3.17) 的推导过程：可得出关于 $g(x', y', t)$ 的状态方程如下：

$$\frac{\partial g}{\partial t} = \int_{x'_L}^{x'} \int_{y'_L}^{y'} \frac{\partial p(x', y', t; \xi', \eta')}{\partial t} g(\xi', \eta', t) d\xi' d\eta'$$

$$x' \in (x'_L, x'_U) \qquad y' \in (y'_L, y'_U) \qquad\qquad (3.19a)$$

且有：

初始分布条件：　　　$g(x', y', 0) = g_0(x', y')$ 　　　(3.19b)

边界条件：　　　　$g(x'_L, y', t) = 0$

$$g(x', y'_L, t) = \psi(t) \qquad\qquad (3.19c)$$

式（3.19a）、式（3.19b）、式（3.19c）即为农产品需求分布模型。零售价格最小值 y'_L 通常等于或略大于收购价格；边界条件公式（3.19c）中两个条件可以这样理解：在区间 $x' \in [x'_L, y'_U]$ 上，总能找到边界线，使需求量小于 x'_L 的家庭不存在；在区间 $y' \in [y'_L, y'_U]$ 上，总能找到边界线，当零售价格小于 y'_L 时，对农产品的需求量会达到饱和状态 $\psi(t)$。

以上是仅考虑农产品需求量和零售价格按一定概率转移的家庭户数分布密度函数应满足的方程。事实上影响户数分布规律的还有其他随机因素，如从外域迁入本地域或从本地域迁出的家庭、新组建或解体的家庭等。令 $\mu(x', y', t)$ 表示 t 时刻由于偶然事件引起的迁入（迁出）或新组建（解体）的需求量不超过 x'，零售价格不超过 y' 的家庭户数分布密度在单位时间的变化率，此时 $g(x', y', t)$ 满足的方程（3.19a）应由如下方程代替：

$$\frac{\partial g}{\partial t} = \int_{x'_L}^{x'} \int_{y'_L}^{y'} \frac{\partial p(x', y', t; \xi', \eta', t)}{\partial t} f(\xi', \eta', t) d\xi' d\eta' + \mu(x', y', t)$$

$$x' \in (x'_L, x'_U) \quad y' \in (y'_L, y'_U) \qquad\qquad (3.19a')$$

3. 系统模型在经济预测中的应用

农产品预测对指导农业生产、农产品流通和消费起着重要作用。我们利用生产及需求的分布密度函数 $f(x, y, t)$，$g(x', y', t)$，预测 t 时刻农产品的平均生产量和需求量，分别为：

平均生产量：　　　$x(t) = \int_{x_L}^{x_U} \int_{y_L}^{y_U} xf(x, y, t) dy dx$ 　　(3.20)

平均消费量：
$$x'(t) = \int_{x'_L}^{x'_U} \int_{y'_L}^{y'_U} x'g(x', y', t)dy'dx' \qquad (3.21)$$

4. 农产品价格控制模型

综上所述，在市场经济中，资源的合理配置是通过价格机制的作用来实现的。由于我国农产品的市场定价机制存在缺陷，使农业生产者及消费者处于不利地位，即农业生产者所创造的一部分价值及消费者所支付的一部分价值都转化成了流通企业的利润或者被流通领域的低效率消耗掉了。要提高农产品市场定价机制的运行效率，消除价格扭曲的现象，就必须采取有效的措施来弥补缺陷；如进一步改革农产品流通管理体制，使流通领域里的企业成为真正意义上的自主经营的市场行为主体；提高农业内部的组织化程度，增强农业生产者在市场定价过程中讨价还价的能力；政府增强对农产品的市场价格的控制能力等。为了维护农业生产者及消费者的利益，并能兼顾流通企业，本书以农产品收购价格的确定性变化率 h_2 和零售价格的确定性变化率 I_2 作为控制变量，利用得出的数值解来指导农产品的市场定价，使农产品市场价格逐步趋于合理完善。

（1）考虑生产者面对的农产品市场：从微观上而言，农业生产者都是追求利润最大化的理性生产者，所以生产者以收益最大化作为目标函数。令 n(t) 表示 t 时刻单位产出的投入量，则生产者在 t 时刻的获利为：

$$J_1(t) = \int_{y_L}^{y_U} y \int_{x_L}^{x_U} xf(x, y, t)dxdy - n(t) \int_{x_L}^{x_U} \int_{y_L}^{y_U} xf(x, y, t)dydx \quad (3.22)$$

（2）考虑消费者面对的农产品市场：具有理性的消费者是效用最大化的追求者，总是根据农产品的零售价格、收入和其他因素来确定自己的消费量，所以消费者以农产品剩余最大化作为目标函数。令 m(t) 表示 t 时刻的平均家庭收入，则农产品剩余为：

$$J_2(t) = m(t) \int_{x'_L}^{x'_U} \int_{y'_L}^{y'_U} g(x', y', t)dy'dx' - \int_{y'_L}^{y'_U} y' \int_{x'_L}^{x'_U} x'g(x', y', t)dx'dy'$$

$$(3.23)$$

（3）考虑营销企业面对的农产品市场：农产品生产和消费在时间和空间上都存在着矛盾。农业生产者生产出来的农产品必须经过收购、储存、加工、运输、销售等过程才能到达消费者手中。也正是通过这一过程，农产品生产者和消费者才能分别实现自己的利润和效用，在这一过程中，参与农产品流通的理性厂商也实现了自己的利润。流通企业获利主要是通过零售价格与收购价格的差值来实现的，此差值越大，意味着营销企业在有效的管理下能获得的利润越大，所以流通企业可以以此差值最大化作为目标泛函。假设以 A 作为流通企业的销售量来考虑，其经营后获利为：

$$J_3(t) = A\left[\int_{x'_L}^{x'_U}\int_{y'_L}^{y'_U} y'g(x', y', t)dy'dx' - \int_{x_L}^{x_U}\int_{y_L}^{y_U} yf(x, y, t)dydx\right]$$

$$(3.24)$$

以上三部分是从局部利益的角度来进行分析的。农产品消费者为了自身的利益，希望尽可能地压低零售价格；农民从自身的利益出发，希望尽可能地抬高收购价格；而流通企业想从中获得最大的利润，则希望有较高的零售价格及较低的收购价格，以实现两类价格之差最大化，因而，生产者、流通者及消费者三方面的利益是相互制约的。从均衡观点出发，只有兼顾三方面的利益，使三方面的利益和达到最大化，才能实现社会整体福利水平的最大化。目标函数的建立是以收购价格的确定性变化率 h_2 和零售价格的确定性变化率 I_2 作为控制变量，再设 B_1，B_2，B_3 表示三方面利益的权重，则在研究时间区域 $t \in [0, T]$ 内，其目标泛函可化为如下形式：

$$\text{Max}J[h_2, I_2] = \int_0^T [B_1J_1(t) + B_2J_2(t) + B_3J_3(t)]dt \quad (3.25)$$

控制问题应该是，选择合适的 h_2，I_2，使以上目标泛函达到最大化。同时可以进行价格预测，t 时刻的平均收购价格及平均零售价格分别为：

平均收购价格为： $p_1(t) = \int_{x_L}^{x_U}\int_{y_L}^{y_U} yf(x, y, t)dxdy \quad (3.26)$

平均零售价格为： $p_2(t) = \int_{x'_L}^{x'_U}\int_{y'_L}^{y'_U} y'g(x', y', t)dy'dx' \quad (3.27)$

（二）分布参数系统的最优控制问题的"坐标函数解法"

设分布参数系统的状态方程为如下形式：

$$\frac{\partial \vec{F}(\vec{X}, t)}{\partial t} = A\vec{F}(\vec{X}, t) + B\vec{v}(\vec{X}, t) \quad \vec{X} \in \Omega, T \in (0, T)$$

边界条件：$D\vec{F}_u = 0$

初始条件：$\vec{F}(\vec{X}, 0) = \vec{F}_0(\vec{X})$

这里 D 是作用在 n 维状态变量 $\vec{F}(\vec{X}, t)$ 上的边界线性算子，A 是作用在 $\vec{F}(\vec{X}, t)$ 上关于 $\vec{X}$ 的线性微分算子，$\vec{v}(\vec{X}, t)$ 是加在系统上的 r 维控制向量，B 是作用在 $\vec{v}(\vec{X}, t)$ 上的 n×r 型控制矩阵，Ω 是 m 维空间的一个区域，S 为区域 Ω 的边界。

最优控制问题是：

求目标函数：

$$J = \int_0^T \int_\Omega G(\vec{X}, \vec{F}(\vec{X}, t), \vec{v}) d\vec{X} dt$$

当控制向量 $\vec{v}(\vec{X}, t)$ 已知时，可用 W. Ritz 方法。

取确定在 Ω 区域上的 p 个线性独立的 $\vec{X}$ 的函数 $\vec{\phi}(\vec{X})$，$\vec{\phi}_2(\vec{X})$，…，$\vec{\phi}_l(\vec{X})$ 且满足齐次边界条件，$D\vec{\phi}_k(\vec{X})_u = 0$。

令：$\vec{F}_l(\vec{X}, t) = \sum_{k=1}^{1} \alpha_k(t)\vec{\phi}_k(\vec{X})$

为问题的逼近式，其中 α_k 为 k 个待定函数

代入方程

$$\frac{\partial \vec{F}(\vec{X}, t)}{\partial t} = A\vec{F}(\vec{X}, t) + B\vec{v}(\vec{X}, t)$$

得：$\sum_{k=1}^{1} \alpha_k'(t)\vec{\phi}_k(\vec{X}) - A\sum_{k=1}^{1} \alpha_k(t)\vec{\phi}_k(\vec{X}) = B\vec{v}(\vec{X}, t)$ （3.28）

上式双方同乘 $\vec{\phi}_j(\vec{X})$，并对 $\vec{X}$ 在上 Ω 区域的积分。

得：$\sum_{k=1}^{1} \alpha_k'(t)(\vec{\phi}_k \vec{\phi}_j) - \sum_{k=1}^{1} \alpha_k(t)(A\vec{\phi}_k, \vec{\phi}_j) = B\vec{v}(\vec{X}, t)\vec{\phi}_j(\vec{X})$

这是一个关于 $\alpha_1(t)$，$\alpha_2(t)$，…，$\alpha_1(t)$ 的常微分方程组。

将初始条件函数 $\vec{F}_0(\vec{X})$ 展成 $\vec{\phi}_1(\vec{X})$，$\vec{\phi}_2(\vec{X})$，$\cdots$，$\vec{\phi}_1(\vec{X})$ 的最佳逼近式：

$$\vec{F}_0(\vec{X}) = \sum_{k=1}^{1} \beta_k \vec{\phi}_k(\vec{X}) \qquad (3.29)$$

选择 β_1，β_2，$\cdots$，β_1，使上式成立或达到最小值，

即 $Q = \left\| \vec{F}_0(\vec{X}) - \sum_{k=1}^{1} \beta_k \vec{\phi}_k(\vec{X}) \right\|^2 = \min$

令 $\dfrac{\partial Q}{\partial \beta_k} = 0 \quad k = (1, 2, \cdots, 1)$

得到 β_1，β_2，$\cdots$，β_1 的方程组的唯一组解为 β_1^*，β_2^*，$\cdots$，β_1^*。于是：

$$\vec{F}_1(\vec{X}, 0) = \sum_{k=1}^{1} \alpha_k(0) \vec{\phi}_k(\vec{X}) = \vec{F}_0(\vec{X}) \qquad (3.30)$$

比较式（3.29）和式（3.30），由于 $\vec{\phi}_1(\vec{X})$，$\vec{\phi}_2(\vec{X})$，$\cdots$，$\vec{\phi}_1(\vec{X})$ 线性独立，得出：

$$\alpha_1(0) = \beta_1^*，\quad \alpha_2(0) = \beta_2^*，\quad \cdots，\quad \alpha_1(0) = \beta_1^*$$

由初始条件，用 Runge – Kutta 法可解出常微分方程组的唯一一组解 $\alpha_1(t)$，$\alpha_2(t)$，$\cdots$，$\alpha_1(t)$

再代入 $\vec{F}_1(\vec{X}, t) = \sum_{k=1}^{1} \alpha_k(t) \vec{\phi}_k(\vec{X})$ 式中，即可解出 $f_1(x, y, t)$。

将输入控制函数也用坐标函数形式表达，得到用参数决定变化规律的控制，将这些控制量代入指标泛函，用函数逼近方法将指标泛函化成控制量中参数的多元函数，然后按原来最优控制问题提出的关于控制量的约束条件确定出这些参数的取值范围，用最优化方法求出指标多元函数的最小点，由此最小点对应的参数可确定出所要的最优控制。

第二节　基于期货与订单的农业价格风险控制

期货市场具有现货市场无法比拟的两个重要经济功能：一是价格发

现功能，利用农产品期货市场，农产品生产经营者在买进或卖出现货时，再买进或卖出与现货数量一致但交易方向相反的期货合约，就可以避免或补偿现货市场因价格变动而带来的风险。二是套期保值功能，因现货市场价格与期货市场价格的趋同性，使农产品期货市场具有价格发现功能，有助于农业生产者对生产经营活动做出安排，达到预防农业市场风险之目的。

首先，农产品期货市场的价格发现功能有助于农户调整农产品种植结构，增强生产的预见性，缩小其实际损益与预期损益间的差异变动程度，预防农产品价格风险。

其次，农产品期货市场的套期保值功能有助于农户增强自我保护能力，减少农产品价格波动的损失。农产品期货市场可以把农户的风险转嫁给投机者。由于农产品价格风险是不可避免的，风险必定要有人承担，如果由生产者承担，必定增加生产成本。期货市场引入后，农户可通过套期保值来回避农产品价格波动的风险。

我国农业生产以农户为基础，规模小效率低，农民的"小生产"在"大市场"中处于弱势地位，抗击市场风险的能力较低。农产品期货市场信息，目前主要通过龙头企业传递给农民。农民利用期货价格信息，调整种植结构，必须通过粮棉等生产经营企业这些中介组织，间接利用期货市场价格信息。粮棉等农产品龙头企业或中介组织，通过"公司＋农户，期货＋订单"的农业产业化经营模式，进入期货市场进行套期保值，解决"订单农业"中的履约问题。这样，就实现了千家万户农民与千变万化大市场的有效对接，稳定了产销关系，保护了农民和企业的利益。市场并未能有效地保护农民的利益。

期货市场作为市场经济的高级形式，从最根本的制度设计上，保证了所发现价格的超前性、垄断性和权威性。期货市场能有效地解决龙头企业以较高价格签约所面临的问题：期货市场的发现价格功能使得龙头企业敢于以较高的收购价格与农户签约；期货市场转移风险的功能，使龙头企业能有效转移业已从农户那里转嫁过来的未来价格不利变动的风险；期货市场的其他功能使得龙头企业参与期货市场并获得成功如图3－1所示。

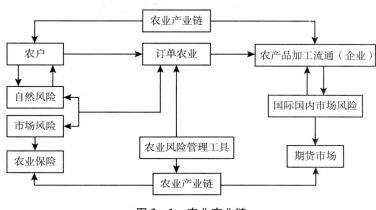

图3－1　农业产业链

一、农业期货的现状分析

国际经验表明，期货市场在现代农业发展过程中具有重要作用，可以成为农民生产经营的"晴雨表"和"避风港"。发达而健全的期货市场对现代农业发展具有以下几个方面的重要作用：

一是有助于农业信息化。现代农业是一种高度信息依赖型产业，价格信息对现代农业具有举足轻重的作用。期货市场是一个具有良好传导机制而又高度透明的信息化市场，集中了大量有价值的供求信息，涵盖了农民播种意愿与销售意愿、播种面积、天气与自然灾害、产量、加工消费、农产品贸易和农业政策等全部信息。

二是有助于农业组织化，实现小生产与大市场的对接。农民依靠各种合作组织参与市场竞争，这是发达市场经济国家的共同经验。积极发展现代农业，就要用现代物质条件装备农业，用现代科学技术改造农业，用现代产业体系提升农业，用现代经营形式推进农业，用现代发展理念引领农业，用培养新型农民发展农业，提高农业水利化、机械化和信息化水平，提高土地产出率、资源利用率和农业劳动生产率，提高农业素质、效益和竞争力。

三是有助于减少农业生产盲目性。农业生产受自然因素的影响较大，农产品自然风险大且很难依靠自身的力量进行抵御，寻求多元的风险规避途径十分重要。农产品期货市场具有的避险功能还可为生产经营者提供避险渠道，增强其市场竞争力。生产经营者利用农产品期货市场提供的超前的价格信号，可以避免生产的盲目性。

（一）农业期货的现状分析

第一，农产品期货交易品种不足，小品种交易比大品种交易活跃，交易结构失衡。农产品期货交易应该以大品种为主，小品种为辅，期货市场才能良性发育。目前我国农产品期货市场大小品种的交易结构失衡，影响了期货市场的健康发展。大品种期货交易不活跃的直接原因是国家政策控制偏紧。产品供大于求或者供求关系缓和是重要农产品成为期货商品的一个必要条件，我国多数重要农产品现在还不具备这一条件，所以在期货市场上难以发展。而小品种大炒，究其原因主要是过度投机造成的。

第二，投机过度，风险意识薄弱。期货市场的参与者有两种类型：一种是生产经营者，他们参与期货市场的目的是为了回避价格风险；一种是投机者，他们参与期货市场的目的是想通过风险投资获取高额利润。两者缺一不可，而且两者要有适当的比例，期货市场才能正常运转。但是，从目前期货市场参与者的结构来看，投机者比例明显偏高。大部分生产经营者还不会利用期货市场进行套期保值，大部分客户是进行投机交易，获取价差收入。因此期货市场不能形成反映真实供求状况的价格，影响了农产品期货市场发现远期价格功能的发挥。

第三，交易所发展缺乏统一规划。期货交易所是一种规范化程度要求极高的高级市场形态，它的建立应在国家统一规划和宏观调控下合理进行，同时也必须具备严格的条件。当前我国缺乏组建农产品期货市场的统一规划，很多地方条件不具备，却盲目发展。一方面数量过多；另一方面是重复建设，郑州、湖北、吉林、芜湖、上海、大连和成都等地都建有交易品种雷同的粮油交易所。

第四，期货市场大宗的现货农产品没有真正市场化。根据期货市场理论，期货市场应建立在比较发达、成熟的现货市场基础之上。但是从目前状况来看，我国的农产品现货市场还不发达，功能不完善，价格信号不灵敏，影响了期货市场的发展。

第五，风险监管力度不够。农产品期货市场自创建以来，风险事故频出，主要是因为管理层监管力度不够，没有统一的期货法律；对交易所的数量、布局、运作缺乏规划；对经纪公司的数量、运作、组织形式等缺乏有效管理等。

第六，农民未能分享到农产品期货市场的利益。就目前我国的实际情况来看，在农产品期货市场上参与交易的大都是农产品购销商、农产品加工企业以及各种投机机构及个人，几乎没有农民或代表农民利益的组织直接参与。现有的交易者从期货市场中获得利益，很难说有多大比例渗透到农民身上。

（二）完善农产品期货市场的对策

我国农产品期货市场在发展过程中存在的问题要采取有效的措施予以解决。只有这样，才能规范、推动我国农产品期货市场的规范发展。

第一，增加上市品种，完善上市品种结构，激活大品种交易。要想彻底解决农产品的价格风险，就必须针对市场需求进行战略调整。对于那些上市条件成熟的商品期货品种，特别是那些市场化程度高、价格波动大，在国民经济中作用明显，关系国计民生的农产品，有条件的要尽快上市。因为越是大品种，越需要发现价格，越需要规避风险，也越难人为操纵市场。

第二，重塑套期保值者。主要是做好三方面的工作。一是组织农民进入农产品期货市场。农民进入期货市场有两条途径：一条途径是种粮大户独立进入，另一条途径是成立农民合作组织，由合作组织委派专人进行期货交易。在我国，由于知识、资金等条件的限制，农业生产者不宜直接进入农产品期货市场，而应该通过建立农产品流通中介组织或订单农业的方式间接进入农产品期货市场，以确保农业市场风险的防范；二是让农产品的加工、经营者成为独立的风险承担主体，使其具有套期保值的动力；三是创造良好的套期保值环境。这包括推出、设计适于套期保值的期货新品种，使现货交易商能找到合适的套期保值品种；加强仓储、运输等基础设施建设，为套期保值者提供便利条件；鼓励适度投机，创造活跃的投机交易环境。

第三，加强对现货市场秩序的整顿。期货市场是现货市场的衍生市场，是为现货市场的生产、流通、资源配置和分散风险服务的，因此，它应该与现货市场协调发展。期货市场只有与现货市场良性互动，才能促进国民经济持续健康发展。需要建立一套良好的与现货市场相配套的信用体系、物流运输体系和质量标准体系等。

第四，加强对期货市场的监管，保证市场平稳运行。牢固确立切实保护投资者的合法权益的监管观念，坚决打击市场操纵者，坚决依法打击违规行为。

第五，加快期货立法，强化农产品期货市场的风险监管。通过期货立法，可明确期货市场参与者的权利和义务，使交易者更加理性地从事交易活动，从而节约交易费用，提高交易效率，保证期货市场经济功能的有效发挥。在加强期货立法的同时，要建立健全交易所与经纪公司的自律管理和行业管理。

（三）农业订单存在的主要问题

所谓订单农业又称合同农业或契约农业，是指农户在农业生产经营过程中，按照与农产品购买者签订的合同，组织安排生产的一种农业经营方式。订单农业是一种"风险共担，利益共享"的利益合作模式。订单农业作为一种新的生产流通组织形式，已逐渐渗透到农业及相关产业的各个领域。订单农业充当了农民增收、改善农业发展模式的主要载体的作用。它的出现不仅有效解决了农资、市场及信息方面的难题，提高了农民收入，而且也解决了加工企业货源不稳的问题，正越来越受到政府、企业和农户的重视。订单农业是促进农业市场化的有效手段，是推动农业产业化经营的重要环节。但是，我国订单农业的实践表明，它的履约率很低，存在着履约风险。如何提高农业订单的履约率，减小农民、企业等订单主体承担的履约风险，已经成为我国农业产业化经营中刻不容缓的课题。

农业订单存在的主要问题包括以下几方面：

一是订单农业的履约率低。在推行订单农业过程中，粮食流通企业与签约的农户在生产前按约定价格签订收购合同，这样，农民将其价格风险转移给了粮食流通企业。但这些企业只能被动地承受市场价格波动所带来的巨大风险，可能被迫毁约。

二是订单农业的价格风险没有有效的转移渠道。企业和农户的价格风险不会因为签订了订单而消失或减弱，它只是在两者之间转移，在订单到期日，订单的某一方有可能因市场条件的变化而遭受损失。

三是各种农产品的品种多，标准不统一，质量不稳定，影响了农产品订单贸易方式的推广。

四是农产品流通过程中信息不透明，订单价格的确定缺乏参考依据，农民很难获得较高收益。

五是订单农业的数量和规模有限，由于销售渠道不畅，价格风险无法回避，导致履约率低，农民不愿意签订订单，限制了订单的数量和规模。

六是订单在形式上不规范，存在很多漏洞，给对方以可乘之机。随着市场化改革的深入和对外开放力度的加大，以及农业产业化链条的不断延伸，粮食经营面临的这种市场风险不仅很大，而且还会有所集中（指承载主体的集中）和扩散（指存在领域的扩散）。

订单农业中的违约问题既包括农户的违约，也包括企业的违约。农户的违约问题有两种情况：一是农产品质量达不到合同标准而违约；二是因不能或不愿完成合同规定的数量标准违约。企业的违约有两种情况：一是以市场价格变化、资金不足为由，拖延甚至拒收农产品；二是以农产品质量标准、等级等方面提出不合理要求，压级压价，有意损害农民利益。在"订单农业"中，毁约会放大农户、企业或中介组织的损失。一方面，对农户（卖方）而言，由于是按订单组织生产，并且订单生产规模比非订单的生产规模大，如果企业毁约，农民的损失会非常惨重，甚至出现订单农产品烂在田里的悲剧；另一方面，对企业而言，由于有了订单，企业放手搞加工、经营，一旦农户毁约，就会造成企业开工严重不足，也会加大损失。与此同时，如果毁约是因为种子质量不合格，则一方面会造成农民没有农产品收成，另一方面会使企业承担农户毁约的损失。

（四）订单农业违约风险形成的原因

在现代农业中，订单农业履约率比较低，违约现象比较普遍，究其原因主要有以下几个方面：

第一，主体原因。

（1）主体地位不平等。在订单农业合同中，众多分散的农户经济实力薄弱，适应市场的能力差，而龙头企业则实力较强，在与农户的关系中处于强势地位，这种强势地位又因中国的特殊国情而得到了加强。龙头企业既是格式合同的提供者，又是格式合同的解释者，还是合同履行适当与否的仲裁者，可以根据自己的利益需要任意曲解合同，使合同成为龙头企业手中的工具，或随意转嫁风险，或对农户进行盘剥。

（2）双方信息不对称。由于农村经济市场化程度低，市场流通渠道不畅通，再加上行政干涉，全国性的统一市场不能形成，龙头企业作为垄断者切断了远方市场和当地市场的联系，起到了分割市场的作用，形成双方间严重的信息不对称，双方对对方履约行为的监督，都存在成本高、难度大的问题。

（3）法律意识和信誉意识差。当前，无论是农户、企业、还是中介组织，都存在信誉意识不强的问题。当市场行情向着不利于自己的方向变化后，为了自身利益，相关主体都可能不惜牺牲对方的利益而毁约。

（4）个人理性不同。在个人理性意识的作用下，龙头企业和农户之间经常出现目标不一致的现象。龙头企业在对待风险的偏好和战略选择上，重视企业的发展战略和综合效益，关心企业的产品市场占有率、高的盈利率。在签订订单时龙头企业往往根据自己对市场信息的掌握情况，选择能够最大化自己效用的决策方案。农户由于受市场地位所限，经营规模偏小，市场信息掌握不全，往往会接受龙头企业所提供的决策方案。此时，实现个人理性的往往是龙头企业。

（5）知觉差异。订单农业合约中，龙头企业和农户所处地位、追求目标的不同导致对同一事件的看法不同，即存在知觉差异。比如，有的龙头企业可能觉得产品的合同价格高于市场价格很多，企业盈利太低，或者当期面临亏损，所以拒绝合同的履行，有的企业可能觉得合同价格高于市场价格不是很多，虽然当期盈利很低，但是为了企业的长远发展，可以接受合同的履行。对于农户也是如此。所以，知觉差异导致龙头企业和农户的行为差异，影响着订单农业的履约率。

第二，合同本身的原因。订单农业在我国发展较晚，对它的性质和特点还存在模糊的认识，导致在订单农业合同实践中，合同的形式、签订程序不规范，有些重要合同内容不合理。

第三，社会原因。

（1）政府干预。订单农业被看作是实现农业产业化，深化农村经济体制改革，解决三农问题的重要阶段和途径，各级政府为了追求政绩，搞拉郎配，强制农户与企业签约，甚至越俎代庖，代替农户与企业签约。政府功能存在严重的错位现象。

（2）立法欠缺。关于订单农业合同，我国还没有直接的法律予以规范，虽然可以适用合同法的规定，但缺乏针对性。农业部下发的《关于发展和规范订单农业的意见》及一些地方政府发布的规章，内容简单，可操作性差。订单农业合同目前基本上仍处于无序状态。

（3）市场不健全。目前，我国还没有形成全国统一的农业大市场，龙头企业为了垄断的需要，在地方政府的支持下，有意割断农户与远方市场的联系，限制了农户的选择权。且农户自身的弱小，农民组织还没有得到充足发展的情况下，对于龙头企业的肆意违约行为，很难追究其相应的违约责任。

（4）社会服务体系不健全，监管制度缺失。没有管理和审查订单农业合同的机构，造成合同不规范、不合理现象普遍；缺乏为订单农业合同运行所需的质量检测、信息发布以及合同纠纷快速处理机构；缺乏直接为农户提供订单服务的社会组织，导致农户孤立无援。

（五）订单农业违约风险的规避措施

第一，建立订单农业毁约风险规避机制。

（1）引入期权理论中的卖权机制，完善订单农业的运作。卖权是期权的一种，是指持有人按约定价格卖出的权力。在订单合同中为农民提供卖权（随行就市、保底收购）。这种合约给予卖权持有人（农民）一种权力，给予卖权出售者（农产品购买者或龙头企业，以下简称企业）一种义务。合同签订后，如果标的物市场价格低于约定价格，农民以约定价格向企业出售农产品；如果市场价格高于约定价格，农民以市场价格向签约企业或其他企业出售产品。这种权利与义务的形成，是以农民为获得卖权而必须向企业交纳期权费为前提。期权费是农民可预见的最大损失。因此，运用期权理论的卖权机制对农民利益做出优先权安排，既保护了农民的基本利益，又减轻了企业承担的风险，形成利益与风险共担的运作机制。

（2）建立合理的订单价格机制，规避订单经营风险，提高订单履约率。按高于市场价格 10% ~ 20% 不等的价格收购农产品，但对所收购农产品有严格的质量要求。此类订单合同往往比较规范、详尽，对所收购农产品的品种规格和技术操作规范都有严格的要求。订单农户必须按合同要求严格进行操作，达到相应的质量标准。这一般是由外向型龙头企业（该外向型龙头企业多为外商在中国的农产品收购代理商）与农民签订农产品购销合同发展订单农业的模式。

（3）建立长效的合作机制，增强订单农业中企业与农户之间的利益联结度。订单农业企图仅仅通过合同规定的保护价来把企业和农户紧密联系起来是较难实现的。在不完全契约条件下，即使契约能在法律的保障下得到执行也难以实现，但可以通过"补偿性合约再安排"来弥补合同价与市场价的差额，探讨更为紧密的联结模式。订单农业可以在以保护价为核心的购销合同基础上引入"企业＋合作社＋农户"、"二次返利"、"产权、资产联结"等利益联结方式中的有机成分，最大限度地增强企业与农户之间的利益联结度。

（4）建立风险和技术保障机制。为促进订单农业的长期稳定发展，必须建立风险基金和风险保障制度，以化解市场风险。如扩大农业保险范围，增加农业险种，适当降低农业保障的投保费率，实行商业性保险与政策性保险相结合，为订单农户和收购方由于减产或市场波动造成的损失提供保护。

第二，加强合同管理，杜绝无效订单。针对当前订单农业发展中存在的订单内容不规范、执行合同不严格等问题，应从以下几个主要方面加强管理：①强化履约意识。从长期看，农户与企业之间只有相互之间结成"风险共担、利益均沾"的共同体，才能取得双赢的结果。②推广标准合同，对品质、等级、价格、交货等做出明确规定，建立健全规范订单农业发展的法律法规及实施细则，使订单农业走向法制化，确保订单农业双方权利、义务平等。③企业与农户按照《合同法》的规定签订订单合同，明确订单的农业产品品种、数量、收购价格和签约双方的权利和义务、履约方式、违约责任，使订单合同具有较强的操作性。④强化合同管理，加大执法力度，提高订单农业合同履约率。⑤加强与订单农业相关的法律法规的宣传教育，引导龙头企业和农民增强法制观念，依法签约，依法履约，维护订单农业双方利益。

第三，实施农产品规格化、标准化，完善农产品收购验级制度。农产品要与国际农业接轨，按国际农产品的技术规程进行生产，全面提升农产品档次和质量，全面参与和适应国际市场竞争。同时，农产品规格化、标准化是公正交易的前提，也是遏制市场欺诈、提高农民收益的有效保障。

第四，增加专用性资产投资，强化企业与农民契约双方的相互依赖性。契约双方进行专用性资产投资，就会提高退出成本，以增强相互依赖性和保持契约的长期稳定性。同时，强化农民对种养基地、生产设备及其维护、专门技能培训等方面的投资，从而提高企业与农民双方违约的威胁度，增强双方相互的依赖性和契约安排的稳定性。

第五，转变政府职能，搞好服务、扶持、引导和监督工作。订单农业虽然是市场行为，但我国市场机制发育不完善，市场信号传导容易失真，因而政府必须进行宏观调控和领导。政府是订单农业有效运作的维护者、与订单农业相关公共物品的提供者和订单农业外溢效应的校正者，政府必须履行以下重要职能：①服务职能；②扶持职能；③引导规范职能；④监督职能。

第六，鼓励发展壮大合作社等中介服务组织，培育壮大农民经纪人队伍。要发展中介组织，联系农户与市场。同时，要壮大农民自己的经纪人队伍，组织、吸引和鼓励更多的农民进入流通领域。在有条件的地方，可以考虑成立农民经纪人协会，并根据资源优势和产业特点成立专业协会，一方面担当发展订单农业的主力军，保证农产品货畅其流；另一方面提高农民主体的实力，在利益谈判中有效保护农民的自身利益。

订单农业本身的局限性决定了其回避风险的作用是极其有限的，而期货市场作为一种更高级的市场形势，不仅能够有效地回避风险，也可以为订单农业的运行提供载体。

农业期货市场对订单农业发展具有以下意义：

（1）可以有效转移订单农业的价格风险。首先，期货的价格发现功能可为订单农业的订单价格提供参考；其次，期货市场风险转移的功能可以使订单农业中的价格风险转移到投机者。最后，期货交易所是所有的买方的卖方，所有卖方的买方，期货交易又实行保证金制度，几乎不存在违约风险。

（2）可以提高订单农业的履约率。利用农产品期货，经营企业和加工企业一方面可以根据市场上规定的质量和合适的价格采购农产品，合理安排生产计划。另一方面，又可参与套期保值业务，锁定生产或经营的成本，转移订单风险。这样的现货市场即使出现损失，期货市场的收益也可以弥补。因为现货价格与期货价格变化的方向是一致的，当现货价格上涨时，期货价格也上涨。现货价格下跌时，期货价格也下跌。在发展小麦订单的过程中，河南新乡延津县成功地走出一条"订单＋期货"的路子。延津县在发展订单农业时，粮食企业通过"订单＋期货"的模式，带领农民间接参与期货市场，规避企业风险，提高订单履约率，促进订单农业的实施和完善，通过企业增效带动农民增收。

（3）快速扩大订单农业的数量和规模。订单农业实施的一个障碍是怕农产品没有很好的销路，而期货市场可以解决这个问题。利用"订单＋期货"的模式，能够看到以后一年多的价格，有效地转移了价格风险，提高了订单的履约率，可以很好地引导农民种植，扩大订单农业的规模。

（4）可以提高农民收入。推行"公司＋农户"与"订单＋期货"相结合的农业产业化经营模式，使农民收入提高。

（5）有利于提高农产品现货的国际竞争力。期货市场对交割标准非常严格，这种质量标准要求农产品在种植时必须用好的种子，同时田间管理必须按技术要求进行，能够逐步形成优质农产品种子培育、技术推广、质量检验和现代化物流四大体系，促进优质农产品规模化生产和产业化经营，进一步提高中国优质农产品在国内外市场上的竞争力和扩大出口创汇。

二、基于期权定价模型的农产品价格风险控制

对于农业价格风险，农民在期货市场上主要是利用套期保值交易，预先将其农产品的销售价格固定在一个稳定的价位上，从而避免从产品生产到最后出售期间发生不利价格波动造成的损失。

期权的购买者为了获得期权（Options），必须支付一定数量的权利金（也称为期权保证金、保险金或期权费），期权的价格是期权权利金

价值的货币表现，它是期权购买者付给期权出卖者用以换取期权所赋予的权利的代价。期权的价格由内涵价值和时间价值两部分组成。影响期权价格的基本因素有资产的市场价格、约定价格、到期期限、市场价格的波动幅度和无风险利率等。期权最终是否执行，全视其持有者而定，这就给出售者带来了极高的不确定性，这种不确定性带来的就是期权的主要风险。

（一）期权定价模型

布莱克和舒尔斯（Black - Scholes）模型是 1973 年由两位美国金融学家布莱克和舒尔斯在其著名论文《期权定价与公司债务》中首次提出的。现在将此方程应用到农产品期权定价问题上。

假设农产品价格 S 是随时间 t 变化的连续时间变量，且服从几何布朗运动，即基本变化过程为：

$$dS(t) = \mu Sdt + \sigma Sdw(t) \tag{3.31}$$

其中 μ 为期望漂移率，σ 为方差率，$w(t)$ 是一标准维纳过程。由于农产品期权价格是该标的的价格和时间的函数，则其欧式看涨期权价格 c 是价格 S 和时间 t 的函数为 $c = c(S, t)$，按照 Black - Scholes 则有：

$$\frac{1}{2}S^2\sigma_S^2\frac{\partial^2 C}{\partial S^2} + rS\frac{\partial C}{\partial S} + \frac{\partial C}{\partial t} = rC \tag{3.32}$$

其欧式期权的边界条件为：

$$C_T(S_T, T) = \max\{S_T - K, 0\} \tag{3.33}$$

Black - Scholes 方程所解得的欧式看涨期权定价的精确公式为：

$$C = SN(d_1) - Ke^{-r(T-t)}N(d_2) \tag{3.34}$$

其中：

$$d_1 = \frac{\ln(S/K) + \left(r + \frac{1}{2}\sigma^2\right)(T-t)}{\sigma\sqrt{T-t}}$$

$$d_2 = \frac{\ln(S/K) + \left(r - \frac{1}{2}\sigma^2\right)(T-t)}{\sigma\sqrt{T-t}} = d_1 - \sigma\sqrt{T-t}$$

（二）农业价格的混合动态过程

农产品具有明显而又典型的期货商品的特征。由于农产品生产的季节性及其产量在很大程度上取决于气候等自然条件，致使农产品供给和需求的失衡成为经常性的和不可避免的。随着农作物的生长，农产品的预期产量将逐步形成，其产量的变化既包括与初始时刻投入量有关的确定值，又包括在生产过程中受随机因素影响的波动量，同时还包括受自然气候因素影响的一个跳跃项。由于农产品产量的不确定性，造成其价格的不确定性。

农产品的价格主要是由农业产出量来决定的。当丰收时，农产品的大量供给难以被短期的需求所吸收，从而造成农产品价格的大幅度下跌。当歉收时，则又形成农产品的需求远远超过供给，进而导致农产品价格的大幅度上涨。就是说，由于受自然风险等的影响，农产品的生产者和消费者都将面临供需失衡带来的价格风险。为了回避价格变动的风险，农产品期货应运而生。现假设农产品的市场单价 S 在风险中性的世界中服从几何布朗运动－跳跃混合随机过程

$$dS(t) = S(r - \lambda\mu_J)dt + S\sigma_s dw + SJ(t)dP(t) \tag{3.35}$$

其中：

$$\ln[1 + J(t)] \sim N\left(\ln(1 + \mu_J) - \frac{1}{2}\sigma_J^2, \ \sigma_J^2\right)$$

$(v_t)_{t \geqslant 0}$ 是强度为 λ 的 Poisson 过程，那么对于所有 $t \geqslant 0$，满足

$$P(v_t = n) = \frac{e^{-\lambda t}}{n!}(\lambda t)^n$$

而且

$$E(v_t) = \lambda t$$

$$\mathrm{Var}(v_t) = E(v_t^2) - (E(v_t))^2 = \lambda t$$

r 表示农产品价格的预期增长率，即风险中性世界的瞬态无风险利率；μ_J 表示由泊松跳跃带来的平均增长率，由几何布朗运动即 ITO 过程带来的预期增长率为 $r - \lambda\mu_J$；λ 为跳跃频率，也称为强度测度；w 是

一标准维纳过程；σ_s 为无跳跃发生时标的资产收益的方差，为常数；P(t) 表示参数为 λ 的泊松跳跃过程，有

$$\Pr\{dP(t) = 1\} = \lambda dt$$

$$\Pr\{dP(t) = 0\} = 1 - \lambda dt \qquad (3.36)$$

J(t) 表示跳跃大小百分数，服从独立恒同的对数正态分布，其无条件期望为 μ_J；σ_J 为 $\ln(1 + J(t))$ 的标准差；dz(t) 与 dp(t) 相互独立。

则农产品价格总收益方差为

$$\frac{1}{dt}\mathrm{var}_t\left(\frac{dS(t)}{S(t)}\right) = \sigma_J(t) + \frac{n}{T-t}\sigma_s(t) \qquad (3.37)$$

其中，跳跃过程的瞬时方差为

$$\sigma_J(t) = \left(\frac{1}{dt}\right)\mathrm{var}_t[J(t)dP(t)] = \lambda\left[\mu_J^2 + (e^{\sigma_J^2} - 1)(1 + \mu_J)^2\right]$$

设 f 为依赖于农产品价格 S 和期权时间 t 的函数 f = f(S, t)，离散形式为

$$\Delta S(t) = S(r - \lambda\mu_J)\Delta t + S\sigma_s\Delta t + SJ(t)\Delta P(t)$$

由 Ito 定理，f(S, t) 遵循以下随机过程

$$df = \left(\frac{\partial f}{\partial t} + (r - \lambda\mu_J)S\frac{\partial f}{\partial S} + \frac{1}{2}S^2\sigma_s^2\frac{\partial^2 f}{\partial S^2}\right)dt$$

$$+ \frac{\partial f}{\partial S}S\sigma_s dz + \lambda E[f(S(1 + J(t)), t) - f(S, t)]dt$$

为了消除上式中的风险因素 Δz，利用投资组合的动态复制技术来构造复制组合如下：

考虑资产组合价值 G

$$G = f - \frac{\partial f}{\partial t}S \qquad (3.38)$$

Δt 时间后，该组合的资产价值变化为

$$\Delta G = \frac{\partial f}{\partial t}\Delta t + \frac{1}{2}\frac{\partial^2 f}{\partial S^2}S^2\sigma_s^2\Delta t + \lambda E[f(S(1 + J(t)), t) - f(S, t)]\Delta t - \frac{\partial f}{\partial S}SJ(t)\Delta P$$

$$(3.39)$$

其中，$\dfrac{\partial f}{\partial S}SJ(t)\Delta P$ 是泊松跳跃过程在 Δt 时间内带给 $\dfrac{\partial f}{\partial S}$ 的资产价格变化，它表示为 $\dfrac{\partial f}{\partial S}\lambda\mu_J S\Delta t$。

故

$$\Delta G = \frac{\partial f}{\partial t}\Delta t + \frac{1}{2}\frac{\partial^2 f}{\partial S^2}S^2\sigma_S\Delta t + \lambda E[f(S(1+J(t)),\ t) - f(S,\ t)]\Delta t - \frac{\partial f}{\partial S}\lambda\mu_J S\Delta t$$

$$(3.40)$$

上式不含不确定因素 Δz，即经过 Δt 时间后资产组合 G 瞬态无风险，由于该组合的瞬时收益率一定与其短期无风险标的收益率相同。

故

$$\Delta G = r\left(f - \frac{\partial f}{\partial S}S\right)\Delta t$$

将其代入得

$$\frac{\partial f}{\partial t} + \frac{1}{2}S^2\sigma_S^2\frac{\partial^2 f}{\partial S^2} + \lambda E[f(S(1+J(t)),\ t) - f(S,\ t)] - \frac{\partial f}{\partial S}\lambda\mu_J S = rf - \frac{\partial f}{\partial S}rS$$

整理得

$$\frac{1}{2}S^2\sigma_S^2\frac{\partial^2 f}{\partial S^2} + (r - \lambda\mu_J)S\frac{\partial f}{\partial S} + \lambda E[f(S(1+J(t)),\ t) - f(S,\ t)] - rf + \frac{\partial f}{\partial t} = 0$$

特别地，若不考虑跳跃项，且假设 μ_J 等于零，我们就得到了 Black - Scholes 公式

$$\frac{1}{2}S^2\sigma_S^2\frac{\partial^2 f}{\partial S^2} + rS\frac{\partial f}{\partial S} + \frac{\partial f}{\partial t} = rf \qquad (3.41)$$

以上方程即为标的资产服从混合过程的期权价格 f 所满足的微分方程，结合其边界条件可以得出期权定价公式。

（三）基于混合过程的农业期货及订单价格的确定

根据以上数理方程，t 时刻欧式买方期权的价格 C 满足上式，即：

$$\frac{1}{2}S^2\sigma_S^2\frac{\partial^2 C}{\partial S^2} + (r - \lambda\mu_J)S\frac{\partial C}{\partial S} + \lambda E[C(S(1+J(t)),\ t) - C(S,\ t)] - rC + \frac{\partial C}{\partial t} = 0$$

$$(3.42)$$

设执行价格（敲定价格）为 K，到期日为 T，则方程（3.42）有多解，其中对欧式买方期权来讲，边界条件为：

$$C_T = \max\{S_T - K, \ 0\} \tag{3.43}$$

$$\frac{\partial C}{\partial S_T} = 0$$

$$\frac{\partial C}{\partial K_T} = 0$$

当 S→0 或 K→∞ 时 C→0

如果对跳跃方式限制为使其是对数正态分布，而且价格的相对跳跃高度是独立同分布的，则根据默顿（Merton，1976）关于几何布朗运动 – 跳跃混合随机过程的欧式买入期权定价公式，制定农产品在时刻 t 的价格为：

$$C = \sum_{n=0}^{\infty} \frac{e^{-\lambda(1+u_J)(T-t)}\left[\lambda(T-t)\right]^n}{n!}\left[SN(d_1) - Ke^{-r't}N(d_2)\right] \tag{3.44}$$

其中：

$$d_1 = \frac{\ln(S/K) + \left(r' + \frac{1}{2}\sigma'^2\right)(T-t)}{\sigma'\sqrt{T-t}}$$

$$d_2 = \frac{\ln(S/K) + \left(r' - \frac{1}{2}\sigma'^2\right)(T-t)}{\sigma'\sqrt{T-t}}$$

$$r' = r - \lambda\mu_J + \frac{n\ln(\mu_J+1)}{T-t}$$

$$\sigma'^2 = \sigma_S^2 + \frac{n}{T-t}\sigma_J^2$$

（四）实例分析及结论

由以上分析可知，期权费就是期权的价格。下面考虑具有不同的波动率、不同的合同约定价格及不同的到期时间的期权定价，如表 3 – 1、表 3 – 2、表 3 – 3 所示，表 3 – 1 表示带阶跃 – 扩散过程的买入期权价值：

表 3 – 1　　　　　　　　带阶跃 – 扩散过程的买入期权价值

波动率	K	到期时间 T			
		λ = 2		λ = 5	
		0.1	0.5	0.1	0.5
50%	90	12.41	19.83	13.18	19.09
	100	7.80	16.22	9.69	16.34
	110	5.08	13.35	7.17	14.09

表 3 – 2

到期时间	波动率								
	10%			25%			50%		
T = 0.1	90	100	110	90	100	110	90	100	110
λ = 2	8.39	5.35	0.00	9.86	5.78	4.13	12.41	7.80	5.08

表 3 – 3

波动率	K	到期时间 T，λ = 2		
		0.1	0.5	1.0
25%	90	9.86	16.03	18.96
	100	5.78	12.58	15.92
	110	4.13	9.97	13.48
50%	90	12.41	19.83	24.29
	100	7.80	16.22	21.12
	110	5.08	13.35	18.46

根据表 3 – 1、表 3 – 2、表 3 – 3，可得出如下的结论：

（1）采取期权定价形式，当市场价格的波动率及期权到期时间固定时，随着敲定价格（合同约定价格）K 的上涨，期权价格 C 下跌；当敲定价格 K 下降时，期权价格 C 上扬。因为 K 越小，表明农民所承担的风险越大，为了减少风险，必须使得期权定价上扬。而 K 越大，说明农民所承担的由于市场价格下降所带来的风险相对较小，而将价格下降带来的部分风险更多地转移给了企业承担，因而期权价格较小，当然这会减少企业的收益。

（2）当期权到期日及敲定价格固定时，随着市场价格的波动幅度 σ 的增大，期权价格 C 就越高；波动幅度越小，期权价格 C 就越低；若价格没有波动性，则期权便是多余的。因为 σ 越大，说明市场价格越不稳定，农民所承担的市场风险相对较大，因而要靠期权价格的上扬来规避风险。

（3）根据不同的到期时间，农户影响企业缴纳的单位期权费用有所不同，若期权合约距离到期时间 T 越长，期权的价格 C 就越高；T 越小，期权的价格 C 就越低。因为期权作为套期保值的工具，其套期保值时间越长，表明风险越大，因而所要支付的"保险费"也理应越高，即为了更好地平抑风险，就会导致期权价格 C 的上扬。

（4）基于阶跃－扩散过程的期权定价模型中，突发事件对 C 的影响是通过跳跃过程描述的，期权价格与跳跃强度及跳跃幅度都有关，就是说在跳跃过程中，风险是由 σ_J 和 λ 共同作用的结果，在短期合约中，跳跃幅度是影响 C 的重要因素，σ_J 越大，发生不可预料的风险的可能性就越大，期权价格就越高；而在长期条件下，跳跃强度 λ 就大大限制了跳跃幅度 σ_J 的影响。也就是说，随着期权约定期限的增加，跳跃幅度 σ_J 对风险的影响减小，而跳跃强度 λ 成为产生风险的重要因素。在长期合约中，跳跃的强度越低，可能发生风险的概率就越小，因而期权价格 C 就相对较低；相反，跳跃的强度越高，发生风险的概率就越大，因而期权价格 C 就相对较高。

订单合同中为农民提供买方期权，高价时随行就市、低价时保底收购是利益风险机制的关键，订单生产对农民而言，投入的土地等资源都是稀缺的，是有机会成本的。同时，农民承担风险的能力较弱，是社会上的弱势群体。因此，在企业与农民的利益风险关系上，必须考虑到农民地位的特殊性。

第三节　农业技术风险控制理论模型

技术创新扩散包含两个重要方面，即技术创新与扩散。技术创新扩散（Technological Innovation Diffusion）是指技术在最初的商业化之后的继续推广利用，即技术在其潜在采用者之间的传播推广。技术创新扩散是技术创新的重要组成部分，因为技术创新对经济增长、社会生产率的提高、生产技术新观念的产生以及新生产组织管理方式的形成等多方面的影响是通过技术创新的扩散来实现的，而技术扩散的过程其实就是各种类型的技术在特定的技术环境里，通过技术系统网进行相互作用的过程，因而技术的扩散要受其生存环境的影响。

技术扩散理论研究目前集中在两个方面：一方面是从微观入手，研究技术扩散的壁垒问题，如企业组织、产业结构、技术市场信息等对技术扩散的影响，这其实就是研究技术扩散与单环境因素的关系；另一方面则从宏观与统计角度出发，研究技术的扩散理论模型。这类模型主要有以下局限性：一是模型的假设过于严厉，特别地，没有考虑到技术环境对技术扩散的影响，而是简单地将之忽略掉或是归于某个没有定义的指标中；二是只考虑单技术扩散现象，忽略了相关技术的相互作用对扩散技术指标的影响。

事实上，从技术环境的观点出发，技术既具有资本的特性，也具有系统的特征。技术的系统特征不仅指技术自身具有的系统性，而且指技术与技术之间的组织结构及相互作用亦具有系统的特征。技术系统组织的内核是以企业为载体的微技术系统，高层技术系统（如区域技术系统）呈网状结构。某个技术系统以外的技术系统与其他经济的（如行业结构、产品需求）、社会的（如技术政策、技术制度）等因素构成其赖以生存的环境。技术扩散的过程其实就是各微技术系统在特定的环境里，通过技术系统网进行相互作用的过程。因而技术扩散要受到其生存环境的制约，由此我们提出三类技术创新扩散模式：技术竞争型、技术互补型和技术替代型。

农业技术创新扩散是指农业科技创新成果（新技术）在最初的商业化之后在农业技术领域的继续利用，它包括更多的需求者采用，并在扩散过程中还要不断再创新使其进一步完善，任何一项技术，只有在充分的扩散中才能发挥其巨大的经济效益和社会效益。

就是说，技术扩散的实质是创新技术的传播、推广与应用。在我国由于农业技术创新本身所具有的特性，我国农户经济特征和我国农业科技推广体制的缺陷，据统计，目前我国技术创新率及"新"技术的推广率与国外相比差距很大，比如农业科技成果的转化率仅有30%～40%左右，而国际先进水平已达到80%～85%。① 农业技术创新扩散的制约因素主要如下：①农业技术创新具有地域性。农业生产对自然环境和气候条件的变化非常敏感，我国地貌特征复杂多样，气候条件差异明显，地跨热、温、寒地带，生物资源呈现多样性和区域性，农田小气候也各不相同。任何一项农业高新技术都具有地域性，不可能"放之四海而皆准"。②农业技术创新扩散受农户经营规模制约。我国农业实行的是农户家庭承包经营制，据统计，我国平均每户农户有耕地0.41公顷，而且分散在4～5块地块上，每个农户一般种植3～5种农作物。一方面，面对千家万户的个体小农，技术扩散的交易成本太高；另一方面，分散农户由于形不成规模经济，对吸纳新技术需求的惰性很大。③农业技术创新的扩散需要承担自然风险。农业是弱势产业，农业生产易受气候变化的影响。我国处于旱涝交替的季风气候带，水旱灾害发生频繁，技术扩散除受市场风险和技术本身风险外，还须承担较大的自然风险。④农业技术创新扩散需要较长的周期。农业技术创新扩散是一个周期较长的社会活动，它涉及到农业科研人员、农业技术推广人员、广大农民、农民技术员、科技户和专业示范户及行政管理人员。农业科研人员是高新技术成果的创造者，农业技术推广人员是高新技术的扩散者，广大农民、农民技术员、科技户和专业示范户是高新技术的落脚点和播种者，行政管理人员是高新技术的组织管理者。农业技术创新扩散不仅仅是一个纯技术传递的过程，而且是科技、经济和社会三者有机结合的一种活动，它需要相

---

① 《中国统计年鉴》整理。

当长的周期。[1]

本书在充分考虑技术与环境之间相互关系的基础上，利用微分方程来描述技术创新的扩散过程，再根据微分方程的定性理论对模型进行经济分析，以寻求技术与环境之间的最佳协调状态，促进农业技术创新的发展完善与扩散推广。

一、农业技术创新与扩散风险模型

（一）农业技术创新扩散模型

一项新技术的出现及应用，都面临着技术环境的制约。技术扩散过程可以看作是在某个高层技术系统（如区域技术系统）中技术源的自我"复制"的过程。给定特定的技术环境，技术的"复制"是有限的。定义某项技术在特定的技术环境中的最大"复制能力"为该环境的技术承载力或称最大潜在采用数。该环境即包括企业内技术环境，如组织结构，也包括企业外技术环境，如市场环境。

在考虑技术扩散时技术相互之间的影响之前，我们先考虑单个创新技术扩散的模型。假设技术扩散具有马尔可夫性质，即 $t + \Delta t$ 时刻创新技术 X 的扩散只与 t 时刻有关。令 r_1 为不考虑环境影响时创新技术的自然扩散率，该技术的市场最大承载力（可能容量）为 N_1，t 时刻该技术的累计采用者数量为 $x(t)$，则 t 时刻市场对创新技术 X 的采用速率（或技术的扩散速度）为：

$$r = r_1 \frac{N_1 - x(t)}{N_1} \qquad (3.45)$$

创新技术的扩散过程是一个非连续过程，但若考虑 t 时刻创新技术的采用部门相当多，推广应用范围足够大，则可把过程假定为连续的，

---

[1] 聂荣、潘德惠、钱克明：《技术创新的反应扩散模型研究》，载《运筹与管理》2005年第2期。

并且假设 $x(t)$，$y(t)$ 均是时间 t 的连续可微函数，则从 t 到 $t + \Delta t$ 时刻的 $x(t)$ 平均增长率还可以表示为：$\dfrac{\Delta x(t)}{\Delta t \cdot x(t)}$，在 t 时刻的瞬间增长率为：

$$r = \lim_{\Delta t \to 0} \frac{\Delta x(t)}{\Delta t \cdot x(t)} = \frac{x'(t)}{x(t)} \tag{3.46}$$

将式（3.45）代入式（3.46）中可化成以下形式，表示在不考虑创新技术与环境相互之间的影响时，单技术的扩散模型为：

$$\frac{dx}{dt} = r_1 x(t) \left[1 - \frac{x(t)}{N_1} \right]$$

上式的解曲线就是常说的逻辑曲线（logistic）。从系统的角度来看，上述方程确定一个正反馈系统。现设初始值 $x(t_0) = x_0$，则满足上式的解曲线为：

$$x(t) = \frac{N_1}{1 + \dfrac{N_1 - x_0}{x_0} e^{-r_1(t - t_0)}}$$

从系统的角度来看单技术扩散的某些特征。

由 $$\frac{dx}{dt} = 0$$

确定了两个不动点： $x_1 = 0$，$x_2 = N_1$

由于 $rx(t)$ 的正反馈作用，$x_1 = 0$ 是不稳定点（排斥子），但同时方程又受到 $-r_1 x(t) \dfrac{x(t)}{N_1}$ 的负反馈制约，即环境承载力的制约，因此不动点 $x_2 = N_1$ 为稳定的平衡点（吸引子），如图 3-2 所示。

从相图可以看出技术扩散速度的变化规律：创新技术在进入市场初期，采用者很少；随着扩散速度的递增，推广使用越来越大，达到阀值 $x' = \dfrac{N_1}{2}$ 后扩散速度又递减，直至达到市场的最大承载力 N_1。

本章从技术与环境之间的相互关系角度出发，把技术创新扩散模型分为三类：技术竞争型、技术互补型和技术替代型。为了简单起见，仅讨论系统内只有两类技术发生关系的情况。

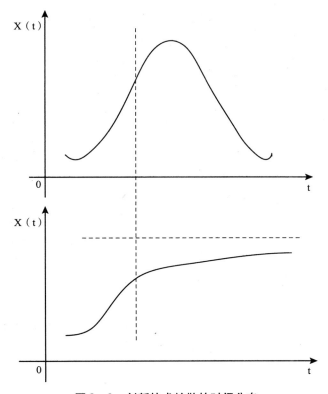

图 3 - 2　创新技术扩散的时间分布

(二) 农业技术竞争扩散模型

技术竞争关系是指两种技术本无优劣之分，但存在"市场份额"之争，即一方技术的扩散将影响对方技术的市场份额。设在一定的区域内，状态变量 $x(t)$，$y(t)$ 分别为 t 时刻具有竞争关系的两种技术 X、Y 的采用者数量。因而有如下模型：

$$\frac{dx}{dt} = r_1 x(t) \left[1 - \frac{x(t)}{N_1} - \sigma_1 \frac{y(t)}{N_2} \right] \tag{3.47a}$$

$$\frac{dy}{dt} = r_2 y(t) \left[1 - \sigma_2 \frac{x(t)}{N_1} - \frac{y(t)}{N_2} \right] \tag{3.47b}$$

其中，r_1、r_2 分别表示技术 X、Y 在不考虑环境作用时的增长率，即自然扩散率；N_1、N_2 分别表示技术 X、Y 的市场最大可能容量，即市场的最大需求量；σ_1、σ_2 表示技术 X、Y 同在一个社会系统中共存时的相互影响系数。式（3.47）中 σ_1、σ_2 前面为负号表示技术间的相互作用是阻滞性的，一方的存在阻碍另一方的扩散。

由式（3.47）知该系统平衡点是满足 $\dfrac{dx}{dt}$，$\dfrac{dy}{dt}$ 同时为零的点，令（3.47a），（3.47b）两个方程的右端分别为：

$$f(x,\ y) = r_1 \dot{x}(t) \left[1 - \frac{x(t)}{N_1} - \sigma_1 \frac{y(t)}{N_2} \right] \tag{3.48a}$$

$$g(x,\ y) = r_2 y(t) \left[1 - \sigma_2 \frac{x(t)}{N_1} - \frac{y(t)}{N_2} \right] \tag{3.48b}$$

使 $f(x,\ y) = 0$，$g(x,\ y) = 0$ 同时成立的点称为系统平衡点，因此系统应有以下四个平衡点，它们分别是 $o_1 \left(\dfrac{N_1(1-\sigma_1)}{1-\sigma_1\sigma_2},\ \dfrac{N_2(1-\sigma_2)}{1-\sigma_1\sigma_2} \right)$、$o_2(N_1,\ 0)$、$o_3(0,\ N_2)$、$o_4(0,\ 0)$。前三者的稳定条件分别为：$\{0 < \sigma_1,\ \sigma_2 < 1\}$、$\{\sigma_1 < 1$ 且 $\sigma_2 > 1\}$、$\{\sigma_1 > 1$ 且 $\sigma_2 < 1\}$。平衡点 o_4 没有讨论的意义；对于平衡点 o_1，其相图见图 3-1，有如下定理成立：

定理 1 假设 $\{0 < \sigma_1,\ \sigma_2 < 1\}$，则从两个坐标全大于零的任意初始点出发的解 $x(t)$，$y(t)$，当 $t \to +\infty$ 时，$x(t) \to \dfrac{N_1(1-\sigma_1)}{1-\sigma_1\sigma_2}$，$y(t) \to \dfrac{N_2(1-\sigma_2)}{1-\sigma_1\sigma_2}$。

证明：由系统平衡点方程（4），在任一 t 时刻，直线 $1 - \dfrac{x}{N_1} - \sigma_1 \dfrac{y}{N_2} = 0$ 和 $1 - \sigma_2 \dfrac{x}{N_1} - \dfrac{y}{N_2} = 0$ 把第一象限化分成四个区域：如图 3-2 所示。

现在仅考虑使 $\dfrac{dx}{dt} = 0$ 的轨迹，它是一条直线 $1 - \dfrac{x}{N_1} - \sigma_1 \dfrac{y}{N_2} = 0$，这条直线与 x 轴交于 $x = N_1$，与 y 轴交于 $y = \dfrac{N_2}{\sigma_1}$，如果在任一时刻采用创新技术的企业数落在这条直线以下，也就是说，如果 $x < \left(1 - \sigma_1 \dfrac{y}{N_2} \right) N_1$，那么，

$$\frac{dx}{dt} = r_1 x \left[1 - \frac{x}{N_1} - \sigma_1 \frac{y}{N_2} \right] > r_1 x \left[1 - \frac{\left(1 - \sigma_1 \frac{y}{N_2} \right) N_1}{N_1} - \sigma_1 \frac{y}{N_2} \right] = 0 \quad 即\ \dot{x}(t) > 0$$

表示采用创新技术 X 的企业数在增加。相反，如果 $x >$ $\left(1 - \sigma_1 \frac{y}{N_2} \right) N_1$，则 $\dot{x}(t) < 0$，表示采用创新技术 X 的企业数在减少。类似的论证指出，直线 $1 - \sigma_2 \frac{x}{N_1} - \frac{y}{N_2} = 0$，表示 $\frac{dy}{dt} = 0$ 的点的轨迹，这条直线与 x 轴交于 $x = \frac{N_1}{\sigma_2}$，与 y 轴交于 $y = N_2$，当任一时刻采用创新技术的企业数落在这条直线以下，即 $y < \left(1 - \sigma_2 \frac{x}{N_1} \right) N_2$，则有 $\dot{y}(t) > 0$，表示采用创新技术 Y 的企业数在增加。相反，如果在这条直线以上，$y > \left(1 - \sigma_2 \frac{x}{N_1} \right) N_2$，则 $\dot{y}(t) < 0$，表示采用创新技术 Y 的企业数在减少。

同理可得出如下结论（如图 3 - 3 所示）：

在 S_1 区间：$\dot{x}(t)$，$\dot{y}(t) > 0$；在 S_2 区间：$\dot{x}(t) > 0$，$\dot{y}(t) < 0$，

在 S_3 区间：$\dot{x}(t) < 0$，$\dot{y}(t) > 0$；在 S_4 区间：$\dot{x}(t)$，$\dot{y}(t) < 0$。

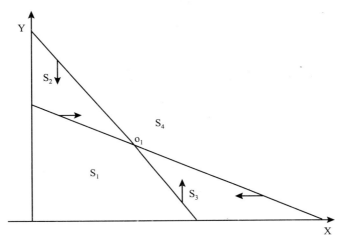

图 3 - 3　农业技术竞争扩散模型

平衡点 $o_1\left(\dfrac{N_1(1-\sigma_1)}{1-\sigma_1\sigma_2},\ \dfrac{N_2(1-\sigma_2)}{1-\sigma_1\sigma_2}\right)$ 所对应的线性动态系统矩阵及判别指标为：

$$A = \begin{bmatrix} f_x & f_y \\ g_x & g_y \end{bmatrix} = \begin{bmatrix} \dfrac{r_1(\sigma_1-1)}{1-\sigma_1\sigma_2} & -\dfrac{N_1 r_1 \sigma_1(1-\sigma_1)}{N_2(1-\sigma_1\sigma_2)} \\ -\dfrac{N_2 r_2 \sigma_2(1-\sigma_2)}{N_1(1-\sigma_1\sigma_2)} & \dfrac{r_2(\sigma_2-1)}{1-\sigma_1\sigma_2} \end{bmatrix}$$

$$p = f_x + g_y = \frac{r_1(\sigma_1-1) + r_2(\sigma_2-1)}{1-\sigma_1\sigma_2}$$

$$q = \det A = f_x g_y - g_x f_y = \frac{r_1 r_2(\sigma_1-1)(\sigma_2-1)}{1-\sigma_1\sigma_2}$$

在条件 $\{0<\sigma_1,\ \sigma_2<1\}$ 的情况下，$p<0$，$q>0$，故 o_1 是稳定平衡点。根据微分方程定性理论，在 $\sigma_1<1$ 且 $\sigma_2<1$ 时，若轨线从 S_1 出发，由于 $x(t)$、$y(t)$ 都递增，故必进入 S_2、S_3 或直接趋向于点 o_1；若轨线从 S_2 出发，$x(t)$ 递增 $y(t)$ 递减，故必趋于平衡点 o_1；若轨线从 S_3 出发，$x(t)$ 递减 $y(t)$ 递增，亦必趋于平衡点 o_1；若轨线从 S_4 出发，$x(t)$、$y(t)$ 都递减，故进入 S_2、S_3 或直接趋向于点 o_1。显然，当 $t\to +\infty$ 时，$x(t)$、$y(t)$ 最终必趋于平衡点 o_1 有 $x(t)\to\dfrac{N_1(1-\sigma_1)}{1-\sigma_1\sigma_2}$，$y(t)\to\dfrac{N_2(1-\sigma_2)}{1-\sigma_1\sigma_2}$ 成立。

技术竞争模型的平衡点 o_1 表明处于竞争地位的技术，由于市场的作用双方都不会满足于现状，它们将利用各种手段充分发挥自身的优势以争取更大的市场份额。但由于自身都不具备绝对的优势，X 技术很难打入 Y 技术市场，Y 技术打入 X 技术市场也不容易。为了避免恶性竞争，它们在相互阻滞的过程中会不断开拓新市场，形成稳定共存的局面。只有当其中一方在竞争中不断完善并具有绝对优势时，才会把对方完全挤出市场。如果 $\sigma_1=\sigma_2$，即双方在争夺市场时相互之间的阻滞作用相等，则最终所占据的市场空间大小取决于各自的技术市场容量。

定理 2 假设 $\{\sigma_1<1$ 且 $\sigma_2>1\}$，则从两个坐标全大于零的任意初

始点出发的解 $x(t)$，$y(t)$，当 $t \to +\infty$ 时，$x(t) \to N_1$，$y(t) \to 0$；假设 $\{\sigma_1 > 1$ 且 $\sigma_2 < 1\}$，则从两个坐标全大于零的任意初始点出发的解 $x(t)$，$y(t)$，当 $t \to +\infty$ 时，$x(t) \to 0$，$y(t) \to N_2$。

证明过程同定理 1。

稳定平衡点 $o_2(N_1, 0)$，$o_3(0, N_2)$ 表示处于竞争状态的双方，如果其中一方对另一方技术扩散的负面影响力较大，就说明其更具竞争力，它最终会占据整个市场，而另一方则被淘汰出局。对此问题的研究有利于促进创新技术在竞争中得以不断发展和完善，并最终实现技术创新的优胜劣汰。

（三）农业技术互补扩散模型

技术互补关系是指技术之间没有利益冲突，且扩散过程相互促进，就是技术互补的。如具有配套性质技术的情况。仿式（3.47）的建立有如下方程：下式 σ_1，σ_2 的前面为正号表明两种技术的作用是相互促进的。

$$\frac{dx}{dt} = r_1 x(t) \left[1 - \frac{x(t)}{N_1} + \sigma_1 \frac{y(t)}{N_2} \right] \tag{3.49a}$$

$$\frac{dy}{dt} = r_2 y(t) \left[1 + \sigma_2 \frac{x(t)}{N_1} - \frac{y(t)}{N_2} \right] \tag{3.49b}$$

讨论系统的平衡点 $o_1 \left(\dfrac{N_1(1 + \sigma_1)}{1 - \sigma_1 \sigma_2}, \dfrac{N_2(1 + \sigma_2)}{1 - \sigma_1 \sigma_2} \right)$，$o_2(N_1, 0)$，$o_3(0, N_2)$。点 o_1 的稳定条件为：$\{0 < \sigma_1$，$\sigma_2 < 1\}$。o_2、o_3 是非稳定平衡点表示如果技术为互补关系，则最终不可能一方被另一方完全取代。对于平衡点 o_1。相图见图 3-4，有如下定理成立。

定理 3 假设 $\{0 < \sigma_1$，$\sigma_2 < 1\}$，从两个坐标全大于零的任意初始点出发的解 $x(t)$，$y(t)$，当 $t \to +\infty$ 时，$x(t) \to \dfrac{N_1(1 + \sigma_1)}{1 - \sigma_1 \sigma_2}$，$y(t) \to \dfrac{N_2(1 + \sigma_2)}{1 - \sigma_1 \sigma_2}$。

证明过程同定理 1。

技术互补模型表明其扩散程度相互促进。处于互补关系的技术彼此依赖，对方市场的扩大有助于自身市场份额的提高，双方除了拥有共同的市场外，又会分别开拓其他新市场，并在相互渗透扩散的过程中最终形成稳定格局，使双方的资源都得以充分利用、发展更具潜力。如果此时 $\sigma_1 = \sigma_2$，即双方的影响力相同时，则双方最终所占据的市场空间的大小取决于各自的技术市场容量。对此问题的研究有利于避免创新技术由于过度竞争而造成的技术资源浪费，促进创新技术为了生存和发展，取长补短，最大限度地和最优化地配置资源，开拓市场、增强自身发展潜力的同时实现共同完善。

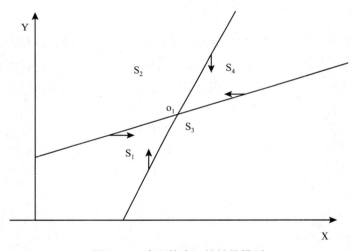

图 3 – 4　农业技术互补扩散模型

（四）农业技术替代扩散模型

技术替代型关系是指某"新"技术对另一"旧"技术的可替代性，"新"技术的扩散将缩小"旧"技术的市场空间。令 X 表示"新"技术，Y 表示"旧"技术。σ_1 代表"新"技术对"旧"技术的替代效应，σ_1 前面的正号，表明对使用"旧"技术的用户来说，"新"技术具有更大的吸引力；σ_2 前面的负号，表示"新"技术对旧技术的冲击系数。

$$\frac{dx}{dt} = r_1 x(t) \left[1 - \frac{x(t)}{N_1} + \sigma_1 \frac{y(t)}{N_2} \right] \tag{3.50a}$$

$$\frac{dy}{dt} = r_2 y(t) \left[1 - \sigma_2 \frac{x(t)}{N_1} - \frac{y(t)}{N_2} \right] \tag{3.50b}$$

仅讨论系统的平衡点 $o_1 \left(\frac{N_1(1+\sigma_1)}{1+\sigma_1\sigma_2}, \frac{N_2(1-\sigma_2)}{1+\sigma_1\sigma_2} \right)$、$o_2(N_1, 0)$、$o_3$ $(0, N_2)$，其中 o_1，o_2 为稳定平衡点，它们的稳定条件分别为：$\{0 < \sigma_2 < 1\}$、$\{\sigma_2 > 1\}$。首先讨论平衡点 o_2，稳定条件为 $\{\sigma_2 > 1\}$，相图见图3-5，有如下定理成立。

定理4　假设 $\{\sigma_2 > 1\}$，从两个坐标全大于零的任意初始点出发的解 $x(t)$，$y(t)$，当 $t \to +\infty$ 时，$x(t) \to N_1$，$y(t) \to 0$。

证明过程同定理1。

平衡点 o_2 表明技术之间有替代关系时，尽管在初期阶段，旧技术独占市场（如 A 点），但是随着时间的推移，如果"新"技术具有绝对的竞争优势，能更好地适应市场的变化，会对"旧"技术市场造成很大的冲击，并将最终完全取代"旧"技术、饱和地独占整个市场。

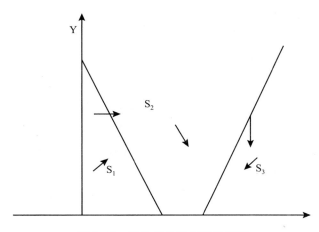

图3-5　农业技术替代扩散模型

定理5　假设 $\{0 < \sigma_2 < 1\}$，从两个坐标全大于零的任意初始点出

发的解 $x(t)$，$y(t)$，当 $t \to +\infty$ 时，$x(t) \to \dfrac{N_1(1+\sigma_1)}{1+\sigma_1\sigma_2}$，$y(t) \to$

$\dfrac{N_2(1-\sigma_2)}{1+\sigma_1\sigma_2}$。

证明过程同定理 1。

点 o_1 的稳定条件为：$\{0 < \sigma_2 < 1\}$，表示"新"技术与"旧"技术相比优势并不明显，可能仅是某些方面有所进步，或者尽管技术先进，但是生产成本非常高，价格昂贵，那么，充分占领"旧"技术市场有可能产生进入壁垒，所以进入现有市场时必须谨慎行事。在一定的条件下，它并不能完全地取代"旧"技术，而是与"旧"技术共存，达到某种稳定状态。只有当"新"技术不断完善，并具有绝对优势时，才能彻底取代"旧"技术。在平衡点 o_1，当 $N_1 = N_2$，由于"新"技术具有某种优势，因而有相对较大的市场需求，最终"新"技术所占的市场份额将大于"旧"技术的市场份额。对此问题的研究有利于促进"新"技术的开发及对"旧"技术的淘汰，对创新技术的更新换代具有重要意义。o_3 是非稳定状态，说明"旧"技术取代"新"技术的情况与实际不相符合。

二、结论与建议

技术创新的扩散程度与环境之间有着重要的联系。同在一个社会系统中共存的技术，当处于竞争状态时，双方相互抵制，此时谁的竞争力强，谁就会最终赢得市场，实现技术市场的优胜劣汰；当处于互补状态时，双方相互促进，两种技术取长补短、共同完善。无论双方是处于竞争还是互补状态，在一定的条件约束下，双方将共同瓜分市场，形成稳定的市场格局。由于有：

$$\frac{N_1(1+\sigma_1)}{1+\sigma_1\sigma_2} - \frac{N_1(1-\sigma_1)}{1+\sigma_1\sigma_2} > 0 \qquad \frac{N_2(1+\sigma_2)}{1+\sigma_1\sigma_2} - \frac{N_2(1-\sigma_2)}{1+\sigma_1\sigma_2} > 0$$

这说明，若技术之间相互促进，则双方可以长期共存，而且各自所占据的市场份额会远高于它们互相阻碍的情形。为了避免"你死我活"的恶性竞争所带来的创新技术资源的浪费，双方应和平共处，并以最大限度和最优的资源配置去开拓新的技术市场，并对创新技术不断进行完善。

另外，如果"新"技术具有绝对的竞争优势、能更好地满足市场需求，则随着时间的推移，必将"旧"技术完全淘汰出局，而扩散到整个市场。技术创新的微分扩散模型能有效地揭示出技术的优胜劣汰及更新换代的动态进化过程。本书的内容可推广到多种生产技术存在的情况，研究方法与此相仿，当然复杂多了。

另外，由于农业技术的特殊性，为了加快农业的技术扩散，要建立以政府推动与市场诱导相结合的科技推广运行机制；要实现农业综合开发科技推广示范项目与农业产业化经营的结合；还要培育农民合作的经济组织增加农民接受农业科技知识的机会和获得信息的渠道。

民以食为天，粮食问题是关系到国计民生的大问题，是国家发展和社会稳定的基础。随着中国的工业化、市场化、城市化的快速发展，将不可避免地出现耕地面积减少、生产规模下降、水资源短缺等生态环境恶化的局面；而且，由于经济的发展，城乡居民膳食结构也将逐步得到改善，这必将加大对粮食的需求量。另外，由于我国粮食价格已不具备比较优势，因此欲使我国的农业资源得以合理配置，实现粮食总量的动态平衡，应使我国粮食市场与国际市场接轨，按照比较优势的原则，充分利用国际资本和资源，发展本国经济；并以人力资源优势参与国际合作与分工，避免土地和资本两项要素因过度强调粮食自给而机会成本大幅度提高，进而影响农民收入的增长和农业的可持续发展。

目前我国粮食播种面积大幅度调减、越来越多的农业劳动力从粮食生产中转移出来，为保障粮食生产的稳定、平抑粮食单产的波动对维持我国长期粮食安全非常重要。在WTO的"绿箱政策"下，继续以传统农业保护政策维持农业发展已经不能赶上世界农业经济发展的脚步，农业保险是WTO"绿箱政策"认可的农业保护政策，因此，开展农业保险是保障农业可持续发展的一项重要手段。农业保险作为财产损失保险的重要组成部分，通过保险形式将农业生产经营者分散的资金集中起来。当农业生产遭受自然灾害风险或是技术风险等损失时运用农业保险基金给予补偿。这种分散农业风险的方法比灾后救济更加有效。但是农业保险具有高风险、高费率、较强的正外部性以及承保对象是收入较低的农民等特点，因此，大多数国家将农业保险视为维护农业发展的工具或是扶持政策。借鉴研究其他国家农业保险实施经验建立我国农业保险管理体系，可以有效地稳定粮食单产波动，增强农户粮食生产的积极性，最终保障我国粮食安全。

本章根据农业系统的运行规律，建立了基于分布参数的中国粮食供给动态模型，描述了自生产及进口的动态变化，在此基础上讨论了模型在生产、进口、市场需求预测方面的应用，分析了在使社会总体福利损失最小的情况下的市场宏观调控问题，可为政府及有关单位提供科学的决策参考依据。

从经济学的角度来看，市场价格主要是由供求状况来决定的，但由于农业生产的特殊性（受自然规律的制约且生产周期长）及我国农产品市场的缺陷，政府对农产品市场价格进行监管与干预是必要的，但政府的干预并不意味着用政府定价取代市场定价，相反，政府干预市场的目的是为了弥补农产品市场定价机制的缺陷，矫正市场机制的定价行为，并使之更好地发挥应有的作用，目前关键在于寻找合适的方法来增强流通领域的竞争性，提高农产品流通体系的运行效率，从而使农业生产者、消费者及营销部门都得到合理的价格，也就是通过增强农产品市场价格的调控能力使社会资源得到合理配置。本书利用分布参数理论以农户价格的确定性变化率 h_2 和零售价格的确定性变化率 I_2 作为控制变量，所得出的结果对于对政府、生产者、营销企业及消费者制定决策具有重要指导及借鉴意义。

以上模型参数的设定可以通过统计数据拟合出下列函数：h_1，h_2，σ，I_1，I_2，ω，$v(x, y, t)$，$u(x', y', t)$，$\psi(t)$；利用式（3.42）通过调整农户价格的确定性变化率 h_2 和零售价格的确定性变化率 I_2，使目标泛函最大化；利用式（3.38）、式（3.39）对生产量、消费量进行预测；再通过式（3.44）、式（3.45）对平均收购价格及平均零售价格进行预测。

我国在政府的引导运作下开展农业保险以来，农业保险试点工作按照自主自愿和协同推荐的原则开展。农业保险已经取得了较大成绩，我国保费规模已经跃居全球第二，同时农业保险开展区域也已经由试点省份扩展到全国所有的省市自治区，并且不断开展适应农户需求的险种，农业保险险种基本覆盖农林牧渔各方面。

近几年针对农产品目标价格设置的保险险种逐渐兴起。农产品目标价格保险是一种针对价格风险的农业保险产品，是对农业生产经营者因市场价格大幅波动、农产品价格低于目标价格或价格指数造成的损失给予经济赔偿的一种制度安排。农产品目标价格保险与农产品价格指数保险的定义和内涵十分相似，从保险投入适用的实际情况看，农业保险目标价格保险就是农产品价格指数保险。但是农产品目标价格保险与我国之前实施的传统的农业保险存在较大差别。第一，承保对象不同，农产品目标价格的承保对象是农产品市场风险，而传统农业保险承保的是农作物遭受的自然灾害风险；第二，赔偿根据不同，农产品目标价格保险的赔偿根据是目标价格，即合同约定中的农产品价格，这种赔偿根据更客观、更易衡量、更公开；而传统农业保险的赔偿根据是农业受灾程度，受灾程度较难度量，易产生逆向选择和道德风险问题，而且传统农业保险在测量受灾程度方面需要耗费大量人力成本、工作效率低、理赔处理时间较长。

农产品目标价格保险保障了农产品在流通过程中的市场风险与价格风险，传统的农业保险保障的是农业生产过程中的自然灾害情况。在保险理论中，可保风险的要求包括损失程度较高、损失发生的概率较小、损失具有确定的概率分布、存在独立且同分布的大量同质风险标的、损失的发生必须是意外的以及损失是可以确定和测量的。但是在实际应用中，保险理论中的可保要求是不容易实现的，这是农业保险在实际实施时容易遇到的困境，当无法满足保险原理的前提条件时，会导致无法满足保险的运算法则。但是随着我国经济水平的提高，科研的发展与创新技术的进步，传统保险的保风险状况正在遭受实践的冲击，很多以前不可保的风险已经逐渐转化为可保风险。这个实现过程主要是通过采取进一步分散风险的方法，将赔付风险控制在承包方可以接受的范围之内。分散风险的方法有以下几种：

（1）在标的间分散风险。在开展保险时同时开展多种农产品的目标价格保险。在多市场情况下，开展多种目标价格保险更容易实施，但是即使是在同一个市场内，也可以通过不同农产品的价格，开展不同的目标价格保险。这种在标的间分散风险的做法可以满足风险大量原则。

（2）在时间上分散风险。根据国外成熟的目标价格保险成功的例子可以看出，国外在制定目标价格保险时会在农产品生产的不同时期制定不同的目标价格保险，这种情况给农户提供了更多的选择空间，而且不同时期的保险可以使保险公司在承包过程中通过不同时期的价格波动来分散风险，投保人也可以根据农产品生产周期的不同来分散风险。这种做法成功的例子是美国与加拿大的生猪价格保险。但是生猪养殖和农作物生产存在一定的区别，生猪养殖有固定的生产周期，目标价格保险可以根据生产周期制定保险合约，但是农作物生产的生产周期较多样化，而且受地域、气候等因素的影响较大，农产品还存在着保鲜等问题，因此在实际应用中对农产品进行目标价格保险还需要更多的时间进行实践。

（3）制定低保额降低风险。保险公司可以根据实践情况制定低保额来控制保险赔付金额的上限，这样即使在保险当年发生大规模自然灾害并且需要同时赔偿的情况下，保险公司也不会面临太大的赔付压力。这种制定低保额的方式并没有改变保险的赔付率水平，只是在特殊情况下控制了赔付金额的规模。但是这种保险低保额的限制会使农户遭受巨灾时无法收到与损失相当的赔付额度，因此会影响农户参与农业保险的积极性。

（4）设置不同的保障水平分散风险。与通过时间或空间分散风险类似，保险公司还可以通过设置不同等级的保障水平来分散风险。这种不同级别的保障水平给予农户更多的选择空间，农户可以根据所生产农产品的实际情况选择农业保险的保障等级，但是这种风险是在农户间分散的，如果遇到了影响程度较广的大灾情况，这种按照不同等级设置保障水平的农业保险分散风险的方式就会失效，保险公司仍然会面临大额度的保险赔付。

（5）制定保护性约定分散大灾风险。如上述第四点所述，如果遇到大范围的大灾风险，在时间上或是保障水平上分散风险的方法所能起到的效果较小，在这种情况下可以事先在保险产品条款中添加适当保护性约定，以防范巨灾风险。但是这种方法对农户的保障程度相应降低。农户在遭受大灾风险时最需要保险公司提供相应补偿，但是由于保护性约定的存在，对农户的保障水平相应降低，农业保险的保障机制不能在大灾风险时发挥作用，这会使农户遭受较大损失，影响农户投保的积极性。

根据以上五点分散风险的方法可以看出，农产品目标价格保险具有较好的理论基础，并且国外的农产品目标价格保险的开展较为快速。但是我国在开展农产品目标价格保险时应当注意：以畜牧产品为保险对象的目标价格保险，在理论上是可行的，但是在设置保险条款时要考虑逆向选择问题，而且畜牧产品在时间上的变化较为明确，因此保险公司可以采取时间上分散风险；以粮食等大面积种植的农产品为保险对象的目标价格保险，需要注意这些作物种植地域性较广，作物的同质性较高，如果出现大灾风险，保险公司将面临较高的赔付金额，因此，在制定粮食等作物的目标价格保险时需要考虑保险条款的设置；以蔬菜产品为目标价格保险的保险对象的情况在山东省已经开始探索，这种目标价格保险的可操作性较高，蔬菜的价格及相关情况较易掌握，并且蔬菜的生长周期较短、种植区域较分散、遭受大灾风险的可能性较低，因此蔬菜目标价格保险较易开展。

第四章

农业保险制度变迁及模式研究

我国是农业大国，农业风险大，成本较高、技术落后、管理水平有限，所以解决"三农"问题的关键就在于农业社会保障问题，农业保险作为一种政策性工具，对农户而言是转移风险的工具，对政府而言是保护和发展农业的一个手段，因而全面推广农业保险意义重大。中国保监会已经明确将农业保险与责任保险、养老保险和健康保险并列为未来重点发展的四大领域。学术界已经有很多关于农业保险的研究成果。目前农业保险已经越来越得到政府及学术界的重视。

组织和经营模式是农业保险的有机组成部分。有关于农业保险的研究已经将近有 20 余年的时间，在这个过程中各农业保险主体都在试图研究实施符合中国国情的经营模式。但是对于我国农业保险制度应当如何发展，选择何种制度模式并没有一个统一的答案。农业保险不仅是一种政策，同时它也是一种制度创新。要选择何种制度模式和运营机制是关系我国农业能否健康稳定发展的重要问题。

第一节 中国农业保险制度变迁及国外经验借鉴

中国近代以来农业保险已有 80 年的发展历史，20 世纪 30 年代中国开始试验、经营农业保险，50 年代的农业保险试办，为后来农业保险的发展提供了重要的思路，80年代我国农业保险制度恢复，并且在多地进行试点经营，对经营模式进行探索。自2004年《关于促进农民增加收入若干政策的意见》明确提出"加快建设农业保险制度，选择部分产品和部分地区率先试点，有条件的地方可对参加农业保险的农户给予一定的保费补贴"开始，连续13年中央一号文件重点关注农业保险的发展。本书在总结和分析我国农业保险发展历史的基础之上，运用新制度经济学的制度变迁理论对我国农业保险组织制度、经营模式的发展演进进行评析。

一、中国农业保险的制度变迁

（一）20世纪30~40年代农业保险发展概况

我国是农业大国，农业生产主要以传统农业为主，农业是我国经济发展中的重要产业，尤其在20世纪30~40年代，农业更是我国的立国之本。20世纪30年代初期，上海银行与金陵大学农学院、农业试验所在安徽省和县农业实验区试办耕牛互助保险。这项保险是配合农业贷款推行的，由农民组织成立耕牛保险协会，以互助合作方式自保。但是由于这项保险中农户负担不起过高的保费，使得投保的耕牛数量太少，基金积累不足，缺乏赔偿能力，导致这项农业保险仅持续一年半就归于失败；1944年国民政府在重庆成立中国农业特种保险股份有限公司，试办一些牲畜保险，这是中国历史上第一家官办农业保险公司。该公司主要经办农业保险，但是其经营的主要项目还是信用保险和货物运输保险，仅仅在重庆北碚小范围内试办少量牲畜保险；1945年地方政府和财政金融部门投资开办了重庆泰安保险公司，公司在四川试办役牛商业保险，试办地点主要在四川内江、自贡等地区，这是第一次由商业保险公司参与的农业保险试验。试办的负责人是我国著名的农业保险专家郭晓航教授。但是这项保险由于后来的赔付过高、亏损过大使得泰安保险公司不得不停办这项商业性的农业保险。

上述为 20 世纪 30 ~ 40 年代早期农业保险试验情况，早期农业保险持续时间较短的主要原因是由于政府对农业保险的发展和制度建设不够重视，缺乏对农业保险技术上和管理上的指导，农业保险经营的承保标的太少，主要是牲畜保险，农户参保意识淡薄，参保农户的数量较少，高赔付率等原因使得农业保险的开展最终都以失败告终。

（二） 20 世纪 50 年代 ~ 1982 年前的农业保险发展概况①②③

我国于 1949 年 10 月 20 日成立了新中国第一家保险公司，即中国人民保险公司。该公司成立之后就开始试办农业保险。1950 年中国人民保险公司在山东、北京和新疆等省、区、市试办了牲畜保险，后来又在山东、江苏和陕西等省试办了农作物保险，其中包括在产棉区试办了棉花保险，个别地区试办水稻和油菜保险；1952 年在全国除西藏外开展了牲畜保险，承保牲畜 1 400 万头，1950 ~ 1952 年共收到保险费 4 800 亿元，赔付金额为 1 800 亿元，这对农业生产的恢复和发展起到了积极的作用。但是在中国人民保险公司开展牲畜保险的过程中，由于业务发展过于迅猛，基层业务混乱，未完成任务指标，采取强制手段推行农业保险，再加上农户经济能力较差，使得农户产生抵触情绪，农业保险并没有取得预期的效果；1953 年中国人民保险公司遵照中央的指示对农业保险进行了收缩和整顿；1954 年为了配合农业合作化进程，中国人民保险公司决定重新恢复办理农业保险业务，在总结之前试点的经验教训的基础上，对农业保险的制度及开展模式进行了改革，农业保险事业得到较迅速的发展；1956 年在第五次全国保险工作会议上提出，今后农业保险工作的任务是"适应农业合作化的需要，把工作重点放在专项农村保险上"，明确农业保险的职责范围等事项，使得农业保险在短短几年中顺利开展，1958 年由于政社合一的人民公社制度的建立，

---

① 《中国保险年鉴》整理。
② 谢家智：《中国农业保险发展研究》，科学出版社 2009 年版。
③ 龙文军：《谁来拯救农业保险》，中国农业出版社 2004 年版。

认为农业保险工作的作用已经消失，农业保险连同其他保险业务被迫停办，这次停办直至 1981 年农业保险在长达 24 年间都进入了停滞期。

这一时期农业保险的试办突出了农业保险高风险、高损失率和高费用的特点，农业保险的开展需要在全国范围内实施，以大范围保费的集中来分担灾害的损失。在人民公社时期农业保险的停办使得这一期间农业保险基本处于停滞的状态，农业风险有集体承担，出现自然灾害后有国家救济的方式对农户进行补偿。

（三）1982～2003 年农业保险发展概况

1982～2003 年我国农业保险的发展经历了恢复发展和商业体制下农业保险逐步萎缩的过程，其中 1982～1992 年是我国农业保险的恢复阶段，1993～2003 年是商业体制下农业保险的萎缩阶段。

中国人民保险公司于 1982 年开始恢复试办各种农业保险业务，并逐步试办了粮、棉、油、菜、烟及牲畜等在内的 100 多个险种，试办地点包括全国 29 个省、自治区、直辖市，农险险种不断增加，服务领域不断扩大。农业保险保费收入不断攀升，1982 年农业保险保费收入只有 23 万元，到 1990 年农业保险保费收入达到 1.9 亿元。而且在 1991年中共中央十三届八中全会上又做出了对积极发展农业保险事业，扩大农业保险险种范围，鼓励农民和集体投保的指示，农业保险的发展又更进一步，1992 年全国农业保险收入高达 8.17 亿元，这是保险公司历史上农业保险保费收入最高的一年，占当时的财产保费收入的 2.44%，年均增长速度是全国保险业务平均增长速度的 2 倍。农业保险成为全国保险业务中增长速度最快的保险险种。如下图可以看出，农业保险保费收入自 1982 年起逐年上升，在 1990 年后上升速度加快，在 1991 年和1992 年间农业保险保费收入呈现直线上升趋势，[1][2] 如图 4－1 所示。

---

① 《中国统计年鉴》、《中国保险年鉴》整理。
② 姜岩、褚保金:《财政补贴下的农业保险制度研究》，中国农业出版社 2012 年版。

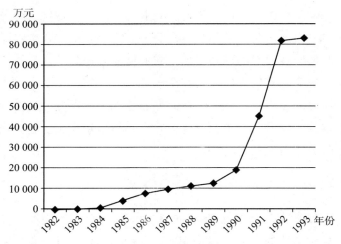

图 4 – 1   1982 ～ 1993 年我国农业保险保费收入情况

自 1993 年起，农业保险的保费收入处于波动中，农业保险的增长速度不断下滑，并逐步趋于萎缩，这与 1982 ～ 1992 年十年间农业保险飞速发展阶段形成了鲜明的对比。1993 年是我国农业保险发展的一个重要的节点。1996 年原中国人民保险公司组建为中国人民保险（集团）公司，农业保险由其中的中保财产保险公司经营。中保财产保险公司在经营保险时兼顾商业保险利益，采用积极稳妥地发展农业保险的方针，停办了农业保险中长期亏损的险种，农业保险逐渐做到了收支平衡，但是农业保险的业务规模逐年下降。1992 年农业保险保费收入为 81 690 万元，农业保险保费占全国财产保险保费收入的 2.44%，1993 年农业保险保费收入为 82 990 万元，农业保险保费收入仍然占全国财产保费收入的 3.58%，但是到 2003 年农业保险保费收入下降到 43 200 万元，这一保费收入仅占全国保费收入的 0.081%。在农业保险保费收入不断下降的同时，农业保险的赔付率却逐渐上升，2003 年农业保险的赔付率高达 92%，在商业保险管理体制下农业保险业务的盈亏平衡点为69%，2003 年农业保险的赔付率已经远远高于农业保险业务的盈亏平衡点，在没有政府宏观调控和财政支持下，单纯依靠商业保险的农业保险业务逐渐萎缩，保险险种也在逐渐减少，这更不能满足农户的保险需求，因此在这段时间农业保险业务的开展举步维艰。

通过下图比较 1982～2003 年农业保险保费收入情况与赔付额的变化及赔付率的变化（如图 4－2、4－3 所示）。

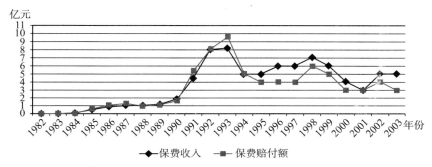

图 4－2　1982～2003 年我国农业保险保费收入与保费赔付额

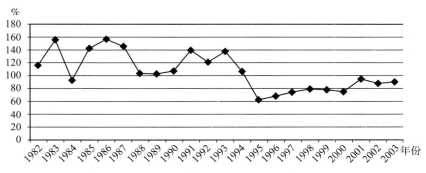

图 4－3　1982～2003 年我国农业保险赔付率变化

通过以上两个图可以看出，我国农业保险的运营中，保险的赔付率相当高，这已经超过保险公司可承担的赔付额度，因此我国农业保险在经营过程中基本处于亏损状态，而且是由商业保险公司进行承保经营，商业保险公司面临着巨大的亏损，使得农业保险的开展遇到了瓶颈。在这一阶段的农业保险发展中，农业保险的发展历程是非常曲折的，通过上两图也可以发现，农业保险的保费收入、赔付额及赔付比率的变化曲线波动较大，主要是因为这期间农业保险单纯由商业保险公司承担，保险公司自负盈亏，为保障经营的可持续性，不得不减少保险中风险性较高、亏损较大的险种，同时提高农业保险保费以保证农业保险能够持续经营。但是过高的保险费率与农户的实际购买能力存在着矛盾，农户在现有经济水平下，没有足够的经济实力购买高保费率的农业保险，使得农业保险经营范围逐渐缩小，农业保险公司集中的保险费不能分散农业产业出现自然灾害时的高风险，保险公司仍然会面临大额亏损。在这种恶性循环下，农业保险的发展举步维艰、停滞不前，处于日益萎缩的困境局面。在这种情况下，借鉴国外农业保险发展的成功经验，需要政府对农业保险进行宏观调控及财政支持，使得农业保险能够继续经营。

（四）2004 年至今农业保险试点发展概况

2003 年中共十六大以后，国家明确提出高度重视农业保险制度的建立。2004 年《关于促进农民增加收入若干政策的意见》提出："加快建立农业保险制度，选择部分产品和部分地区率先试点，有条件的地方可对参加种养业保险的农户给予一定的保费补贴。"我国农业保险的发展进入新的阶段，在这一阶段中，中央加大对农业保险的宏观调控和财政支持。2004 年中国保监会在黑龙江、吉林、上海、新疆、内蒙古、湖南、安徽、四川、浙江九省正式启动农业保险试点工作。2008 年的中央"一号文件"中重点提出了建立农业巨灾体系和再保险分摊体系，并将农业保险试点推广到 18 个省市地区。2009 年《关于促进农业稳定发展农民持续增收的若干意见》对大力发展农业保险再次提出明确要求，无论是对农业保险发展政策，还是对农业保险的支持力度都较 2008 年有进一步的提升和突破。2004 年之后连续 13 年中央一号文件高度关注农业保险开展状况，文件继续提出了对农业保险发展的政策支持，这些政策支持对推动农业保险顺利进行起到了重要的作用。

2004 年中国保监会在上海设立了安信农业保险公司、在吉林设立了安华农业保险公司、在黑龙江设立了阳光农业相互保险公司，这三家保险公司是不同经营模式的专业性农业保险公司，而在江苏、四川、辽宁及新疆等省市自治区开展了保险公司与政府联办、为政府代办及保险公司自营等多种形式的农业保险试点项目。2005 年，宁夏、内蒙古、湖北、云南、北京、四川、安徽等省市自治区的部分地市相继开展和深化农业保险试点工作。在此期间农业保险险种也多样化起来，由水稻、小麦、玉米、棉花、大豆等农作物扩大到多种牲畜和经济作物。

根据图 4 - 4 可以看出，我国农业保险从 2004~2014 年经营状况逐渐改善，2004 年、2005 年及 2006 年三年农业保险增速还比较缓慢，但是在 2007 年农业保险出现了较快的上升趋势，农业保险保费从 2004 年仅有的 4 亿元，增长到 2007 年的 52.8 亿元，农业保险保费收入增长了近 13 倍。之后农业保险发展更取得了长足进步，2008 年农业保险收入为 110.7 亿元，2009 年为 133.79 亿元，2010 年为 135.68 亿元，2011 年为 174 亿元，2012 年为 240.6 亿元，2013 年为 306.6 亿元，2014 年为 325.8 亿元。从 2004 年的 4 亿元到 2014 年的 325.8 亿元，农业保险保费收入增速为 81.45 倍。农业保险赔付支出也有所提高，2004 年农业保险赔付金额为 3 亿元，直至 2014 年农业保险赔付金额为 205.8 亿元，增速为 68.6 倍。保险保费收入的增速高于赔付支出的增速，且农业保险赔付率在逐渐减少中趋于稳定，每年能控制在 75% 以下，这属于保险公司可接受的保险赔付比率。

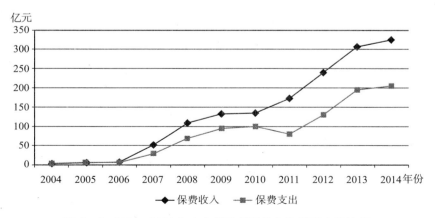

图 4 - 4　2004~2014 年农业保险保费收入和保费支出情况

自 2004 年我国农业保险趋于更规范化发展，中央和地方政府逐渐重视农业保险的发展，通过宏观政策及财政政策可以在农业保险的发展中起到积极作用。各级政府通过财政补贴、减免税负等方式鼓励保险公司开办农业保险，激励农户积极参与农业保险，使得农业保险的开展广度、深度以及农户参与率都有了较大的提升。政府的高度重视及财政补贴保障了农业保险的开展，也扭转了前三个阶段中农业保险萎缩的状态，使得农业保险的开展能够朝着有序并可持续的方向发展。

（五）中国农业保险的制度变迁评述

从我国农业保险发展的历程看，农业保险的发展过程就是农业保险制度变迁的过程，农业保险本身就是一种制度创新，我国农业保险现在仍然处于刚刚起步阶段，对我国农业保险的制度变迁过程进行分析评述，有利于为今后开展更适合农业发展、农村经济提升的农业保险制度奠定坚实的基础。我国属于农业风险高发的国家，由于我国地域辽阔，农业种植方式及种植种类都存在较大的差异，因此，我国的农业风险对农业生产的影响更加复杂。农业保险是保障农村经济发展的重要政策，我国农业保险市场仍然处于一个有很大发展空间的位置，因此需要根据我国具体国情，因地制宜的构建农业保险制度，采取多样化农业保险发展方式，扩发农业保险规模，加深农业保险深度，并在此基础上获得规模经济效益。根据之前农业保险的制度变迁概述，总结以下农业保险制度深化的要点，主要有：

第一，农业保险法律制度的建立和完善。国外农业保险的经营经验表明农业保险发展需要有坚实的法律制度作为保障，但是通过以上我国农业保险发展状况的概述可以发现，我国农业保险的相关法律制度一直较为缺乏。在最初的农业保险经营过程中，农业保险一直由商业性保险公司办理，在没有相关农业保险法律法规的情况下，商业保险公司遵照《保险法》中的条款来办理农业保险，但是农业保险有与商业保险较大的区别，即农业保险具有较强的正外部性，这使得农业保险在开展中需要政府的宏观调控和大力支持。但是政府应当按照什么标准、在什么状况下在农业保险开展过程中对其进行调控和支持，这些问题在《保险法》中没有条文规定，更没有其他法律法规对其进行说明，使得政府在开展农业保险扶持及补贴过程中没有法律制度可以依靠。这种法律法规制度的缺失是制约我国农业保险发展的主要因素。因此为保障农业保险的可持续发展，就应出台相应的法律法规来规范农业保险的经营活动。在2012年，我国出台我国历史上第一部农业保险法规——《农业保险条例》，这一法规明确了中央财政和地方财政在农业保险保费补贴上的权利和责任，规定了保险机构经营农业保险业务的经营规则及其违规的法律责任，明确了政府引导、市场运作、自主自愿和协同推进的原则。《农业保险条例》首次将我国农业保险的发展纳入到法制化进程，这在我国农业保险发展史上具有重大意义，也为今后农业保险持续健康发展提供了法律保障。但是，《农业保险条例》的规定过于宽泛化，对于农业保险开展的细节及农户参与农业保险的相关事项的规定并不十分完善，因此在今后的农业保险开展过程中，还需要根据实际情况逐步完善农业保险法律法规，为农业保险顺利发展提供保障。

第二，农业保险保费收入提高。从2004年《关于促进农业稳定发展农民持续增收的若干意见》高度重视农业保险开始，我国农业保险逐渐发展，摆脱之前的萎缩状态，农业保险的保费收入由2004年的4亿元，增长到2007年的52.8亿元，再到2014年的325.8亿元，农业保险保费收入增速为81.45倍的跳跃式增长。保费收入增长是衡量农业保险发展水平的重要指标，我国农业保险保费增长不断提高，尤其在2007年之后，保费收入迅猛发展，年均增长率超过30%，我国农业保险规模已经一跃成为世界第二，保费收入仅次于美国。

虽然我国农业保险保费收入在逐步提高，但是相对于总保险业务的增速而言，农业保险保费收入的增速还是比较缓慢的，而且还出现了逐年下降的迹象。农业保险是保险中的一个险种，在财产保险这一大的环境背景下，农业保险业务的发展速度还有待提高。2004年我国保险业务总收入为4 318亿元，保险业务稳步增长，2013年保险业务员保费收入为17 222.24亿元，2014年保险业务保费收入为20 234.8亿元，同比增长17.49%。2013年农业保险保费收入为306.6亿元，2014年农业保险保费收入为325.8亿元，同比增长6.26%。农业保险的增长速度远低于保险业务的增长速度，而且农业保险业务占总保险业务的比重仅为1.61%，这表明农业保险仍然有较大的开展空间，农业保险保费的收入仍然需要持续增长，而且保险业的迅速发展并没有带动农业保险同比增长，这是我国农业保险发展过程中需要重视的问题。如图4-5可以看出保险业务及农业保险业务保费收入的差距。

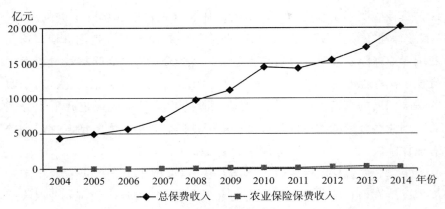

图4-5　保险业务及农业保险业务保费收入的差距

　　第三，农业保险渗透度提升。农业保险渗透度也是衡量农业保险发展水平的指标，农业保险渗透度主要包括两个方面：保险密度及保险深度。保险密度为某地保费收入与总人口数之比即人均保险费额，该项指标反映了国民投保保险的程度，反映了一国保险业的发展水平和国民经济的发展情况。保险深度为某地保费收入与当地国内生产总值之比，该项指标反映了当地经济的发展状况和保险业的经营情况。农业保险深度是农业保险保费收入比农业生产总值。由图4-6可以看出我国农业保险的保险深度在2003年之后才有了提高，但是波动一直较大，在2003~2006年又出现了下滑的情况，2007年保险深度又开始攀升，不过农业保险深度的趋势是在波动中逐渐提高的。

农业保险密度是通过农业保险保费收入除以农业人口数之比的数值，由图4-7可以看出我国农业保险的保险密度呈逐渐增加的趋势，尤其是在2004年之后农业保险密度更是呈现出一种直线攀升的态势。2004年我国农业保险密度仅为0.53元/人，但是在农业保险实施之后，农业保险参保范围和人数飞升，2014年农业保险密度高达52.65元/人。农业保险密度的发展说明农业人口持有保险数额逐渐上升，农业生产的保障性逐渐加大，对农业自然风险的抵御能力逐渐增强。

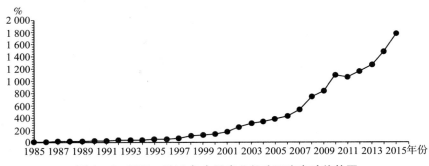

图4-6 1985~2015年全国农业保险深度变动趋势图

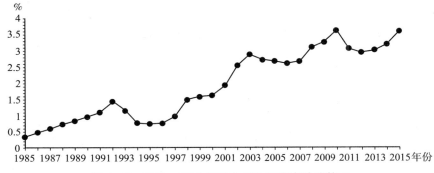

图4-7 1985~2015年农业保险密度变动趋势图

第四，农业保险保障作用增强。我国农业保险制度的不断发展，使得我国农业生产及农户生活有了保障。农业保险的覆盖面逐渐扩大保险深度逐渐加强有效改善了因农业自然风险造成的农户农业收入损失，有效改善农户农村生活状态，提高农户经济水平，使农村经济能够可持续发展。我国农业保险的赔偿金额逐年提高，农业保险赔偿金额从2004年的仅3亿元增长到了2014年的205.8亿元，2014年我国农业保险为农业风险提供风险保障供给1.66万亿元。我国农业保险费收入不断增长，对农业自然灾害损失的补偿能力不断增强，农户因灾致贫的情况得到一定程度的改善。同时农业保险在一定程度上对农户进行经济补偿，保障农户再生产的资金供应。

第五，农业保险补贴不断提高。农业保险的保费补贴是农业保险顺利开展的关键，农业保险是控制农业风险的主要手段，农户购买农业保险可以有效地抵御农业自然灾害，但是农户的收入相对较低，如果由农户全额承担农业保险对农户存在较大的经济压力。由国家财政对农业保险进行补贴可以减轻农户购买农业保险的经济压力，提高了农户购买农业保险的积极性，带动农业保险开展的广度及深度，可以有效集中农户的闲散资金，为分散农业风险提供有效的帮助。国家提供财政补贴农业保险也可以带动承保公司开展农业保险业务的积极性，农户参与农业保险的范围越大，越容易分散保险公司的承保风险。因此农业保险补贴的提高有助于促进我国农业保险的开展。

而农业保险补贴的提高主要体现在以下几个方面：补贴比例的提高、补贴规模的扩大、补贴品种的增多。[①]

一是补贴比例的提高。我国财政最初对农业保险提供的补贴比为中央财政承担25%，省（市）级地方财政承担25%的补贴比例。最初农业保险保费补贴比例的制定较为粗糙，只是简单地规定了中央及地方政府承担的保费补贴比例。随着我国农业保险逐渐步入正规化发展，农业保险保费补贴的规定也逐渐地细化，保费补贴比例不断提高且分区域分

---

① 《中国保险年鉴》31个省市自治区的统计数据，保监会网站数据整理。

行业设定了不同的补贴比例。2014年，我国提高了中央、省级财政对主要粮食作物保险的保费补贴比例。对于养殖业保险保费，育肥猪、奶牛、能繁母猪保险，地方财政保费补贴比例为30%，对中央单位保费补贴比例为80%；对于种植业保险保费，省级财政保费补贴比例至少为25%，对中国农业发展集团有限公司、新疆生产建设兵团、中储粮北方公司、中央直属垦区保费补贴比例为65%；对于森林保险保费，公益林保险保费地方财政保费补贴比例为40%，中央财政补贴比例为50%，对大兴安岭林业集团公司保费补贴比例为90%，对商品林保险省级财政保费补贴比例至少为25%，中央财政保费补贴比例为30%，对大兴安岭林业集团公司保费补贴比例为55%；对于藏区，省级财政保费补贴至少25%，中央财政保费补贴40%。中央财政对中西部地区养殖业保险补贴50%，种植业保险补贴40%；对东部地区，养殖业保险补贴40%，种植业保险补贴35%。

二是补贴规模不断扩大。2007年财政部支出10亿元预算补贴农业保险，对6省5种农产品进行保费补贴，投入11.5亿元试办能繁母猪保险，当年中央财政补贴金额实际达到21.5亿元。在其后的年份里，财政补贴规模不断增加。2007年以来农业保险补贴的规模超过498.5亿元，2013年农业保险保费收入306.7亿元，其中中央财政补贴126.88亿元，占农业保险保费收入的41.37%。2007年，农业保险试点初期，只是在四川、内蒙古、吉林、新疆、江苏和湖南这6个粮食主产区开展种植业保险保费补贴试点工作。到2012年，农业保险补贴区域已经推广至全国。

三是补贴品种不断增多。随着我国农业保险品种的增多，农业保险的补贴品种也不断增加。在中央财政保费补贴试点成立之初，给予农业保险保费补贴的品种仅仅包括大豆、棉花、玉米和小麦等。截至2014年农业保险保费补贴试点范围的扩大和工作经验的积累，马铃薯、青稞、玉米、水稻、棉花、花生、小麦、大豆、油菜等主要的粮棉油作物，奶牛、种牛、肉牛、能繁母猪、育肥猪等家畜都被纳入到养殖业和种植业的承保范围，同时森林保险、藏区品种（牦牛和藏系羊）、天然橡胶保险也被纳入到农业保险补贴范围之内。2015 年《关于加大改革创新力度加快农业现代化建设的若干意见》明确指出将主要粮食作物制种保险纳入到中央财政保费补贴目录。农业保险补贴品种由最初的 5 个种植业品种扩展到包括养殖业、林业、种植业 3 大类 16 个品种，基本上覆盖了主要大宗农产品。

通过对我国农业保险制度变迁历程的梳理和评述可以看出我国农业保险的发展经历了四个主要的阶段。在 20 世纪 30 ~ 40 年代，农业保险刚刚进行试验，农业保险的承保范围较小，保险标的非常单一，投保农户较少，高额的赔付率导致农业保险仅仅维持一年半的时间便停止经营。政府对农业保险不够重视，没有足以保障农业保险发展的制度建设，官僚资本只顾掠取保险中的高额利润，对农业保险的发展前景及发展状况并不关注，互助式的农业保险缺乏技术上和管理上的指导，农户的参保意识淡薄等原因使得农业保险无法持续经营。

20 世纪 50 年代 ~ 1982 年是我国农业保险的试办和恢复阶段，在这一阶段中国人民保险公司为农业保险的发展做出了极大的贡献。中国人民保险公司承办了牲畜保险，为我国农业保险的发展带了新的动力。这期间中国人民保险公司对农业保险进行了收缩和整顿，在农业保险的组织制度和技术方面有了新的尝试。同时也是在这一阶段人们充分认识到农业保险的开展具有高风险、高损失率及高费用的特点。农业保险想要持续经营必须要扩大经营范围，只有在全国范围内承保，才能有效分散灾害的损失。因此，农户参与农业保险的积极性是农业保险开展过程中较为重要的影响因素，在这一阶段政府采取强制农户参与农业保险的措施以保障农业保险顺利开展。在 1958 年政社合一的人民公社的建立导致农业保险的停办，停办期长达 24 年。

1982 ~ 2003 年是我国农业保险恢复发展和商业保险体制逐步萎缩阶段。这一阶段农业保险恢复试验，中央重视农业保险的发展，逐步试办理了 100 多个险种，试办范围也逐渐扩大，而且为体现政府对农业保险的支持，还给予了免征营业税的优惠政策。在这一时期，农业商业保险体制下的农业保险开始逐步萎缩，中国人民保险公司停办了一些长期亏损的险种以保障农业保险业务的收支平衡，农业保险业务规模逐年下降。这一阶段农业保险的发展历程非常曲折，但是也逐渐显现出农业保险的开展过程需要政府进行宏观调控和财政补贴。

2004年至今是我国农业保险的稳步发展阶段，这一阶段的农业保险发展主要是在总结前一阶段农业保险开展中的经验中逐步提高的。国家对农业保险更加重视，政府通过财政补贴保障农业保险的可持续发展。同时注重保险的相关法律法规的建立，提高农业保险的广度和深度。中央和地方各级政府在农业保险开展过程中的宏观调控、政策建立及财政补贴使得农户参与农业保险的积极性得以提升，农业保险能在较大范围内开展可以有效降低保险公司承办农业保险的风险，国家对承办农业保险的宝思安公司给予一定的政策支持，鼓励保险公司开展农业保险。我国农业保险自2004年起稳步发展，逐渐取得了成效，农业保险的开展逐渐进入正轨。

我国是农业大国，农村人口占总人口45%以上，因此保障农业的可持续发展可以有效保障农户及农村经济的发展。农业作为弱质性产业，自然风险较为高发，影响农业种植收入及再生产情况，农业保险是农业风险规避的主要手段，它通过"互助"的方式来分担农业风险，这种风险分担方式比灾后救济更为有效，同时也会降低国家财政压力。在一定程度上可以说农业保险是衡量一国农业经济发展的主要指标。我国农业保险的起步较晚，发展较为缓慢，直至2004年，农业保险逐渐步入正轨，取得了一些较好的成效。但是农业保险发展过程中的各项问题仍然存在，这些问题也是困扰我国农业保险向更有效更健康方向发展的主要难题，如农业保险立法问题、农业保险险种多样化状况、农业保险的适应性问题等。农业保险不仅要发展，而且要大力发展。在总结我国农业保险发展历程的基础上，借鉴国外农业保险发展成功的经验，逐步建设适应我国国情的农业保险制度体系是农业保险研究的一项重要课题。

二、国外农业保险发展的实践及其经验借鉴

农业保险是一种经济补偿和风险管理工具，它可以降低和分散农业风险。在发达国家，农业保险早已成为国家控制农业风险、保障农业有序发展的手段。政府通过宏观调控扶持农业保险的发展，农业保险是国家保护农业的一项有力措施。我国借鉴发达国家农业保险发展的经验，扶持我国农业保险的发展，农业保险从最初的试验阶段发展为现在的农业保险形式，是政府根据我国农业发展的特点逐渐建立的体系。农业保险的发展既要借鉴国外成功的经验也要适应中国农村农业的发展，因此建立并完善中国特色的农业保险体系非常重要。

（一）国外农业保险的主要做法

世界上农业保险发展历史比较悠久的国家是美国、日本等。这些国家农业保险经营较为成功。在发展中国家中，菲律宾的农业保险体系建立得较为成功。[①] 三个国家中，美国和菲律宾是以国家经营农业保险，而日本则是通过政府扶持、互助保险机构经营农业保险的。本书选取以上三个具有代表性的国家的农业保险制度进行研究，旨在寻求其农业保险经营成功的经验，为我国农业保险制度的完善提供有效的建议。

1. 美国农业保险

美国政府开展农业保险的目的是建立农村经济安全网，帮助农民解决农业生产的风险，通过农作物保险，确保农业稳定，实现农村经济的稳定，确保国家粮食安全，提高国民福利。

通过长期教育改革和发展之后，美国的农作物保险业务范围不断扩大，保障水平和农民参与率不断提高，2014 年农业保险的可参保作物已经达到 120 余种，承保面积接近 3 亿英亩，近五年来，美国农业保险

---

① 谷景志：《美国、日本、菲律宾 3 国农业巨灾保险法律制度比较》，载《世界农业》2013 年第 12 期。

的规模呈稳步增长，政府对保险费用的补贴比率基本维持在62%。赔付率因年景不同而差别较大，近五年的累计赔付率约为91%，基本维持收支平衡。美国的农业保险种类繁多，大致可以分为三个层次。第一层是基础性保险，其中巨灾保险由政府全额补贴以提供最基本的保障。第二层是政府提供部分补贴的附加性保险，与基础性保险同属美国农作物保险计划范围之内，由风险管理局审核通过的指定私营保险公司提供。第三层是一般性的商业保险，所有保险公司均有权经营，政府不予干涉也不予补贴。[1][2]

经营体制随农业保险开展的实际情况变迁，实现从"私营单轨制"、"国营单轨制"，"公私合营双轨制"、"私营＋政府扶持单轨制"的制度变迁，逐步形成了目前由美国联邦农作物保险公司（也被称为风险管理局）是负责全国农作物保险的监督管理，由商业保险公司负责农业保险的直接管理，代办保险和农业保险调查核损负责农作物保险销售、定损、理赔更完善和稳定的农业保险组织体系，在美国主要农作物保险采取以下方法：[3]

（1）国家财政扶持。目前美国政府对农作物保险的经济支持大致包括以下几个方面：①保费补贴，各险种的补贴比例不同，其中，巨灾保险补贴全部保费，巨灾保险是提供最低基本保障的一种保险，保费由政府全额补贴，农户只要按规定缴纳管理费（300美元）就可以获得，贫困农户还可申请管理费豁免。多种风险农作物保险、收入保险等保费补贴率约为40%；②业务费用补贴，向承办政府农作物保险的私营保险公司提供20%～25%业务费用补贴；③政府还承担联邦农作物保险公司的各项费用，以及农作物保险推广和教育费用。

除此之外，联邦农作物保险法律已经有明确的规定，联邦政府、州政府及地方政府免征农作物保险的所有营业税和所得税。

---

① 陈钦：《浅析美国农业保险发展模式》，载《农村经济与科技》2008年第2期。
② 段昆：《美国农业保险制度及其对我国农业保险发展的启示》，载《中国软科学》2002年第3期。
③ 杨伟鸽：《美国农业保险发展历程及运作模式》，载《世界农业》2014年第6期。

（2）农业保险法律制度的制订和完善。美国在1938～1994年先后颁布了《联邦农作物保险法》和《联邦农作物保险改革法》，通过法律法规明确规定了农业保险的开办方法、目的、性质以及经办机构等事项。这是农业保险开展的法律依据。同时根据农业保险开展的实际情况对法律制度不断地更新和完善。在1938～1999年美国先后18次修订了农业保险法。在1999年最新修订的法案《2000年农业拨款法》为农业保险法律制度构筑了完善的体系。

（3）再保险体系的建立和完善。政府为私营保险公司提供了一定比例的再保险和超额损失再保险保障，为再保险体系的建立和完善提供基础，保障农业保险再保险业务的顺利开展。

2. 菲律宾农业保险

菲律宾作为发展中国家中的一员，其农业保险也成功开展并且具有本国特色。菲律宾农业保险起源于20世纪70年代初，当时菲律宾政府实施水稻自产计划，实现大米自给。菲律宾政府于1978年开始实施农业保险计划，为农户提供贷款风险保障，调动农户的粮食生产积极性。在1981～1990年，农作物保险开展迅速，90%以上的农作物都进行了保险。这种迅速并大范围的农业保险制度的开展为农业保险建立了有效的保障体系。菲律宾的主要做法有以下几点：[1][2]

（1）颁布法律保障农业保险发展。1978年菲律宾政府制定并颁布了《农作物保险法》。在农业保险法的保障下由政府组织了农业保险公司。政府根据农业风险状况及农户情况制定了农业保险的保险费率。农业保险费由政府、银行和农户共同承担，这种做法为农户参与农业保险提供了保障，而且也减小了农户参与农业保险的经济压力。政府规定主要农作物水稻及玉米的保险费率为8%，在农户为借贷者的情况下，政府承担4.5%、银行承担1.5%、农户承担2.0%；若农户为非借贷者的

---

① 罗帅民、郭永利、王效绩、王大军：《菲律宾的农业保险》，载《中国软科学》1997年第9期。

② 罗帅民、郭永利、王效绩：《菲律宾的农业保险计划》，载《保险研究》1997年第5期。

情况下，政府承担6.0%、银行承担0、农户承担2.0%。农户在保险费率中分担的比例较小，不管是否借贷，农户只承担2%的农业保险费率，这可以提高农户参与农业保险的积极性。而将农业保险与农村信贷业务相结合，以参与农业保险作为获得农业信贷的条件可以提高农业保险的覆盖面，这样也使得政府分担的农业保险费率从6%降低到4.5%，这也降低了政府补贴的财政压力。

在这种保险模式下，农民参与农业保险不仅可以得到政府的直接补贴，还可以得到银行的支持，这就减轻了农民负担，确保了农民利益。所以，时至今日菲律宾的农业保险业务一直呈上升趋势。

（2）确定农业保险经营模式、设立专业经营机构。

菲律宾农业保险是由国家组织设立专业性农业保险公司，负责对农业保险的监管、宏观调控、发展规划和政策制订等。而且菲律宾有七成的农业人口，其作为一个典型的农业国，农业占其国民生产总值的25%，占出口总额的60%。但是菲律宾是一个自然灾害高发的国家，农业生产受自然灾害影响极大，这使得农户农业收入波动加大，如果只采用灾后救济这种方法来应对灾害风险，这对农户的经济损失的弥补太少，农户会对农业生产失去信心。因此政府在1978年制定和实施了农作物保险计划，鼓励农民投保。贷款农民强制参加，非贷款农民自愿参加农业保险。

3. 日本农业保险

1947年日本结合家畜保险和之前的农业保险建立了新的农业保险制度——农业共济。"农业共济"的特点包括：①政府提供大量补贴和承担农业保险的部分管理费用；②政府接受该计划内的全部分保业务，并分担部分保险责任作为保障农业保险稳定发展的后盾；③对大部分农作物和牲畜实行强制保险。这项农业保险制度主要具有农业灾害补偿的互助特性。这项制度覆盖范围较广，涵盖了主要农作物和牲畜。在日本经济不断发展，国家财政也不断增强时，日本更加加大了对农业保险的扶持力度。[1]

---

[1] 周建华：《日本农业保险发展概述及启示》，载《湖南农业大学学报（社会科学版）》2005年第5期。

日本农业保险制度由三级机构运营：[①] ①中央政府农业保险再保险专项财政承担最终的农业保险的风险，并且由财政对农业保险协会及其联合会提供各项补贴；②中层农业保险协会负责接受管辖区的农业保险业务，并按照政策规定向中央政府的农业保险再保险专项财政申请一定比例的再保险，以减少保险业务风险。中层农业保险协会的业务受农林水产省的指导和监督；③基层农业保险协会主要将农业保险业务向基层农户推荐，并收取农户保费、支付农业保险金、办理投保业务、在灾害发生时进行定损、开展预防灾害等业务，基层农业保险协会受到都、道、府、县级政府的指导和监督。日本农业保险协会数量非常多，几乎涵盖了日本所有的农业地区，是日本农业保险运营体系中最基础的部门。日本的农业灾害补偿制度已成为日本政府通过财政补贴稳定农户经营，进而达到支持和保护本国农业的一项重要的农业支持制度。

（二） 国内外农业保险的比较分析

由于各国政策环境、经济基础、农业生产的特殊性及市场环境的不同，农业保险实施的方法和策略也各有不同。[②] 美国、菲律宾、日本的农业保险发展现状与中国农业保险的发展现状存在差异，我国还需要提升和改善。[③] 通过对以上三个国家农业保险开展方法的分析，总结以下几点我国应当借鉴的要点：[④]

1. 法律制度的保障

通过美、菲、日三个国家的发展情况总结，他们在开展农业保险之初就建立各种法律法规制度为农业保险的开展保驾护航，而且三国在

[①] 高伟：《日本农业保险发展的成功经验与启示》，载《WTO 经济导刊》2007 年第 3 期。黄博琛：《日本农业保险发展研究》，载《世界农业》2013 年第 1 期。

[②] 贺鲲鹏：《国外农业保险发展的趋同性及对我国的启示——以美国和日本为例证》，载《农业经济》2013 年第 10 期。

[③] 吕春生、王道龙、王秀芬：《国外农业保险发展及对我国的启示》，载《农业经济问题》2009 年第 2 期。

[④] 谷景志：《美国、日本、菲律宾 3 国农业巨灾保险法律制度比较》，载《世界农业》2013 年第 12 期。

20 世纪就建立了较完善的法律制度。美国的农业保险法律主要有：1938 年，《农业调整法》；1980 年，《联邦农作物保险法》；1994 年，《克林顿农作物保险改革法》；2000 年，《农业风险保障法案》。菲律宾农业保险法律为：1978 年，《农作物保险法》。日本的农业保险法律：1929 年，《牲畜保险法》；1937 年，《国家森林保险法》；1938 年，《农作物保险法》；1947 年，《农业灾害补偿法》。三个国家的农业保险法律不仅全面，而且对农业保险具体业务规范进行了规定。但是我国农业保险法律制度的开展较为缓慢，此前只有《农业法》和《保险法》这两项法律对农业保险的规定太过宽泛，并不能通过这两部法律找到具体的农业保险开展过程中的细节情况的要求。2013 年我国设立了《农业保险条例》，虽然规定更细致化，但是对农业保险的具体业务规范方面的规定仍然较为欠缺。

2. 补贴方式的完善

农业保险开展的一个至关重要的方面就是补贴方式。以上三个国家为促进农业保险的发展、激励保险公司承保农业保险业务以及鼓励农户参加农业保险，三国政府都通过财政为农业保险提供了大量补贴，并且补贴方式是多样化的。美国的农业保险补贴方式主要有：保费补贴、业务费用补贴、再保险支持以及免税；菲律宾的补贴方式主要有：保费补贴及经营管理费用补贴；日本的补贴方式为：保费补贴、农业共济合作社联合会和农业共济合作社事业费补贴、再保险补贴。但是我国对农业保险的补贴还只有单一的保费补贴，因此我国农业保险的补贴方式有待进一步完善。

3. 专业农业保险机构的设立

通过总结以上三个国家的农业保险机构设立的情况可以发现，他们都将农业保险从商业保险中分离出来，专门设置专业的农业保险机构。美国设立了联邦农作物保险公司，菲律宾政府设立了农作物保险公司，日本设立的是农业再保险特别会计处，这些农业保险专业机构有的直接进行农业保险的组织经营，有的提供农业保险再保险业务，也有起到监督和审查的作用。这些专业机构的设置有效地保障了农业保险的顺利开展。我国农业保险迄今为止还没有设置专门从事农业保险的组织机构，也没有专门的监督和管理机构。因此我国农业保险的发展还需多借鉴国外的成功经验，以保障我国农业保险的可持续发展。

4. 保险险种的多样性①

国外农业保险的发展较早，农业保险经过多年的试点、探索和调整已经形成适应本国农业状况的农业保险体系。国外农业保险的开展为适应农业的多样化，设置了多种的、覆盖较全面的农业保险险种。国外农业保险险种不仅涉及到各项农作物，同时也涉及到各种风险，甚至更根据本国需要设置特殊农业保险险种，如美国的冰雹险；日本的园艺设施险等。但是我国农业保险的开展还处于试点阶段，而且我国农业多样化程度较高，试点地区的特殊性及农业种植的多样性使得我国农业保险险种的多样性设置更是至关重要，但是我国保险险种的样式仅仅处于对主要农作物及主要牲畜的保险业务上，这与其他国家业务开展的广度和多样性存在一定的差距，这是我国需要提高和改进的地方。

国内外典型国家的保险险种如表4-1所示。

表4-1　　　　　美国、菲律宾、日本、中国的农业保险险种

国家	业务种类	保险险种
美国	多重风险作物保险	干旱、洪水、火灾、山体滑坡、农作物病虫害等
	团体风险保险	当平均产量低于保险产量时获得保险赔偿
	收入保险	当平均产量低于保险产量时获得保险赔偿
	冰雹险	唯一完全由私营公司开展大力纯商业险种
	其他试办险种	大白菜种植收入保险、新苗圃保险等
日本	农作物保险	陆稻、水稻、麦类
	家畜保险	牛、马、种猪、肉猪
	果树保险	苹果、梨、葡萄、桃子、枇杷、猕猴桃、柑橘、蜜橘、柿子、栗子
	旱田作物保险	豆角、大豆、小豆、马铃薯、甜菜、甘蔗、玉米、南瓜、茶、桑蚕
	园艺设施保险	园艺设施、附属设施、设施内农作物
	农业合作社联合会与农业合作社自主创办	农机具、建筑物、除上述外其他相关农作物等

---

① 庹国柱：《农业保险》，中国人民大学出版社 2005 年版。

续表

国家	业务种类	保险险种
菲律宾	种植业保险	水稻、玉米
	畜牧业保险	猪、牛、羊、家禽
中国		水稻、玉米、小麦、油料作物、棉花、马铃薯、青稞、天然橡胶、森林、能繁母猪、奶牛、育肥猪、牦牛、藏系羊、糖料作物

（三）国外农业保险发展的经验借鉴

通过对美国、日本及菲律宾农业保险发展情况及经营方式的分析可以看出，农业保险的发展需要国家的支持。无论是像美国、日本这样的发达国家，还是菲律宾这样的发展中国家，农业保险的发展都需要国家的财政支持及宏观调控。农业保险是政府保护农业可持续发展的重要举措，因此农业保险的发展需要国家的助力。通过以上三国的经验，可以得出以下几点经验借鉴：

1. 完善农业保险的法律制度

美国、日本及菲律宾开展农业保险之初就建立农业保险的各项法律规章制度以保障农业保险的顺利开展。上述三个国家都有较为全面的法律法规作为农业保险开展的保障体系。而且这些法律法规的规定不仅涉及到农业保险的各项开展事项，而且涉及保障到农户参与农业保险后的利益等。农业保险经营较成功的国家农业保险的相关法律制度涵盖面较广且规定较为细致，这样的农业保险法律法规可以妥善保障农业保险的顺利开展。这是我国应当借鉴的经验，我国农业保险法律法规较为宽泛，只涉及了农业保险开展的规章制度等硬性规定，对于承办农业保险的保险公司及参与农业保险的农户的利益保护并不全面，这会影响农业保险公司承办农业保险的积极性，也会影响农户参与农业保险的信心。因此完善农业保险法律规章是我国农业保险开展中必不可少的程序。

2. 国家大力支持农业保险发展

农业保险是保障农业可持续发展的重要手段，它比政府在灾害发生后进行事后救济的风险管理措施更加地有效且全面。因此各国都非常重视农业保险的开展。农业保险也一直是国家保障农户收入，保障农业可持续发展的重要手段。农业是国民经济的支柱产业，同时也是弱质性产业，容易受到自然灾害的影响，因此各国都积极开展农业保险来保障农业生产的顺利进行。通过上述三个国家的农业保险发展经验来看，农业保险一直是政府支持农业和农村经济发展的重要政策，国家通过建立农业保险机构以及通过财政等手段发展农业保险。我国是农业大国，更应当注重农业保险的发展，我国政府也逐渐意识到农业保险对农业生产、农村经济的重要性。因此在发展农业保险的过程中，国家应大力宣传农业保险的重要性，引导农户参与农业保险，同时通过财政、税收等综合配套支持农业保险的发展。

3. 适当提高农业保险补贴力度，鼓励农户参与农业保险

美国、日本和菲律宾在发展农业保险时，对农业保险补贴力度都非常高，以此来带动农户参与农业保险的积极性。农户参与农业保险的积极性提高，不仅可以扩大农业保险的广度，在灾害发生时也可以通过集中救济的方式补偿发生自然灾害的地区，减少国家灾后救济的财政压力。但是单纯通过提高农业保险补贴力度及鼓励农户的方式并不能使农户全面参与农业保险，比如菲律宾在实施农业保险时将农业保险与农业信贷捆绑，农户若不参与农业保险也就会失去农业信贷和其他支持政策，以此来强制农户进行投保。我国农业保险的购买主要是出于农户自愿，当农业保险宣传力度不够、农业保险保费补贴较低的情况下，单纯依靠农户自愿参与农业保险的方式并不能保证大范围农户都参与农业保险，这样经营农业保险的保险公司所依赖的大数法则无法实现，保险公司承保农业保险的风险不能够在更大范围内分散，当自然灾害出现时会导致保险公司面临巨大的亏损，影响保险公司承保农业保险的信心。因此我国在推进农业保险时可以借鉴菲律宾等国家的经验，采取一定的强制参保的措施，这会使农业保险的开展更为顺利。

4. 设立多样化的保险险种

我国地域辽阔，农业生产的地区性、气候性等条件差异较大，农产品多样化程度较高，单一的针对少数几种农作物设置农业保险是不能满足

农户需求的。因此农业保险险种的设置应根据我国实际情况，建立多元化的农业保险发展模式及多样化的农业保险险种。上述三个国家的农业保险险种非常多，而且适合本国国情。我国农业保险险种的设立也应该立足我国农业基本情况，设立更加适合我国农户参与的农业保险险种。

第二节　农业保险模式研究

一、典型农业保险组织模式研究

农业保险实施的 20 多年来，我国商业化农业保险运行模式因为缺少政府职能的支持，忽略了农业保险的准公共物品这一特征，商业化农业保险模式的发展陷入了僵局，同时借鉴国外的农业保险商业经营模式的失败案例，均可说明商业化保险模式在中国国情下是一种不成功的模式。商业化农业保险发展模式的弊端和缺陷说明我国需要反思和改革，重新建立新的适合我国国情的农业保险发展模式。借鉴于之前分析的农业保险运行机制的特性和有关农业保险准公共物品属性的相关内容，以及政府职能在制度供给方面的优势，必须要明确政府的角色和作用，即通过政府的有效监管和调控才能保障农业保险制度健康稳定的发展。综合比较分析国内、国外的成功农业保险运行模式，在政府占主导的商业化经营模式是一种比较符合我国现实国情的农业保险发展模式。

通过总结国内、国外的各种农业保险的制度模式，政府占主导的农业保险制度模式可以划分为以下几种形式，分别是政府组织经营模式、合作社经营模式、相互保险公司经营模式和商业保险公司经营模式。

（一）政府组织经营模式

政府组织经营模式是由政府主办，并且由政府相关机构进行农业保险的经营和管理工作，其主要内容和特点包括以下几个方面：

（1）建立农业保险公司。以该农业保险公司作为主体来经营全国的农村保险业务，除了农业保险业务之外，该保险公司还可以经营农村的人身保险等业务，国家对该公司予以财政支撑和税收优惠政策，确保其可以通过其他种类的保险来弥补农业保险方面的亏损，进而确保公司整体经济盈亏平衡，实现健康、稳定可持续的发展。该公司的成立不意味着不允许其他形式的保险机构、合作社和相互会社经营模式的运营，多种形式是可以并存的。

（2）建立农业再保险体系。农业再保险是目前各国在避免农业系统性风险的最广泛的方法。我国一直以来都没有实施农业再保险的模式，这也是阻碍我国农业保险健康发展的主要因素之一。我国可以利用农业再保险体系来支持、完善农业保险的运营，成立中央、省、市三级再保险基金，同时建立再保险公司，通过基金和再保险公司来向农业保险提供保障。

国家农业再保险公司通过再保险机制，确保农业风险不会集中在特定的区域内，确保农业生产的稳定，同时它可以补贴农业保险的亏损。与此同时，国家允许其他的商业保险公司或者再保险公司进行再保险的业务，以充分分散农业风险，减少农业保险原保险人的风险责任，提高原保险人的承保能力。

（3）实行法定保险和自愿保险相结合的方式。法定保险可以针对有农业借贷关系的农业保险标的，进行依法强制投保，同时政府应该提供补贴给法定保险险种，提高农户参与农业保险的积极性，进而确保农业保险的顺利开展。

（4）政策性经营农业保险。政府应该给予各种有利条件，例如，提供管理费用、税收方面的优惠等，确保农业保险长期稳定的经营。

这种模式的优势总结为以下几个方面：

（1）政府组织经营模式通过政府宏观规划，主要目标是针对社会效益，会从整体上确保规模经济效益，实现资源的优化配置，通过全国性经营较好地矫正市场失灵的问题。

（2）政府推行强制法定保险，使农业风险在最大程度上得到基本的保障，以确保农业生产的顺利进行和农业保险经营的稳定。

（3）由政府推广农业保险，可以迅速推行和建立农业保险管理制度，我国农户对于农业保险还很陌生，政府权威的宣传、利益诱导机制和强制措施都是政府组织经营模式的优势，进而迅速建立更科学、有效的农业风险管理制度。

政府组织经营模式存在的弊端和缺陷有以下几个方面：

（1）政府组织经营模式是通过政府干预来解决"市场失灵"时产生的问题，但是这种宏观解决问题的方式能有效率是有一个前提条件的，那就是政府部门拥有完整、充分、准确的信息，并做到廉洁高效。但是在实际的运用过程中往往存在"政府失灵"的情况，当然解决问题的效率也是有限的。

（2）国家层面和地方政府之间、地方各级政府和农业保险公司之间的关系不直接不好协调。

（3）政府组织模式是国家投资，并且经营是由政府补贴的，整体缺乏激励约束，故而在制度创新、管理创新、技术创新方面都比较缺少动力，整体没有创新动力和竞争的压力。

（二）保险合作社经营模式

农业保险合作社经营模式在我国农业保险行业中还是比较陌生的，我国对合作社的经营模式并没有相关法律规范，就是《保险法》中也没有相关的规定。在日本、德国和法国等一些发达国家农业保险合作社经营模式是一种主体保险机制，保险合作社经营模式筹集保险基金的方式是通过农民自愿入股，继而通过农民自主经营管理公司，公司利益和风险农民一同承担，最终按股分红，这样的目的是降低成员农业生产的风险，并不是以营利为首要目的。农业保险合作社经营模式的主要内容和特点有以下几个方面：

（1）成立合作社、完善保险机制。合作社的主体是农民本身，基本单位可以以村、乡或者县为单位，公司由董事会领导和决策，日常的保险业务经营工作则由下设的办事机构组织管理，统筹规划和监管基层合作社的联合会以省一级别为单位组织成立，用于协调省一级层面的农业保险再保险机制。

（2）主营农业保险业务。农业保险合作社主营业务主要有综合风险保险、一切险和特种风险保险，这些保险的目的均是分散农业风险，并不是为了盈利。为了合作社能够持续健康的经营，政府会对合作社管理费用等方面进行补贴，还会允许合作社经营一些农村人身和财产保险业务，同时政府减免部分税赋，这样就可以确保合作社可以盈亏互补健康持续发展。

（3）成立再保险体系。首先国家层面对农业保险合作社提供再保险支持，继而省级层面按照国家的方针政策筹备特殊情况风险准备基金，当农民受灾等特殊情形发生时可通过这部分基金进行赔付，保证合作社的持续运营，再陆续通过保险收入予以归还。

（4）实行强制保险和自愿保险相结合的方式。强制保险种类由当地具体情况法定，确保农业生产的顺利进行，自愿保险险种则由各地区具体情况自行确定，同时政府提供一些优惠政策予以支持，例如，筹集初始资金、保费补贴和减免一些税赋等方面。

合作社这种组织形式在我国农业保险的试办过程中被采用过，这种模式的特点和优势是：

（1）合作社保险经营模式下，保险人即是被保险人，利益高度统一，可以有效统一做出决策和规避道德风险。

（2）经营管理的成本是相对较低的，集资的渠道也是很灵活，再加上政府提供的优惠政策补贴等，运营的财政负担相对是较小的。

（3）保险合作社经营模式是保户在自愿互利的基础上自主经营的保险组织形式，自主经营、自负盈亏、风险利益共承担，这样就会齐心协力的完成管理运营工作，还可以因地制宜地建立险种和条款，非常灵活，同时在防灾防损和保险费收取等方面具有先天性的优势。

这种模式的弊端有以下几个方面：

（1）受经济文化和各种因素的影响，农民的素质、意识和传统的不同，使得农户之间缺乏合作和自我组织能力，制约着这种组织形式的存在和发展。

（2）容易受到当地地方行政干预。正是这个原因曾经很多兴起的农业合作保险被迫停止。

（3）规模很难达到省级或者国家层面，风险比较集中，不能够在更广阔的范围有效地分散风险。同时由于拓展的局限性，其保险补偿能力、保险基金积累的速度、规模等方面都会受到限制。

（三）相互保险公司经营模式

相互保险公司在我国还是相对陌生的保险经营模式，2005 年我国才成立了第一家相互农业保险公司，但是我国《公司法》和《保险法》中并没有对这种保险组织形式做相关的规定，在国外，相互保险公司的模式是具有很大影响力的，全球最大的保险公司中有将近一半的形式是相互保险公司，可以看出这种经营模式的优势。相互保险公司组织形式是兼具股份制和合作组织的保险公司，资金来源于负债性质的基金，保险客户有董事选举权和公司盈余分配权，并兼具保险人和公司所有人的身份。相互保险公司的主要内容和特点有以下几个方面：

（1）建立农业相互保险公司。农业相互保险公司是通过发行公司债券筹集基金由发起人发起成立的企业法人。农业相互保险公司的目的是确保投保人的利益。国家层面建立和完善监督管理机构，对农业相互管理进行监督管理，同时农业相互保险公司是自主经营，独立的开展保险、再保险业务，自负盈亏。

（2）经营农业保险为主，经营农村人身和财产保险业务。政府方面给予农业相互保险公司税收优惠，农业相互保险公司使用人身和财产保险的利润补贴农业保险，农业保险经营结余全部用作准备基金，用于防备农业遭遇灾难之需。

（3）农业保险再保险制度。农业相互保险公司再保险制度是基层相互保险公司向上层保险公司分保，依次再保险分保，使得分散的保险公司形成一个再保险的体系，获得再保险支持。

（4）相互公司成员大会制度。董事长是公司的法人代表，董事会中的成员具有对公司组织发展的决策权，成员大会是农业相互保险公司的最高权力机构。

相互保险公司经营模式既有合作社经营模式的某些优点，又有公司制的优点，这种经营模式具有以下一些优势：

（1）这种组织模式下，保险人即是被保险人，利益高度统一，可以有效统一做出决策和规避道德风险。

（2）相互保险公司具有独立的法人产权制度和法人治理结构，相对科学的管理制度容易做到产权清晰，信息透明，合理的规划资源配置。

（3）通过相互保险公司，可以将政府、保险公司和农民的利益结合起来，有利于协调各方矛盾，有效地解决展业难、承保难、收费难、定损难、理赔难等经营管理问题。

农业相互保险公司经营模式的缺陷有以下几个方面：

（1）农业相互保险公司能否在中国得到认可，农户参与的积极性都是有待考证的，同时在我国也缺乏有关的法律法规予以限定，没有法律保障。我国农户对于这方面还是处于了解甚少的盲区的状态，更加缺少实践经验，而且在我国金融市场不是很成熟的背景下融资和筹资问题也是很难解决的。

（2）这种形式的农业保险经营模式解决不了农户想获得很高的保险收益的需求，继而缺乏购买欲望，其经营规模就会受到影响。在这种条件下，组织机构所需的成本就会相当高。

（3）农业相互保险公司经营透明度并不高，而且农户既是公司所有者，变化流动性比较大，公司缺乏良好的经营空间。

（四）商业保险公司经营模式

政府主导下的商业保险公司经营模式是我国近年来主导的保险模式，经过近年来的经营经验来看，在政府政策性保险框架下，采取农业保险政策性定位商业化运营，是符合我国发展的经营模式。商业保险公司经营模式的主要内容和特点有以下几个方面：

（1）政府加强监管提供支撑。我国农业保险的监督管理工作是由保监会来完成的，但是商业保险公司通过政策性保险监管进行监管能否达到理想的效果还有待考证值得国内的学者和保险业者深入的探讨和研究。在国外的农业保险监管主体一般是单独的监管主体，比如美国和日本都有各自的农业部风险管理局或者农林水产省负责监督管理，因此借鉴国外的经验，我国也应该扩充保监会的职能，成立相对独立的农业保险监管部门，扩充人员编制，强化农业保险业的发展。也可以联合农业部、财政部等其他有关部委，成立专门的政策性保险性农业保险监管机构，满足农业保险发展的需要。

（2）实行法定保险与自愿保险相结合。根据各地区的情况对于有关国计民生的农产品实行法定保险，政府提供优惠政策。政府通过保监会对商业性保险公司给予一定的优惠政策补贴，可以根据各地区不同的财力状况和险种确定补贴的程度。对法定保险项目免除其营业税和所得税，自愿保险项目也应该免除大部分税赋，以利其持续、稳定经营。

（3）商业性保险公司自主经营、自负盈亏。商业性保险公司既可以经营农业保险监管机构设计的基本险种，也可以自行开发农业保险险种但必须采用规定的费率。

（4）建立完善的农业保险再保险体系。允许国内外商业保险公司和再保险公司经营农业保险再保险，对农业保险原保险人提供再保险支持，建立一个对农业保险提供有效支持的再保险体系。

商业性保险公司经营农业保险的优势有以下几个方面：

（1）政府在这种模式下扮演的角色不是支配性质的，而是将主要精力用于宏观管理和提供再保险支持等方面，这样政府和保险公司在整个体系中都能充分地发挥各自的特点和优势。

（2）在政府的财政支持下，商业保险公司有现成的技术和专业人才，同时还有一定的经营农业保险经验，政府可以利用现成的队伍和机构来开展农业保险业务，继而可以节约建立和转换成本。

（3）商业性保险公司在一定程度上更加受农民消费者的认可。商业性保险公司的经营一般来说从制度到技术都比较规范、成熟，信誉度较好，农民比较信任。

这种模式的弊端和缺陷主要有以下几个方面：

（1）基层政府对农业保险经营的支持和协助程度没有明确的规定，

也不好界定，这样就难以防范农户的道德风险和逆选择问题。

（2）政府对农业保险的补贴，其方法和份额问题在很大程度上会困扰决策者。补贴过高的话政府的负担就会增加，补贴过少的话商业保险公司就会缺乏经营的积极性，如何合理的解决这个问题是值得我国发展农业保险研究的重要课题。

二、农业保险公司经营模式比较

2004 年开始我国先后出现了 4 家专业性质的农业保险公司，分别是上海安信农业保险股份有限公司、吉林省安华农业保险股份有限公司、黑龙江省阳光农业相互保险公司以及安徽省国元农业保险股份有限公司。这 4 家农业保险公司按照政府多种农业保险经营形式的号召，根据实际农业生产经营情况形成了四种不同的农业保险经营发展模式。

近年来我国经营农业保险的公司数量呈上升趋势，但是多数都是小规模的，没有形成体系。经营规模较大比较有代表性的综合性财产保险公司有两家，分别是中华联合财产保险公司和中国人民财产保险公司。中华联合起源于新疆生产建设兵团，成立于 1986 年，是在农业保险方面具有优势的保险公司。而中国人民财产保险公司在新中国成立初期便开始尝试经营农业保险业务，虽然曾经短暂退出农险市场，但仍然在国内农险市场占据着重要的地位。这两家都是农业保险经营时间长、分支机构分布广泛的综合性商业保险公司，它们慢慢地形成了各自的农业保险经营模式。

（一）专业性农业保险公司经营模式

1. 上海安信农业保险股份有限公司

2004 年 2 月份，上海安信农业保险有限公司在政府的支持推动下，经中国保监会的同意，正式着手成立。上海安信的成立得力于中央连续十多年的大力推动农业保险发展。安信农业保险公司是人保上海分公司的农险部发展而来的，并且由上海市 11 家国有资产经营公司注册成立，在浙江和江苏设有分公司，下面我们分析一下安信保险公司经营模式的特点：

（1）政府补贴，市场化经营。政府给予安信保险公司的补贴有上海市级和区级两种形式，政府规定安信保险公司在农业保险方面的业务不需要缴纳任何税费，并且在特殊情况，例如，特大灾害面前，安信农业保险公司无力赔偿巨大损失的时候，政府会予以赔偿。市场化经营是指政府允许安信保险公司经营农业保险以外的商业性保险，通过商业保险性的收益弥补经营农业保险可能产生的亏损。商业性保险包括企业财产保险和人身意外伤害综合保险和家政服务雇佣责任保险等。与此同时，保监会规定对于安信农业保险也是有相关要求的，就是商业性保险的保费收入不得超过总保费的 40%。

（2）一些基础农作物实施统保政策。即安信农业保险公司规定某些基础农作物必须对其购买农业保险，虽然这种制度对于农户来说具有强制性，但是只有这样才能通过大数法则分散风险，提高同一作物农业保险的保单数量。

（3）不断推出新型农业保险产品。安信保险公司不断创新，推出与农户日常生活中息息相关的新型保险，成功推出的有气象指数保险、农村集体聚餐食品安全责任险、农民专业合作社小额贷款保险项目和保淡绿叶菜价格保险项目等保险产品，获得了农户的认可。

分析上海安信农业保险公司的模式成功一是政府的政策支持，二是上海本地的经济实力雄厚，农业经济占当地总经济值很小一部分，并且当地农业生产基础比较好，正是这些经济环境和农业生产情况，大大地推动了安信农业保险公司的健康发展。

2. 吉林省安华农业保险股份有限公司

吉林省安华农业保险股份有限公司是经保监会批准于 2004 年底成立开始营业的，安华保险公司是东北地区的首家农业保险公司，经营区域包括吉林省，还有四川省、内蒙古自治区等都有机构的分支。安华公司的宗旨"根植农村、安身农业、贴近农民、服务三农"，数十多年的经营，安华公司一直深受农户的信任做到了安身农业、服务三农的宗旨，并且安华农业保险公司经营稳定，偿付能力水平较高，属于保监会分类监管中的充足类公司。

以下是安华农业保险公司的组织模式特点：

（1）当地政府提供税收优惠政策。安华公司相对上海安信来说，得到政府相关部门的帮助还是有限的，当地政府也提供了免收营业税的优惠政策，但是安华公司需要支付所得税。

（2）建立巨灾风险准备金。农业保险是政策性保险，政府提供主导和财政补贴政策，但是政府的政策随市场的变化而变化，具有不确定性，因此安华成立巨灾风险准备金，确保保险公司在受灾的年份能有能力支付赔款。

（3）重视技术创新和人才培养。技术创新是农业保险发展的基础，农业保险在发展过程中需要人力资本的支持，因此也应注重保险相关人员的培养。我国有专业的保险人员，但是针对农业保险的人才较少，应培养专业人才，为保险发展提供人员基础。安华保险公司较重视农业保险技术创新及人员的培养。安华保险公司在农业保险承保、农商险移动投保方面的运筹取得了较为显著的成果。安华保险公司是我国第一家经营涉农商业保险移动承保的保险公司。在农业保险定损方面，安华保险公司采用了无人航拍勘察技术，这项技术是我国农业定损方面最先进的技术。无人航拍勘察技术的开展改变了我国农业保险勘察受灾地域的高成本、低效率的现状。现在安华农业保险公司已经在山东实现了对农业灾害发生地的无人机精确勘察，精确度可以达到100%。安华保险公司也注重保险专业人员的培养，2013年10月，安华保险公司与吉林农业大学签订了共同协商培养专业人才的合作计划。安华坚持以多种方式、多种机制全面培养专业农业保险相关人才。

安华农业保险发展模式较为先进，注重农业保险中技术的创新及农业保险专业人才的培养。安华农业保险模式发展过程中存在的主要问题是吉林省内农户对农业保险的需求量太少，主要原因有两点：一是农户收入较少，购买农业保险的能力有限，农业保险的需求转化为有效需求的比较小；二是农民对农业保险的认识较低，造成农户的农业保险投保一直不强。吉林省对农业保险减免税费的种类较少，激励程度较低。安华农业保险经营模式主要的优点是大力发展农业保险技术，并且依托当地与农业产业相关的企业和农村相关组织来开展农业保险。在吉林省地方政府和安华农业保险公司相互协作的基础上会制定出适合吉林省农业保险发展的相关政策，保障农业保险顺利发展。

3. 黑龙江省阳光农业相互保险公司

黑龙江省阳光农业相互保险公司于 2005 年成立，是国内目前唯一的相互制农业保险公司。早在 20 世纪 90 年代黑龙江省已经建立了农业保险相互机制。这一机制中农户需要缴纳一定数额的互助金，如果农户的农地发生灾害损失就可以获得相应数额的补助金。这种相互保险机制是一种较为特殊的保险形式，是国际上较为普遍认可的农业保险经营模式。阳光农业相互保险公司是在黑龙江省原有的相互机制上建立起来的。在这种经营模式下，农户只要参与农业保险公司的农业保险项目就可以成为该公司的会员，公司的会员拥有相应的权利和义务。阳光相互保险公司的经营有以下几方面特点：

（1）不以营利为目的的相互经营模式。阳光相互保险公司追求投保人共同利益最大化，这与其他保险公司追求公司利益最大化是不同的。在阳光相互保险公司的经营模式下，公司的每一名会员都需要缴纳一定数额的保险费并享受相应损失的赔偿金，而且当公司年末有剩余资金时，扣除风险准备金后，公司会员会得到一定的分红或是一些保险等。阳光保险公司采取的是双层经营机制，这与安华及安信农业保险公司单层经营模式是不同的。阳光互助保险公司的双层经营机制是以公司主导经营管理及保险社的互助经营管理为基础的双层管理，其中保险社是由购买农业保险的农户所集聚的团体，在农业保险社中实行会员制。

（2）农业保险保费的来源及去向。阳光相互农业保险模式下，农业保险保费的来源主要由三部分组成，包括中央保险补贴、黑龙江农垦总局的补贴及农户本身缴纳的农业保险保费。在阳光互助保险公司中，由公司和保险社共同保险，保险社承担承保和收取保费的工作，在收取的保费中保险社自留 50%，余下的 50% 由保险公司持有，保险公司和保险社参照自留比例承担相应的农业风险，并对发生的灾害损失进行赔付。

（3）防灾与救灾并重。阳光互助保险公司不仅在灾后对会员的农业灾害损失进行救助，而且在灾害发生前会采取防范措施。阳光互助农业保险公司在经营过程中一直重视防灾及减灾措施的实施，如人工降雨等技术，阳光保险公司拥有众多仪器设备用来防灾及减灾，通过积极的防灾减灾措施有效减少自然灾害的发生，降低农业灾害损失，能够有效保障农业生产的有序进行。

阳光保险公司广东分公司于 2009 年 2 月设立，这是阳光保险公司在黑龙江省外首家分公司，阳光保险公司在保持相互保险模式的优势同时逐渐的扩大经营区域可以有效地分散风险。阳光相互保险公司的经营模式由于实行参保农户会员制可以有效减少逆向选择风险和道德风险。在保险公司及保险社中会员的权利和义务对等，每一个会员都同时具有风险和盈余，信息不对称的风险也较小。因此当灾害发生时，农户会积极参与救助将损失降到最低，这是互助形式的保险模式的优势。但是互助模式的保险方式的承保范围较小，农业保险中的承保范围过小会造成农业风险分散程度较低，当灾害发生时，保险公司的赔偿金额容易过大，超过保险公司的承受范围，因此互助模式的保险公司应当在区域上扩展保险公司的承保范围尽量分散农业风险。

4. 安徽省国元农业保险股份有限公司

安徽省国元农业保险股份有限公司于 2008 年 1 月成立，这家农业保险公司是我国第四家农业保险公司，也是安徽省第一家财产保险公司。国元农业保险公司由 26 家企业出资成立，其中包括国有企业安徽国元控股（集团）有限责任公司，总注册资本约为 21 亿元人民币。国元农业保险公司的经营模式是农业保险和财产保险共同发展的模式，公司经营种植、养殖业保险及农房等农业保险险种的同时还经营财产损失、意外伤害及财产保险再保险等财产保险业务。国元农业保险公司经营业务量较大，在 2008 年成立时有 1 458 万亩农作物及 60 万头母猪投保，经过最近几年发展，国元农业保险公司的规模进一步扩大，安徽省农户在该公司的投保比例达 90% 以上。国元农业保险公司经营模式的特点有以下几点：

（1）两种农业保险经营模式并存。两种农业保险经营模式包括：保险公司承保政府参与经营的模式及保险公司经营政府给予补贴的模式。种植业及养殖业分别采取不同的经营模式。种植业采取的经营模式是由保险公司承保，地方政府参与经营，由保险公司及地方政府共同承担风险并共享盈余利润。养殖业采取的经营模式是由保险公司自营，地方政府对保险给予资金补贴。两种经营模式并重，根据种植业和养殖业风险的不同进行不同模式的经营方式。

（2）保险险种的创新。农户种植及养殖业种类的多样化决定了保险险种也应根据实际情况不断地创新。安徽省农业经济较为发达，农产品种类丰富，国元农业保险公司为满足不同农户的需求，根据安徽省农业生产的实际情况，不但对农业保险险种进行创新，先后有茶叶、蚕桑等特色险种的设立。国元农业保险公司与安徽省气象局合作在国内率先推出天气指数保险，并于 2009 年、2010 年开发了水稻和小麦的天气指数农业保险，这是我国迄今为止最早发展天气指数农业保险的保险公司。

（3）健全服务网络、注重人才发展。国元农业保险公司注重建立较为全面的农业保险服务网络，国元农业保险的服务网络包括市、县、乡、村共四个级别。国元农业保险公司为更便捷地管理农业保险项目，建立多个分支公司、农业保险服务部、三农保险服务站以及服务点。完善的服务网络需要专业人员进行管理及保障运营，国元农业保险公司注重人才培养，在国元保险公司的努力下，现在国元保险公司已经拥有近两万名协保员，这些协保员保障了国元的保险网络顺利运营。

（4）区域费率差异化。安徽省 2012 年开始实行不同区域不同保险费率的政策，由于不同区域的生产差异较大，农业灾害的受损情况也不同，针对不同地区实施不同的保险费率可以有效防范逆向选择的发生。

国元农业保险公司经营的成功经验主要包括该保险公司能够根据安徽省农业发展的实际情况开展农业保险，不断开发适应农户农业生产经营的新的保险险种，不断根据安徽省区域情况制定保险费率，这些成功经验是其他保险公司可以借鉴的。

（二）综合性商业保险公司经营模式

1. 中华联合财产保险公司

1986 年在新疆成立了中华联合财产保险公司，公司总部位于新疆乌鲁木齐。在中华联合财产保险公司成立初期主要经营新疆建设兵团区域的农业保险，后来该公司的经营业务区域不断扩大，2001 年在北京、大连等 10 个区域成立分公司，并于 2010 年将公司总部迁到北京。目前中华联合财产保险公司已经拥有近 30 家分公司，员工超过 3 万余名，公司业务也涵盖了非寿险的许多领域。中华联合财险公司的经营模式有以下几方面特点：

（1）低保额、低保费、低赔付并注重建设防灾建设。中华联合财险公司根据农户低收入、农业生产高风险等情况，在制定农业保险项目时采取低保额、低保费、低赔付的原则，保障农业保险的顺利开展。具体做法是在种植业中以农作物成本作为保险金额，在养殖业中以牲畜死亡保险作为主要保险险种并以成本作为保险金额。为了保障农业生产的顺利进行，中华联合保险公司不仅注重灾后救济，更注重防灾系统地建立，中华联合保险公司每年会拿出一定金额用于防灾系统的建设，如人工降雨等举措，有助于减少农户受灾损失，也减少保险公司的赔付金额，有助于农业保险的顺利经营。

（2）完善保险工作程序。农业保险业务的开展的难点主要在灾后定损方面。中华联合保险公司的灾后定损勘察要求及时、详细、准确，对于分公司无法确定的赔付案件，分公司要及时上交给总公司进行审核，最后的赔付情况要及时公布并将赔付款及时给付投保农户。

中华联合财产保险公司经营农业保险经验较丰富，经营范围从新疆建设兵团扩展到全国各地，农业生产风险的分散范围更大，公司经营更系统，有完善的保险工作程序。

2. 中国人民财产保险公司

中国人民财产保险公司控股于中国人民保险集团，是我国目前最大、成立最早的财产保险公司。中国人民保险集团成立于1949年并于1996年改组为集团公司，在子公司下设非寿险、寿险、再保险三个方向的子公司。其中寿险方向的子公司就是中国人民财产保险公司。中国人保一度停止过农业保险业务退出农业保险的市场，直到国家加大扶持农业保险的力度，人保财险才重新开展农险市场，开展农业保险之后由于人保实力雄厚、专业技术强劲很快就占据了农业保险市场的重要位置。

其农业保险的经营模式的特点有以下几个方面：

（1）经营范围广泛，认知度高。中国人民财产保险公司历史长久，具有深厚的根基，在我的分支机构也是遍布全国，目前公司拥有超过1万多家的分支机构和近3万家的三农营销服务部，这些分支机构确保了人保财险在全国范围内为农户提供更专业、高效的服务，使得农户在农业生产中遇到的风险能够在更大的范围内分散。

（2）设立独立的农业保险部门。在人保总部和众多的分支机构中均设有独立的农业保险部门，专门研究和经营农业保险的所有业务。提高了农业保持产品的综合管理水平和专业度，更好地为农户服务。

（3）推广新技术，致力于产品创新。人保财险一直不断的尝试运用新技术开发新产品，比如对于地理位置偏远、不易勘察定损的农业生产区域，人保财险运用无人机航拍技术进行勘察定损，定损快速准确，并且极大地节省了人力、物力。还有利用IT技术和地理信息系统技术对保险标的巨灾风险大小进行评估，同时人保财险还开发了一些新的产品如柑橘天气指数保险产品等。

（三）专业性农业保险公司和综合性商业保险公司经营模式对比

1. 专业性农业保险公司经营模式的不足之处

专业性农业保险公司的经营理念是实行股东利益最大化，这使得其与社会利益和客户利益最大化产生矛盾，总结专业性农业保险公司的不足之处主要有以下几个方面：

第一，推行的险种是十分有限的，保险对象局限性大；第二，区域性特征明显，不会有效分析风险；第三，发展时间短，保险基金不够雄厚；第四，受当地经济发展水平影响较大，发展具有局限性，例如像上海这种经济发达的地区在这方面影响不大，但是要是对于一些经济不是很强的地域则不适合运用这种经营模式。

2. 综合性商业保险公司经营模式的不足之处

第一，综合性商业农业保险公司的参保农户非常广泛，在解决道德风险和逆选择的问题上有较大的难度，同时经营成本是非常高的而且风险非常大；第二，综合性保险公司对于政府具有依赖性，使得公司在制度管理和业务创新方面很薄弱；第三，未能实现因地制宜地确定保费费率，使得对于风险率高的地区缴费困难，不利于发挥风险基金的作用。

3. 专业性农业保险公司和综合性商业保险公司经营模式的比较

专业性农业保险公司和综合性商业保险公司的相同之处有：

（1）同样受到政府的支持和优惠政策。两者都是政府支持型的保险公司，中央和地方政府都会根据各个地区的实际情况提供不同程度的财政补贴和税赋优惠政策。在国家的大力支持下，我国保险业经营业务得到了很大的提高。

（2）都是追求自身利益的最大化。专业性农业保险公司和综合性商业保险公司都是商业公司，以营利为目的。

专业性农业保险公司和综合性商业保险公司的不同之处有：

（1）经营保险产品种类不同。商业性农业保险公司对其经营的农业保险种类并没有特殊的设定，可以经营农业保险以外的相关财险，而专业性农业保险则是以农业保险为主营业项目，虽然保监会允许其经营其他种类的保险项目，但规定了其他的非农业保险项目收入所占比例不得超过40%。

（2）农业保险经营范围及管理方式。综合性商业保险公司成立较早，实力雄厚，经营范围较广，遍布全国各地，分支机构较多，抵抗风险能力较强，拥有丰富的保险经营经验及完善的管理流程，农业生产的风险可以在较大范围内进行分散。专业性农业保险公司成立较晚，公司规模较小，公司多集中在一个或几个省份，经营区域较小，分支机构相对较少，但是公司比较容易管理，经营方式上较为灵活，而且主要经营农业保险，专业性较高。

（3）技术创新。综合性商业保险公司经营时间较长，对保险业务及经营方式等方面的探索及创新性较强，拥有新技术较多。专业性农业保险公司经营时间较短，技术创新机制不太完善。

（4）人才培养。综合性商业保险公司培养专业性人才较多，而且有相关高校对保险人才进行培养。专业性农业保险公司起步较晚，人员多数是从保险方面引进人才，人员专业性较差，因此应注重专门的农业保险人才培养。

（四）基于我国国情的农业保险模式及运行机制的选择

在我国政府对农业保险高度重视并大力扶持下，我国农业保险经营状况得到了改善，保险经营机构积极参与办理农业保险业务，对农业保险的发展起到了助推的作用。目前我国各省具有保险经营及参与办理农业保险业务，目前各地农业保险试点模式主要有以下几种：

（1）政府主导下由专业性农业保险公司办理农业保险业务模式。这种模式主要是政府在一定程度上给予农业保险公司补贴或实行相关政策给予农业保险公司优惠，保险公司承办农业基本险及农业补充险，并且承办保险业务的方式灵活多样。这种模式的代表是上海安信保险公司及安徽国元保险公司。

（2）政府主导下由商业保险公司办理农业保险业务模式。这种经营模式主要是政府副农业保险进行全方位的财政补贴，商业保险公司承办农业保险业务，但是商业保险公司制承担保险责任中较小的部分，较大部分责任由政府通过再保险机制进行分摊。目前这种经营模式以北京为代表。

（3）政府委托商业保险公司联办或代办农业保险业务的超赔共保模式。这种经营模式由全市统一招标，由县区分层委托，农业保险业务管理费用包干，对农业保险业务进行封闭式运作，将结余留存作为公司积累，当出现超额损失时，超额损失部分由政府按比例进行分担。这种经营方式由江苏和四川正在试办。

（4）相互保险模式。这种模式主要是相互制与公司制相结合，并由政府对农业保险保费给予补贴的保险模式。政府和农业保险公司平均承担农业保险的理赔责任，每年农业保险公司从经营收入中拨出一部分积累保障基金用于应对大灾风险时的大额赔付款支出。目前黑龙江省阳光保险公司采用这种经营模式。

（5）共保体经营模式。这种经营模式主要是保险公司对严重的农业灾害进行承保，投保农户为大型种植业及养殖业者，当全省当年农业保险赔付款超过农业保费收入的 5 倍时，对投保农户按比例赔付。这种经营方式主要以浙江省为代表。

我国农业保险公司经营、试办的过程中积累了一定的经验并奠定了农业保险的发展基础。通过借鉴国外农业保险经营的成功经验，农业保险经营过程中由商业保险公司经营并由政府主导的经营方式是比较有效的方式。那么我们就重点探讨一下政府主导下的农业保险政策制定和商业化运行模式的方案。这种由政府主导的农业保险经营模式主旨是国家保证社会效益最大化原则的前提下建立农业保险管理机构。这种农业保险管理机构负责农业保险发展规划、政策制定、险种设计、保费厘定、再保险支持等工作。由商业保险公司、保险合作社等组织经营农业保险的内容和制度设计可以通过图 4-8 直观体现。

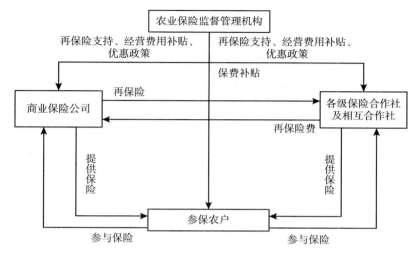

图 4 – 8　商业保险公司、保险合作社等组织经营农业保险制度设计

通过图 4 – 8 对农业保险相关机构及管理形式进行分析，有以下几个方面：

1. 政府支持

政府对商业性保险公司经营农业保险业务给予支持。这些支持包括财政、税收等方面的政策优惠。政府对保险公司经营法定农业保险项目给予免除营业税和所得税，以保障商业保险公司稳定经营。我国是自然灾害高发的国家之一，区域较小影响程度较低的自然灾害可以进行规避，但是特大灾害及损失难以避免。商业保险公司经营农业保险时，对于大灾风险损失的处理手段是建立巨灾损失准备金和实施再保险业务。但是农业巨灾损失仍然是商业保险公司经营的主要障碍，为保障商业保险公司的稳定经营及农业保险的有效供给，政府建立全社会范围内的农业巨灾管理基金，基金可以由政府投入、农业保险公司提取和市场筹集等多种方式进行筹备。我国农业保险再保险公司为商业保险公司经营农业保险提供再保险业务，为完善农业保险的再保险体系提供助力。商业保险公司经营农业保险需要各级政府部门的支持，政府对农业保险的发展及农业再保险体系提供保障，也为稳定农业保险发展提供稳定基础。

2. 农业保险监管机构监督

农业保险具有准公共物品属性，经营农业保险过程中应协调相关部门的关系。这种关系的协调是农业保险稳定发展的保障也是农业保险制度建设的重要前提。农业监管职责可以由保监会执行或是成立单独的监管机构。农业保险监管机构不用直接经营农业保险业务。农业保险监管机构的主要职责包括全国农业保险制度的设计和改正、农业保险业务的统一规划、农业保险险种的设计、审查经营农业保险业务的商业保险公司、对商业保险公司的业务量提供补贴、向经营农业保险的商业保险公司提供再保险业务、对开展农业保险的商业保险公司农业保险业务开展情况进行监督。这些农业保险监督机构的职责的进行可以保障农业保险经营顺利进行。

3. 商业性保险公司经营

商业性保险公司经营农业保险需要经过保险监督机构监督，与各级保险合作社及相互合作社进行再保险，政府对其进行再保险补贴和政策优惠，商业性保险公司向农户提供农业保险业务，保障农业保险市场多元化发展。在商业保险公司经营农业保险制度下农业保险项目时法定保险与自愿保险相结合的形式。为防范逆向选择和道德风险最少数重要的农业保险和多重风险的保险项目实行法定保险，对于其他农业保险项目实行自愿保险。为保障农业保险顺利进行，可将农业保险和农业信贷相结合的方式，保障农户能够在力所能及的范围内购买农业保险防范农业风险损失。

4. 各级保险合作社及相互合作社

在商业保险公司经营农业保险业务的组织模式下，国家保险监管部门对农业保险进行宏观调控，保障农业保险顺利发展，对农业保险的开展进行监督和指导。商业保险公司、保险合作社及相互合作社对农业保险的发展相互协助，发挥各经营主体在市场竞争中的各方面优势，构建一个各个部门机关相互协作、相互配合的农业保险经营体系，保障农业保险的可持续发展。

我国土地面积辽阔，跨区域较多，农业生产条件复杂多样化，农业生产经营在各地区间存在较大差异，因此，我国农业保险在发展过程中应根据各地域实际农业生产经营差异制定适合当地发展的农业保险政策。国家农业保险监督管理机构对农业保险发展进行宏观调控，保障农业保险发展的宏观环境；商业保险公司及各级保险合作社、相互合作社对农业保险业务进行承保经营，政府为其提供优惠政策及保险补贴，在政府调控下进行再保险保障，各级公司根据当地农户实际情况为农户提供保险服务；农户在充分了解农业保险政策及农业保险补贴政策的情况下积极参与农业保险，农户农业保险需求是农业保险发展的基础。农业保险体系是在发展的过程中不断完善，我国农业保险经营仍然在起步阶段，农业保险政策发展较薄弱。政府、商业保险公司、保险合作社应基于我国农业经济基础地位、农业生产力较低、农业生产风险较大、农户抗风险能力较弱及农户收入水平较低的基本情况构建符合我国国情的农业保险发展模式，保障农业保险经营的稳定性及可持续发展。农业保险可持续发展是我国农业经济发展的基础，也是保障我国经济发展的基础。

第五章

农业保险多维绩效实证研究

农业保险就是指在农业生产经营过程中，为有生命的动植物因自然灾害或意外事故所造成的经济利益的损失，提供经济保障的一种保险。

从目前我国及地方的财政状况来看，管理农业风险最有效的手段之一就是要发展农业保险业，从而全方位地分散化解农业风险损失，形成国家、地方财政、企业与农民共同分担风险的机制。农业保险的意义：

（1）农业保险有利于减轻农业风险对农业的威胁，提高农业经济的稳定性。由于农业保险的推行，可以在发生农业灾害时及时有效地补偿损失，迅速恢复农业生产，保证农业再生产不至于萎缩和中断，进而稳定农产品价格不至于大起大落，保证农业生产资料的稳定供给，进而保证农业持续、稳定、健康地发展。

（2）有利于农业资源的合理配置，促进农业产业结构的调整，实现国家农业发展的目标。农业保险作为国家的一项农业保护政策，同样可以起到经济杠杆作用，用于调节农业资源的配置，比如加大对设施农业的保险补贴，取消对高污染的某养殖业的保险补贴以至于不再对该标的给予保险，就可以通过影响成本与风险达到优化资源配置的目的。

（3）有利于加强农业保护，提高农产品的国际竞争力。农业保险作为 WTO 规则下允许和鼓励的农业支持措施，可以达到间接对农业实行财政补贴的目的，而且其转移农业风险的职能有助于保障农业风险投资的安全，促进农业产业化或国际化，进而提高农业的国际竞争力。

（4）有利于弥补救灾资金的不足，减轻灾后政府筹措资金的压力，由于农业保险的相当一部分资金还是来源于农民缴纳的保费，因此，农业保险相当程度上是农民之间的经济互助关系，即积聚农民的社会资金应付农业风险，而且政府每年为农业保险基金也可以在大灾之年发挥作用，从而较有效地避免农业救灾资金支出的大起大落。

（5）有利于农村社会生活的稳定和农民精神面貌的改善。农业保险使得农民减少了对未来生活不确定性的担心，其补偿功能有助于农民生活来源的稳定，减少了对未来的担忧。

（6）有利于保障农业投资的安全，改善农民的信贷地位和经济地位。有农业保险做风险保障，农民可以放心大胆地增加农业投入，扩大农业再生产，从而有助于提高农民的经济地位。而有农业保险的保障，银行就可以更加大胆地为农业放贷而不用担心农户遭灾后无法还贷。

关于农业保险绩效研究的现有文献主要集中在以下几个方面：维度之一——平滑收入风险绩效：威尔逊（Wilson）、查姆比尔（Chambell）、汤森德（Townsend）、乔纳森（Jonathan）等研究认为，农业保险有助于农户在受灾年份平滑收入波动；克拉夫特用美国数据证实农业保险可以保障农户收入的稳定性；山内（Yamauchi）通过日本 Aomori Prefecture 的案例分析了农业保险对稳定农民收入的效果，研究表明由于购买了农业保险，农民在遭受风险损失时，不仅能收回经营成本，还能得到一部分净利润。戈东·L. 卡里克（Gordon L. Carriker）利用美国堪萨斯州干旱地区 98 个小麦农场和 38 个玉米农场的数据，比较了五种作物保险和灾害救助计划对农民收入的影响，研究发现个体农场收益保险在降低农民收入风险方面的作用比其他保险或救助方式更为有效。克拉夫特用美国数据证实农业保险可以影响农业净收入的概率分布、影响农户收入的稳定性，虽然在正常年份农民支付保险费会降低农户可获得的最大收入，但在受灾年份，农户得到的保险赔付就可以减少低收入的可能性。北京大学 CCER 研究发现，农户能够通过参加农业保险来应对风险冲击，进行自身收入平滑；冯文丽通过利用庇古的福利经济学思想解释了，农业保险的福利功效，认为农业保险兼具危险处理财务手段及收入转移政策两种政策功能，认为农业保险具有促进农业产业化、提高农业贷款人收益、保障农民收入稳定的功能。李婷持不同意见，政策性农业保险对稳定农作物产量的作用有限，并且对稳定农户收入、增强农业抵御风险能力等方面也没有显著的长期效果。维度之二——抵御贫困绩效：尔达（Erda）认为农业保险对贫困家庭收入边际效用更大；布鲁斯·巴布科克和查德·E. 哈特（Bruce A. Babcock & Chad E. Hart）通过对供求关系研究发现，政府补贴可以提高农户参保率，且补贴的积极效应主要体现在供给的增加和农户收入的稳定两个方面；张瑞（Rui Zhang）等认为，联邦农作物保险计划已经成为美国农业生产者管理价格和产量风险的一种有效手段，政府为联邦农作物保险提供的保费补贴费用从 1995 年的 4.36 亿美元增加到 2005 年的 20 亿美元，在如此巨大的政府财政支持下，参保农民的农业生产收入因自然灾害而急剧减少的概率显著下降。吴臣辉提出，农业保险是一项重要的反贫困战略政策，是农民脱贫致富的重要保障；张伟、罗向明、郭颂平以民族地区作为研究对象，自然灾害是造成民族地区农村贫困的重要因素，研究表明政策性农业保险提供的风险保障有利于稳定农民收入、降低贫困发生率；黄建新提出如果不建立农业保险屏障，农民脱贫就没有保障，脱贫后返贫的可能性将大大增加。维度之三——社会保障功效：文森特·H. 史密斯（Vincent H. Smith）提出，作物保险类似于一种收益保障合同，它为个体农业生产者的农作物收益提供保障，以防止预期收入的下降；龙文军将博弈理论应用于农业保险的行为主体分析，用博弈的原理来分析主体行为，得出对于农民来说，无论是从事高风险或低风险产品的耕种，参与农业保险是其获得稳定收益的保障；段学慧提出，在农村社会保障体系中，农业保险处于基础或"上游"环境，影响着农村社会保障水平层次的选择、效率的高低和实施力度的大小；张国海等认为农业保险作为社会性的农业自然风险分散工具纳入农村社会保障体系来保障农户的风险冲击，利用农业保险的方式对受灾群众进行救助，是一个新思路；庹国柱指出，发达国家对农业保险实施的是典型的低费率、高补贴的社会保障政策。黄如金，聂荣认为，农业保险作为社会性的农业系统性风险分散工具，同医疗保险和养老保险一样，具有社会保障功效，有助于增强农村社会保障网络，因而农业保险应纳入农村社会保障体系；黄小敏、王丽兰认为农业保险甚至可以在提供传统农业保障基础上为农村人口提供补充养老保险的价值。维度之四——需求激励价值：加尔文和昆根，巴布科克和哈特（Hart）提出美国较高的农业保险补贴增加了农户购买高保障水平农作物保险的预期边际净收益，对提高参与率具有显著激励作用；锡德拉，张启文（Zhang Qiwen），穆罕默德·阿卜杜拉，艾哈·迈德和马吉德·拉蒂夫对巴基斯坦300户农户的调查数据采用Probit模型分析显示，影响巴基斯坦农民购买农业保险的两个最主要因素是教育水平和农村信贷，农户对农业保险的认知水平较低影响农户对保险的需求意愿，因此可以通过提高农业保险推广教育及银行农业信贷来提高农户农业保险需求；尼曼在研究贫穷家庭的保险需求时得出：保险对贫穷家庭收入边际效用更大，因此在购买保险的人群中，贫穷家庭购买保险后的效用提高相对较快。巴布科克研究发现农业保险补贴类似于农产品价格支持政策，大大提高了农民参加农业保险的积极性。费友海指出农业保险是一种准公共产品，具有外部性，且具有正外部性；其消费的正外部性导致农业保险"有效需求不足"，其生产的正外部性导致农业保险"有效供给不足"；张伟、夏云、郑军立足于我国农业保险的发展现状对农业保险需求问题的影响因素进行了探索，研究发现农民收入、风险演变、农村土地流转、农业产业化、区域差异等因素对农业保险需求存在影响；张跃华、施红发现财政补贴政策对农险需求的调节效应，认为保险政策具有"亲贫"的转移支付效果，提升了农户的投保意识，增强了农户购买农业保险的持续性。维度之五——稳定国家粮食安全绩效：奥登（Orden）总结了农业保险对于全部作物的影响，认为使产出提高的程度在0.28%~4.1%之间，虽然对产出影响不大，但是基本维持了稳定状态，有助于国家粮食安全；杨（Young）、范迪维尔和斯内夫（Sehnepf）研究认为，财政补贴的农作物保险仅仅将主要农作物的种植面积提高了0.4%，其中小麦和棉花增加的播种面积占31%；波格丹（Bogdan）、卡门（Carmen），克里斯蒂娜研究认为粮食安全主要要素包括：农业生产、粮食分布状况及减缓贫困。农业保险促进粮食生产，改善粮食供应链，增进农业风险管理，稳定农户收入，促进农业生产投资，因此农业保险是保证粮食安全的关键要素。我国开展政策性农业保险的目的之一就是稳定粮食安全；庹国柱和王德宝通过研究得出政策性农业保险有利于维持国家粮食产出的平稳。

第一节　农业保险主体互动的博弈分析

目前我国规避农业风险的手段之一就是要发展农业保险，从而全方位地分散农业风险，形成国家、地方财政、农民共同分担风险的机制，依靠农业保险来转移农产品的价格风险。但由于农业保险作为一种准公共物品，带有明显的社会效益性，而它的这种社会效益性在市场经济条件下受到了严峻的挑战，在我国大多地方也都出现了"大办大赔，小办小赔，不办不赔"的现象。主要困境表现在以下几方面：

（1）农业生产的高风险造成农业保险的高赔付率。农业生产极易遭受灾害损失。理想的可保风险是大量分散且不相关的风险，可是在农业领域，诸如洪水等风险高度相关，发生大面积灾害的概率较高。我国一些地区棉花的灾害损失率通常在9%~18%，粮食作物的灾害损失率通常在7%~13%。保险人往往因此承担很高的赔付率。

（2）农业保险的经营成本较高。我国农业生产以小规模个体农户分散经营为主，地域分布极为分散，保险公司需要建立较多的分支机构，增加了开展业务的组织成本、交易成本。由于保险公司与农户之间存在严重的信息不对称，农业保险中的道德风险问题比其他险种要突出得多。投保农户受损后开展生产自救的主动性下降，并且有可能利用不对称信息骗取保费，而要降低道德风险又会带来较高的监督成本。

（3）高赔付率和高成本造成了高费率。保险公司都对农业保险业务制定了较高的费率，远高于一般财险费率。以我国情况为例，中华联合财险公司的农业保险费率为5%~12%，其中棉花6%~7%，甜菜和蔬菜达到 10%，玉米、小麦为 5%，而家庭和企业财产的保费率仅为 0.2%～2%。① 而农民总体上是一个低收入群体，根据保险业发展特点，保险需求与潜在客户的收入水平正相关，农民的低收入以及较高的恩格尔系数限制了农业保险的实际需求。农业保险高昂的费率进一步抑制了农民对它的需求，而需求不足将使保险公司开展此项业务举步维艰。因为保险经营受大数法则支配，风险单位过少不利于公司对风险的控制，不利于财务稳定。

从本身的特性来看，农业保险在某种程度上属于准公共产品。农民购买了农业保险，若遭受农险合同约定的风险损失，可以从保险公司获得一定的补偿，从这一角度看，农业保险属于私人产品，它具有排他性和消费上的竞争性。但是，考虑到农业风险主要是洪涝、干旱、台风、冰雹等自然风险，这类风险不是在个人控制之下，更不是由个人过错造成的，且一般会导致较大面积的灾害损失；农业保险客观上保障了社会稳定和社会秩序。从这个意义上讲，农业保险具有正的外部性，具有公共产品的某些属性。所以我们认为农业保险具有准公共产品的特性，不应依靠商业性保险公司提供，也不能完全由政府提供。

从供给及需求两方面对农业保险困境进行经济学解释：

（1）农业保险需求分析。凯恩斯理论中有三大规律，即边际消费倾向递减规律、资本边际效率递减规律和流动性偏好规律。这三大规律造成社会有效性需求不足，因此需要政府通过财政政策来干预经济运行，推动潜在国民收入的增长。当前我国农业保险市场同样存在有效需求不足，市场规模过于狭小的状况。

首先，消费是收入的函数，但消费的增长往往赶不上收入的增长。随着农民收入水平的不断提高，消费却呈递减趋势，消费递减中很大一部分自然是农业保险。当然这一规律的前提是收入增长，那么我国农民收入增长又如何呢？从资料分析来看：现阶段尽管有一部分农民富裕起来了，有一定保费支付能力。但大多数农民仅能维持温饱，有的甚至还

---

① 《中国保险年鉴》整理。

处于贫困当中，所以用于农业保险的消费已寥寥无几。

其次，为保证农业持续、稳定的增长，必须增加对农业的投入。凯恩斯的资本边际效率递减规律告诉我们，随着投资的增加，边际收益逐渐减少。边际收益的不断减少，这客观上也制约了农业投资的进一步增长。农业投资的相对不足，造成了对投资类农业保险需求的不足。

凯恩斯的流动性偏好规律，指的是人们更倾向于以现金形式保持自己的一部分收入，以备日常的或突发的现金支付。由于农民的收入偏低，没有多余的货币进行投机，所以货币需求主要是交易动机和预防动机引起的。与城镇人口相比，农村人口并没有被纳入社会保障体系，医疗、养老完全靠微薄的农业收入，来源单一，加大了农民的风险，增加了未来的不确定性。因而，农民更有倾向保有货币，以应付不时之需。总之，在生存需求没有满足的前提下，农民不会转向更高层次的完全需求—农业保险。

（2）农业保险供给分析。从农业保险供给来看，目前开办农业保险业务的主要有中国人民保险公司和新疆兵团保险公司两家，其保费收入分别占总保费的 0.6% 和 42.8%。而且我国农业保障程度很低，只提供农作物保险，其保险责任也很窄，主要是雹灾、水灾、风灾、冻害等。在保险金额的确定上，遵循的是低保额、低保费、基本保障的原则，保障水平很低。且我国农险的赔款额低于保费，起不到补助、扶持农业的作用，反而成为农民的负担，而美国农险赔款约为农户保费支出的两倍，客观上成为农民的收入来源。

造成这种明显区别的根本原因在于我国的农业保险体制存在着问题。我国的农业保险经历了一个时断时续的坎坷过程，特别是 20 世纪 90 年代以后，更是进入了一个全面萎缩期，至今许多省份的农业保险业务已完全停办，农业保险已名存实亡。究其原因，中国人民保险公司尽管是我国最大的国有独资保险公司，但其经营的保险属于商品范畴，不具有政策性保险公司的职能。将农业保险纳入商品经营体系的做法，严重制约了农业保险的发展，因为农业保险风险大，赔付率高，而农民经济收入水平低，保费负担能力有限，因而收费低，但这有违保险公司经营者追求利益最大化，不得不用其他险种的收益来抵补农业保险的损失。农业保险的政策性、非营利性与商业保险经营者的经营目标是相背离的，经营者无兴趣开展这种费力赔钱的险种业务，当然就无法顾及农业保险对农业发展和农村经济的保障作用，这不得不使供给面临萎缩的局面。

一、理论模型

（一）农业保险钱伯斯（Chambers，1989）模型

钱伯斯（1989）曾经给出关于农业保险机制设计的经典文献。根据钱伯斯的论述，得出基本模型如下：x 代表农民的投入，y 代表产出，$\bar{\theta}$ 代表生产过程中的风险因素（天气、病虫害等），概率密度函数为 h($\bar{\theta}$)。真正实现的产量为 y = y(x，θ)，此处 θ 是 $\bar{\theta}$ 在其取值范围内的任一现实值。产量 y 以随机价格 $\bar{p}$ 出售，$\bar{p}$ 的概率密度函数为 v(p)。总收入等于 py，设 R = py，I(R) 代表保险赔付，δ 代表保险成本，π 为农民最终实现的净收入。则有式（5.1）：

$$\pi = R + I(R) - \delta - wx \qquad (5.1)$$

此处 w 代表投入价格（假定为常数）。农民的目标是最大化期望效用，该效用被定义为农业净收入 π 的函数：

$$EU = \int_{R_0}^{R_m} U(R + I(R) - \delta - wx)\,dG(R，x) \qquad (5.2)$$

此处 G(R，x) 是给定 x 后 R 的条件分布，由 y(x，θ)，h(θ) 和 v(p) 决定，R_0，R_m 分别为农民收入水平的最大值和最小值。

（二）伦德伯格 – 克拉默（Lundberger – Cramer）经典风险模型

保险中通常使用的经典风险模型（即伦德伯格 – 克拉默）为：

$$U(t) = u + ct - Z(t) \qquad (5.3)$$

式中 U(t) 是保险公司在时刻 t 的盈余，u = U(O) 为初始盈余，c > 0 是单位时间收到的保费，Z(t) 是直到时刻 t 的总索赔额，$\{Z\}$ 是参数为 λ 的复合 Possion 过程，即

$$Z(t) = \sum_{i=1}^{N(t)} X_i \tag{5.4}$$

其中，$\{N(t), t \geq 0\}$ 是参数为 λ 的 Possion 过程，$\{X_i, i \geq 1\}$ 是独立同分布随机变量序列，X_i 是第 i 次的索赔额（即跳跃量）。为简化起见，假设其分布密度存在，记为 p(x > 0)，x > 0。

二、博弈分析

（一）农户与保险公司之间的博弈

由以上两个经典模型说明农户与保险公司的决策主要是预期效用最大化，由此，我们对农业保险主体进行以下博弈分析：

假设农户的农田财富为 γ，风险发生概率为 α，发生自然灾害时的风险损失为 θ；如果农户投保，单位农田财富的投保费率为 β，当发生灾害损失时保险公司的赔付金为 λ，保险公司开展其他保险业务（除农业保险以外）的收入为 w。

由于目前农业保险面临双重困境，为了保证农业保险的实施，我们假设政府对投保人或承包分别进行补贴。当保险费大于赔偿金额时政府对农户（投保人）保险进行补贴，补贴金额与保险费率有关为 η；当赔偿费大于保险费时，政府对保险公司（承保人）进行经营补贴，补贴额度与风险赔偿金额有关为 κ。

农户参加农业保险的保险收益为：

$$\pi_F = y - \alpha\theta - \beta y + \alpha\theta\lambda + \eta\beta y \tag{5.5}$$

保险公司经营农业保险的保险收益为：

$$\pi_E = w + \beta y - \alpha\theta\lambda + \kappa\alpha\theta\lambda \tag{5.6}$$

建立博弈矩阵求解农户与保险公司的混合纳什均衡。设 γ 为农户投

保概率，（$\gamma = 1$）表示投保，（$\gamma = 0$）表示不投保。ρ 为保险公司的经营概率，（$\rho = 1$）表示保险公司经营农业保险，（$\rho = 0$）表示不经营农业保险。通过选择合适 $\pi(\gamma, \rho)$，进行博弈如表 5 - 1 所示。

表 5 - 1　　　　　　　　　　　　农户与保险公司博弈

博弈矩阵		保险公司	
		经营（ρ）	不经营（$1 - \rho$）
农户	投保（γ）	$y - \alpha\theta - \beta y + \alpha\theta\lambda + \eta\beta y$ $w + \beta y - \alpha\theta\lambda + \kappa\alpha\theta\lambda$	$y - \alpha\theta + \eta\beta y$ w
	不投保（$1 - \gamma$）	$y - \alpha\theta$ $w + \kappa\alpha\theta\lambda$	$y - \alpha\theta$ w

农户选择投保和不投保的期望收益分别为：

$$\pi_F(1, \rho) = (y - \alpha\theta - \beta y + \alpha\theta\lambda + \eta\beta y)\rho + (y - \alpha\theta + \eta\beta y)(1 - \rho)$$

$$\pi_F(0, \rho) = (y - \alpha\theta)\rho + (y - \alpha\theta)(1 - \rho)$$

解　　　　　　　　　$\pi_F(1, \rho) = \pi_F(0, \rho)$

得　　　　　　　　　$\rho^* = \dfrac{\eta\beta y}{\beta y - \alpha\theta\lambda}$

如果保险公司经营农业保险的概率大于 ρ^*，农户会选择投保。

如果保险公司的经营农业保险的概率小于 ρ^*，农户会选择不投保。

如果保险公司的经营概率等于 ρ^*，农户会选择投保或不投保。

保险公司选择经营和不经营的期望收益分别为：

$$\pi_E(\gamma, 1) = (w + \beta y - \alpha\theta\lambda + \kappa\alpha\theta\lambda)\gamma + (w + \kappa\alpha\theta\lambda)(1 - \gamma)$$

$$\pi_E(\gamma, 0) = w\gamma + w(1 - \gamma)$$

解　　　　　　　　　$\pi_E(\lambda, 1) = \pi_E(\lambda, 0)$

得　　　　　　　　　$\gamma^* = \dfrac{\kappa\alpha\theta\lambda}{\alpha\theta\lambda - \beta y}$

如果农户的投保概率大于 γ^*，保险公司会选择经营农业保险。

如果农户的投保概率大于 γ^*，保险公司会选择不经营农业保险。

如果农户的投保概率等于 γ^*，保险公司会选择经营或不经营。

因此，混合战略纳什均衡是：$\rho^* = \dfrac{\eta\beta y}{\beta y - \alpha\theta\lambda - 2\eta\beta y}$，$\gamma^* = \dfrac{\kappa\alpha\theta\lambda}{\alpha\theta\lambda - \beta y}$，即农户会选择 $\gamma^* = \dfrac{\kappa\alpha\theta\lambda}{\alpha\theta\lambda - \beta y}$ 的概率投保，保险公司会选择 $\rho^* = \dfrac{\eta\beta y}{\beta y - \alpha\theta\lambda - 2\eta\beta y}$ 的概率经营保险业务。

（二）农户与政府之间的混合博弈

在保险公司开办保险业务同时有风险出现的前提下，假设保险费大于赔偿金时，政府进行补贴的概率为 ρ，建立以下方程，如表 5 - 2 所示。

表 5 - 2   农户与政府的混合博弈

博弈矩阵		政府	
		补贴（ρ）	不补贴（$1 - \rho$）
农户	投保（γ）	$y - \alpha\theta - \beta y + \alpha\theta\lambda + \eta\beta y$ $- \eta\beta y$	$y - \alpha\theta - \beta y + \alpha\theta\lambda$ 0
	不投保（$1 - \gamma$）	$y - \alpha\theta$ 0	$y - \alpha\theta$ 0

农户选择投保和不投保的期望收益分别为：

$$\pi_F(1,\ \rho) = (y - \alpha\theta - \beta y + \alpha\theta\lambda + \eta\beta y)\rho + (y - \alpha\theta - \beta y + \alpha\theta\lambda)(1 - \rho)$$

$$\pi_F(0,\ \rho) = (y - \alpha\theta)\rho + (y - \alpha\theta)(1 - \rho)$$

解 $\pi_F(1,\ \rho) = \pi_F(0,\ \rho)$

得 $$\rho^* = \dfrac{\beta y - \alpha\theta\lambda}{\eta\beta y}$$

如果政府补贴概率大于 ρ^*，农户会选择投保。

如果政府补贴概率小于 ρ^*，农户会选择不投保。

如果政府补贴概率等于 ρ^*，农户会选择投保或不投保。

（三）保险公司与政府之间的混合博弈

在农户选择投保同时出现风险的前提下，假设赔偿金大于保险费时，政府进行补贴的概率为 γ，建立以下方程，如表 5－3 所示。

表 5－3　　　　　　　　保险公司与政府之间的混合博弈

博弈矩阵		保险公司	
		经营（ρ）	不经营（1－ρ）
农户	补贴（γ）	w＋βy－αθλ＋καθλ －καθλ	w 0
	不补贴（1－γ）	w＋βy－αθλ 0	w 0

保险公司选择经营和不经营的期望收益分别为：

$$\pi_E(\gamma,\ 1) = (w + \beta y - \alpha\theta\lambda + \kappa\alpha\theta\lambda)\gamma + (w + \beta y - \alpha\theta\lambda)(1 - \gamma)$$
$$\pi_E(\gamma,\ 0) = w\gamma + w(1 - \gamma)$$

解　　　　　　　　$$\pi_E(\lambda,\ 1) = \pi_E(\lambda,\ 0)$$

得　　　　　　　　$$\gamma^* = \frac{\alpha\theta\lambda - \beta y}{\kappa\alpha\theta\lambda}$$

如果政府的补偿概率大于 γ^*，保险公司会选择经营农业保险。
如果政府的补偿概率小于 γ^*，保险公司会选择不经营农业保险。
如果政府的补偿概率等于 γ^*，保险公司会选择经营或不经营。

第二节　农业保险多维绩效

农业保险从真正意义上的商品交换的角度来说具有外在性及公益性，即农业保险所带来的最终利益是全社会的。下面借用福利经济学的原理对农业保险做理论分析。

一、理论与模型

图 5－1、图 5－2 假定在没有农业保险时，农产品供给曲线是 S_0，

需求曲线是 D，此时的消费者剩余是 P_1AP_0，生产者剩余是 P_0AO。农民购买农作物保险后，由于农业保险的上述作用有助于增加农产品的供给和降低农产品价格，必然使供给曲线向右下方移动。假如移动后的供给曲线是 S_1，再假定农产品需求是缺乏弹性的，那么供给曲线的移动使农产品价格下降，均衡价格由 P_0 降到 P_2。此时消费者剩余净增量为 P_0ABP_2，价格变化也使生产者剩余由原来的 P_0AO 变为 P_2BO。而 P_2BO 可能比 P_0AO 大，也可能小。即生产者剩余的增量可能为正，也可能为负。但对整个社会来说，社会福利即社会剩余（消费者剩余与生产者剩余之和）的增量（即 ΔABO 的面积）总是正值。说明引进农作物保险后提高了整个社会的福利水平，即社会福利增量（ΔABO 的面积），取决于供给曲线 S_0 向 S_1 方向移动的程度，即农民参与农作物保险的程度和需求弹性的大小。当农民的参与程度提高，农产品供给弹性就会增大，同时需求弹性减小，社会福利的增量也会增加，即 ΔABO 的面积扩大。但生产者剩余逐渐减少并向消费者转移，以致生产者的最终利益比引入农业保险前减少（生产者剩余的增量为负），从而导致农业的平均利润下降。从理论分析可见，引进农业保险，保险人并不得益，被保险农户在一定阶段可从中获得利益，而广大消费者是最大和最终的获利者，如图 5－1、图5－2 所示。

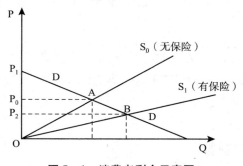

图 5－1　消费者剩余示意图

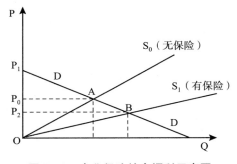

图 5 - 2　农业保险社会福利示意图

二、实证分析

我国农业保险近年来取得了举世瞩目的蓬勃发展，在近 5 年的农村保险调查报告中显示我国农业保险承保主要农作物从 2.3 亿亩增加到 11.06 亿亩，业务规模跃居世界第二，仅次于美国这个拥有百年农业保险历史的发达国家。并且在 2013 年里中国农业保险完成了四个突破：主要农作物承包面积突破 10 亿亩，保险金额突破 10 000 亿元，参保农户突破 2 亿户，保险赔款突破 200 亿元。[①] 农业保险覆盖面不断扩大，保险品种不断增加，试点地域不断拓展，再保险机制不断得到完善，满足了我国农户的基本需要。但在实施过程中也存在一定的问题，通过对农业保险绩效及影响机制的研究，提出政策建议来提高其运行效率，实现农业保险福利效用的优化。

农业保险不但宏观上有助于农村社会保障体系进入良性循环，微观上也有助于实现农户自身效用最大化。利用辽宁省农户的入户调查数据，从农户的"主观感受"和"客观效果"两个层面评价农业保险的福利意义及经济绩效。农业保险作为风险保障手段，其作用和功能如同医疗保险、养老保险等保险机制一样具有抗风险的社会福利效应；同时也同储蓄、借贷、资产积累等风险分担工具一样具有平滑消费、反贫困

---

① 2013 年《中国统计年鉴》，《中国保险年鉴》。

的经济绩效；同时农业保险作为风险事后补偿机制，具有满足农户需求，提高农作物的产出水平的福利价值。

本书的数据来自 2010 年 8 月在辽宁省农村的入户调查，该调查在辽宁省八个县展开。收集了包括样本农户的基本信息、农业风险及风险分散措施、农业生产及农业保险等相关信息。研究农业保险的福利绩效主要基于农户的"主观感受"及制度实施的"客观评价"两个层面进行评价。

（一）基于主观感受的福利效应

1. 种粮目的

从福利意义来讲，农户种粮目的应该取决于对粮食的预期收益，比如给农户带来的经济效益及是否能够满足自己家庭生活的基本需要。但是政府出于对我国粮食安全的需要，会用行政手段来促使农户种粮，表 5－4 是农户的种粮目的频数表。

表 5－4　　　　　　　　　农户种粮目的

	满足家庭生活需要	完成国家定购任务	没有其他可做的
是	75.2%	3.9%	37.6%
否	24.8%	96.1%	62.4%
合计	100%	100%	100%

多数农户表示种粮的目的为了生活需要，占 75.2%；其次，由于受年龄、健康及教育等因素的制约，农业生产是他们唯一能够从事的工作，占 37.6%；仅有少数人表示是为了完成国家任务，占 3.9%。

2. 种植业风险来源及风险分散措施

表 5－5 显示，农户对种植业风险的排序为：自然灾害、市场风险、疾病灾害、技术风险及政策性风险。政策稳定性对农户的风险感觉也有影响，但是比例不大。自然风险所占总风险的比例最大为 96.4%，农业保险作为分散自然风险损失的事后补救手段，其福利效用显而易见。

表 5 - 5   种植业面临的主要风险

	自然灾害	市场风险（价格波动）	疾病灾害	政策性风险	农业技术风险
是	96.4%	54.7%	39.3%	12.3%	17.5%
否	3.6%	35.3%	60.7%	87.7%	82.5%
累计	100%	100%	100%	100%	100%

3. 农业保险的保障水平

通过对农户种粮目及面临的风险分析，了解到农业保险具有重要的福利意义。农业保险作为政府福利补贴政策之一，对比其他社会保障手段，如医疗保险和养老保险，目前覆盖率及保障水平如表 5 - 6 所示。

表 5 - 6   社会保障覆盖水平

	养老保险	医疗保险	农业保险
是	70.6%	83.5%	61.6%
否	29.4%	16.5%	38.4%
累计	100%	100%	100%

所有样本中，家庭参加农业保险比例 61.6%；家庭参加医疗保险比例 83.5%；家庭参加养老保险的比例 70.6%。在政府三项保障政策中，医疗保险的覆盖率最高，农业保险的参与率相对最低。

4. 农业保险重要性的评价

农户对农业保险重要性的主观评价，能够直接反映出农业保险的福利效果，如表 5 - 7 所示。

表 5 - 7   农业保险价值评价

	有效百分比	累计百分比
没有感觉	6.6%	6.6%
不太重要	8.4%	15.0%

	有效百分比	累计百分比
一般	26.2%	41.2%
比较重要	41.9%	83.1%
非常重要	16.9%	100.0%
共计	100.0%	

表 5-7 显示，尽管 58.8% 农户有风险防范意识，了解保险的重要性，愿意主动采取参加农业保险来抵御风险冲击，对农业保险的重要性价值评价较高，但是还有近半数的农户没有认可农业保险的重要性。

种粮作为多数农户的基本生存手段，对比其他社会保障手段如医疗保险和养老保险，农业保险目前覆盖率偏低，农户更愿意通过自身保险，而不是参加农业保险来分担风险，并且部分农户对农业保险重要性认识不足。进一步对参保及不参保原因进行分析，如表 5-8、表 5-9 所示。

表 5-8　　　　　　　　　　　　　　　未参保原因

	农作物保险保险费高，不能承受	农作物保险并不重要，很少受灾	险种设置不能满足农户要求	认为保险费完全是政府的责任	农业保险条款不合理	不知道有农业保险	农业生产只占家庭收入很少一部分	实际理赔手续复杂，困难重重	对政府和保险公司不信任
是	8.8%	25.5%	33.5%	8.8%	30.2%	18.4%	14.6%	46.4%	20.1%
否	91.2%	74.5%	66.5%	91.2%	69.8%	81.6%	85.4%	53.6%	79.9%

5. 农业保险参保及未参保原因

农户不参保的原因，主要是农户认为保险设置不合理、条款不清晰和理赔手续烦琐等；其次也有部分农户受经济条件制约，表示保险费率太高不能承受，政府应该给予更多的补贴；还有就是农业保险的宣传力度不够，造成部分农户还不是很了解农业保险，对政府和保险公司持不信任态度，另外的原因是部分农户觉得农业收入所占比例太低而不愿购买。

表 5-9　　　　　　　　　　　　　　参保原因

	灾害频繁，提高生产保障系数	农作物保险保费低，不影响生活	农业生产规模较大，是主要家庭收入来源	村里统一购买或政府要求参加	受灾可以获得赔偿	有政府补贴	为了享受农业贷款优惠政策
是	61.3%	52.8%	36.4%	29.1%	58.1%	36.1%	9%
否	38.7%	47.2%	63.6%	70.9%	41.9%	63.9%	91%

表 5-9 是农户参保原因频数表。显示多数农户是风险规避型的，并且了解保险的机制及价值，参保是为了应对突发风险，使生活更有保障，这也充分体现了农业保险的福利效果；当农业收入比例较高时，在参加保险提高保障的同时，保费也不会影响生活水平的下降；也有部分农户参加农业保险是为了享受政府的其他补贴政策及优惠政策；少数人是被动参保。

（二）客观效果评价

实证研究基于以下假设条件。

（假设 1）农户在生产和生活中的行为是理性的，即越贫困的农户越是风险厌恶型的（世界银行发展报告，2011），中国农户存在"过度消费平滑"现象。

（假设 2）农业保险有利于农户提高抗风险冲击能力，福利意义同储蓄、借贷、资产、其他保险计划等风险分担工具一样，有助于农户维持"消费平滑"。

（假设 3）农业保险同新农合和养老保险等社会保障机制一样，能够提高农户的社会保障水平。

（假设 4）农业保险有事后补偿的作用，能够激发农户对农业生产的重视，具有提高产出的福利绩效。

1. 农业保险的抗风险绩效

乔纳森·默多克（Jonathan Morduch，1995）把家庭通过投资于各种保险计划、储蓄、借贷以及对资产进行重新分配以使家庭的消费波动控制在一定范围内的策略称为"消费平滑策略"。发展经济学阐述"消费平滑"具有降低风险冲击，维持农户社会保障水平的福利意义和价值。

有　　　　　　　　变化的消费 $= \alpha + \beta$ 变化的收入 $+ \mu$

$$\beta = \frac{变化的消费}{变化的收入} \tag{5.7}$$

我们这里定义 α 为常数；μ 为误差；β 为消费平滑系数，即为单位收入变化所引起的消费波动。按照相关文献，低于 0.3 即为消费过度平滑，中国农户收入水平较低相对贫困，所以相对于收入的变动，其消费不敏感。

政府补贴经济效率是评价政府投入绩效的一个重要目标。社会保障的保险项目具有稳定平滑消费的效用。表 5－10 是对比其他保险项目"新农合"和"新农保"，对农业保险的保障绩效进行评价的结果。

表 5－10　　　　　　　　　农业保险的抗风险绩效

消费的变化	常数		收入的变化			
	系数	标准误差	系数	标准误差	F	Prob > F
全样本	908.950 ***	115.7509	0.164 ***	0.0156	110.412	0.000
农业保险						
参与	861.652 ***	179.0797	0.194 ***	0.0253	78.355	0.000
未参与	946.457 ***	154.1140	0.141 ***	0.0199	36.498	0.000
医疗保险						
参与	936.277 ***	118.3218	0.164 ***	0.0159	89.946	0.000
未参与	－192.100	425.6928	0.027	0.0757	26.808	0.000
养老保险						
参与	907.672	133.1243	0.170 ***	47.6160	98.802	0.000
未参与	1 026.756	247.6160	0.105 **	0.0390	16.677	0.000

注：符号 ***、** 和 * 分别表示系数在 1%、5% 和 10% 水平上统计显著。

表 5-10 通过计算"消费平滑系数"及检验，实证分析了三种福利补贴政策的保障绩效。考虑保障政策的福利效果，我们定义参保与未参保农户的平滑系数比值为 λ，这个比值越大，说明政策带来的福利效果越大。

$$\lambda_i = \frac{\beta_1（参保）}{\beta_2（未参保）} \tag{5.8}$$

当 i=1 时，λ_1 代表"新农合"政策的福利效应；当 i=2 时，λ_2 代表"农业保险"政策的福利效果；当 i=3 时，λ_3 代表"新农保"的福利效果。

（1）全样本的消费平滑系数为 0.164。说明农户是风险规避型的，即消费行为存在"过度平滑现象"。

（2）参加与未参加"新农合"的农户消费行为都与风险偏好显著相关，即变化的消费与变化的收入显著相关。参加"新农合"的农户，消费平滑系数为 0.164，说明参加"新农合"的农户的风险意识强。未参加"新农合"的农户，消费平滑系数仅为 0.027，且不显著，对比 0.164 非常小，可以解释为没有参加医疗保险的农户，没有健康及生活的安全感，当收入的变化增加时，还自愿维持其原来的消费水平。

另外数据显示，不参加"新农合"的农户，其平均收入水平略低于参保农户，但方差偏大，说明这组人群是相对低收入人群且收入不稳定，因而规避风险的意识更强烈。这也说明了"新农合"补贴政策带来的福利效果，参保农户更有安全感。

（3）参加与未参加"农业保险"的农户，消费行为与风险偏好显著相关，平滑系数分别为 0.194（参保）和 0.141（未参保）。对于参保农户，风险偏好略大于未参保农户，可以解释为参保农户由于保障感觉的增加，才能更加愿意拓展其消费水平。这也证明农业保险政策的福利效果。$\lambda_2 = 1.376$

（4）参加与未参加"新农保"的农户，消费行为与风险偏好显著相关，平滑系数分别为 0.170（参保）和 0.105（未参保）。对于参保农户，风险偏好略大于未参保农户，可以解释为参保农户由于保障感觉的增加，才能更加愿意拓展其消费水平。这也证明国家"新农保"政策的福利效果。$\lambda_3 = 1.619$

（5）对比不同的 λ 值，$\lambda_3 > \lambda_2 > \lambda_1$。发现对于农户提高其生活质量，及心理安全感的提高，"新农合"的福利效果最佳，农业保险的福利效果最低。

2. 农业保险的产出绩效

根据柯布 – 道格拉斯生产函数（Cobb – Douglas Production Function），从微观层面研究农业保险对农业产出绩效的影响。Y 是产出绩效，受到耕地面积、劳动力、资金投入等的影响，同时会受到不确定性风险的影响。

$$Y = A(t)L^{\alpha}K^{\beta}\mu \tag{5.9}$$

进一步为

$$\ln Y_i = \ln f(\alpha,\ land,\ labour,\ expenditure,\ Cv,\ \mu)_i \tag{5.10}$$

农业保险对产出的影响因素包括耕地面面积（Land）、农业劳动力投入（Labor）、农业资金投入（Expenditure）、风险冲击（Cv），其中风险变量是假设农业收入比重服从 Pert 分布的变异系数［卡勒姆·G. 特维（Calum G. Turvey），1989，2010；聂荣，2012］。对比参加农业保险与没有参加农保的农户，其产出影响因素及检验如表5 – 11所示。

表 5 – 11　　　　　　　　参保与不参保农户产出绩效对比

农业产出的对数		系数	标准误差
	常数项	5.014 ***	0.263
	农业资金投入的对数	0.388 ***	0.040
	耕地面积的对数	0.278 ***	0.044
未参加农保	务农人数的对数	0.106 **	0.059
	农业风险的对数	- 0.114 ***	0.035
	F	155.230	
	Prob > F	0.000	

续表

农业产出的对数		系数	标准误差
参加农保	常数项	3.766 ***	0.235
	农业资金投入的对数	0.514 ***	0.036
	耕地面积的对数	0.354 ***	0.039
	务农人数的对数	0.103 *	0.041
	农业风险的对数	− 0.081 **	0.025
	F	317.778	
	Prob > F	0.000	

注：符号 *** 、 ** 和 * 分别表示系数在 1% 、5% 和 10% 水平上统计显著。

根据表 5 - 11，在影响农业产出的因素中，资金投入、耕地面积、农业劳动力与产出显著性正相关，即随着农业投入、土地面积及劳动投入的增加，产出显著增大；农业生产风险与产出显著性负相关，说明随着风险的加大，产出显著减少，反之亦然。

参保农户对比不参保农户，土地和农业生产投入的产出弹性系数比较大。说明参保农户更重视农业生产效益，并通过参保提高了产量。这验证了农业保险的福利效应。

参保农户对比不参保农户，人力投入的风险的弹性系数差异不大，这因为我国农业劳动力处于过度饱和状态。

参保家庭与未参保家庭的风险产出弹性都为负数，但是参保农户的系数小于未参保农户。即随着农业风险的增大，参保农户的产出减少幅度小于不参保农户，说明风险对于参保农户的负面影响比不参保的农户要小。这再次验证农业保险对产出的福利效应。

3. 政策性保险抗贫困的福利效用

农户家庭的经济状况影响农户的消费行为，消费行为直接体现出家庭的贫穷及富裕程度。这里我们以农户消费行为替代其贫富程度，因为消费表示应对风险的结果，能代表其经济状态。假设越贫困的农户，其消费水平越低，农业保险的经济福利效果越显著。反之亦然。

考虑影响农户消费的影响因素包括收入水平、教育和健康；平滑消费的措施，包括财产、储蓄、借贷及保险计划。

建立模型

$$\text{Consumption} = f(\alpha, \text{ Inc, Asset, Saving, Credit, Insurance,}$$
$$\text{Educatiot, Health, } \mu) \qquad (5.11)$$

表5-12和表5-13是利用普通最小二乘方法实证分析消费的影响因素，包括全样本回归，参保农户与未参保农户的分类回归，按照农户收入分类的线性回归。

表5-12通过对全样本及将参保与未参保农户进行分类分析农户消费行为的影响因素。

农户消费行为与教育显著正相关。随着农户受教育水平的提高，其生存技能更强，所以消费有所提高。参保农户对比未参保农户，教育带来的消费边际影响更大，这正验证了农业保险的保障效应。

财产与消费显著正相关。家庭财产的增加，说明农户的整体生活水平提升了，消费自然有所提高。对比参保农户，对未参保农户的影响更大，说明当农户的财产明显增加时，其生活水平的改善可能更多的来源于非农收入，所以使农户对农业收入不太关注。

储蓄与消费负相关。在家庭收入约束下，储蓄的增加将使得消费略有下降，参保农户对比未参保农户，储蓄带来的消费影响更大。

收入的变化引起消费的同方向变化，收入的增加使得消费提高。参保对比未参保农户，效果更显著，这也正验证了农业保险的保障效应。

借贷对消费行为有正向影响。随着借贷的增加，消费略有提高，参保与未参保农户的差异较小。说明借贷使农户的预期收入增加，进而改善其消费水平。

表5-13为分析低收入30%（穷人）及高收入70%群体（普通人群）的消费行为的影响因素及其差异。根据前面的结论，目前我们的样本中收入水平没有达到U型临界点，样本中还没有富人组。

表5-12 按参保与未参保分类的消费行为影响因素及检验

消费	（模型1）全样本		（模型2）全样本		（模型3）参保样本		（模型4）未参保样本	
	系数	标准误差	系数	标准误差	系数	标准误差	系数	标准误差
常数项	-1 697.733***	731.197	-1 154.779***	636.094	-2 008.617**	831.820	-612.873	966.370
受教育程度	979.900***	203.102	943.128***	202.865	1 137.319***	263.076	723.061**	325.970
家庭财产	21.893**	11.757	23.706**	11.672	20.835*	15.079	25.497*	19.566
家庭储蓄	-0.082***	0.018	-0.082**	0.018	0.085***	0.026	-0.072***	0.025
收入水平	0.151***	0.027	0.146***	0.027	0.175***	0.035	0.103**	0.044
借贷能力	0.000**	0.000	0.000***	0.000	0.000**	0.000	0.000**	0.000
健康状况	-0.074**	0.037	-0.073*	0.037	—	—	—	—
新农保	-122.127	361.874	—	—	—	—	—	—
新农合	641.851	416.663	—	—	—	—	—	—
F	9.627		11.845		11.080		3.417	
Prob > F	0.000		0.000		0.000		0.006	

注：符号***，**和*分别表示系数在1%、5%和10%水平上统计显著。

表 5-13　　按收入分组的消费行为影响因素及检验

消费	低收入30%（穷人）				高收入70%群体（普通人群）			
	参加农业保险		未参加农业保险		参加农业保险		未参加农业保险	
	系数	标准误差	系数	标准误差	系数	标准误差	系数	标准误差
常数项	630.767	701.833	1 007.962	760.094	-975.503	1 472.232	-1 966.533*	1 265.505
受教育程度	73.327	244.735	-53.076	278.775	985.204**	464.954	1 271.784***	368.607
家庭财产	-20.866	11.757	-35.744	53.256	32.712*	23.602	20.650*	20.187
家庭储蓄	0.125	0.112	-0.144	0.138	-0.089***	0.030	-0.113***	0.032
收入水平	-0.005	0.044	0.244**	0.098	0.081**	0.051	0.187***	0.045
信贷能力	0.001	0.001	0.000	0.002	0.000*	0.000	0.000*	0.000
F	0.582		1.625		2.957		8.092	
Prob > F	0.713		0.170		0.014		0.000	

注：符号***、**和*分别表示系数在1%、5%和10%水平上统计显著。

　　低收入 30% 农户的模型结果显示，方程和系数都没有通过检验，消费与任何因素没有显著相关性，说明他们还处于"贫困陷阱"，即处于财富的原始积累阶段，所以财产、储蓄、借贷、收入的变化及教育都不会使其消费显著提高，没有明显的经济特点。

　　高收入 70% 群体（普通人群）的回归结果，显示与全样本情况基本相同的变化趋势。说明高收入组的收入水平可以使他们面临风险冲击时能凭借自身经济能力实现消费平滑。

　　4. 农业保险的需求福利价值

　　农户最大化自己的福利效益制定生产决策，也就是说在缺乏显示性偏好的情况下，需求意愿是一种测定福利绩效的常用方法。我们从农业保险需求意愿的角度，研究农业保险需求意愿，评价农业保险的福利价值。

　　我们以农户对农业保险重要性感受替代需求意愿作为被解释变量，解释变量包括以下几因素：①农户的基本特征变量：性别（Gender）、年龄（Age）、教育（Education）、健康（Health）、耕地面积（Land）、农业人口（Agricultual Labour）。②农业风险与保险的相关因素：农业收入风险即收入的变异系数（Cv）、风险偏好（Risk - prefecence）、是否享受过政府的救灾补贴（Subsidy）、农户种植业面临的风险来源，包括自然风险（Natural Risk）、市场风险（Price Risk）、政策性风险（Policy Risk）、技术风险（Technology Risk）。③农户的生活水平和自我保障能力：包括家庭财产（Asset）、储蓄（Saving）、借贷（Debit）、其他保险计划（Insurance）。借贷包括银行信贷，亲友借助、高利贷等市场化和非市场化的风险分担管理手段等。④家庭的贫富状况。这里利用问卷中家庭分散风险的手段表示家庭经济状态，包括自己承担（Commit Oneself）、亲友救助（Friend and Relatives）、等待政府救助（Government Support）、高利贷（Usury）。实证结果如表 5 - 14 所示。

表 5 – 14 农业保险需求的福利意义评价及检验

保险需求	模型 1		模型 2	
	系数	标准误差	系数	标准误差
常数项	– 0.604	1.914	– 1.004	1.497
性别	– 0.203	0.382		
年龄	0.094 **	0.049	0.089 **	0.043
年龄平方	– 0.000 **	0.000	– 0.000 **	0.000
受教育程度	– 0.235 *	0.180	– 0.171 *	0.143
家庭储蓄	– 1.786E – 6	0.000		
政府补贴	0.351 **	0.203	0.307 **	0.175
家庭财产	– 0.016	0.015		
自然风险	2.118 **	0.892	2.100 ***	0.728
市场风险	0.232	0.257	0.279 *	0.217
政策风险	0.381	0.392	0.396	0.315
技术风险	– 0.238	0.435		
风险偏好	0.012	0.156		
借贷能力	7.304E – 6 *	0.000	8.016E – 6 *	0.000
务农人数	0.269 **	0.136	0.242 **	0.120
耕地面积	0.024 ***	0.011	0.024 ***	0.008
年龄平方	– 0.000 **	0.000	– 0.000 **	0.000
自己承担风险	– 0.307	0.309	– 0.371 *	0.247
亲友借助	– 0.450 *	0.293	– 0.517 ***	0.242
政府支持	0.259	0.307		
借高利贷	– 1.092	0.995		
健康状况	– 4.777E – 5 **	0.000	– 3.686E – 5 **	0.000
收入风险	1.737	2.769		
F	2.273		4.538	
Prob > F	0.003		0.000	

注：符号 ***、** 和 * 分别表示系数在 1%、5% 和 10% 水平上统计显著。

　　分析结果显示，参保重要程度评价与年龄正相关，与年龄的平方负相关，这恰好符合个体的生命周期特点：①与受教育程度负相关，说明也许是因为受教育程度高的农户有较强的工作能力从事非农工作，农业收入仅是总收入的一小部分，所以对参保的重要性评价比较低，对农业保险需求就低；②与享受过政府补贴、家庭务农人数、家庭土地面积、面临自然灾害、价格风险及政策风险正相关，因为这些涉及农业生产、农业风险及农业补贴政策等因素会显著影响农户的农业收入，使农户能够认清参加农业保险的重要性，并且愿意消费；③与借贷显著正相关，因为借贷行为本身需要抵押及按期偿还，这迫使农户愿意重视各种风险分担手段来提高自己抗风险能力，抵御风险冲击，随着借贷的增加，对参保的重视程度越来越高；④与自己承担风险正相关，表明这部分农户可能拥有较强的经济实力，即可能为高收入人群，所以对农业风险及保险的重视较低；⑤与靠亲友救助来抵抗风险显著负相关，说明这部分农户属于低收入人群，即不能自己承受风险冲击，所以可能无力购买农业保险，因此无暇顾及农业保险的意义；⑥我们利用就医支出替代健康变量，被解释变量与健康程度负相关，说明健康程度可能会显著影响农户的收入，而且健康支出也会影响农户的其他消费，进而影响农户对农业保险的参与意愿。

　　从农户的"主观感受"和"客观效果"两个层面评价农业保险的福利意义及经济绩效，得出以下结论：中国农业保险具有显著的福利学意义，多数农户主观上能够认可农业保险的重要性。农业保险具有抗风险的福利绩效；农业保险具有提高农业产出的福利效应；农业保险具有反贫困的福利意义，但是对于低收入30%的农户，其反贫困效果不明显；农业保险具有满足需求的福利价值。农业保险作为风险管理工具，具有"平滑消费"的经济功能，同时作为社会保障手段之一，对农村社会保障有显著正面影响。

　　要提高农业保险运行的福利效率，要从以下几方面入手：①完善农业保险的法律法规，合理设置保险险种，简化理赔手续；②加大政府支持力度，扩大保障水平，提高覆盖率；③推进土地流转，实现农业的规模生产效益；④提高农民的受教育水平，重视地区基础教育及职业培训；⑤提高农民的健康状况，改善医疗条件及营养水平；⑥提高农户的收入水平，扩大非农就业途径；⑦发展完善各种保险业务，发展规范农村小额信贷业务等。

第三节　结论与建议

农业是具有较高风险的产业，中国农业生产深受自然风险和市场风险双重制约，在经济全球化、市场国际化及贸易自由化的大背景下，中国农业不仅面临国内市场风险，还面临来自国际市场诸如价格波动、外资控盘等多方面的风险，农业风险日趋多样化和复杂化。

一体化农业风险管理体系的有效实施要求从法律法规上得以保障。起草《农业保险条例》，明确农业保险公司的目标和定位、参与各方的权利和义务，规范投保行为、管理行为和资金使用行为以及各级政府和相关产业在农业保险实施过程中的行为准则。具体涉及农业保险的范围、保障水平、险种目录、政府财政补贴水平（农户保费补贴、保险公司经营费用补贴）、管理费和保险费分担原则、组织机构的运行方式等。制定与订单农业有关的规范性法规条例，进一步完善《合同法》。具体包括制定订单农业的合同范本制度、格式合同制度、当事人再协商制度、除诉讼之外的替代性纠纷解决制度（赋予农户与企业以程序选择权）等。修改和完善《期货交易管理暂行条例》，重点包括期货市场的法律地位、期货交易组织者和参与者的法律保障，交易所的组织形式，经纪机构的业务范围，从业人员管理，境外期货交易，监管架构和职责，违法违规惩处等。

农业保险的发展既需要保险行业自身的努力，也需要社会环境的优化，更需要政府提供法律的规范约束。但目前我国《保险法》对农业保险未作具体规定，法律在农业保险方面几乎空白。从目前规避农业风险的需要来看，政府急需制定一部《农业保险法》明确农业保险的性质和目标。按照农业保险的政策性特性、各级政府有关机构的管理职能和支持作用、保险费率的形成机制、经营主体应该享受的政策支持、农业保险补偿体制、政府各部门的协调机制、投保农民的相关权益等要求制定法律。使农业保险参与主体的行为有法可依，并能避免各级政府在农业保险中行为的随意性。

（一）健全农业风险管理组织

政府应成立专门保护农民利益的组织或部门，引导农民成立自己的组织，提高农民的政治地位，通过这些举措使农民利益得到更好的保障，为正规机制的运作打基础。政府 2007 年的《关于积极发展现代农业扎实推进社会主义新农村建设的若干意见》为我们建立和完善保护农民利益集团指明了方向，"要求大力发展农民专业合作组织"。一体化农业风险管理的首要主体应当明确为政府，它是农业风险管理顺利实施的重要保障。在有针对性地参考美国农业风险管理机构——农业风险管理局（Risk Management Agency，RMA），在农业部增设农业风险管理机构，以便协调各有关职能部门间的关系和政策，该机构对农业风险管理的基本职能为：制定和执行有关农业风险管理的政策，进行农业风险区划和费率分区工作，组织研究农业风险评估和风险管理工具创新，管理农业风险和农业保险的财政补贴等。同时该风险管理组织应重点支持各种农业协会以及合作经济组织功能的充分发挥。

在发展现代化农业、规避农业风险、提高农村教育水平、增强农民文化素质等弱质性、周期长的领域，必须改变长期以来政府的偏好行为，扭转政府支出意愿一直不强的局面。

一方面加大农业现代化发展中的公共设施建设（灌溉设施、农业信息网络设施等），增加农业风险多层次应对机制的构建农业高科技教育经费的总投入，另一方面使目前的财政性教育经费更多地投入到农村的义务和农业职业教育培训中去。只有提高了农村人力资本，才能使农民认识到新科技农业的潜在利润，农民才会变被动为主动去接受高科技农业和农业保险，成为推广应用的主体。

（二）创新农业风险管理工具

一体化农业风险管理的有效实施要通过科学、合理的风险管理工具来实现，要依据不同类型风险的表现特征，承险体生物学特性，创新和开发各种类型风险管理工具，满足各类生产经营主体风险管理的需要。目前应重点开发和完善好农业保险（诸如成本保险、产量保险、收入保险、气象指数保险）、订单农业（诸如紧密型订单——签订合同时双方定种植面积、定价格、包收购、返利润、企业供种子；松散型订单——合同只确定最低保护收购价和基本质量要求，不限收购数量，高于保护价时随行就市）和农产品期货市场（诸如各种合约、天气温度指数期货、农产品期权）；农产品价格保护（通常包括保护价收购、差价补贴或差额补贴、生产资料补贴和缓存储备等四种类型）；农产品风险基金（如粮食风险基金、副食品风险基金等）；农业灾害救济（一般是指在发生严重自然灾害损失时，由政府以转移支付的方式，或依靠社会力量自发向受灾农业生产者无偿给予一定的资金或物质等方面的补助和救济，以帮助受灾农户渡过难关，恢复农业生产。农业灾害救济作为传统应对农业风险损失的途径之一，为减轻农业灾害损失、实现农业再生产、促进农业经济持续发展及人类的繁衍和发展作出了不可磨灭的卓越贡献）；农业风险证券（是一种把农业风险转换成资本市场上的金融有价证券的金融创新活动。随着金融市场的逐渐发展与完善，农业风险证券将在分散和转移由于自然风险和科技风险所引起的农业巨灾风险损失方面发挥重要的作用，以保障和促进现代农业与农业科技的持续稳定发展）等这些农业风险管理工具。

此外，政府可以利用 WTO "绿箱" 政策的支持空间，向农民提供信息服务，充分发挥风险规避中的作用。农业市场风险来源于信息的不完全性和不对称性的缺陷，政府通过提供完善的信息服务，使农民和保险公司根据市场信息的变动做出风险分摊或控制的决策，达到了规避风险的目的。目前辽宁省农业信息服务体系十分薄弱，政府可以从以下几个方面着手：

一是建立省、市、县、乡、村五级信息服务体系。县乡以上的信息服务机构与农村基层的广大农民之间缺乏有效的衔接，使信息传递受阻。因此，有必要在乡与农民之间构建这种新的信息服务体系，来带动农村信息服务业的发展。各级政府应当通过专项资金、技术支持和政策优惠等措施鼓励商业机构或个人在乡、村成立一批基层信息服务组织，培育一批稳定的信息用户群体，从而拓宽信息的传播渠道。

二是加快农业信息服务人才培养。目前农业信息服务人才缺乏，人才结构不够合理。

（三）完善灾害风险管理体系及农业保险制度

当前需要解决农业保险立法、再保险、巨灾风险、财政支持等方面的问题。

一是建立和完善以政府补贴为主的农业保险制度。国家应尽快制定《农业保险法》，明确农业保险在国家农业保护制度中的主体地位和农业保险的政策性本质，以自然灾害、动植物疫病为主要保险责任，以补偿承保对象物化成本为主。

二是建立农业保险再保险机制。由于农业保险具有风险大和不确定性等特征，经营农险的保险公司容易亏损，因此迫切需要再保险构筑分散保险公司风险的有效机制。但是，当前农业再保险的商业化运作模式存在很大的局限性。各农业保险经营主体承保能力十分有限，客观上需要强有力的再保险支持。以商业运作模式提供农业再保险，经营的不确定性给国内再保险公司造成巨大的潜在风险。

三是政府建立农业保险巨灾风险基金制度，构建财政支持型的巨灾保险模式。由于农业自然风险多为巨灾风险，受损面广、损害严重，这使得农业保险往往不确定因素多、赔付率高，特别是应对巨灾损失时，各农业保险经营主体承保能力十分有限，再保险公司分摊巨灾损失的能力不足。因此，面对巨灾造成的损失，政府的干预十分必要。政府制定相关的农业保险巨灾保险法律，通过建立农业保险巨灾风险基金制度，参与构建财政支持型的农业巨灾保险模式是一种可行的方式。

四是政府应给予农业保险经营主体一定的财政支持。农业保险业务分散，不易管理，经营成本明显高于其他险种，这就使得农业保险成为一种较难经营的险种，保险公司的参与度受到一定限制。

五是建立农业风险科研机构。政府应依托各地方高校聚集、农业专家充足的智能优势，建立农业风险科研机构。由政府出台政策性鼓励制度，针对农业风险的类别，结合各个高校的特色和研究专长，形成具体、可行的农业风险项目课题，结合农业信息服务体系收集相关数据信息，分析和研究辽宁省农业灾害发生的规律，使之转化为行之有效的科研成果，以便建立起农业风险预警系统。

六是保护农产品价格，稳定农业生产。保护农产品价格政策是应对蛛网风险理论下市场风险的重要手段。它在对农业风险的保障作用、对农产品的稳定供给方面，减小农民收入波动方面等，有不可忽视的作用，也是国外发展中国家普遍使用的重要的风险规避手段。作为政府长期介入农业风险管理的重要措施之一，政府必须充分利用"绿箱"政策中保留的政策支持空间，在微量允许标准范围内以恰当的方式实施宏观的价格保护政策。

第六章

农户消费及其保险绩效实证研究

第一节　农户消费风险与农业保险

农业作为国民经济的基础，关系到农民收入的增减和农业健康、稳定的发展，其作用不言而喻。但在经济体制与经济结构双重转型同时发生的背景下，农业风险呈现来源广泛、损失严重、预防困难、成本高昂、影响深远等新特点，农业风险的有效应对机制严重低效或缺失，突出表现为：当前以农民个人为主的传统防护模式（非正规风险规避机制）的作用虽然在下降但仍然不可被替代，而以政府和保险公司介入为特征的正规防护体系却难以迅速建立起来。这就意味着，单纯地强调农户、政府和保险市场中某一种方式的作用而忽视其他任一方面的作用是一种错误思想。因此，在应对农业风险这个问题上，本章强调重视农民个人应对机制的作用，对其采取的措施及绩效进行评估。

本章利用辽宁省农户的入户调查数据，对农户消费行为进行分析与检验，并在考虑农户个体异质性差异的基础上，对消费平滑的影响机制及福利绩效进行实证分析。研究发现，中国农户存在"过度消费平滑"现象，即农户多为风险规避。农户会主动采取储蓄、积累财产、购买各种保险、向正规或非正规部门借贷来规避风险冲击。本章的政策含义在于：增进农户的抗风险能力，实现消费平滑具有重要的福利效应。

一、理论与模型

发展经济学阐述"消费平滑"对于农户来说，具有降低风险冲击、维持消费平稳及提高个体社会福利水平的理论价值及现实意义。乔纳森·默多克（1995）把家庭通过投资于储蓄和保险计划、借贷以及对各种资产进行重新分配，以使家庭的消费波动控制在一定范围内的策略称为"消费平滑策略"。"消费平滑"具有防御风险冲击，保障农户福利水平的功能与绩效。

随着经济持续快速增长，我国居民的整体收入绝对量有了大幅度增加，中国农村恩格尔系数已由 1990 年的 62.4% 下降到 2010 年的 43.2%，如图 6－1 所示。按照联合国粮农组织提出的标准，已接近小康水平。但是社会成员之间的贫富差距也在迅速扩大，整体基尼系数由 1981 年的 0.288（中国政府网，2001）上升到 2011 年的 0.3897（国家统计局，2012）。其中农村居民收入的基尼系数由 1981 年的 0.2406 增长到 2010 年的 0.3550（田为民，2012）。

图 6－1　辽宁省农村恩格尔系数

资料来源：辽宁省统计年鉴整理。

辽宁省位于中国的东北地区，是我国粮食主产区之一。辽宁的1/3区域是平原，盛产水稻、玉米和小麦。我们通过对辽宁省农村进行入户问卷调查，了解农户的消费平滑及其福利绩效问题，不仅有助于充分认识农户的消费行为特征及贫困差距的产生根源和变化趋势，更有利于为农户应对突发风险，避免陷入贫困陷阱提供有效的风险分担手段及工具，同时为有效地治理贫困，促进新农村社会和谐发展提供决策的理论依据和实践经验。

影响农户消费的因素包括经济因素和非经济因素两大类。一般认为，收入是影响消费的重要因素。保险计划、家庭资产、储蓄、借贷作为农户分担风险，平滑消费的手段也影响农户的消费行为，此外农户的基本特征如年龄、受教育程度、健康状况、耕地面积以及居住区域的自然条件和经济发展状况等对个体消费也存在不同程度影响。

在实证研究上，加林和若瓦林（Jalan J. & Ravalion M. , 1998）指出财产、家庭人口数量、受教育程度和健康状况等对消费有决定性影响；高梦滔、毕岚岚（2010）利用来自中国8个省份的微观面板数据，研究农户的消费行为时发现：收入变化和财富对于消费变化具有显著的影响；中国农户消费行为显示出消费平滑的特征；家庭规模对于农户的消费增长率具有显著的负面影响；年龄对农户消费增长率并无显著影响，家庭女性成员比例的增加对农户消费增长具有轻微的负向影响。谢东梅（2009）通过对福建省的实证研究得出非农活动、受教育程度及专业技能培训、人均耕地面积等对农户消费行为具有显著影响。

农业风险分担与消费平滑的研究最早来自威尔逊（Wilson，1968）、康斯坦丁尼德斯（Constantinides，1982）和汤森德（Townsend，1987）等的工作。北京大学中国经济研究中心的一项研究考察了我国8个省的农村家庭风险分担对消费行为的影响，发现农户能够通过借款、储蓄、参加保险等手段对风险冲击进行消费平滑。乔纳森·默多克（1995）首次将消费平滑与贫困脆弱性联系起来，提出风险会形成贫困，低收入家庭追求消费平滑会形成未来贫困。

资产对消费的影响问题的研究比较有代表性的有卡特和梅（Carter &

May，2001）得出发展中国农户的家庭资产与消费存在负相关。迪顿（Deaton，1991）的研究表明，资产能显著地实现消费平滑。另外家庭储蓄，也是使消费平滑化的重要工具。

在信贷对消费影响的研究方面。汉得克（Khandker，1988）注意到小额贷款的福利效果，特别有益于贫困农户。狄步瑞·雷（Debrai Ray，1998）发现信贷市场对穷人往往失灵，即穷人往往无法获得贷款，很大的原因是穷人没有能力提供合适的贷款抵押而且还款的激励是有限的。有时通过非正式的信贷来源填补这个缺口，比如通过亲友借款、高利贷等。

关于储蓄对消费行为的影响：米迦勒·R.卡特（Michael R. Carter），克里斯托弗·B.巴雷特（Christopher B. Barrett，2006）研究资产边际行为，认为贫困人群随着收入的增加，其边际储蓄率递增；而对富人来讲，虽然储蓄将继续增加，但是边际储蓄率是递减的，因为他们对储蓄的未来预期的效应将逐渐变小。郭晶等（2007）以浙江省的调查数据为依据，研究结果表明，农户多为风险厌恶型的，能主动采取储蓄等手段平滑消费，同时农户的风险及其风险态度等因素与消费行为也显著相关。

参加保险项目对消费行为具有影响。汤森德（Townsend，1994）对印度农村的一项研究表明，面对突发收入风险的冲击，他们利用各种保险手段来平滑消费。他的另一项关于泰国的研究（1995），发现泰国各地区间的风险差异非常大，保险是平滑消费的有力措施。利姆和汤森德（Lim & Townsend，1994）的研究发现家庭出售资产并不能很好地平滑消费，但可以通过农业保险、健康保险等方式降低贫困的脆弱性。

教育和健康对农户的消费行为也有影响。加勒和塞莉亚（Galor & Zeria，1993）通过研究发现，教育与消费水平存在显著负相关。戈麦斯和尼古拉（Gómez & Nicolás，2006）利用欧洲社区家庭面板调查中的西班牙数据，发现健康冲击对家庭消费行为有显著的影响。哈恩和迈克（Haan & Myck，2009）利用动态模型在德国的研究发现，健康人力资本对收入和消费有积极显著影响。张车伟（2003）运用来自中国贫困农村的数据，得出营养和健康方面因素会显著影响到农村收入和消费水平。

消费者是理性的，能根据效用最大化原则使用自己可支配的财富和收入，安排消费，其消费行为的唯一目标就是实现自身福利效用最大化，农户家庭能通过对自身资源的调整来实现消费平滑。

借贷包括正式借贷和非正式借贷渠道，借贷之于农户异常重要，它不仅能够为农户提供平滑消费曲线所需要的资金，使农户的消费优化，更重要的是能够满足农户维持和扩大生产的需要；农户可以利用资产作为收入的减震器来实现相当高程度的消费平滑，当面临风险冲击时，人们依靠出售资产来平滑消费；只要家庭有正的储蓄，暂时性收入下降就可以通过花掉储蓄来进行消费的平滑化，而一旦收入增加，就可以将其储蓄起来；保险项目是农户"平滑消费"风险管理工具，也是农户社会保障的手段之一。这里假设：

（假设1）农户在生产和生活中的行为是理性的，即农户多是风险厌恶的（世界银行发展报告，2011）。

（假设2）农户存在"收入的边际消费倾向递减"行为，即倒"U"型假说。

（假设3）农户会尽力回避风险，借助风险分担机制维持"消费平滑"。高收入组的消费弹性略小于低收入组。一般而言，高收入组由于有较高的收入，面对外生冲击时有能力更好地对消费进行平滑，而低收入组面临冲击时表现为很强的脆弱性。

（假设4）农户的受教育程度及健康状况显著影响农户的消费行为。

（假设5）低收入家庭为防止贫困的消费策略加剧了贫困发生的可能性（Morduch，1995），中国农户存在"过度消费平滑"现象。

二、实证分析

本研究以辽宁省8个县市的农村入户调查数据为基础，以消费作为被解释变量。影响农户消费决策的因素包括：收入和收入的平方项；资产、储蓄、借贷及保险项目等能够起到平滑消费作用的变量，还有收入风险、风险态度、受教育程度、健康水平等；其他控制变量如农户的基本特征：如年龄、耕地面积、家庭人口，以及所居住区域的自然条件和经济发展状况等对消费行为存在不同程度影响。考虑变量的获取性，根据（Calum G. Turvey，1989，2010）农业风险特征符合Pert概率分布，我们用收入的变异系数替代收入风险变量，用当年的医疗支出替代农户的健康水平，用单位收入变化所引起的消费变化，即 Δ（Consumption）/Δ（Income）替代农户的风险态度。表 6 - 1 是样本各变量的统计描述。

表 6 - 1　　　　　　　　　　　　变量描述

变量	最小值	最大值	均值	方差
消费	20. 00	100 000. 00	16 007. 0894	10 439. 45701
收入	1 500. 00	350 000. 00	27 902. 2679	21 210. 01026
收入风险	-69 000. 00	50 000. 00	3 182. 3818	6 698. 76448
风险偏好	-20. 00	10. 00	0. 3623	1. 53181
受教育程度	1	5	2. 97	0. 789
健康状况	0. 00	65 000. 00	1 870. 4844	3 187. 64614
家庭财产	0. 30	200. 00	16. 0016	18. 69404
家庭储蓄	0. 00	70 000. 00	6 418. 5290	10 261. 05777
家庭借贷	0. 00	150 000. 00	12 510. 4061	21 862. 46006
借贷与财产的交互项	0. 00	7 500 000. 00	173 939. 3401	5. 32825E5
保险项目	0	1		
年龄	20. 00	98. 00	49. 0693	10. 68520
年龄平方	400. 00	9 604. 00	2 521. 8762	1 106. 05340
家庭人口数	0. 00	8. 00	3. 7564	1. 32206
耕地面积	0. 00	75. 00	11. 9460	8. 73860
环境因素	1	5	3. 19	0. 913

受访者中受教育程度情况如图 6 - 2 所示，30 ~ 40 岁的年龄段人群受教育程度较高，这部分农户也是家庭收入的主要贡献者，他们受教育

程度越高，对农业保险等政策的接受和理解程度越强，更容易参与农业
保险。

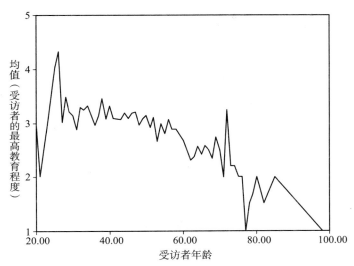

图 6 - 2 受访者年龄与受教育程度

不同年龄段农户务农、务工及经商情况也有所差别，如图 6 - 3 所示。

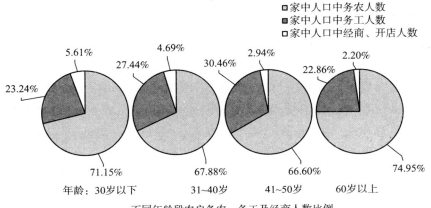

不同年龄段农户务农、务工及经商人数比例

图 6 - 3 不同年龄段农户务农、务工及经商情况

（一）消费平滑的检验

按照发展经济学理论，农户会利用不同的措施来平滑其消费，以确保在发生意外风险冲击时，保持其生活水平的稳定。根据"消费平滑"的定义，建立方程

$$变动的消费 = \alpha + \beta \ 变动的收入 + \mu$$

$$\beta = \frac{变动的消费}{变动的收入} \tag{6.1}$$

"平滑消费"是个体维持其消费水平的平稳的指标，因此我们这里定义 α 为常数；μ 为误差；β 为消费平滑系数，即为收入变化所引起的边际消费波动。同时我们将消费平滑系数值 β 作为度量农户对待风险态度的替代变量。β 越大，农户越是风险的冒进型，β 越小，农户越是风险规避型的。表 6 - 2 是全样本的消费平滑系数及检验。

表 6 - 3 和表 6 - 4，分别是将消费及收入分五组进行对比研究，分析不同收入及消费水平下的 β 值，如表 6 - 2、表 6 - 3、表 6 - 4所示，我们发现消费平滑系数基本在 0.03 与 0.3 之间波动，表示收入的消费弹性很低，按照相关文献低于 0.3 即为消费过度平滑，说明中国农户收入水平较低，是风险保守型的。所以相对于收入的变动，其消费不敏感。

全样本的 β 值为 0.164，表示消费平滑系数即收入的消费弹性很低，农户的消费行为没有随着收入的变化发生相应的变化，中国农户存在着"过度消费平滑"的特性。同时根据表 6 - 3 和表 6 - 4按照消费和收入分类回归结果，发现消费平滑系数变动趋势不明显，说明中国农户的生活水平还处于较低状态，没有达到收入的边际消费效应的规律性变动。这从另一个角度证实农户的过度消费平滑现象的存在。

表 6 - 2 全样本消费平滑系数及检验

	系数	标准误差
消费变化值/收入变化值	0.164 ***	0.0156
F	110.412	
Prob > F	0.000	

注：符号 *** 、 ** 和 * 分别表示系数在1%、5%和10%水平上统计显著。

表 6 - 3 按消费分组的平滑系数及检验

	系数	标准误差
<20%	0.027	0.0490
20% ~40%	0.225 ***	0.0285
40% ~60%	0.091 ***	0.0323
60% ~80%	0.074 **	0.0329
>80%	0.144 ***	0.0354

注：符号 *** 、 ** 和 * 分别表示系数在1%、5%和10%水平上统计显著。

表 6 - 4 按收入分组的平滑系数及检验

	系数	标准误差
<20%	- 0.105 ***	0.0215
20% ~40%	0.198 ***	0.0362
40% ~60%	0.156 ***	0.0398
60% ~80%	0.121 ***	0.0512
>80%	0.173 ***	0.0365

注：符号 *** 、 ** 和 * 分别表示系数在1%、5%和10%水平上统计显著。

（二）收入的边际消费效应分析

根据"收入的边际消费倾向递减"理论，即 J. M. 凯恩斯（J. M. Keynes, 1936）及库兹涅茨（Kuznets, 1955）倒"U"型假说，消费随收入的增加而上升，但在所增加的收入中用于增加消费的部分越来越少，使之呈现边际消费倾向递减规律。

建立消费与收入的二次方程

$$Consumption = f(\ Income,\ Income^2,\ \mu) \qquad (6.2)$$

$$\frac{\partial(\ Consumption)}{\partial(\ Income)} > 0$$

$$且 \frac{\partial^2(\ Consumption)}{\partial(\ Income)^2} < 0$$

通过计算拐点的值 Income*，评价农户的收入边际消费效应及贫富程度。当消费水平低于临界点时，农户的消费水平随着收入增加，但通常增长幅度随收入的增加逐步降低，说明农户的贫困状态随收入的增加正在得到改善。

当消费水平高于临界点时，农户的消费水平虽然随着收入的增加而提高，但是其提高幅度有所下降，说明农户的生活状态已经得到改善，基本生活需求已经得到满足，如表6-5所示。

表6-5 收入的边际消费检验

家庭消费	系数	标准误差
常数项	3 935.605	411.1964
家庭收入	0.467 ***	0.0154
收入的平方项	-8.095E-7 ***	8.0743E-8
F	695.509 ***	
Prob > F	0.000	

注：符号 *** 、 ** 和 * 分别表示系数在1%、5%和10%水平上统计显著。

根据表6-6计算收入的边际消费拐点，这里

$$Income^* = \frac{0.467}{2 \times 8.095 \times 10^{-7}} = 288\ 449\ 元/年$$

在我们的有效样本中，还没有出现收入达到临界点的农户，如图6-4所示。

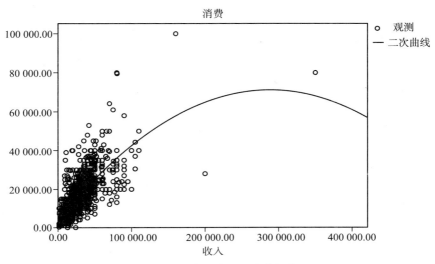

图 6 - 4　收入的边际消费拐点

这一结论通过表 6 - 6 可以得到进一步的验证。将收入分成十组进行回归，以收入水平最低为参照项。结果发现消费随着收入的提高呈现稳定小幅度增长趋势，但还没有到达拐点。表 6 - 6 还显示，高收入农户对比低收入农户，收入的边际消费倾向略高，符合倒 "U" 型的经济特点，这也进一步验证中国农户存在 "过度平滑消费" 现象。

表 6 - 6　　　　　按收入分组的消费—收入回归系数及检验

按收入分组	系数	标准误差
（Intercept）	4 708.682 ***	635.7857
Income = 10	28 241.286 ***	982.3037
Income = 9	20 276.148 ***	919.8526
Income = 8	16 087.627 ***	868.4405
Income = 7	13 186.359 ***	913.8778
Income = 6	11 947.822 ***	910.0359
Income = 5	10 036.616 ***	1 087.4303
Income = 4	7 403.306 ***	842.1188
Income = 3	5 873.349 ***	900.8912

按收入分组	系数	标准误差
Income = 2	4 185.002 ***	928.2426
Income = 1	0[a]	
(Scale)	5.214E7	2.1174E6
F	1 164.627	
Prob > F	0.000	

注: 符号 *** 、 ** 和 * 分别表示系数在 1% 、5% 和 10% 水平上统计显著。

(三) 平滑消费及其因素的绩效分析

按照帕累托资源配置最优原则, 理性消费者将根据效用最大化原则, 维持消费与收入协调平衡。参照巴巴拉·J. 梅斯 (Barbara J. Mace, 1991) 消费风险分担模型, 根据我们的具体问题有目标函数及约束条件

$$\max \sum_{j=1}^{J} \omega^j \sum_{t=0}^{\infty} \beta^t \sum_{\tau=1}^{S} \pi(s\tau_t) U[C_t^j(s\tau_t), b_t^j(s\tau_t)]$$

$$s.t. \sum_{j=1}^{J} C_t^j(s\tau_t) = \sum_{j=1}^{J} y_t^j(s\tau) \tag{6.3}$$

假设经济中有 J 个家庭。经济中存在不确定性, $s\tau_t$ 是第 t 期的第 τ 个自然状态, $\tau = 1, 2, \cdots, S$。$\pi(s\tau_t)$ 是发生状态 $s\tau$ 的概率, 对于所有的 t, $\sum_{\tau=1}^{s} \pi(s\tau_t) = 1$。$\omega^j$ 是第 j 个家庭在社会福利函数中的权重, β 是时间偏好率。其中, $C_t^j(s\tau_t)$ 是第 j 个家庭在第 t 期的自然状态 τ 下的消费, $y_t^j(s\tau_t)$ 是家庭 j 的收入, $b_t^j(s\tau_t)$ 是家庭 j 面临的风险分担机制。

进一步建立计量模型

$$C_i = \alpha X_i + \beta Y_i + \lambda I_i + \varepsilon \tag{6.4}$$

模型中 C_i 表示消费, 即第 i 个样本农户的消费支出。

X_i 表示可以观测到的样本农户的基本特征, 包括风险、风险偏好、年龄、教育、健康、家庭人口、耕地面积、宏观经济环境等变量。

Y_i 表示影响农户消费平滑的相关因素, 包括家庭财产、储蓄、借贷、保险项目等解释变量。

I_i 表示样本农户的收入，这里考虑收入及收入的平方项。

ε 为非系统误差，在农户之间是变化的。

利用普通最小二乘法（OLS）模型及逐步回归模型，研究不同自变量对农户的消费行为的影响如表 6 - 7 所示。

表 6 - 7　　普通最小二乘（OLS）回归及逐步回归系数及检验

消费	模型 1（OLS）		模型 2（Step OLS）	
	系数	标准误差	系数	标准误差
常数项	- 1 843. 198	3 635. 454	- 256. 366	849. 777
收入	0. 706 ***	0. 024	0. 715 ***	0. 022
风险	- 0. 054 *	0. 037	- 0. 052 *	0. 037
风险偏好	654. 656 ***	133. 936	643. 049 ***	133. 122
健康状况	- 0. 225 ***	0. 052	- 0. 226 ***	0. 052
受教育程度	840. 282 **	296. 044	926. 686 **	283. 740
家庭财产	75. 338 ***	17. 830	73. 165 ***	17. 699
家庭储蓄	- 0. 735 ***	0. 036	- 0. 740 ***	0. 036
家庭借贷	0. 055 ***	0. 013	0. 053 ***	0. 013
借贷与财产的交互项	- 0. 003 ***	0. 001	- 0. 003 ***	0. 001
保险项目	- 685. 511 *	431. 179	- 682. 209 *	429. 908
年龄	108. 125	128. 640	—	—
年龄平方	- 1. 171	1. 249	—	—
家庭人口数	102. 106	181. 194	—	—
耕地面积	- 181. 039 ***	25. 318	- 178. 755 ***	24. 981
环境因素	- 428. 624	409. 785	—	—
F	118. 347		163. 001	
Prob > F	0. 000		0. 000	

注：符号 ***、** 和 * 分别表示系数在 1%、5% 和 10% 水平上统计显著。

表 6 - 7 的回归方程结果显示模型 I 和模型 II 整体非常显著。农户收入、风险偏好、受教育程度、家庭财产及借贷与消费正相关；收入风险、健康、储蓄、债务水平与家庭资产的交互项、保险项目、耕地面积

与消费负相关；年龄、家庭人口数及所在的宏观环境对消费没有显著影响。以上结果验证理论假设是正确的。

（1）消费与收入显著正相关，说明收入水平提高会带动消费的增长，但是增长幅度不明显，这证实了我国农户"过度平滑消费"的特征。也就是说，农户都是风险规避型的理性消费者。

（2）消费与风险负相关，与风险偏好正相关。作为理性的农户，会采取多种风险规避措施以避免突发风险冲击时，家庭陷入"贫困陷阱"。消费平滑系数越大，说明农户越是风险冒进型的，反之亦然。所以消费与风险偏好正相关，与收入风险负相关，进一步验证理性的农户多是风险敏感型，随着风险的加大，农户会更加小心消费，控制消费波动，以避免落入更贫困状态。

（3）家庭财产和借贷作为农户平滑消费的手段，与消费正相关。与财产正相关，表示如果家庭拥有较多的财产，说明家庭比较富裕，所以消费较高；与借贷正相关，这里借贷包括从银行、信用社或邮政储蓄等正规机构获得的贷款及亲友借助、个人高利贷等非市场方式获得的借款。如果家庭能够从银行、其他机构或个人得到贷款，可以说明这个家庭有足够的抵押，所以其消费水平也会相对高；或者可以解释为家庭如果将借贷用于投资，可以让生活状态得到改善，提高其消费能力。

（4）消费与储蓄和保险负相关。表示在收入约束下，如果家庭将可支配收入用来储蓄和购买保险，会减少其消费水平。这里保险包括农业保险、医疗保险、养老保险和财产保险等。

（5）消费与教育和健康显著相关。与教育正相关，说明受教育水平越高的农户，其生存能力越强，收入也会更有保障，所以消费水平相对较高。与健康负相关，这里我们用家庭就医支出替代健康变量。如果健康状况较差，医疗保健支出就大，将严重影响其他消费水平。

（6）与家庭债务和家庭资产的交互项负相关。可以解释为如果能够利用家庭财产作抵押获得贷款，可能会损害家庭暂时的利益，减少消费；另外，如果利用借贷的款来进行家庭财产积累时，也能导致当期消费水平的下降。

模型 1 和模型 2 没有考虑个体之间的异质性差异。一般来说，风险偏好存在个体异质性，将样本总量平分成两部分，这里定义风险偏好大于 0.3 为相对风险冒进型的，风险偏好小于 0.3 为相对风险保守型的（Campbell，Deaton，1989；贺京同，2007），建立模型 3 和 3 进行分类回归，结果如表 6 - 8 所示。

表 6 - 8　　　　　　　考虑个体异质性差异的回归系数及检验

消费	风险偏好 < = 0.3		风险偏好 > 0.3	
	系数	标准误差	系数	标准误差
常数项	2 208. 525	1 317. 2408	- 2 067. 562 **	1 055. 3826
收入	0. 568 ***	0. 0351	0. 758 ***	0. 0278
风险	- 0. 065 *	0. 0413	0. 156 **	0. 0751
风险偏好	286. 202 *	192. 7734	1 090. 614 ***	211. 5294
健康状况	- 0. 167 **	0. 0566	- 0. 313 *	0. 1384
受教育程度	807. 276 **	399. 5006	860. 552 *	363. 7113
家庭财产	50. 826 *	25. 4113	75. 331 **	21. 8032
家庭储蓄	- 0. 539 ***	0. 0529	- 0. 796 ***	0. 0492
家庭借贷	0. 025 *	0. 0186	0. 061 ***	0. 0166
借贷与财产交互项	- 0. 002 **	0. 0008	- 0. 002 **	0. 0008
保险项目	- 888. 298 *	606. 6482	- 667. 772 *	537. 7592
耕地面积	- 144. 875 ***	34. 6956	- 166. 463 ***	32. 1492
F	38. 478		157. 106	
Prob > F	0. 000		0. 000	

注：符号 ***、** 和 * 分别表示系数在 1%、5% 和 10% 水平上统计显著。

表 6 - 8 的回归方程结果显示模型 Ⅲ 和模型 Ⅳ 整体非常显著，与表 6 - 7 相比解释变量的系数没有太大的变化，表明数据是稳定的。两组中有显著差异的是风险变量，分别为 - 0.065 及 + 0.156 这进一步验证了我们前面的假设，即农户风险偏好显著影响农户的消费决策。个体风险偏好对风险最敏感，如果风险态度是相对保守的，随着风险的加大其消费水平显著降低；如果风险态度是相对冒进的，农户比较乐观，随着收入波动的增加，其消费略有提高。

第二节　基于两阶段最小二乘的实证分析

　　农业是国民经济的基础产业，也是具有风险性的弱质产业。农业保险作为现代农业发展的三大支柱之一，是时间上与空间上分散农业风险的有效工具，是 WTO 所允许的支持农业发展的"绿箱政策"，日益受到各国政府的重视。近年来"中央一号"文件连续 11 年锁定农业保险，这充分说明了农业保险对降低农户收入风险和发展农村经济具有重大的战略意义。

　　我国农村人口众多，国家统计局 2015 年发布的数据显示：2014 年全国农村人口在总人口中的比例高达 45.2%，农村居民消费影响农村经济发展，更进一步影响国家经济发展。以辽宁省为例，2014 年居民最终消费为 9 773.6 亿元，其中城镇居民消费为 7 995.7 亿元，占辽宁居民总消费的 81.81%，农村居民消费为 1 777.9 亿元，仅占 18.19%。因此，通过积极扩大农村居民消费需求提高农村经济增长的质量和效益实现农村经济持续健康发展，是一个需要从理论上和实践中进行研究并解决的问题，如图 6-5、图 6-6、图 6-7 所示。

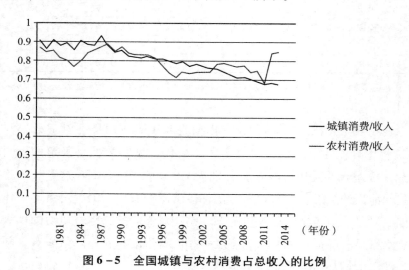

图 6-5　全国城镇与农村消费占总收入的比例

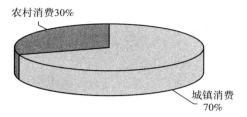

图 6-6　2015 年中国城镇与农村消费比重

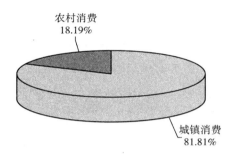

图 6-7　2014 年辽宁省城镇与农村消费比重

　　提高农户消费水平是拉动农村经济发展的重要途径，而农户消费水平不仅取决于农户收入水平，还受到收入风险等因素的影响。农业生产容易受自然条件的影响，我国农业生产的风险较高，如自然灾害风险、病虫害风险等，这些风险影响农户收入的稳定性，进而会导致农户消费波动。农户为减少消费波动，会通过一系列风险分担手段来平滑其消费水平。主要有以下几点：第一，农户消费主要受农户收入的影响，农户收入包括农业收入和非农业收入。农户收入受农业弱质性的限制，因此，农户通过多元化种植等方法来分散农业生产风险，保障农业收入。农户也会通过经商、外出务工等途径增加非农收入。第二，保险是农户风险分担的主要方法。养老、医疗及农业保险可以使农户未来生活得到有效保障。养老保险可以保障农户老有所养，医疗保险可以防止农户因病致贫，而农业保险能够降低农业生产风险，保障农户农业收入水平，进而刺激农户消费。第三，农户家庭资产数额的高低反映农户家庭的富裕程度，因此家庭资产较高的农户应该更有能力提高消费水平。第四，农户通过储蓄来规避风险。在收入约束下，农户会将可支配收入用来储蓄，分担收入风险，平滑各期消费。但是中国家庭存在较强的储蓄动机，在同等收入水平下，过度储蓄反而会降低农户消费水平。第五，农村信贷的发展使农户可以有更充足的资金进行生产生活，因此，家庭信贷在一定程度上会促进农户消费。由于农村居民消费主要受农业收入影响，而农业生产存在各种风险，会导致农村居民收入的不确定性更高，农户在高风险及不确定性的影响采用多种规避风险的手段。因此想要促进农户消费，首先要降低农业收入的高风险及不确定性。我国农业保险通过对农户进行补贴，主要起风险弱化和收入预期的作用，减少农村居民收入不确定性，从而增加农村居民消费能力。

本书运用两阶段最小二乘等方法清除变量间内生性问题，利用辽宁省农户入户调查数据，进行实证分析，研究国家农业保险政策对农村居民消费行为的影响，旨在研究农户参与农业保险在降低农业收入风险，减少农户未来收入不确定性方面的影响，以及农业保险政策对稳定农户收入，增加农户消费的作用，为我国推动农村经济可持续发展，完善农业保险制度提供依据。

一、理论与模型

国外对农业保险的研究主要集中在农业保险需求、农业保险增收效应及农业保险与收入水平之间的关系上。其中关于农业保险与农户收入及消费问题的研究主要只集中在研究单项关系问题上。尼曼（2002）在研究贫穷家庭的保险需求时得出：保险对贫穷家庭收入边际效用更大，因此在购买保险的人群中，贫穷家庭购买保险后的效用提高相对较快。阿罗（1963）认为，在存在不确定性风险的情况下，消费者通过购买保险可以确保按照计划进行消费。克拉夫特（1996）认为农业保险影响农业净收入的概率分布。利姆和汤森德（Lim & Townsend，1994）对印度农村的研究表明，面对突发的收入风险冲击，印度农户会利用各种保险手段来平滑消费。阿提·阿特雷亚（Ajita Atreya），苏珊娜·费雷拉（Susana

Ferreira)，米歇尔·凯尔让（Erwann Michel Kerjan，2015）认为农户投保以后，即投保农户在遭受保险责任范围内的经济损失时能得到有效的经济补偿，从而降低农户未来不确定性，保障了农户收入的稳定性和生活安定。波格丹·卡门·克里斯蒂娜（2015）认为农业保险可以起风险弱化和收入预期的作用，减少农村居民不确定性，从而增加农村居民消费意愿。

国内学者关于保险决策对消费行为影响研究主要集中在以下几方面：

一些研究认为保险与农户消费存在稳定关系。如王韧（2014）利用协整检验、granger 因果关系检验和误差修正模型等计量方法，对农业保险赔款支出和农民消费水平的关系进行了检验，结果表明农业保险与农民消费水平相互影响且具有长期稳定关系。梁达认为，农户对未来的情况有较多顾虑，造成农户消费有后顾之忧，农户的自我保障意识较强，在收入约束下更愿意储蓄来防老养病，这使得农户消费受到限制。

有国内学者研究认为保险对总消费存在很强的相关性。如甘犁、刘国恩、马双（2010）通过对比政府投入的成本与效率发现政府在对新农合等社会保障的投资资金是有效率的，并能带动全国消费。钱珍指出，经济增长、消费、居民储蓄和保险发展之间存在动态协整关系，即四者之间相互关联且相互影响。聂荣（2013）研究认为农业保险作为转移农业生产风险的有效工具，不但具有农业风险的经济补偿功能，更关乎国家的粮食安全和农民收入稳定。

综上所述，保险与居民消费之间存在影响关系，国内外学者在对保险与消费研究中主要集中于研究养老保险及医疗保险，对于农业保险对农户消费的影响研究较少。本书通过辽宁省农户入户调查数据研究农业保险对农户消费的影响关系，旨在研究农业保险在降低农业风险，减少农户未来不确定性上起到的影响，以及政府补贴下的农业保险政策对稳定农户收入，增加农户消费的作用。

农户消费是理性的，即农户根据家庭可支配收入和财富安排消费，以期效用最大化（Pranab Bardhan，Christopher Udry，2005）。根据文献及理论分析，按照帕累托资源配置最优原则，理性消费者将根据效用最大化原则，采取各种风险分担手段。参照布兰查德和费希尔（Blanchard & Fischer，1989）的模型，认为农户在农业保险计划中的行为决策及农户消费行为完全遵从经济学中"理性人"行为准则，参保计划及消费行为完全以效用最大化为依据自主决策（史丽媛，孙祁祥，2014）。

未来农户的农业收入由于受农业风险的影响而存在不确定性，服从随机游走，误差为正态分布。根据布兰查德和费希尔（1989）的模型，农户合理安排每期消费以实现生命周期效用最大化：

$$U_t = \max E\left[\sum_{t=0}^{T-t}\left(-\frac{1}{\alpha}\right)\exp(-\alpha C_t)\right]$$

$$\text{s. t.} \quad A_{t+1} = A_t + Y_t - C_t \tag{6.5}$$

其中：C 为农户消费；A 为农户每期财富，$A_t \geqslant 0$，生存 T 期；α 为农户风险厌恶系数；Y 为农户收入，且 Y_t：$Y_t = Y_{t-1} + \varepsilon_t$，$\varepsilon_t \sim N(0, \sigma^2)$。则最优消费水平为：

$$C_t = \frac{1}{T-t}A_t + Y_t - \frac{\alpha(T-t-1)\sigma^2}{4} \tag{6.6}$$

$$\text{且 } C_{t+1} = C_t + \frac{\alpha\sigma^2}{2} + \varepsilon_t$$

从式（6.6）可以看出，未来收入不确定性增加或者农户收入风险增加，都会降低消费水平，不确定性越高，农户消费水平越低，预防性储蓄越高。

从上述分析可以看出，财富水平、当期收入、未来收支的波动、农户的风险偏好等都影响着农户的消费支出。其中未来收支的不确定性直接影响消费曲线。因此，当农户面对农业生产中存在的风险时，对未来收入的不确定性会增加，农户会降低当期消费。

根据以上理论分析，本书得出假设农户参保决策与消费行为之间存在着正相关关系，即农户参与农业保险对未来收入的稳定性提高，消费水平也会相应提高。本书根据理论模型进行实证分析，同时在考虑收入风险、风险偏好、财产、储蓄等影响的基础上，重点研究农户农业保险参保决策这一变量的影响，并对模型进行检验分析。

二、实证分析

为了研究我国农业保险对农村居民消费的作用，在 2010 年调研数据基础上进行二次调研，在 2013 年对辽宁省 8 个县市农村入户随机调查数据进行分析。该组数据的问卷内容包括三大部分：第一部分为农户的基本情况调查，包括农户年龄、受教育程度、健康状况、家庭财产情况、收入状况及消费特征、农业收入比重、务农、经商及外出务工人数、耕地面积及产量等；第二部分为农户的风险情况调查，包括农户风险偏好、种养业面临的风险及种类、弥补损失的方法等；第三部分为农户参加农业保险相关情况调查，包括农户对农业保险的了解渠道及对农业保险的了解程度、是否愿意购买农业保险、是否购买了农业保险、是否受他人购买农业保险行为的影响等。

根据理论研究，本书的变量选择如下：以消费水平作为被解释变量。影响农户消费决策的因素包括农村居民家庭当期纯收入、农业参保计划及其他保险计划、收入风险、风险偏好、家庭资产、储蓄、信贷。农户收入包括农业收入与非农收入两项，其中农业收入受农作物产量及农业产量风险影响；家庭非农收入与农户年龄、农户健康状况、农户受教育程度，以及家庭从事非农劳动有关。

第一，农户参保计划对农户消费的影响。利姆和汤森德（1994）对印度农村的一项研究表明，面对突发收入风险的冲击，他们利用各种保险手段来平滑消费，即农户的参保计划影响农户的消费行为。我国越来越注重农民保障体系建设，农村养老保险、农村医疗保险及农业保险是农村保障体系中重要的三种保障制度。农户参与保险，对预期生活有所保证，农户消费会随之增加，反之若农户未参与保险，对未来预期会有所下降，那么本期消费也可能会下降。尤其是在农业生产风险较高的情况下，参与农业保险会稳定农业收入，刺激农户消费。第二，研究农户当期收入对农户消费的影响，要选择合适的指标测度农户收入的波动性，即农户收入的风险水平。变异系数在我国农业风险度量的研究中常被采用，变异系数越大，则风险也大，反之亦然。第三，农户收入风险是影响农户消费的直接指标，根据假设农户是理性消费的，当农户预期收入风险增加，农户会减少当期消费，以保证在整个生命周期中消费是平滑的。第四，风险偏好对农户消费的影响，农户风险厌恶程度越低，越容易采取一些较高的风险行为，消费的波动就越大。第五，家庭资产数值越高家庭越富足，农户消费水平也应越高。第六，家庭储蓄，农户为应对生活中的突发事件会将部分可支配收入用来储蓄，在收入约束下，储蓄额越高，农户消费会越低。第七，家庭信贷，农户家庭信贷水平高低也会影响家庭消费行为。

对农户消费及影响因素的变量特征进行描述统计如表6-9所示。

表6-9 农户特征的描述性统计分析

	极小值	极大值	均值	标准差
消费支出	300.00	50 000.00	11 546.2141	6 731.08692
总收入	1 000.00	130 000.00	25 938.7757	16 754.42896
农业保险计划	0	1		
医疗及养老保险计划	0	2		
收入风险	0.000000	0.847096	0.11515292	0.093556430
风险偏好	-20.00	10.00	0.3380	1.28805
家庭资产	0.00	1 000 000.00	144 066.5076	152 716.81112
家庭储蓄	0.00	120 000.00	6 214.8552	10 128.27726
家庭信贷	0.00	300 000.00	12 483.5341	24 033.20389
教育	1	5		
年龄	20.00	98.00	49.0503	10.62516
健康	1	5		
有效的 N（列表状态）				866

农户日常消费支出与农户总收入的趋势如图6-8、图6-9所示。

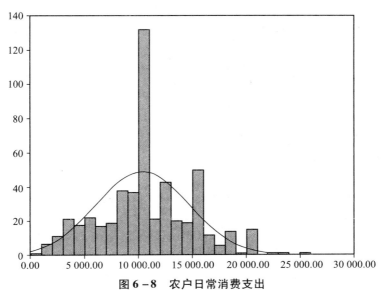

图6-8 农户日常消费支出

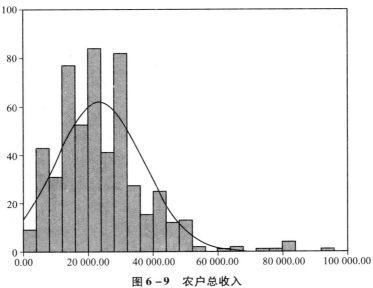

图6-9 农户总收入

(一) 基于全样本的实证研究

根据理论分析,本书使用截面数据 (Bhalla, 1980; King & Dicks Mireaux，1982；Starr McCluer，1996）的方法来估算持久性收入。然后以卡巴莱罗（Caballero）的预防性储蓄模型为基础，建立不确定性与消费函数基本形式（刘灵芝、潘瑶2011）。为消除变量间的内生性问题，采用两阶段最小二乘法进行分析，具体模型如下：

$$\begin{cases} C_i = \alpha_1 I_i + \alpha_2 V_i + \alpha_3 J_i + \alpha_4 R_i + \alpha_5 P_i + \alpha_6 TA_i + \alpha_7 TB_i + \alpha_8 TC_i + \varepsilon \\ I_i = \beta_1 O_i + \beta_2 A_i + \beta_3 X_i + \beta_4 Y_i + \mu \end{cases} \quad (6.7)$$

模型中 C_i 表示农户消费，即第 i 个样本农户的消费支出。

I_i 表示农户的收入；V_i 表示农户参与农业保险计划；J_i 表示农户参与除农业保险外的其他保险的计划，包括养老保险及医疗保险；R_i 表示农户收入风险；P_i 表示农户风险偏好；TA_i 表示家庭资产；TB_i 表示家庭储蓄额；TC_i 为家庭信贷额度。

农户收入包括农业收入及非农收入。其中农业收入受农作物产量及农业产量风险影响，为消除变量间的内生性问题，以农作物产量及农业产量风险作为衡量收入的工具变量，用 O_i 表示农户种植农作物产量；A_i 表示农业产量风险，包括农业自然灾害风险、农作物疾病灾害风险及农业技术风险。非农收入选取从事非农劳动活动作为工具变量，用 X_i 表示。Y_i 表示可以观测到的样本农户的基本特征，包括教育、年龄、健康等变量；ε 和 μ 为非系统误差，在农户之间是变化的。

利用两阶段最小二乘法（2SLS）模型，研究不同自变量对农户的消费行为的影响。表6－10是全样本情况下的农户消费行为分析。

表6－10　　基于全样本情况的两阶段最小二乘（2SLS）回归系数及检验

变量	系数	t 统计量
（常数）		1.564
收入	1.017 ***	3.174
农业保险计划	0.338 ***	3.250
医疗及养老保险计划	0.413 ***	4.142
收入风险	−0.312 ***	−3.609

变量	系数	t 统计量
风险偏好	0.139*	1.627
家庭资产	0.247***	2.546
家庭储蓄	−0.788***	−2.608
家庭信贷	0.174**	1.886

注：符号 ***、** 和 * 分别表示系数在 1%、5% 和 10% 水平上统计显著。

表 6-10 的回归结果显示农户收入、收入风险、风险偏好、家庭资产、储蓄、信贷、其他保险计划及农业保险计划对农户消费的影响程度不同。

由表 6-10 可以看出农户农业保险计划与消费之间呈显著正相关关系，证明农业保险参保计划对农户消费的影响较高。主要是因为农业生产与气候等自然因素息息相关，我国农业生产面临着各种各样的风险，如自然灾害风险、病虫害风险、农业技术风险等，因此，农户农业收入风险较高，农户收入存在较大的不确定性，进而影响农户消费行为。农户参与农业保险，可以起到弱化风险和提高农户收入预期的作用，减少收入的不确定性，稳定农户收入，进而刺激农户的消费，使农户消费水平得以提升。因此，鼓励农户参与农业保险能够促进农户提高消费水平。

根据表 6-10 还可以看出：①农户的收入与消费正相关，稳定农户收入能够在一定程度上刺激农户消费。②农户其他参保计划包括农村养老保险及医疗保险，农村养老和医疗是两项重要的农村保障制度，养老保险有助于保障农户老有所养，医疗保险可以有效防止农户因病致贫现象，因此，农户参与养老及医疗保险可以降低农户对未来生活的不确定性，进而促进当期消费。③农户的收入风险与农户消费成负相关关系，这与农业是弱质性产业有关。农户收入风险较高，导致务农收入不稳定，进而影响农户消费行为。因此，降低农户收入风险，稳定农户收入水平，可以有效地促进农户消费行为。④风险偏好与消费正相关，作为理性的农户，会采取多种风险规避措施以规避突发风险冲击。农户多是风险敏感型，随着风险的加大，农户更加谨慎消费。⑤家庭资产对消费呈正向影响，说明农户家庭拥有较多资产，表示农户家庭较为富裕，因此农户消费水平较高。⑥农户家庭储蓄与消费呈现负向关系，表示在收入约束下，农户会更愿意将可支配收入用来储蓄。这主要是因为中国家庭存在较强的目标储蓄动机，农村居民为养老、医疗、住房及子女教育等进行储蓄，因此会降低消费水平。农户过度储蓄主要是因为农村社会保障系统并不完善，面对较大的收入风险及不确定性，农户更愿意选择储蓄来分担风险。⑦农户信贷与消费呈正向关系，随着近年来农村金融行业的发展，农户信贷额度提高，也会小幅度刺激消费行为，但是影响系数仅为 0.05，即农村金融行业还并不成熟，信贷拉动消费增长的效果并不明显。

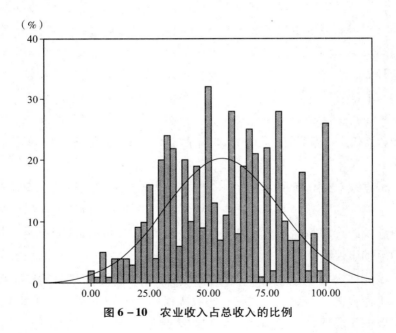

图 6 - 10　农业收入占总收入的比例

（二）基于农户农业收入比例的实证研究

由全样本实证结果可知农户参与农业保险可以稳定农户收入进而刺

激农户消费。农户农业收入在家庭总收入中的水平越高受农业生产风险影响越大，在不同农户收入占总收入比例中农户参与农业保险计划对消费的影响也应有所不同。农业收入占总收入比重如图 6 – 10 所示。因此以农户农业收入占总收入比例的 40% 将全样本分为两类，对全样本模型进行实证分析，结果如表 6 – 11 所示。

表 6 – 11 基于农户农业收入比例的两阶段最小二乘（2SLS）回归系数及检验

变量	农业收入占总收入比例 < =40%		农业收入占总收入比例 >40%	
	系数	t 统计量	系数	t 统计量
（常数）		1.859		1.691
收入	1.068 ***	11.163	1.063 ***	3.328
农业保险计划	0.169 ***	3.143	0.358 ***	3.254
医疗及养老保险计划	0.074 *	1.429	0.309 ***	2.813
收入风险	− 0.156 ***	− 2.992	− 0.225 **	− 2.210
风险偏好	0.132 ***	2.461	0.189 **	2.012
家庭资产	0.111 **	1.947	0.205 **	1.888
家庭储蓄	− 0.665 ***	− 7.181	− 0.713 ***	− 2.394
家庭信贷	0.051	0.933	0.188 **	1.924

注：符号 ***、** 和 * 分别表示系数在 1%、5% 和 10% 水平上统计显著。

由表 6 – 11 的结果可以看出农业收入占总收入的比例不同的农户中，解释变量对消费的影响程度存在差异。农业收入占比小于 40% 的农户农业保险计划对消费的影响系数为 0.169，明显低于农业收入占比大于 40% 的农户。可以认为农户总收入中农业收入占比例越大，农户受农业风险的影响程度就越高，农户越需要农业保险来规避农业风险，稳定农业收入。而在农业收入占总收入小于 40% 的农户中，其总收入主要来源于农户务工或是经商，这些收入几乎不受农业生产风险的影响，因此这类农户对农业保险的依赖性较低，参与农业保险的积极性较差，农业保险计划对消费的影响系数低于以农业收入为主的农户。同时根据回归结果也可以看出，农业收入占比较大的农户收入风险对消费的影响也较大，即农业生产性收入占比越高，农业弱质性的体现越明显，农户的收入风险越高，对消费造成的影响越大。也可以得出结论，鼓励农户参与农业保险可以有效降低农业风险，稳定收入，进而起到刺激消费的作用。而农业收入占比较低的农户，在收入中以非农收入为主，受农业风险影响较小，因此收入风险对消费造成的影响低于农业收入占比较高的农户。在表6-11的实证结果中，农业收入占比低于40%的农户家庭信贷未通过检验，原因是调研数据存在一定的偏差，但是家庭信贷的系数较低，对结果不会造成重大影响。

（三）基于偏好异质性的实证研究

根据以上实证可知农户的消费受收入、收入风险、风险偏好、家庭资产、储蓄、信贷、其他保险及农业保险计划的影响。各个影响因素对农户消费影响程度存在较大差异。不仅在农业收入占总收入比例上农户消费存在较大差异，农户个体之间也存在着异质性差异。一般来说风险偏好存在个体异质性，将样本总量分为两部分，这里定义风险偏好大于0.3为相对风险冒进型，风险偏好小于0.3为相对风险保守型（Campbell & Deaton，1989），对上述实证模型进行分类回归，结果如表6-12所示。

表6-12 基于农户偏好异质性的两阶段最小二乘（2SLS）回归系数及检验

变量	风险偏好 < =0.3		风险偏好 >0.3	
	系数	t 统计量	系数	t 统计量
（常数）		0.441		-1.862
收入	1.813 ***	6.229	1.115 ***	7.354
农业保险计划	0.225 ***	2.485	0.120 *	1.397
医疗及养老保险计划	0.232 ***	2.686	0.211 ***	2.937
收入风险	-0.395 ***	-4.546	0.136 **	1.676
风险偏好	0.125 *	1.508	0.138 **	1.843
家庭资产	0.769 ***	3.763	-0.200 **	-2.090
家庭储蓄	-0.334 ***	-6.022	-0.333 ***	-3.089
家庭信贷	0.624 ***	2.665	0.168 **	2.311

注：符号 ***、** 和 * 分别表示系数在1%、5%和10%水平上统计显著。

　　表 6-12 的两阶段最小二乘回归方程结果与表 6-8 相比解释变量与消费之间的相关性未发生变化，表明数据是稳定的。在解释变量中受个体差异影响存在较大区别的是收入风险及农业保险计划。农户个体偏好对风险最敏感，如果农户对风险的态度是相对保守的，当农户对存在的收入风险的判断是悲观的，农户的消费水平会显著降低；如果农户的风险态度是相对冒进的，当农户对存在的收入风险的判断比较乐观，随着收入的波动，农户的消费水平会有所提升。风险保守型农户比风险冒进型农户保险计划对消费的影响更为明显，由于风险保守型农户对农业生产中存在的风险持较悲观态度，因此当其计划参与农业保险时，风险保守型农户会对未来预期更乐观，更能够促进消费。

第三节　结论及建议

　　本章的研究目的是要分析农户的消费平滑特征，并对消费行为的影响因素及其福利效应进行理论分析，通过辽宁省入户问卷调查数据，利用实证方法验证了我们的假设。

　　作为理性消费者的农户，他们不仅追求消费的提高，更注重消费的稳定。所以能够自发使用风险分担手段来保障自己的生活水平，缓解消费波动，平滑消费。但是中国农户消费相对于收入的变化，存在过度消费平滑的特征，也就是说，农村人口的消费行为并不完全由收入水平决定，消费不会随可支配收入的增加而发生变化。对于不同风险偏好的农户，由于存在个体异质性差异，收入变化对消费的影响有所不同。因此，中央政府依据经典理论采取增加收入来刺激消费增长的宏观经济政策失效是在所难免的。

　　本章研究目的主要是分析农户农业保险决策对消费的影响，根据两阶段最小二乘法的实证研究结果，农户消费水平与农户收入、农户收入风险、农户风险偏好、家庭资产、储蓄、信贷、其他保险计划及农业保险计划存在着高度相关性。实证研究表明，在全样本的情况下，农户参与农业保险的决策与消费存在显著正相关关系，并且相关系数较大，即农户参与农业保险能够有效刺激农户消费。在农户农业收入占总收入比例不同的情况下，实证结果表明农户收入中农业收入所占比重越大，农业生产的风险对农户造成的影响越高，农户的消费水平随收入、收入风险的波动就越大。农户收入占比高农户更依赖农业保险来降低农业风险，稳定农业收入，进而保障消费水平。在基于农户个体异质性偏好不同的情况下，风险冒进型农户与风险保守型农户的参保计划对消费都产生正向影响，但是风险保守型农户参与保险对消费的促进作用大于风险冒进型农户，即风险保守型农户参与保险后对未来的预期更加乐观，并且会有效激励消费。综上所述，农业保险对可以有效规避农业生产风险，稳定农户收入，进而刺激农户消费，促进农村经济的可持续发展。

我国经济发展的重要任务是实现经济增长，从投资、出口拉动型向内需拉动型转变，而提高农村居民生活水平是实现全面建设小康社会的基础。农业是农村发展的基础，但是农业生产受农业自然灾害的影响比较大，农户生产生活存在高度不确定性。因此，发展农业保险是保障农户生产生活持续发展，提高农户消费水平，改善农村经济的重要政策。基于本部分的研究结论，针对提高农户参与农业保险，维护农户福利水平，提出以下政策建议：

（1）加大政府对农业保险扶持力度，加快农业保险立法，推进农业保险发展。农业保险能够保障农户农业收入的稳定性，对农村经济发展起到非常重要的作用。但是农业保险具有正外部性、信息不对称性及系统性风险的特点，这些特点造成农业保险市场的失灵，因此需要政府来调节农业保险市场。农业保险的亏损也说明农业保险需要政府政策的支持，政府需加大政府补贴力度，建立农业保险法律，保障农业保险能够可持续且规范发展。健全农村各种保险计划，推广普及农业保险，推动商业化财产保险等，以保障农户的农业收入及个人财富财产免受突发自然风险带来的损失。强化完善农村社会保障体系，扩大农村养老保险、医疗保险及农村最低保障体系的覆盖率、补贴率及保障水平，以稳定和减少预防性储蓄。

（2）针对不同地区的农业生产特点，提供差异化的农业保险产品，拓展农业保险业务的覆盖面。农户对农业保险的有效需求来源于对农业保险的满意程度。我国地域广阔，地区间土地状况、农作物品种、农业种植风险不同，我国现如今的农业保险险种设置不能满足农户多元化种植的要求，这是制约农户农业保险有效需求的一个重要原因。因此，建议应不断推出适应不同地区、不同作物开设多层次的具有农业特色的保险产品，拓展农业保险的深度及广度，让农户能够有效分散农业风险，稳定农户收入，保证农户生产生活的有序进行。

（3）创造非农就业机会，提高农业人口的收入尤其是非农收入。保证农村土地使用权长期不变，以确保农户的农业收入长期稳定。因为农地在保障农户消费水平方面仍然发挥重要作用。

（4）进一步提高农户参保意识。农户对农业保险的认知度是影响农业保险有效需求的一个重要因素，保险认知度越高，农户购买农业保险的有效需求越强。可以通过政府宣传等途径，加大农业保险的宣传力度，让农户深入了解农业保险的作用、意义和相关条款，广泛开展关于保险标的财政补贴、保险金额、理赔处理等事宜的宣传和教育工作。鼓励农户积极参与农业保险，保障农户收入稳定性，进而刺激农户消费，促进农村经济可持续发展。

（5）改善发展农村金融信贷市场，进一步推广普及农村小额信贷制度；同时鼓励建立农村互助组织，发挥农村社会网络内风险统筹机制的作用，联合抵御风险冲击。改善农村医疗条件、重视营养水平，提高农村人口的人力健康素质；提高农村基础教育投入，加强农村地区教育的投资力度，提高农村居民的素质和能力，实现全社会教育的公平性；重视农村职业培训，提升农户的多种技术技能。

第七章

粮食产量及其保险绩效实证研究

第一节　粮食产量与农业保险

"国以民为本，民以食为天"，粮食问题对于拥有 13 亿人口消费群体的中国至关重要。中国是一个农业大国，既是一个产粮大国，也是一个消费大国。粮食产业一方面支撑了国民经济的高速增长，另一方面一直是国民经济改革和发展的"瓶颈"因素。中国政府的一贯政策是"立足自给，适度进口"。实行适度进口以弥补供求缺口，利用丰富的国际资源克服国内资源短缺的制约，能提高我国的资源配置效率，避免土地和资本两大因素因过度强调粮食自给而机会成本大幅度提高，进而影响农业的可持续发展。但将自给水平界定在何种范围之内，使我国在不与 WTO 贸易规则发生冲突的前提下，社会福利水平达到最优化，并保证在发生突发事件时粮食安全，一直是政府及学术界的关注重点。

比较优势理论是自由经济思想在国际贸易与国际分工领域的反映。不同的萨哈诺骨牌需要不同的生产要素比例，而不同的国家由于资源禀赋不同，其生产要素的比例是不同的。因此，世界各国在生产那些能够比较密集使用其丰裕要素的商品时，就必然会产生比较优势。而如果每个国家均按比较优势原则出口那些密集使用丰裕要素的商品，进口那些密集使用稀缺要素的商品，则不仅可以增加本国收入，而且还可以促进世界资源更加有效地使用，提高全世界的福利水平。

根据李嘉图的比较利益原则，由于生产成本的相对差别，一国即使生产不出成本绝对低的商品，只要能生产出成本相对低的商品，就可以同另一国进行贸易，并使贸易双方都得到好处，这种好处首先表现在费用的降低，资源的合理利用方面。

基于比较优势的区际贸易的福利效果可借助一种产品在两个国家进行贸易的模型加以说明（如图 7 - 1 所示）。

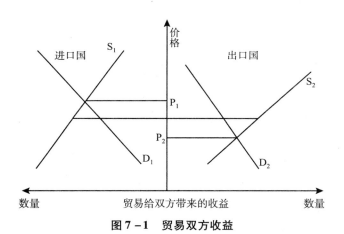

图 7 - 1 贸易双方收益

D_1，S_1 分别代表进口国的需求与供给，D_2，S_2 分别代表出口国的需求与供给。在没有贸易的条件下，他们的国内价格分别为 P_1，P_2。由于各国资源禀赋的差异导致比较优势的不同，出口国价格 P_2 一定会小于进口国价格 P_1。在开展国际贸易的情况下（暂且不考虑关税及其他贸易限制），则均衡价格会落在出口国和进口国价格之间，假设为 P_0。即由于 $P_1 > P_2$，所以在无任何限制的情况下，出口国会不停地向进口国输出产品直到两国的价差消失，此时它不再输出产品，因为它从输出中所获得的利润会比在当地市场出售所获取的利润还低。从理论来讲，贸易使双方都得到好处。

从图 7-1 中可见贸易前后的福利变化，出口国的消费者剩余虽然损失了面积；但生产者剩余却增加了部分，即社会净福利增加了一个三角形的面积，可认为这部分是由于资源配置的优化使生产效率提高，由生产者享用（专业化获利）。另外，进口国的生产者剩余虽然损失了面积；但消费者剩余却增加了部分，因此，社会净福利亦增加了三角形的面积，这个增加的福利由消费者享用（贸易获利）。具体地说，出口国把一部分过剩的粮食出口，减少了国内的供应，使供求关系比较平衡。生产者所得价格有所提高；进口国通过国际贸易补足了一部分粮食缺额，增加了国内供应，也使粮食供求关系趋于平衡，消费者价格有所降低。

由此可见，贸易从两方面增加了供应的安全水平：其一，贸易给双方都带来了社会福利的增加，提高了购买能力；其二，贸易使双方供求趋于平衡，平抑了价格的波动，有利于出口国的生产稳定和进口国的供应稳定。使得整体社会福利增加了。福利经济学理论的出发点是，假定生产者所获利润与消费者所获效用得到最大程度的实现。本章本着这一原则确立了自己的目标函数，即使生产者剩余与消费者剩余之和最大化。

一、理论与模型

本章建立分布参数系统模型来描述粮食供给的动态变化，并最终归结为积分型泛函求极值的最优控制问题。

粮食供给量包括两部分：一是国内自产量；二是贸易进口量。本书就市场供求平衡状况下某个计划期间各个时刻的自给者数量，进口者数量的最优配制及社会整体福利水平进行研究。

21 世纪，中国将由于人口的增长和经济的发展，对粮食的需求量大幅度提高。从贸易总量来看，中国的粮食进口呈逐步扩大的趋势，与此同时，中国的粮食生产也会由于投入的增加和技术的进步，其产出量随之加大。

设 $H(x, y, u, v, t)$ 表示 t 时刻供给状态为 $A = \{x, y, u, v\}$ 的

供给者数量，A 表示自产量不超过 x，进口量不超过 y，且自产量变化率不超过 u，进口量变化率不超过 v 的供给状态，由于生产量及进口量是一个逐步扩大的趋势，显见，H（x，y，u，v，t）≥0，而且 H 随 x，y，u，v 的每一个值单调增加，u∈[0，+∞]，v∈[0，+∞] x∈{x_L，x_U}，y∈{y_L，y_U}。这里假设当 u，v→+∞ 时 H（x，y，u，v，t）有极限 H（x，y，+∞，+∞，t）。这个值表示 t 时刻粮食市场处于状态 B = {x，y} 的供给者数量，B 表示自产量不超过 x，进口量不超过 y 的供给状态。当粮食市场足够大时，可以假定 H（x，y，u，v，t）连续且具有以下用到的各阶连续偏导数，这样，可以证明：

$$h(x, y, u, v, t) = \frac{\partial^4 H}{\partial x \partial y \partial u \partial v} \geq 0$$

它表示 t 时刻处于 A 供给状态的供给者分布密度函数。而：

$$f(x, y, t) = \int_0^{+\infty} \int_0^{+\infty} h(x, y, u, v, t) du dv$$

表示 t 时刻供给者关于自产量 x 与进口量 y 的分布密度函数。函数：

$$r(x, y, u, v, t) = \frac{h(x, y, u, v, t)}{f(x. y. t)} \tag{7.1}$$

表示 t 时刻供给状态 A 的供给者的相对密度，显然有：

$$\int_0^{+\infty} \int_0^{+\infty} r(x, y, u, v, t) du dv = \int_0^{+\infty} \int_0^{+\infty} \frac{h(x, y, u, v, t)}{f(x. y. t)} du dv = 1 \tag{7.1*}$$

定义平均自产量变化率函数 I_1 与平均进口量变化率函数 I_2 分别为：

$$I_1(x, y, t) = \int_0^{+\infty} u \int_0^{+\infty} r(x, y, u, v, t) dv du \tag{7.2}$$

$$I_2(x, y, t) = \int_0^{+\infty} v \int_0^{+\infty} r(x, y, u, v, t) du dv \tag{7.3}$$

它表示 t 时刻处于状态 B 的自产量变化率与进口量变化率的平均值。

再令 G（x，y，t）表示 t 时刻进入或退出粮食市场，处于供给状态 B 的供给者数量，则 $g(x, y, t) = \frac{\partial^2 G}{\partial x \partial y}$ 为其相应变化率函数。

考虑在 t + Δt 时刻，粮食市场中自产量不超过 x′、进口量不超过 y′

的供给者数量，由以下两部分组成：（1）t 时刻满足条件 $x + u\Delta t \leqslant x'$ 和 $y + v\Delta t \leqslant y'$ 的自产量不超过 x，进口量不超过 y 的供给者数；（2）在 $[t, t+\Delta t]$ 时间区间内新进入或退出粮食市场后，满足自产量不超过 x'，进口量不超过 y' 的供给者数量。则有：

$$F(x', y', t+\Delta t) = \int_0^{+\infty} \int_0^{+\infty} \int_{x_L}^{x'-u\Delta t} \int_{y_L}^{y'-v\Delta t} h(x, y, u, v, t)\,dydxdudv + \int_t^{t+\Delta t} G(x', y', t)\,dt \tag{7.4}$$

又由 F(x, y, t) 定义可知：

$$F(x', y't+\Delta t) = \int_0^{+\infty} \int_0^{+\infty} \int_{x_L}^{x'} \int_{y_L}^{y'} h(x, y, u, v, t+\Delta t)\,dydxdudv \tag{7.5}$$

将式（7.4）代入式（7.5）中，经整理得出：

$$\int_0^{+\infty} \int_0^{+\infty} \left[\int_{x_L}^{x'} \int_{y_L}^{y'} h(x, y, u, v, t+\Delta t)\,dydx \right.$$
$$\left. - \int_{x_L}^{x'-u\Delta t} \int_{y_L}^{y'-v\Delta t} h(x, y, u, v, t)\,dydx \right] dvdu = \int_t^{t+\Delta t} G(x', y', t)\,dt \tag{7.6}$$

经分解上式可化为：

$$\int_0^{\infty} \int_0^{\infty} \left\{ \Delta t \int_{x_L}^{x'} \int_{y_L}^{y'} \frac{h(x, y, u, v, t+\Delta t) - h(x, y, u, v, t)}{\Delta t}\,dydx \right.$$
$$+ \int_{x_L}^{x'} \left[\int_{y_L}^{y'} h(x, y, u, v, t)\,dy - \int_{y_L}^{y'-u\Delta t} h(x, y, u, v, t)\,dy \right] dx$$
$$+ \left. \int_{y_L}^{y'-u\Delta t} \left[\int_{x_L}^{x'} h(x, y, u, v, t)\,dx - \int_{x_L}^{x'-v\Delta t} h(x, y, u, v, t)\,dx \right] dy \right\} dudv$$
$$= \int_t^{t+\Delta t} G(x', y', t)\,dt$$

再利用中值定理，上式可化为：

$$\int_0^{\infty} \int_0^{\infty} \left\{ \Delta t \int_{x_L}^{x'} \int_{y_L}^{y'} \frac{h(x, y, u, v, t+\Delta t) - h(x, y, u, v, t)}{\Delta t}\,dydx \right.$$
$$+ v\Delta t \int_{x_L}^{x'} h(x, y' - \theta_1 u\Delta t, u, v, t)\,dx$$
$$+ \left. u\Delta t \int_{y_L}^{y'-v\Delta t} h(x' - \theta_2 v\Delta t, y, u, v, t)\,dy \right\} dvdu$$
$$= \Delta t G(x', y', t + \theta_3 \Delta t)$$

其中 θ_1，θ_2，$\theta_3 \in (0.1)$。消去等式两端的 Δt，并使 $\Delta t \to 0$，则得：

$$\int_0^\infty \int_0^\infty \left\{ \int_{x_L}^{x'} \int_{y_L}^{y'} \frac{\partial h(x, y, u, v, t)}{\partial t} dxdy + v\int_{x_L}^{x'} h(x, y', u, v, t) dx \right.$$

$$\left. + u\int_{y_L}^{y'} h(x', y, u, v, t) \right\} dudv = G(x', y', t)$$

上式两端关于 x'，y' 求二阶混合导数，并用 x 代替 x'，y 代替 y'，得到：

$$\int_0^\infty \int_0^\infty \left\{ \frac{\partial h(x, y, u, v, t)}{\partial t} + \frac{\partial}{\partial x \partial y}\left[v\int_{x_L}^x h(x, y, u, v, t) dx \right] \right.$$

$$\left. + \frac{\partial}{\partial x \partial y}\left[u\int_{y_L}^y h(x, y, u, v, t) dy \right] \right\} dvdu = g(x, y, t)$$

由 $r(x, y, u, v, t)$ 的定义可知：

$$\frac{\partial h}{\partial t} = r\frac{\partial f}{\partial t} + \frac{\partial r}{\partial t}f$$

$$\frac{\partial h}{\partial x} = r\frac{\partial f}{\partial x} + \frac{\partial r}{\partial x}f$$

$$\frac{\partial h}{\partial y} = r\frac{\partial f}{\partial y} + \frac{\partial r}{\partial y}f$$

代入上式得：

$$\int_0^\infty \int_0^\infty \left(r\frac{\partial f}{\partial t} + \frac{\partial r}{\partial t}f \right)dudv + \int_0^\infty \int_0^\infty v\left(r\frac{\partial f}{\partial y} + \frac{\partial r}{\partial y}f \right)dudv$$

$$+ \int_0^\infty \int_0^\infty u\left(r\frac{\partial f}{\partial x} + \frac{\partial r}{\partial x}f \right)dudv = g(x, y, t)$$

结合式（7.4）、式（7.5）、式（7.6）得：

$$\frac{\partial f}{\partial t} + \int_0^\infty \int_0^\infty \frac{\partial r}{\partial t}dudvf + \frac{\partial I_1}{\partial x}f + I_1 (x, y, t) \frac{\partial f}{\partial x} + \frac{\partial I_2}{\partial y}f$$

$$+ I_2(x, y, t)\frac{\partial f}{\partial y} = g(x, y, t)$$

由式（7.1*）可知：上式中 $\int_0^\infty \int_0^\infty \frac{\partial r}{\partial t}dudvf = 0$

将以上各式整理，可得

$$\frac{\partial f}{\partial t} + I_1(x, y, t)\frac{\partial f}{\partial x} + I_2(x, y, t)\frac{\partial f}{\partial y} + \left(\frac{\partial I_1}{\partial x} + \frac{\partial I_2}{\partial y}\right)f(x, y, t) = g(x, y, t)$$

$$(7.7a)$$

初始分布条件为：$f(x, y, 0) = f_0(x, y)$ $x \in \{x_L, x_U\}$, $y \in \{y_L, y_U\}$

$$(7.7b)$$

边界条件为：$f(x_L, y, t) = 0$

$$f(x, y_L, t) = 0 \qquad (7.7c)$$

上式可以这样理解：由于在区间 $x \in \{x_L, x_U\}$, $f(x, y, t)$, 上，总能找到边界线，使生产量小于 x_L 或进口量小于 y_L 的供给者不存在。

实施边界条件：　　$f(x, y, t) = 0$　$x > x_U$　或 $y > y_U$　　(7.7d)

这样便得到粮食供给分布密度函数 $f(x, y, t)$ 关于自产量 x 和进口量 y 的变化情况的发展方程，这是一个偏微分方程的初边值问题，在相当广泛的条件下，存在唯一解。在已知初边值条件的基础上给出 I_1 (x, y, t), $I_2(x, y, t)$ 和粮食供给者变化分布密度函数 $g(x, y, t)$，即可求出粮食供给的分布密度函数 $f(x, y, t)$。

由于农业系统是典型的开放系统，以上是仅考虑在相对稳定的条件下粮食供给分布方程。事实上，无论是国内生产量还是贸易进口量，都要受到多种不确定性随机因素的影响，比如，战争、自然灾害、国际局势等。假设用 $e_X(t)$ 和 $e_Y(t)$ 分别表示因各种随机因素而引起的自产及进口的扰动量，可以利用粮食供给分布密度函数 $f(x, y, t)$，预测在某一时刻的自给平均量及进口平均量，分别为：

$$x^*(t) = \int_{x_L}^{x_U} x \int_{y_L}^{y_u} f(x, y, t) dy dx + e_X(t) \qquad (7.8a)$$

$$y^*(t) = \int_{y_L}^{y_U} y \int_{x_L}^{x_U} f(x, y, t) dx dy + e_Y(t) \qquad (7.8b)$$

再令：$x^*(t) + y^*(t) = D(t)$ $\qquad$ (7.8c)

$D(t)$ 是某一时刻 t 的消费总需求。上式含义：在某一时刻，粮食的自给量与进口量之和应与消费需求相一致，即供求动态平衡。式（7.7）、式（7.8）共同构成了粮食供给分布系统模型。粮食市场上的预期价格显著影响粮食生产者的生产量；消费需求主要受价格及收入的双重影响，遵从供求动态平衡原则，进口量取决于供给及需求量，即预期价格及收入水平。由此可知，在预期价格及收入的影响下，u，v 必然遵循一定的动态规则，供给者以此来确定最优控制策略。

二、模型应用

众所周知，关税能提高进口粮食的国内价格，使本国的生产得到扩张，消费得到控制，从而进口粮食规模被缩小，这就是关税贸易的福利效应。现假设：

（1）在不与 WTO 贸易规则发生冲突的前提下，我国政府出于对粮食安全的考虑，动用关税使粮食生产水平不低于某一期望值。

（2）中国的粮食贸易在国际市场上近似地面临完全竞争状态，处于"价格接受者"的地位，因而以小国模型来进行研究。

（3）保持粮食的库存不变，仅用进口贸易量来调节市场的供需平衡。

用图 7 - 2 表示在 t 时刻的社会福利效应：

其中：SS 表示供给曲线，DD 表示需求曲线。

假设在 t 时刻，国际粮食价格为 p(t)，在这一价格水平下，进行自由贸易，国内粮食的生产量，国内粮食生产量为 OQ_1，需求量为 OQ_4，只有当进口量为 Q_1Q_4 时，供求之间才能达到平衡。由于在 t 时刻的这一价格水平下，供求之间存在较大的缺口，为了提高自己能力，政府可以利用关税将国内粮食价格提高到 Q(t)，在这一价格水平下，生产量为 OQ_2，消费量为 OQ_3，进口量为 Q_2Q_3 时，能使供求平衡。

在 Q(t) 的价格水平下，消费者消费 OQ_3 量的粮食要比 p(t) 价格下多付出 Q(t)FBCP(t)，即面积 （a + α + b）的消费支出。此外，面积 ABC 即面积 β 是 p(t) 价格下的消费剩余，在 Q(t) 价格下这一剩余消失了。这一点也可以这样理解，由于价格由 p(t) 提高到 Q(t)，使消费者减少了 Q_2Q_3 的消费量，其隐性损失了面积 β 的利益。

由以上分析，消费者在关税政策下的全部损失面积为 Q(t)FBCP(t)，即面积 （a + α + b）。

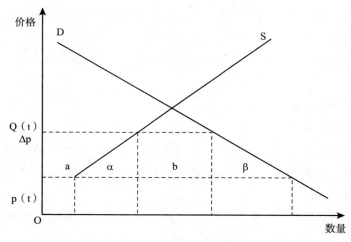

图 7 - 2   t 时刻的社会福利效应

由于价格的提高，使生产者的生产量由 OQ_1 增加到 OQ_2，增加量为 Q_1Q_2。在消费者的损失中，有一部分为生产者所得，面积为 $Q(t)FEP(t)$ 即面积 a，它是价格提高到 $Q(t)$ 后生产者产量增加和价格提高的收益，如图 7 - 2 所示。

图中面积 b 就是关税收入，即政府采用关税来提高价格的税收效果。

由以上分析：消费者剩余的减少部分是面积（a + α + β + b），生产者剩余的增加部分是面积 a、国家的关税收入是面积 b，则社会福利的净损失为面积（α + β）。其中，面积 α 是资源使用上的净损失；面积 β 是消费效用上的净损失。

设 $x(t)$ 为某一时刻增加关税后的粮食自给目标值，则 $B_x \overline{[x(t) - x^*(t)]}^2$ 代表实际值与目标值之间的偏差所付出的代价，B_x 代表代价系数，$y(t)$ 为某一时刻增加关税后的粮食进口目标值，则 $B_y \overline{[y(t) - y^*(t)]}^2$ 代表实际值与目标值之间的偏差所付出的代价，B_y 代表代价系数，再令：$p(t)$ 为开放条件下国际市场的粮食单位价格，$Q(t)$ 为征收关税后国内粮食市场的单位价格，$\Delta P(t)$ 为 $P(t)$ 与 $Q(t)$ 的价格差。其中 B_x、B_y 为常数。

根据以上分析，提高关税给社会整体福利水平带来的损失为：$\frac{1}{2}$ $|\Delta p|[y^*(t) - \overline{y(t)}]$

则目标泛函可设定为：

$$\min = J[I_1, I_2] = \int_0^T \left\{ \frac{1}{2} |\Delta p| [y^*(t) - \overline{y(t)}] + B_x \overline{[x(t) - x^*(t)]^2} \right.$$

$$\left. + B_y \overline{[y(t) - y^*(t)]^2} \right\} dt \tag{7.9}$$

问题应该是：选择合适的 $I_1(x, y, t)$ 与 $I_2(x, y, t)$，使此目标泛函 J 取值最小。

第二节 基于赫克曼（Heckman）两阶段模型的实证分析

我国是世界上自然灾害较为严重的国家之一，农业自然灾害严重降低农作物产量，导致农业生产不稳定，给国家和农户都造成巨大的经济损失。通过中国统计年鉴的数据（如图 7 - 3 所示）可以看出我国自1990 年起自然灾害的受灾面积都居高不下，在 2013 年全国受灾面积达到 313 500 千公顷。而且在 1990 ~ 2013 年的 24 年间有 22 年成灾面积占受灾面积的比重超过 45%，这使得农作物产量大幅度下降，农民面临着巨大的经济损失，国家粮食安全及国家经济的发展也因此受到阻碍。

在应对农业灾害损失时，我国的处理方法以灾后救济为主，但是这种处理方法会给国家财政带来较大的压力，且补偿效率较低。国外对农业灾害处理较为成熟的方式是发展农业保险，农业保险是 WTO 承认的"绿箱政策"，在国家政策支持下的农业保险可以有效地应对农业灾害风险。国家在推动农业保险发展的同时鼓励农户积极参与农业保险，这不仅能够在灾害发生时有效补偿农户损失，还可以较大程度上减少政府的财政压力。

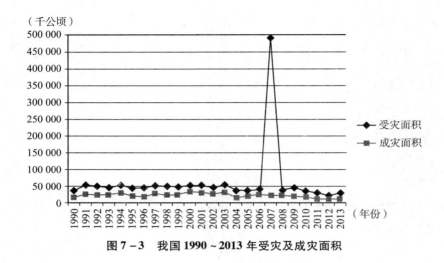

图 7-3　我国 1990～2013 年受灾及成灾面积

　　我国大力推进农业保险发展是始于 2004 年，之后连续 13 年"中央一号"文件一直关注农业保险，在 2016 年更提出要加大农业保险支持力度。农业保险是有效支持和保护农业的手段，是农村可持续发展的重要保障。但是我国农业保险的发展水平一直较低，主要是由农户参与农业保险的积极性不高，农业保险保费筹集困难，农业保险开展中不能够满足大数法则，易导致农业保险经营亏损，单纯依靠政府补贴难以支撑农业保险的有效开展，这是我国农业保险开展中一直存在的问题。

　　为推动农业保险的发展，必须解决农户农业保险参保程度低的问题。农户在农业生产过程中主要关注的是农作物产量，农作物产量高低关系到农户当年农业收入同时也影响下一年农业生产，因此，农作物产量是农户农业生产稳定及可持续发展的关键。农户参与农业保险，降低农业生产风险，主要目的是希望通过农业保险规避农业风险，保障农作物产量稳定增长。因此，可以通过对农户参与农业保险后农作物产量的变化来寻求影响农户农业保险参与决策的影响因素，提高农户对农业保险的需求。

　　本书以辽宁省农村入户调查数据为研究对象，将农户家庭作为研究单位，将家庭农业产量直接计入效用函数，此时农业保险决策不仅要考虑农业产出的经济回报，还需要考虑农业产出水平，资源配置是以家庭福利最大化进行的。本书构建农户家庭福利最大化模型，研究以农户农业投保产量为基础的农业保险参与意愿的影响因素，采用赫克曼两阶段模型对影响因素具体数值进行了测算，以便对农户参保决策及投保产量有更深入的认识，从而有助于解决农业保险参保率低问题，促进中国农业保险可持续发展。

国外学者对农业保险需求的研究主要集中在两个方面，一是从农业保险的参与率入手，分析影响农业保险需求的道德风险和逆向选择问题。如格劳伯等（2002）研究表明农户在考虑风险分散的情况下，农业种植面积越大，农业收入越高，农户越愿意通过参与农业保险来稳定农业收入。塞拉和古德温等（2003）研究显示：当美国农户的初始财富积累到一定程度时，其风险规避程度会随之降低，农户参保的动机减弱。二是从微观农户角度入手，通过对农户的实地调研，实证研究农户农业保险需求的影响因素。如史密斯和巴奎特（1996）以美国蒙大拿州调查问卷作为基础数据，首次构建针对农业保险参与及保费情况的模型，研究农户对作物多重保险的需求，结果表明：农户对农业保险的预期会影响参保决策，而逆向选择对跨区保费提高的效果产生了限制，进而影响了保险损失率。布兰克和麦克唐纳（Blank & McDonald，1996）利用美国加州截面数据对农户购买农业保险的影因素进行研究，发现农户在收入较高、非农收入相对低、小生产、债务水平较高、近期遭受产量损失、拥有多年生作物的情况下更愿意购买农业保险。蒙特·L. 范迪维尔（2001）对越南农户农业保险参保情况进行调查，研究表明农户的收入、保障水平、文化程度、保险费率、从事农业生产的年限等影响农户购买农业保险的意愿。谢瑞克（Sherrick，2003）等通过对美国中西部种植玉米和大豆的农户调查数据进行分析表明：农户的生产规模、农业经营年限、农场土地集中程度对农业保险的需求产生影响。谢瑞克和巴里（2004）利用两步估算法对农户农业保险参保决策以及购买农业保险品种的选择进行分析，发现农业生产规模、生产历史、融资程度、对产出风险的认知程度与农户参与农业保险决策呈正向影响关系，土地使用年限与农业保险参保决策呈负向影响关系。金德和斯波尔丁（2009）等根据美国北伊利诺伊州农户的农业保险购买情况的数据，对农户农业保险决策行为及影响因素进行追踪研究，认为影响农户购买农业保险的因素主要有：农业保险的价格、政府的保费补贴以及天气因素。锡德拉，张启文（Zhang Qiwen），穆罕默德·阿卜杜拉，艾哈迈德和马吉德·拉蒂夫（2015）对巴基斯坦 300 户农户的调查数据进行分析，采用 Probit 模型实证研究影响巴基斯坦农户农业保险决策影响因素，结果表明：教育水平及农村信贷影响参保决策，农户对农业保险认知程度越高农户越愿意参与农业保险，因此，可通过普及农业保险推广教育及增加银行农业信贷来提高农户农业保险参与程度。

国内学者对农业保险的研究主要包括理论研究及实证研究。理论研究主要从农业保险对农业生产和社会效益的角度分析的。张伟等（2013）、郑军等（2015）基于我国农业保险发展情况及现有问题，对农业保险需求影响因素进行分析，认为影响农户农业保险需求的因素包括农户收入、农村土地流转、风险演变、区域差异以及农业产业化程度。实证研究主要以研究农业保险需求的影响因素为主。如宁满秀等（2006）利用新疆玛纳斯河流域的农户数据，运用比例风险模型对棉花保险的需求意愿影响因素进行实证研究，研究结果显示：棉花的种植面积、生产波动性、棉花灾害损失状况以及农户对农业保险的认知程度对棉花保险需求存在着影响。王阿星、张峭（2008）采用 Logit 模型对内蒙古鄂尔多斯市农户农业保险需求因素的研究中发现，农户家庭农业收入比重、农户受教育程度、农业生产中的受灾程度、保险购买情况以及性别对保险需求存在显著影响。聂荣等（2013）以农业保险需求理论为基础，采用辽宁省农村入户调研数据，利用二元 Logistic 模型从农户家庭经济条件、务农状况以及风险分担措施等全新视角对农户农业保险需求影响因素进行实证研究。研究结果表明：农户购买养老保险、医疗保险、农户家庭年收入等因素对农业保险需求产生负向影响，而农户家庭资产、政府救济、农户对农业保险认知、教育等因素对保险需求产生正向影响。唐德祥等（2015）以家庭生产理论为基础，建立农业保险有效需求模型，采用 2007～2013 年的中国省际面板数据，对农业保险有效需求的影响因素及区域差异进行了实证分析。研究结果显示：农业保险有效需求的主要影响因素是农户收入水平，我国东部和中西部地区之间存在较大差异；高成灾率会显著降低农业保险有效需求；农业保险的赔付保障水平较低时农户参与农业保险的积极性也较低。

根据国内外研究现状可以看出，国外学者对农业保险需求的研究主要集中在道德风险和逆向选择问题上，对农业保险需求的影响因素研究主要是通过对农户调研数据分析农户参与农业保险意愿的情况。国内学者对农业保险需求的研究多为经验研究，研究结果集中表现为农业保险高保费率和农户低收入的矛盾、农户种植多样化与农业保险险种较少的矛盾，农户对农业保险的认知及农户自身情况等原因影响农户农业保险参与的积极程度。国内外对农业保险需求的影响因素研究较多，但是对影响农户农业保险参保决策与投保产量的影响因素的研究较少，本章根据国内外研究的基本情况，对农户参与农业保险的投保产量影响因素进行研究，利用辽宁省农村入户调查数据，采用赫克曼两阶段法，去除农户参与农业保险决策时出现的数据断尾带来的选择性偏误影响，分析农户参保决策及投保产量的影响因素，为解决我国农业保险"供需双冷"状态提供有效的政策建议。

一、理论与模型

（一）农业保险效用最大化模型

假设农户满足"理性经济人"假设，试将农业收入直接计入效用函数，此时农户参保决策不仅要考虑农业产出的经济回报，还要考虑农业产出水平。因而农户是以家庭福利最大化模型进行资源配置的。

根据文献及理论分析家庭福利最大化模型，农户的农业保险参保决策不仅取决于农户农业收入水平、风险偏好情况、农业风险，还取决于种植面积和土地质量（禀赋）。现假设农户收入仅包括农业收入。将农户按照教育程度不同分为不同组，h_i^k 表示第 k 组第 i 个农户的参保决策，它受到农户农业收入水平 c_i、农户风险偏好 e_i、农业风险 r_i 及农业生产性支出 d_i 的影响。在整个国家自然状况及政策的影响较小，根据上述文献理论分析，农户农业收入水平越高、农业风险水平越高、农业生产性支出越大农户越愿意参与农业保险。而农户风险偏好越高反而会降低农户参与农业保险的积极性。

$$h_i^k = h^k(c_i, \ e_i, \ r_i, \ d_i, \ \mu_i) \tag{7.10}$$

$$\frac{\partial h_i^k}{\partial c_i} > 0 \quad \frac{\partial h_i^k}{\partial e_i} < 0 \quad \frac{\partial h_i^k}{\partial r_i} > 0 \quad \frac{\partial h_i^k}{\partial d_i} > 0$$

其中，μ_i 表示土地质量（禀赋），它不受农业收入水平、农户风险偏好等后天因素的影响。

在农业生产过程中，农业风险及农业种植面积影响农业产量。农业风险越高，农户的农业生产受到的影响越大，农业产量越低。农业种植面积越大，农业产量越高。在农业风险等因素的影响下农业产量会产生波动。

$$w_i^k = w^k(r_i, \ d_i, \ h_i) \tag{7.11}$$

$$\frac{\partial w_i^k}{\partial r_i} < 0 \quad \frac{\partial w_i^k}{\partial d_i} > 0 \quad \frac{\partial w_i^k}{\partial h_i} > 0 \quad \frac{\partial^2 w_i^k}{\partial d_i \partial h_i} > 0$$

其中 w_i^k 表示第 k 组第 i 个农户的农业产量。在模型中，农户收入水平 c_i 和农业风险偏好 e_i 是可选择的变量。考虑农户家庭整体情况，假设这个家庭是效用最大的则：

$$\max_{c_i^k e_i^k}(h_i^k, \ \cdots, \ h_{n_k}^k, \ c_i^k, \ \cdots, \ c_{n_k}^k, \ e_i^k, \ \cdots, \ e_{n_k}^k, \ r_i^k, \ \cdots, \ r_{n_k}^k, \ d_i^k, \ \cdots, \ d_{n_k}^k)$$

$$k = 1, \ \cdots, \ m$$

$$\text{s. t.} \quad v + p_1 \sum_k \sum_i w_i^k - \sum_k \sum_i d_i^k - p_2 \sum_k \sum_i d_i^k = 0 \tag{7.12}$$

其中，v 表示家庭财富或转移收入，p_1 表示农产品单价，p_2 表示保险费率（单位土地保险费率）。

式（7.11）中的土地质量（禀赋）和农户农业收入增加可以提高效用，而农户风险偏好和农业风险增加则会降低效用。式（7.12）为目标函数和预算约束。其中农业产量受到农业风险，种植面积及参保决策的影响，即如式（7.11）所示。

从经验认知的角度看，农户受教育程度可以反映农户的行为表达能力及对新事物的理解能力，也影响农户对农业风险特征、农业保险作用及特点的理解情况。一般情况下，农户受教育水平越高，越能较好地理解农业保险的特点及作用。农户生产用耕地面积在一定程度上影响农户对农业风险意识及参保意愿，耕地面积较小时农户的农业收入相对较低，这会导致农户对农业生产的预期较低，进而影响农户参与农业保险的积极性。农户家庭资产越高，意味着越富足，农户的购买能力越强，这类农户越有能力购买农业保险。一般来说，农户对农业风险都有一定的认知程度，认知程度越高越倾向于参与农业保险。农户对国家给予农业保险补贴的认知程度是影响农户参保决策的重要的因素，在农户农业收入水平较低、农业保费相对较高的情况下，国家对农业保险的补贴力度在一定程度上决定了农户参与农业保险的意愿。

（二）农户投保产量的赫克曼两阶段模型

基于前面的理论分析框架，农户农业保险参与行为实际上是两个行为决策过程的有机结合。第一阶段是农户决定是否参与农业保险，第二阶段是农户决定参与农业保险后农作物产量的情况。农户的调研数据中，未参与农业保险的农户投保为零，若在实证研究中直接将这部分数据剔除，再用普通最小二乘法进行估计，将会导致样本选择性偏误；但是在普通最小二乘法估计的过程中直接对这些数据进行估计，则会导致估计结果有偏。针对这种情况，目前最为常用的方法是赫克曼两阶段模型（Heckman，1979），该模型能够对样本可能存在的选择性偏差问题进行检验并给予纠正。本书将农户参与农业保险的决策行为分为以下两个阶段：

第一阶段，建立 Probit 模型估计农户是否参与农业保险的二值模型。农户是否参与农业保险的决策方程如下：

$$z_i = \begin{cases} 1, & \text{若 } z_i^* > 0 \\ 0, & \text{若 } z_i^* \leq 0 \end{cases} \tag{7.13}$$

$$z_i^* = w_i'\gamma + u_i \tag{7.14}$$

其中，z_i^* 为农户参与农业保险决策行为的发生概率，z_i^* 由一系列解释变量决定，如果农户决定参与农业保险，则 $z_i = 1$，否则 $z_i = 0$。公式中 w_i' 为解释变量，本章中即为农户参与农业保险决策的一系列影响因素，γ 为待估系数，u_i 为随机扰动项。

从 Probit 模型估计结果中测算逆米尔斯比率公式为：

$$\lambda = \frac{\phi(w_i\gamma/\sigma_0)}{\Phi(w_i\gamma/\sigma_0)} \tag{7.15}$$

式（7.15）中，分母 $\Phi(w_i\gamma/\sigma_0)$ 为累计分布函数，分子 $\phi(w_i\gamma/\sigma_0)$ 为标准正态分布的密度函数。

第二阶段，在选择方程中 $z_i = 1$ 的样本，用 OLS 进行估计。用 Probit 估计方程 $P(z_i = 1 \mid w) = \Phi(w_i\gamma)$，得到估计值 $\hat{\lambda}$，$\hat{\lambda}$ 作为方程的一个额外变量可以纠正样本选择性偏误，将 $\hat{\lambda}$ 引入农户投保产量方程中，建立农户投保产量方程如下：

$$y_i = x_i'\beta + \alpha \hat{\lambda} + \upsilon_i \tag{7.16}$$

式（7.16）中，y_i 为农户投保产量，x_i' 为影响农户投保产量的解释变量，β 为待估计系数，α 为逆米尔斯比率的估计系数，υ_i 为随机误差项。

需要说明的是，赫克曼两阶段模型要求 x_i' 是 w_i' 的一个严格子集（伍德里奇，2007），即式（7.16）中的任意一个解释变量也应该是式（7.14）中的解释变量，而式（7.14）中至少存在一个解释变量在式（7.16）中是不存在的，也就是说，至少应存在一个解释变量，其只影响农户是否参与农业保险的决策却不影响农户投保产量。本书通过对剔除不同变量后的拟合效果进行对比来选择变量的组合。

二、实证分析

（一）数据样本及变量描述

本书使用辽宁省县市农村入户随机调查数据对农户参保决策及投保

产量的决定因素进行分析。该组数据的问卷内容包括三大部分：第一部分为农户农业生产情况调查，包括农户总收入、农业收入、农业生产性支出、耕地面积（用于农业生产的自有土地及租用土地）、农业生产风险；第二部分为农户参与农业保险相关情况调查，包括农户对农业保险了解程度、了解渠道、满意程度及农业保险的购买意愿等；第三部分为农户家庭状况及农户个体特征，包括农户家庭资产、负债、农户风险偏好、农户年龄、教育等情况。

根据理论研究，在赫克曼两阶段模型中的第一阶段的选择方程中选择农户是否参与农业保险作为被解释变量，在第二阶段的方程中选择农户的投保产量作为被解释变量。本书选取了以下几类解释变量：

（1）农户农业生产相关变量。一是农户农业收入占总收入比重，农户是否参与农业保险与农户农业收入占比相关，农户农业收入占比越高，表明农业是农户赖以生存的根本，农户越重视农业保险；二是农业耕地面积，农户农业用地包括自有土地及租用土地，土地面积越大，农户应该越积极参与农业保险以保障农业收入的稳定性和持续性；三是农业灾害风险，农业灾害风险是影响农户参与农业保险的直接影响因素，农业灾害风险越高，农户越希望通过保险来保障农业生产，本书对农业灾害风险变量的选择包括三个方面：农业自然灾害风险、种植业疾病灾害风险及农业生产技术风险，其中农业自然灾害风险主要指农业生产中遇到的旱灾、水灾、冰雹等灾害，种植业疾病灾害风险主要指农作物生长过程中的病虫害等风险，农业生产技术风险主要是指在农业生产过程中由于尝试新品种、新技术给农业生产带来的不确定性风险；四是农业生产性支出，主要指农业生产过程中用于购买种子、化肥、农药及其他农资等方面的支出，农业生产性支出越多，代表农户对农业生产投入越大，农户参与农业保险的可能性越高。

（2）农户对农业保险的认知及满意程度。农户对农业保险了解程度越高，对农业保险开展越满意，农户越会参与农业保险。

（3）农户家庭状况相关变量。农户在农业生产过程中，不仅农业生产的变量会影响农户参保决策，农户家庭状况也会影响农户农业参与农业保险及农业保险投保产量情况。农户家庭状况的相关变量选取如下：一是农户家庭资产，农户家庭资产额越高，意味着农户家庭越富足，这类农户能够抵御农业风险的能力就越强，其参与农业保险的意愿越低；二是负债，农户家庭负债水平的高低也会影响农户农业保险的参与决策。

（4）农户个体特征变量。一是农户的风险偏好程度，农户的风险偏好程度越高，农户越容易采取一些较高的风险行为，农户参与农业保险的积极性越低；反之农户是风险厌恶型的，越希望在农业生产中能够降低风险，为保障农业生产的稳定性，这类农户越容易购买农业保险；二是农户受教育程度，农户受教育程度越高，越容易接受农业保险这类较为先进的保障农业生产的手段，农户参与农业保险的积极性越高。

对农户农业保险参与情况影响的变量特征进行统计描述，如表7-1所示。

表 7-1 变量的描述性统计分析

变量名称	变量定义	极小值	极大值	均值	标准差
是否参与农业保险	参与农业保险=1；未参与农业保险=0	0	1	0.70	0.458
参与农业保险的农户投保情况	农户参与农业保险的投保产量	1 000	79 900	15 936.40	9 994.97
农业生产相关变量					
农业收入占比	农业收入占总收入比重	0	1.00	0.5458	0.24560
耕地面积	农户用于农业生产的自有土地与租用土地之和	0.00	50.00	13.2376	7.64759
农业灾害风险	包括自然灾害风险、种植业疾病灾害、农业生产技术风险	0	3	1.42	0.668
农业生产性支出	农业生产中用于购买种子、化肥、农药及其他农资等方面的支出	0	40 000	4 985.10	3 771.73

续表

变量名称	变量定义	极小值	极大值	均值	标准差
农户对农业保险的态度					
对农业保险的满意程度	对过去农作物保险开展情况的认知及满意程度	1	5	3.10	0.849
农户家庭状况					
家庭资产	卖掉现有房屋、土地、家畜、农业生产资料等所有的财产，大约能获得多少钱?（元）	0	1 000 000	143 157.79	148 780.25
家庭负债	农户家庭欠亲戚朋友、银行的欠款	0	100 000	7 066.15	13 323.21
农户个体特征					
风险偏好	农户对风险的偏好程度	-4.02	8.00	0.4359	0.83680
教育	受访者的最高教育程度	1	5	2.99	0.782
样本数量					901

（二）实证模型

基于上述理论分析框架，考察影响农户农业保险参保决策及投保产量的影响因素。分析过程分为两个阶段：

第一阶段关于农户是否参与农业保险的方程，具体形式如下：

$$\Pr(z_i > 0 \mid w_i) = \Phi(\gamma_0 + \gamma_1 I_i + \gamma_2 D_i + \gamma_3 R_i + \gamma_4 L_i + \gamma_5 P_i + \gamma_6 C_i + \gamma_7 ID_i + \gamma_8 E_i + \gamma_9 S_i)$$

$$(7.17)$$

式（7.17）中，$\Phi(\cdot)$ 是累计分布函数，I_i 是农户农业收入占比；D_i 是农户面临的农业灾害风险；R_i 是农户风险偏好；L_i 是农户耕地面积；P_i 是农业生产性支出（包括农户购买种子、化肥等）；C_i 是农户家庭资产；ID_i 表示家庭负债；E_i 为农户受教育程度；S_i 为农户对农业保险开展的了解及满意程度。

第二阶段是关于农户投保产量的方程，具体形式如下：

$$y_i = \beta_0 + \beta_1 I_i + \beta_2 D_i + \beta_3 R_i + \beta_4 L_i + \beta_5 P_i + \beta_6 C_i + \beta_7 ID_i + \beta_8 E_i + \upsilon_i \quad (7.18)$$

（三）基于全样本下的实证结果分析

根据赫克曼两阶段模型，采用 Stata 11.0 进行分析得到影响农户参与农业保险决策及投保产量的因素估计结果如表 7 - 2 所示。

表 7 - 2　全样本下农户农业保险参保决策及投保产量的回归结果：

赫克曼两阶段模型

变量	参保决策（Probit 模型）		投保产量（OLS）	
	系数	Z 值	系数	Z 值
农业收入占比	0.00002 *	1.93	0.33913 ***	2.98
农业灾害风险	0.21693 **	2.31	3 200.427 ***	2.87
耕地面积	0.02232 **	2.19	637.1196 ***	5.51
农业生产性支出	0.00002	0.88	0.79495 ***	3.01
风险偏好	− 0.13109 *	− 1.74	− 1 749.04 **	− 2.10
资产	− 1.28e − 06 **	− 2.31	− 0.00219	− 0.33
负债	− 0.00001 *	− 1.78	− 0.17328 **	− 2.49
教育	0.14951 *	1.80	931.6405	0.96
农业保险满意程度	0.09513 **	2.53	—	—
常数	− 2.0857 ***	− 3.84	− 14 798.55 **	− 2.32
样本数				900

注：符号 *** 、** 和 * 分别表示系数在 1%、5% 和 10% 水平上统计显著。

表 7 - 2 为回归结果，第一阶段为 Probit 模型估计出农户农业保险参保决策的系数，第二阶段为农户参与农业保险时，投保产量的系数。结果显示农业收入占比、农业灾害、农业生产性支出、农户风险偏好、农户家庭资产、负债、农户受教育程度及农户对农业保险的满意程度都不同程度的影响农户农业保险投保决策。

一是农业生产方面因素：

（1）农业收入占比。农业收入占比影响农户农业保险决策及农业投保产量，农业收入占比与农户农业保险参保决策及投保产量均呈正相关关系，即农户农业收入占比越高，农户越愿意购买农业保险。证明农户在决定是否参与农业保险时，农业收入占比的高低是其考虑的重要因素。因此，国家农业保险政策应更倾向于以农业收入为主的地区，有效保障农业生产的稳定性的同时也会大幅度提高农户对农业保险的需求。

（2）农业灾害风险。农业灾害风险也是农户农业保险决策的重要影响因素，农户面临的农业灾害风险越高，农户农业生产的保障性越低，农户越需要农业保险来保障农业生产的稳定性及可持续性；农业灾害风险与农户的投保产量也呈正相关关系，即农业灾害风险高时，农户参与农业保险的程度也较高，这可以保障农户在存在农业灾害风险时也能获得稳定的农业生产产量。

（3）耕地面积。耕地面积包括农户用来进行农业生产的自有耕地及租用土地，耕地面积与农业保险参保决策也呈正相关关系，耕地面积越大，农户越希望在农业生产过程中降低风险保障农业生产的稳定性，因此，耕地面积越大的农户参与农业保险的积极性越高。

（4）农业生产性支出。农业生产性支出不影响农户参保决策，但是影响农户投保产量，主要是因为农业生产中的生产性投入是农业生产的必须性投入，如种子、化肥及农药等，这些生产性投入对农户是否参与农业保险的决策不产生影响，但是这些生产性投入的高低影响农户投保产量，主要是由于生产性投入较高可以保障农业生产更好地进行，因此农业生产性支出不影响农户投保决策但影响农户投保产量。

二是农户家庭因素：

（1）家庭资产与农户投保决策呈负相关关系，但不影响农户投保产量。农户家庭资产数值越高，表示这一家庭越富足，能够承受农业生产风险带来的农业生产的波动越高，因此农户不愿意额外对农业生产进行保险，因为从农户自身来看，农业保险是一项支出，会降低农户当期净收入水平，因此，家庭资产越高的农户，参与农业保险的积极性越低。但是农户家庭资产的高低对农业投保产量不产生影响，主要是因为农户家庭资产高低对农作物种植条件的影响极为微弱。

（2）负债对农户农业保险决策及农户投保产量均呈现负相关关系，农户家庭存在负债时，农户的收入首先会弥补债款，农业保险保费的支出会使农户家庭支出压力增大，因此，农户家庭存在债务时会降低农户参与农业保险的积极性；农户家庭债务水平越高，农户参与农业保险程度越低，农户农业生产的稳定性越低，因此，农户农业投保产量会越低，即农户家庭负债与农户农业保险决策及投保产量呈负相关关系。

三是农户个体特征因素：

（1）农户风险偏好与参保决策及投保产量呈负相关关系，农户风险偏好的高低反映了农户应对风险的态度，风险偏好较高的农户是风险冒进型的，这类农户在面对风险时会采取较为激进的方式应对，也可以说这类农户更喜欢面对风险，农业生产是一项风险性较高的工作，农业保险可以降低农业生产风险保障农业生产的稳定性，但是风险冒进型的农户在面对农业风险时更会趋向于面对风险而非参与农业保险，农业生产中应对较高的生产风险也会导致农业投保产量的降低；而风险偏好程度较低的农户是风险保守型的，这类农户更趋向于保障农业生产的稳定性，降低农业风险，因此这类农户更愿意参与农业保险，农业投保产量也较高。因此农业风险偏好与参保决策及投保产量呈负相关关系，农业风险偏好越高，农户参与农业保险的积极性越低，投保产量越低。

（2）农户受教育水平只影响农户参保决策，不影响农户投保产量。这说明农户受教育水平越高，对规避农业风险的保险产品的认知越高，越积极参与农业保险；投保产量与受教育水平关系不大，农户种植过程中受农业生产经验影响较大，受教育水平对农业生产不产生影响。

（3）农户农业保险的认知及满意程度主要影响农户投保决策，由表7-2结果可以看出，农户农业保险的认知及满意程度与农户农业保险决策呈显著正相关关系，农户对农业保险的认知度越高，满意程度越

高，农户越接受农业保险作为保障农业生产稳定性及可持续性的一种手
段，农户的投保积极性越高。

（四）基于预期收益的实证结果分析

农户对农业生产收益会存在一定预期，根据农户调查数据（如图
7－4所示）可以看出农户预期收益范围在－1.22～1.21区间，以农户
预期收益为0将全样本划分为两类：预期收益大于0的农户对未来农业
生产的判断较为乐观，预期收益小于0的农户对未来农业生产收益的判
断较为悲观，预期收益较为乐观的农户的农业生产情况与预期收益较为
悲观的农户是存在一定差异的，本书对两类农户分别按照全样本模型进
行实证分析，研究在不同预期收益下影响农户农业保险参保决策及投保
产量的决定因素。

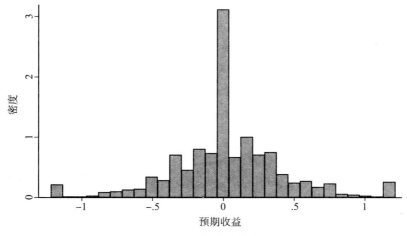

图7－4　预期收益直方图

根据赫克曼两阶段模型，按照农户预期收益的差异对农户农业保
险参保决策及投保产量影响因素进行实证分析，得出结果如表7－3
所示。

表7-3　基于预期收益的农户农业保险参与决策的回归结果：赫克曼两阶段模型

变量	预期收益大于0				预期收益小于0			
	参保决策（Probit模型）		投保产量（OLS）		参保决策（Probit模型）		投保产量（OLS）	
	系数	Z值	系数	Z值	系数	Z值	系数	Z值
农业收入占比	0.00007**	2.38	0.56001**	2.39	-0.00004*	-1.64	0.36277**	2.46
农业灾害风险	0.34574**	2.12	916.5194	0.69	0.29978**	1.97	377.119	0.46
耕地面积	0.04152*	1.77	501.5728***	2.58	0.06519**	2.50	346.7541**	2.06
农业生产性支出	-0.00010	-1.32	-0.46068	-0.90	0.00013*	1.66	0.80954*	1.91
风险偏好	-0.52908*	-1.80	-3 236.122*	-1.64	-0.38704***	-2.53	-1 761.873*	-1.67
资产	-2.04e-06**	-2.01	0.00974	1.15	-2.23e-06**	-2.00	0.01212*	2.11
负债	4.37e-06	0.41	0.11089	1.54	-0.00002**	-2.02	-0.02480	-0.39
教育	-0.01184	-0.08	739.5717	0.83	0.27677**	1.97	-114.2611	-0.13
农业保险满意程度	0.40553***	2.82	—	—	0.52195***	3.30	—	—
常数	-3.19426***	-4.09	-398.1887	-0.05	-3.76718***	-4.88	350.1101	0.06
样本数			460				437	

注：符号***、**和*分别表示系数在1%、5%和10%水平上统计显著。

表7-3为农户预期收益不同的情况下农户参保决策及投保产量的实证结果。通过结果可以看出以下几点：

首先，在农户参保决策方面：①影响因素不同。预期收益大于0的农户参保决策主要受到农户收入占比、农业灾害风险、耕地面积、风险偏好、资产以及农业保险满意程度的影响；预期收益小于0的农户不仅受到以上各因素的影响，还受到农业生产性支出、负债及教育的影响。通过实证结果可以看出预期收益较小的农户，在农业保险参保决策中所考虑的因素更多，主要是因为在预期收益较小的情况下，参与农业保险支出可能会增加家庭支出，加重家庭负担，因此该类农户所考虑的因素中还包括家庭负债情况。②农业收入占比的影响不同。在两类农户中，预期收益乐观的农户农业收入占比与参保决策存在正相关关系，而预期收益悲观的农户农业收入占比与参保决策呈负相关关系。主要是因为预期收益较为乐观的农户，在农业收入占比较高时，会对未来收益的期望更高，因此这类农户会更愿意参与农业保险；预期收益较为悲观的农户，在农业收入占比提高时，对农业生产带来的不确定性判断过高，这类农户会缩减支出，对农业保险的参与意愿随之降低。③农业生产性支出的影响不同。预期收益较为乐观的农户农业生产性支出不影响农户参保决策，主要是因为农业生产性支出被视为有偿投资，这类农户参保决策不受农业生产性支出的影响；但是预期收益悲观的农户在农业保险参与决策方面会考虑农业生产性支出，为保障农业支出能够得到相应的回报，这类农户的农业生产性支出与参保决策呈正相关关系。④家庭负债的影响不同。农户预期收益较高的情况下，农户参保决策不受预负债影响，而农户预期收益较低时，负债与农户参保决策产生负向影响。在农户预期收益大于0时，农户对未来收益期望较高，因此农户参保的保费支出不受家庭负债的影响；但是农户预期收益小于0时，农户对未来收益期望较低，农户在做出参保决策时会考虑家庭负债压力，因此负债与农户参保决策呈负相关关系。

其次，在农户投保产量方面：①影响投保产量的因素存在差异。预期收益大于0的农户投保产量受农业收入占比、耕地面积、风险偏好的影响；预期收益小于 0 的农户投保产量受农业收入占比、耕地面积、农业生产性支出、风险偏好及家庭资产的影响。②农业生产性支出影响的不同。预期收益大于 0 的农户生产性支出不影响投保产量，农户对未来判断较为乐观，将生产性支出视为投资，会获得相应的回报，因此生产性支出不影响投保产量；预期收益小于 0 的农户对未来判断较为悲观，在参与农业保险的情况下，认为农业生产性支出的增加会带动投保产量的提高。③家庭资产的影响不同。预期收益大于 0 的农户家庭资产不影响投保产量，预期收益小于 0 的农户家庭资产与农业投保产量呈正相关关系。主要是因为预期收益较低的农户，家庭资产越高，家庭越富足，农业生产过程中更趋向于参与农业保险进行规避风险，农业生产可以得到有效保障，因此家庭资产对投保产量产生正向影响。

第三节　结论与建议

本书分析农户是农业保险参保决策及投保产量的决定因素，通过构建赫克曼两阶段模型分析农业收入占比、农业灾害风险、耕地面积、农业生产性支出、农户风险偏好、农户家庭资产、负债、受教育程度及农户对农业保险的满意程度对农户参保决策及投保产量的影响。研究结果显示：农户农业收入占比越高，农户越重视农业生产的稳定性及可持续性，农户参与农业保险的概率越高，同样农户投保产量也较高；农业灾害风险与农户参保决策及投保产量均为正相关关系，即农户农业生产中面对的农业风险越高，农户越会积极寻求规避风险的手段，参与农业保险的积极性越高，同时由于农业保险可以有效规避农业风险，因此对未参保农户而言参保农户的投保产量是增加的；耕地面积对农户农业保险参保决策及投保产量均产生正向影响；农业生产性支出不影响农户参与农业保险的决策，但是影响农户投保产量的高低；风险偏好较高的农户属于风险冒进型的，这类农户更喜好面对风险，对风险规避程度较低，反之亦然，因此风险偏好与参保决策及投保产量呈负相关关系；负债与农户参保决策及投保产量也为负相关关系；家庭资产数值越高，家庭经济条件越好，农户参与农业保险的概率越低，但是家庭资产的高低对投保产量不产生影响；农户受教育程度越高，越容易接受新的规避农业风险的手段，这类农户越倾向于参与农业保险；除此之外，农户对农业保险的满意程度也是投保决策的重要影响因素，即农户对农业保险的认知程度及满意程度越高，其参与农业保险的概率越高。而在预期收益不同的农户中，农业参保决策及投保产量的影响因素不同，影响程度也存在一定的差异。

上述结论对完善我国农业保险制度，提高农户参保积极性，保障农户农业生产的稳定性及可持续性具有以下几点启示：

（1）提高农户对农业保险的认知及满意程度。可以通过网络、电视及讲座等宣传途径加强农户对农业保险的认知程度，让农户能够深入了解农业保险的开展情况、国家补贴政策、农业保险的保障制度等；国家可通过逐步改善农业保险规章制度，使农业保险更贴近农户农业生产，鼓励保险公司开发灵活多样的农业保险品种来适应农业生产多样化。提高农户对农业保险的认知及满意程度，鼓励农户积极参与农业保险，稳定农业生产。

（2）因地制宜发展农业保险。可根据所在省市的农户耕地面积、农业收入占总收入比例、农业生产性支出、当地农业灾害风险情况、地区的贫困程度等因素因地制宜开展农业保险，提供差异化险种，拓展农业保险业务的覆盖面。我国地域广阔，地区间农户农业生产差异性较高，依据省市的实际情况开展农业保险，有针对性地制定农业保险政策并开展农业保险险种，既可以满足当地农户对农业保险的需求，又可以最大程度的保障农户农业生产的稳定性，有效规避农业生产风险。

（3）提高农户农业保险支付能力。主要提升农户农业农业生产的产业化及规模化，增加农户农业收入水平；引导低收入农户进行消费结构调整，促使其具有农业保险支付能力；在家庭的支出能够满足基本生活消费后，农户能够将剩余收入分配到农业保险保费支出中。

第八章

农业保险有效需求及其绩效实证研究

第一节　有效需求与农业保险

我国农业保险近年来取得了举世瞩目的成就，不但宏观上有助于农村社会保障体系进入良性循环，微观上也有助于实现农户自身效用最大化。本书利用辽宁省入户调查数据，实证研究农业保险的福利意义及经济绩效问题。农业保险作为风险保障手段，其作用和功能如同医疗保险、养老保险等保险机制一样具有抗风险的社会福利效应；同时也同储蓄、借贷、资产积累等风险分担工具一样具有平滑消费、反贫困的经济绩效；同时农业保险作为风险事后补偿机制，具有满足农户需求、提高农作物的产出水平的福利价值。

国外学者对农业保险运行效率及福利意义的研究主要从国家整体福利水平方面进行。哈泽尔（1986）认为农业保险带来的产出增加不仅有利于生产者，也有利于消费者。纳尔逊和雷汶（Loehman，1987）对农业保险的风险分摊机制等问题进行了研究，如果政府在农业保险合约的设计上多些投入会比给予补贴所带来的社会效益更大。巴布科克和哈特（2000）认为美国较高的农业保险补贴增加了美国农户购买高保障水平农作物保险的预期边际净收益，从而提高了农业保险绩效。同时，格劳伯和柯林斯（2002）以美国为例的研究结果表明：较高的保险补贴扭曲了农民的种植动机引起种植更多被补贴的作物。这种情况引起的后果是降低了市场价格并且抵消了来自保险补贴的收入福利，降低了作物保险作为一种支持收入的有效性。

国外理论界对农业保险政策性补贴绩效探讨的另一个观点是农业保险可以在年度间平滑农户的消费曲线。莫斯利·P.（1995）认为农业保险通过保费和保险赔款影响农户农业净收入的概率分布。一方面，农民购买农业保险需要支付保险费，从而会减少农户可获得的最大收入，另一方面，保险赔款也减少了农户低收入的可能性。舒尔茨（1999）认为农业保险的基本作用同储蓄、信贷及财产相同，都是分散农业风险的手段，在农户遭受到重大灾害时，可以减少农户陷入"贫困陷阱"可能性。

国外关于农业保险对于生产和产量的影响方面的研究，格劳伯（2007）认为农户由于购买农业保险而造成的产量增加并不一定会使其收入增加，反而甚至可能会使其福利降低。

在我国农业保险福利意义及经济绩效的研究中，李军（1996）指出农业保险具有显著的社会效益，在分散风险、促进农业资源合理配置、促进农产品总量的增加和质量的提高方面作用显著，对保障农业再生产和扩大再生产具有重要意义；庹国柱、王国军（2002）指出政策性补贴的额度与农民福利水平提高的幅度是一个国家转移支付的效率问题，并从福利经济学的角度论证了农业保险具有生产的正外部性和消费的正外部性；俞雅乖（2008）认为农业保险最终会实现社会效用的增加；孙香玉、钟甫宁（2008）通过实证研究得出由于农业保险业务有最低的参保率限制，因此农业保险补贴政策可能会带来社会经济福利的净增加。

我国关于农户参保支付意愿及影响因素实证方面的研究成果比较显著，宁满秀等（2005）、张跃华等（2007）、陈妍等（2007）、周稳海等（2008）、惠莉等（2008）、杜鹏（2011）等对农户购买意愿进行数据计量分析，得出农户对农业保险需求的影响因素包括农户基本特征、风险意识、家庭收入、产量变异系数、预期收益、非农收入比重、贷款经验、政府信任水平、财政补贴以及政府救灾补贴等。

农业保险作为农业风险管理替代工具，还具有抗风险和反贫困的作用和功能。

北京大学中国经济研究中心 CCER 的一项研究考察了我国 8 个省的农村家庭风险分担机制对贫困的影响，发现农户能够通过借款、储蓄、参加多种保险等手段对风险冲击进行消费平滑，将消费平滑与贫困问题联系起来，提出风险会形成贫困，低收入家庭追求消费平滑会形成未来贫困。

学术界有观点认为农业保险如同新农合、新农保，都应归属于农村社会保障体系，担当起社会保障的职责。段学慧（2006）提出农业保险作为一种制度化的保障，具有社会保障的功能和性质，应当纳入农村社会保障体系；张国海（2007）等认为农业保险作为社会性的农业自然风险分散工具纳入农村社会保障体系来保障农户的风险冲击，利用农业保险的方式对受灾群众进行救助，是一个新思路。如果农业保险这个屏障没有建立，农民脱贫就没有保障，脱贫后返贫的可能性也会大大增加。张跃华（2009）认为如果以农业保险替代救灾，则农业保险更多会具有社会保障的性质。庹国柱（2006）认为农业保险具有农业和促进农村发展及社会保障的双重功能。

国内学者关于农业保险对产出影响方面的研究，陈锡文（2004）通过新疆和田地区调查分析指出，在大范围内，农业保险可以通过改变农民对生产方式的选择，进而促进作物产量增长。但张跃华、史清华（2007）通过上海农业保险的证据研究指出上述结论并不严密，农业保险对粮食产量的影响并不显著，其福利效应也并不如理论分析的那么大，对农业保险的政策性补贴又不会随着作物供给曲线右移而出现大量的福利耗散。

农业保险作为转移农业生产风险的有效工具，不但具有农业风险的经济补偿功能，更关乎国家的粮食安全和农民收入稳定。为此，国务院发布并于 2013 年 3 月 1 日起实施,《农业保险条例》这为农业保险持续稳定发展提供了切实可行的法律依据。但欣喜之余要清醒地认识到,农业保险有效需求不足问题的解决仍任重而道远。

在物质技术基础薄弱,农户自身风险承受能力差且缺乏有效风险的转移途径的情况下农业保险理应成为农户热衷的选择。但我国较为典型的理论认为,中国农业保险处于供需双冷状态,从而导致农业保险市场失灵。而且,在我国自愿参保和补贴不确定的条件下,农业保险需求仅能被视为潜在的需求,而不是有效需求。随着地区经济差距的扩大,落后地区对农业保险的有效需求和需求偏离程度更是大于发达地区。加之地方政府缺乏推动农业保险发展的长效机制。农户对农业保险的潜在需求难以持续转化为有效需求。

国内关于农业保险需求的研究多为经验研究,归纳其"市场失灵、需求不旺"的原因主要是:①农业保险的高费用、高费率与农户的收入低、实际购买力不足之间存在着矛盾;②农户的非农就业收入、种养殖多样化和政府救济等其他传统风险分散途径的采用,客观上产生了农业保险的替代性,加之良好的风险管理效果,从而使农业保险需求下降;③农业保险自身的局限性,即准公共性、系统性风险大和信息不对称;④险种设置不能满足农户需求、迷信和侥幸心理严重、购买保险的意识薄弱、农业保险消费过程中的正外部性以及农业保险消费顺序靠后等。

在我国农业保险运作过程中,既然农业保险作为农业生产风险分散的有效工具,对于农户具有显著的平滑消费、规避农业风险的福利效应,为何受到冷落?影响农业保险的有效需求的因素有哪些?其作用机理如何?带着这些问题本书对农业保险的有效需求的影响因素及其作用机理进行实证研究。

本章以辽宁省关于农业风险和农业保险的村民调查取得的微观数据为基础,就农户对农业保险有效需求的影响因素进行实证分析,可以完善农业保险政策提供新的研究案例,在现有的研究成果中,多见以农户个体基本特征和对农业保险认知度等为影响因素的农业保险有效需求的实证分析。而本书则主要从农户家庭经济条件，农户务农状况和风险分担措施的采用等全新视角探讨农业保险有效需求的影响因素及其作用机制，可为完善农业保险政策提供创新理论依据及经验积累。

一、理论与模型

农业保险的均衡价格和均衡数量是由有效需求和有效供给共同决定的。农业保险由于受农户实际支付能力、风险偏好、农业本身预期收益以及农业保险预期收益等多方面的约束，存在着有效供求不足的问题。如图 8 - 1 所示，横坐标表示保险标的数量，纵坐标表示保险人提供的价格。

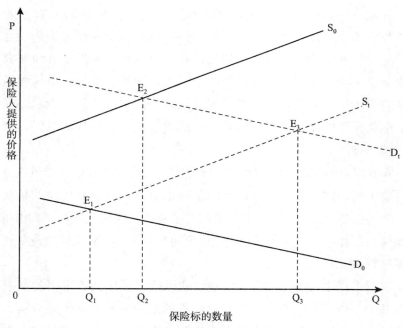

图 8 - 1　市场条件下农业保险需求分析

　　由于农户收入水平偏低，使得农户对农业保险有效需求曲线 D_0 较低。但由于实际保险成本和管理成本较高，加之保险人对平均利润水平的追求，导致保险人的保险供给曲线 S_0 较高。因此，在这种条件下，曲线 D_0 和 S_0 不可能相交，即无法实现保险人和投保人均能接受的均衡价格。如果供给曲线 S_0 向下平移至 S_1 而需求曲线 D_0 不变，则 S_1 和 D_0 相交于点 E_1，这需要保险人以较低的价格向农户提供保险，保险标的数量为 Q_1。如果需求曲线 D_0 平移至 D_1 而 S_0 不变，则 D_1 与 S_0 相交于点 E_2，农户则在保险人提供的较高价格上消费保险标的数量 Q_2。如果需求曲线 D_0 平移至 D_1、S_0 同时平移至 S_1，则 D_1 和 S_1 相交于点 E_3 则会有更多的农户加入到农业保险体系中来，使得农业保险均衡数量增至 Q_3 达到帕累托最优状态。

　　根据保险经济学及微观经济学理论，农户的保险购买行为即有效需求取决于农户对农业保险的预期收益。在对比投入支出的基础上，如果农户能够实现预期收益最大化才能发生有效需求。在经济学中，最完善的效用理论是由冯·诺伊曼和摩根斯坦提出的期望效用理论。根据本书的问题再结合钱伯斯（1989）保险模型能够得出农业保险的以下期望效用函数：

$$EU_{max} = \int_{R_0}^{R_m} U(R - P) dG(R, P) \tag{8.1}$$

　　农业保险的有效需求就是实现其预期收益最大化。R 代表风险不确定条件下的效用加权平均值；P 代表保险成本支出；G(R, P) 代表给定 P 后 R 的条件分布；R_0、R_m 分别为农户收益的最小值和最大值。

　　根据以上分析，可以得出农业保险的有效需求主要取决于农业保险给农户家庭带来的经济条件的改善。本书以家庭经济条件作为主要解释变量，同时考虑农户面临风险所采取的风险分担措施的成本及务农状况。此外农业保险的有效需求还受到农户的个体基本特征及其对农业保险的认知与态度对参保需求的影响，故建立以下分析模型：

$$Y(0, 1) = f(X_1, X_2, X_3, X_4, X_5) \tag{8.2}$$

农业保险有效需求 Y 的影响因素主要包括农户个体特征变量，X_1 受访者年龄、受教育程度、家庭经济条件；X_2 年收入、家庭资产、是否接受政府救济、务农状况；X_3 种粮态度、种植面积、农业收入比率、是否从事非农劳动、风险分担措施；X_4 是否购买养老保险、是否购买医疗保险、是否采用多元化种植、对保险认知与态度；X_5 保险认知度、保险满意度等。本书主要以家庭经济条件，风险分担措施及务农状况作为解释变量，以个体基本特征，保险认知与态度作为控制变量在实证分析模型设定上由于使用的因变量，有效需求变量是利用是否购买农业保险来替代的，是二分变量。通常可以选择 Probit 模型和 Logistic 模型，但 Logistic 模型能够克服线性方程受统计假设约束的局限性。

本书采用 Binary Logistic 模型进行变量估计模型的形式为

$$p_i = \frac{1}{1 + e^{-z_i}} \tag{8.3}$$

其中，p_i 为农户参保概率，那么 $1 - p_i$ 为农户没有参保的概率，则事情发生与未发生的概率比，即机会概率为：

$$\frac{p_i}{1 - p_i} = \frac{1 + e^{z_i}}{1 + e^{-z_i}} \tag{8.4}$$

对机会概率进行对数变化后有：

$$\ln \frac{p_i}{1 - p_i} = z_i = b_0 + b_1 x_1 + b_2 x_2 + \cdots + b_n x_n \tag{8.5}$$

所得 z_i，即为 x 的线性函数，x_1，x_2，$\cdots$，x_n 为解释变量。

二、实证分析

影响农户农业保险有效需求的因素很多，通过前述理论分析，本书从微观层面选取了农户个体基本特征、家庭经济条件、农户务农状况、风险分担措施和保险认知度等 5 个方面的变量作为模型中的解释变量。所选变量统计性描述如表 8 - 1 所示。

表 8 - 1　　　　　　　　　　变量统计性描述分析

变量名称	均值	标准差	最大值	最小值
农户个体基本特征变量				
年龄	48.88	10.35	82	20
受教育程度	2.97	0.78	5	1
农户经济条件变量				
年收入/元	26 605.34	20 669.64	325 000	1 000
资产/元	157 799.00	180 723.00	2 000 000	3 000
是否享受政府救济	0.51	0.50	1	0
农户务农状况变量				
种粮态度	3.29	0.77	5	1
种植面积/亩	15.34	12.28	87	0
农业收入占比	51.58	26.88	1	0
是否从事非农劳动	0.10	0.30	1	0
农户风险分担措施变量				
是否购买养老保险	0.69	0.46	1	0
是否购买医疗保险	0.84	0.37	1	0
是否多元化种植	0.43	0.50	1	0
农户农业保险认知与态度变量				
农业保险认知度	2.60	0.79	4	1
农业保险满意度	3.07	0.86	5	1

在此次调查中，农户对务农种粮的态度方面认为一般和划算的农户占比较高，如表 8 - 2 所示。

表 8 - 2　　　　　　　　　农户对种植粮食的态度

种粮态度	分布比例
特别不划算	0.4
不划算	15.1
一般	42.8
划算	38.7
非常划算	3.0

可见，随着近年来国家支农惠农政策力度不断加大，农户种植粮食的积极性较高。在深度访谈中还发现，多数农户认为种粮不划算的原因是自然灾害多、生产资料成本上涨、从而导致种粮成本过高、无法达到农户的期望收益值。

在了解农户对农业保险的认知时发现，参保农户对农业保险的认知明显高于没有参保农户，如表8-3所示。这一结果表明：农业保险在农户中的宣传力度还有进一步加强空间，这对提高农户对农业保险的有效需求可能具有正向作用。

表8-3 农户对农业保险认知的交叉表分析

农业保险的认知	参保		没有参保	
	户数（户）	占比（%）	户数（户）	占比（%）
完全不知道	47	5.58	71	30.60
知道但不清楚	203	24.08	81	34.92
基本了解	506	60.02	76	32.76
非常了解	87	10.32	4	1.72
总数	843	100.00	232	100.00

在了解农户对农业保险的认知时发现，在关于农业保险重要性的调查中，农户认为农业保险比较重要和非常重要的占57.3%，但是还有42.7%的农户不够重视。农户对农业保险重要性认知的提高，在意识层面为农业保险突破双冷局面提供了现实依据，如表8-4所示。

表8-4 农户对农业保险重要性的认知 单位：%

农业保险的重要性	分布比例
非常不重要	6.0
不太重要	8.9
一般	27.8
比较重要	39.3
非常重要	18.0

在对农户关于农村社会保障中各保险险种需求的比较调查时发现农户最需要的保险险种排序分别为：养老保险、医疗保险、农业保险，如表 8 - 5 所示。

表 8 - 5　　　　　　　　农户对其他保险险种需求的比较　　　　　　单位：%

保险类别	最需要保险占比
养老保险	87.8
医疗保险	53.5
农业保险	26.7

表 8 - 5 结果与张跃华等的研究结果基本相符。说明农户在资金约束条件下，优先选择边际效用最大的险种进行消费，养老保险和医疗保险消费顺序优先，而农业保险消费顺序靠后。

本书利用 SPSS16.0 对模型进行 Binary Logistic 回归分析，最终通过检验进入模型的自变量包括年收入、家庭资产、是否享受政府救济、种植面积、是否从事非农劳动、是否购买养老保险及医疗保险、受教育程度等变量回归结果如表 8 - 6 所示。

表 8 - 6　　　　　　　　农业保险有效需求 Logistic 回归结果

变量	模型 1		模型 2	
	系数值	显著性水平	系数值	显著性水平
农户经济条件变量				
年收入	- 0.373 **	0.001	- 0.393 ***	0
资产	0.052 ***	0	0.048 ***	0
是否享受政府救济	2.086 ***	0	2.146 ***	0
农户务农状况变量				
种粮态度	0.189	0.229	—	—
种植面积	0.407 ***	0	0.440 ***	0
是否从事非农劳动	- 0.756	0.063	- 0.669	0.089
农业收入占比	0.025	0.687	—	—

变量	模型 1		模型 2	
	系数值	显著性水平	系数值	显著性水平
农户风险分担措施变量				
是否购买养老保险	- 0.657 *	0.012	- 0.633 *	0.014
是否购买医疗保险	- 1.081 ***	0	- 1.102 ***	0
是否采用多元化种植	- 0.278	0.237	—	—
农户个体基本特征变量				
受教育程度	0.635 **	0.001	0.665 ***	0
年龄	- 0.118	0.347	—	—
农户农业保险认知与态度变量				
农业保险认知度	0.829 ***	0	0.806 ***	0
农业保险满意度	0.852 ***	0	0.880 ***	0
常数项	- 4.571	0	- 4.740	0
- 2 倍的对数似然值	543.14		508.31	
Cox & Snell R^2 值	0.30		0.32	
Nagelkerke R^2 值	0.48		0.51	
预测准确性（%）	85.80		87.00	

注：符号 *** 、 ** 和 * 分别表示系数在 1% 、5% 和 10% 水平上统计显著

从以上回归结果，本书得出这样的结论：是否购买养老保险、是否购买医疗保险、是否从事非农劳动和年收入 4 个解释变量对农业保险的有效需求贡献为负值。其中以是否购买医疗保险的系数最大为 - 1.102。

在预算约束条件下，如果农户购买的险种为医疗保险和养老保险，这可能成为农户消费保险产品的优先安排，而农业保险消费有效需求可能被延迟。目前国内对于此问题研究还比较欠缺。

从事非农劳动，使农户收入来源从农业转移到非农行业。随着农村城镇化建设步伐的加快以及农村交通、通信等基础设施的完善，农户从事非农劳动可以分散农业风险、降低分散风险的成本，使得农业收入不再是农户家庭的主要收入，导致农户对农业保险的购买需求降低。

年收入对农业保险有效需求贡献为负值，这是由于近年来随着农户收入水平的提高，其风险规避意识减弱，加之农业收入占比较低，因而

购买农业保险的动机下降，这与塞拉等（2003）的研究结论相符。

是否享受政府救济、资产、种植面积、农业保险满意度、农业保险认知度、受教育程度6个解释变量对农业保险有效需求贡献为正值。其中是否享受政府救济的影响系数最大为2.146，而资产的贡献极低，系数仅为0.048。

尽管黄英君等（2010）认为我国灾害救济与农业保险替代关系不显著。但根据深度访谈了解到，辽宁省在遭遇几十年罕见的大灾之际，采取政府救济和农业保险双管齐下的措施。这不仅向农户传递了农业保险是政府的一项支农惠农举措的信号，也使农户对这种补偿收入的预期促进了对农业保险的需求。

家庭资产作为解释变量分析其对政策农业保险有效需求的影响，这在国内至今还是比较欠缺的研究领域。家庭资产的正向影响表明如果一个家庭的经济条件比较好，那么他不介意或者有条件购买农业保险进一步提高家庭总体的抗风险能力，反之如果家庭比较贫困可能无力支付农业保险费用，只能在发生自然风险时等待政府救济。

农业种植面积越大，农户的农业收入越高。因此，为了确保农业收入的稳定性，农户基于分散风险的考虑可能使用农业保险手段提高其效用水平，会愿意通过参加农业保险来增强农业收入的稳定性。这与格劳伯等（2002）的研究结论相近。

农户对农业保险满意度和保险认知度的增强，有利于促进农户对农业保险消费的理性选择；受教育程度越高的农户，他的工作技能越强，所以通过从事非农劳动获得较高收入的可能性越大，对农业保险的需求降低；农户对借助农业保险分散风险以提高其福利水平的认知越充分，可能带来对农业保险越高的有效需求。

本书基于辽宁省6县调研数据研究发现，在实施农业保险所涉及的保险项目、保险金额、保险费率、补贴地区和资金来源等存在较大差异。在既有研究的基础上，主要研究农业保险有效需求，通过构建农业保险有效需求影响因素分析的 Binary Logistic 模型，分析了各影响因素对农户层面农业保险有效需求的作用机理，主要结论如下：

（1）我国农业保险目前面临消费需求不足的状况，改善家庭经济条件是提高农业保险的有效需求的重要途径。政府通过有效途径促进农业剩余劳动力转移，并提供更多非农就业岗位，强化教育培训等来提高农户的收入水平是解决农业保险有效需求问题的重要手段。

（2）农业生产受农业自然风险的影响比较大。当农户面对自然灾害造成的损失，大部分农户愿意依靠自身能力来承担风险，所以依靠农业保险恢复生产的比例有了一定的提高。随着近年来国家支农惠农政策力度不断加大，农户种植粮食的积极性得到一定的改善。但是也有农户认为种粮无法达到期望收益，不划算没有保障，如果政府有计划引导农户采取多种经营规避风险，就可以提高农业保险的有效需求。

（3）农户采取多种风险分担手段来改善自身的生活和生产风险。如农户可以通过参加农村多种保险计划提升其社会福利状态及社会保障水平，农村新型医疗保险及新型养老保险有利于农户安全感的提升。如果政府通过开展多种形式的农村保险项目来提高农户的社会整体保障水平能够更有效地提高农业保险的有效需求。

（4）目前大部分农户对农业保险有一定程度的认知，但没有参保的农户对农业保险的认知显著低于参保农户。尽管农业保险的认知度得到了较大提高，但其满意度仍然不高。农户在资金约束条件下，会优先选择边际效用更大的养老保险和医疗保险消费，而农业保险消费顺序靠后。所以如何提高农户对农业保险的认知度是政府要着力解决的问题之一。

（5）本书实证研究表明：农业保险有效需求主要受到是否购买医疗保险、是否购买养老保险、是否从事非农劳动和年收入等因素的负向影响，同时受到是否享受政府救济、资产、种植面积、农业保险满意度、农业保险认知度、受教育程度等因素的正向影响。

基于本书的研究结论，针对提高农户对农业保险的有效需求，进一步提出以下政策建议：

（1）农业保险应纳入农村社会保障体系。目前农户农业保险需求排序位于养老保险和医疗保险之后，即农户在养老保险和医疗保险产品消费需求得到满足后，才会安排农业保险的购买。随着我国新型农村养老保险和新型农村合作医疗保险覆盖率不断提高，农业保险有效需求也应进一步得到提高，担当起农村社会保障的职责。

（2）发展宏观经济，推进城镇化建设，调整和优化产业结构，扩大非农就业领域，重视农民的教育及技能培训，引导农业剩余劳动力的有效转移是目前提高农户的收入水平，解决我国农村及农业问题的关键。

（3）促进农业保险和非保险转嫁风险管理方式的良性互动。由于以产量补偿为基础的农业保险，只能防范产量风险而无法规避价格风险，所以应鼓励农户采取多种经营模式。同时，积极开发新的保险产品及项目，如开发期货和合约等，这些非保险转嫁风险管理方式的完善不仅有助于及时发现市场供求关系变化以及市场真实价格，而且可以转嫁农产品价格波动的市场风险，这恰好弥补农业保险的先天不足。

（4）进一步提高农户参保意识。农户对农业保险的认知度是影响农业保险有效需求的一个重要因素，保险认知度越高，农户购买农业保险的有效需求越强。由于农户对政府的信任度很高，建议通过政府宣传途径，加大对农业保险的宣传力度，让农户深入了解农业保险的作用、意义和相关条款，广泛开展关于保险标的、责任范围、财政补贴、保险金额、理赔处理等事宜的宣传和教育工作。

（5）拓展农业保险业务的覆盖面。农户对农业保险的满意度也是影响其有效需求的一个重要因素，满意度越高，农户购买农业保险的有效需求越强烈。在深度访谈中发现，险种设置不能满足农户多元化种植的需要也是农户对农业保险不满意的原因之一。建议不断推出农业保险补贴的新产品，拓展农业保险业务的覆盖面，让农业风险在更广的范围内得到分散和有效补偿。

（6）构筑农业保险法律体系。我国农业保险试点难以可持续发展其根源在于农业保险法律法规的缺失。由国务院发布于 2013 年 3 月 1 日施行的《农业保险条例》，终于实现了农业保险的立法破冰，为农业保险的持续稳定发展提供了切实可行的法律保障。但在本次调研中发现，实际理赔手续复杂，困难重重，是农户未参保的主要顾虑和原因。因此，尽快构筑农业保险法律体系，尤其是农业保险的实施细则亟待配套出台，这对推动农业保险制度的不断完善、避免农业保险的随意性和不可持续性以及增强农户保险意识具有决定性的意义。

第二节　结论与建议

我国是农业大国，农业是弱质性产业，受自然灾害影响较大，为保障农业生产的有序进行及农村经济的可持续发展，应对农业风险进行有效控制。农业保险是一项有效的农业风险控制手段，是国家支持农业发展、强农惠农的一项重大政策，对促进农业发展、稳定农户收入、保障粮食安全等方面起到重要的作用。本书通过研究农业风险的规避、管理与控制方式、我国农业保险制度的变迁、国外农业保险经营的有效经验、并对农业保险绩效进行实证研究，得出以下结论：

一、研究结论

（一）完善农业保险制度体系

我国农业保险自 2004 年起较快速的发展，国家"中央一号"文件自 2004 年起持续关注农业保险开展状况。通过国家的大力支持，农业保险的开展取得了一定的成就：农业保险保费收入不断提高、农业保险保障范围不断扩大、保险深度不断加强等。但是在飞速发展的另一面，我国农业保险的制度体系还不够健全。我国农业保险起步较晚，农业保险经营的方法仍然在摸索中前进，一些地方政府机构对农业保险相关政策的推广并不到位，农业保险的开展自中央到地方缺少一套完整的制度体系进行支撑，因此为保障农业保险的可持续发展，应当健全完善农业保险制度体系，为中央及地方各级政府提供全面的农业保险开展的工作依据。农业保险发展中较为重要的环节是政府对农业保险进行补贴，但是由于农业保险制度体系的不够健全，农业保险在农村推广和宣传得不够彻底，很多参保农户并不清楚政府为其补贴多大比例的保费，农户只是单纯地缴纳保险费用，这是对农业保险的补贴机制的不了解，因此农户并未感受到对农业保险带来的福利政策，农户参保意愿并不高，甚至可能带有半强制的状态。可以说这些问题都是农业保险运行体制不够全面带来的影响，因此想要更好地推广农业保险，应当有一套完整的、细致的、自上而下的农业保险制度体系及运营体系，为农业保险开展提供有据可依的方针政策，保障农业保险在中央、地方及农户间能够顺利地推行。

（二）健全农业保险法律规章

农业保险法律法规是农业保险开展的保障。根据国外农业保险开展的成功经验可以看出，农业保险在开展的过程中需要有健全的法律法规制度作为保障，即有法可依。如美国的《农业风险保障法》、《联邦农作物保险法》；日本的《农作物保险法》、《农业灾害补偿法》；菲律宾的《农作物保险法》等。我国农业保险法律规章较不健全，最初并没有设立农业保险相关法律，农业保险开展仅仅是遵照《农业法》及《保险法》，但是这两项法律并不能对农业保险开展过程中遇到的问题给予准确的判定。在2013年我国设立《农业保险条例》，这是我国第一部关于农业保险的法律规章，《条例》虽然比《农业法》及《保险法》更具体地对农业保险实施过程中的问题进行了解决，但是对农业保险公司及农户参与农业保险等具体业务规范方面的规定仍然较为薄弱，因此为保障农业保险更加顺利地开展，健全农业保险法律规章制度是较为重要的环节。

（三）激励农户积极参与农业保险

农业保险可以规避和控制农业风险，是国家保障农业生产顺利进行的主要手段。开展农业保险需要有农户的积极参与，因此开展农业保险同时应当提高农户对农业保险的有效需求。本书在研究农业保险风险厌恶假设下农业保险有效需求分析，主农户购买农业保险的意愿取决于农合购买农业保险后期的期望效用是否能够加强，政府通过农业保险补贴激励农户的有效需求，提高农户参与农业保险的效用水平及福利水平。农业保险补贴可以降低农户承担农业保险的成本，进而提高农户收益水平，激励农户对农业保险的有效需求。政府补贴使农户购买农业保险可以更大程度地实现风险费用降低，社会福利也进一步提高。政府补贴作为外生变量产生的对其替代品的替代效应，以及农户收入增加的收入效应。其中，替代效应并没有改变农户的福利；而收入效应使农户由于收入增加而提高了福利。替代效应和收入效应对农业保险有效需求的作用方向相同，产生的总效应是农业保险有效需求增加。由于农业保险市场有效需求与有效供给间存在着动态内生性，政府补贴能促使农业保险有效需求在更高均衡点上与农业保险有效供给相交。我国农业保险政策性补贴实施以来，财政保费补贴资金的放大效应不断提高，杠杆效应显著，农业保险有效需求被大大激励，农业保险保费收入大幅提升，农业保险经营得到一定程度的改善。但农业保险有效需求不足、政府补贴效率不高的问题。剖析农户层面农业保险有效需求问题的成因，主要包括农户实际购买力不高、其他传统风险分散途径的采用、道德风险和逆向选择、农户风险管理意识薄弱、农户对农业保险认知度和农户对农业保险满意度不高等。剖析政府补贴层面农业保险有效需求激励效率不高问题的成因，主要包括政府补贴规模严重不足、政府补贴农业保险补贴模式单一、政府补贴农业保险补贴险种有限和政府补贴农业保险保障水平过低。目前我国实施的保成本模式下的政府补贴对农业保险有效需求的提高具有正向效应，但绩效较低。我国适时推出政府补贴比例动态变化下多保障水平的产值保险具有可行性，但我国尚不具备广泛开展保收入模式农业保险的基础。对于低收入农户，无论哪一种保障模式下的农业保险，其均不具有支付能力。如何提高低收入农户的纯收入水平，是提升该收入组农户农业保险有效需求的根本途径。

二、政策建议

我国作为农业大国，农业经济在国民经济发展中至关重要。我国农业生产风险较高，农业保险是控制农业风险的必要手段，农业保险顺利进行可以稳定农户收入、改善农村经济状况。我国农业保险中农户对农业保险的需求较低，主要是由于农户收入和经济状况、农户应对农业风险的方式、农户家庭消费的约束、农户对农业保险的认知情况等原因。如何提高农户农业保险需求，加强农业保险制度建设，保障农业保险顺利开展具有很强的政策意义。

（一）提高农户参与农业保险的意愿

1. 提高农户农业保险认知度

农户对农业保险的认知度是影响农业保险有效需求的一个重要因素，保险认知度越高，农户购买农业保险的有效需求越强。农民不愿意参与农业保险，除了由于保费高等原因外，还有可能是由于自身文化的限制。大多数农户对农业保险的了解程度有限，对农业保险的相关政策更是知之甚少，对农业保险对农业风险的规避作用及给农户带来的福利效应也不太了解。由于农户对政府的信任度很高，建议通过政府宣传途径，加大对农业保险的宣讲力度，让农户深入了解农业保险的作用、意义和相关条款，广泛开展关于保险标的、责任范围、财政补贴、保险金额、理赔处理等事宜的宣传和教育工作。如政府可以开展一些农业保险知识讲座，讲解农业保险的作用、优惠政策、投保流程等等，增进农户对农业保险的了解；还可以印刷农业保险相关知识的宣传手册向农户发放；通过电视、网络平台来宣传农业保险，从各个渠道让农户能够接触了解农业保险的作用及投保优惠。提高农户对农业保险的认知程度，可以有效保证农户对农业保险的有效需求。

2. 提高农户对农业保险的满意度

提高农户对农业保险的满意度也是影响其有效需求的一个重要因

素，满意度越高，农户购买农业保险的有效需求越高。通过分析及实地调研发现农户对农业保险不满意的原因主要包括：农业保险险种的设置不能满足农户多元化种植；农业保险的覆盖程度及保险深度也不能满足农户的需求。政府及保险公司应根据农户种植需求不断推出适合农户生产需求的农业保险险种，扩展农业保险的覆盖程度及保险深度，让农业风险在更广泛的范围内分散的同时保障农户对农业保险的满意程度。我国农业保险的保障形式主要以成本或产量补偿为基础，这种农业保险保障形式只能保障农户的农业生产成本或是农业生产中产量的损失风险，无法保障农产品的价格风险。在市场价格波动的情况下，农户仍然会受到价格波动的影响，鼓励农户采用多种风险管理方式，如期货和合约等非保险转嫁风险管理方式，有助于及时发现市场供求关系变化，发现市场真实价格，并可以通过期货和合约等交易形式转嫁农产品价格波动的市场风险，弥补农业保险只能规避产量风险而无法规避价格风险的这一先天不足。

（二）提高农户农业保险支付能力

1. 提高农户农业收入水平

农户收入水平的高低直接关系到农户购买农业保险的能力。提高农户农业收入水平主要方法是着力打造农业规模化和产业化，这也是解决农业保险有效需求问题的重要途径。政府在推进城镇化建设的同时，扩大非农就业领域，重视农民的教育及技能培训，引导农业剩余劳动力的有效转移，这是解决我国农村居民收入水平不高问题的关键。

2. 引导农户调整消费结构

通过引导农户调整消费结构，尤其是低收入农户，促使其具有农业保险保费支付能力，进而提升农业保险有效需求。通过对农业保险重要性的宣讲力度，让农户深入了解农业保险的作用和意义，引导农户在满足基本生活消费支出后，能将剩余收入分配于农业保险保费支出。目前农户农业保险需求排序位于养老保险和医疗保险之后，即农户在养老和医疗保险产品消费需求得到满足后，才会安排农业保险的购买。随着我国新型农村养老保险和新型农村合作医疗覆盖率不断提高，通过加大对农业保险的政策初衷、福利价值等的宣传力度，农业保险有效需求也会进一步得到提高，担当起农村社会保障的职责。

(三) 创新农业保险产品和技术

1. 改进现有农业保险产品的设计

现有农业保险产品的保障额度仅能补偿农业生产中的物化成本，保障程度偏低，这也是导致农业保险满意度不高的原因之一，应对农业保险的保障额度进行科学合理的确定，借鉴国外产量保险和价格保险的做法，逐步提高农业保险的保障程度。目前多数地区农业保险在费率厘定上，采取的都是统一的标准，这与我国大多数省区地理和气候特征复杂不相适应，可以借鉴日本的做法，进行风险区划，针对不同的风险区设计差异化的保险费率，以提高农业保险的效率和公平性。在费率厘定上还必须充分考虑承办机构的损失率、再保险率和风险准备金等问题科学精算，使农业保险经办机构连年亏损局面得到解决，形成正常年景有所积累，巨灾年份有再保险有效补偿的合理格局。国家应大力支持保险公司对农业保险新型科学技术手段的投入与运用。农业保险新型科学技术手段的运用，是有效解决道德风险，提高农业保险服务效率，降低农险业务管理费用等问题的重要途径。目前我国专业农业保险公司在农业保险业务上的科技投入，已显现成效，如安华公司采用了无人机航拍技术，阳光互助保险采用的人工防雹等，对防灾减灾作用显著。建议加大对农业保险科技的投入，积极推广无人机查勘和卫星遥感等新技术，鼓励防灾减灾新技术的不断创新。政府应对农业保险公司农业保险科技投入给予一定的财税支持，如给予一定的设备购置补贴、研发费用补贴等，加快我国农业保险市场供需均衡良性发展的步伐。

2. 创新农业保险产品

无论是发达国家还是发展中国家，传统多风险农业保险都被激励问题（道德风险和逆向选择）、高管理成本和政府对定价的干预所困扰。各地应积极开发和推广农业保险创新产品，如天气指数保险、区域产量指数保险、农产品成本价格保险、农产品收入价格保险等，用这些新型的农业保险产品替代传统的农业保险产品，既能有效解决道德风险和逆向选择问题，又有利于降低承保公司的赔付率。近年来上海试验的"蔬菜价格保险"，对农业生产市场风险的分散具有良好效果，这为解决农产品面临越来越大的市场风险问题，提供了可供借鉴的经验。各地区可以根据自己的农业产业结构优化发展计划，选择农作物品种试行农作物成本价格保险，取得试验成功后再逐步推广。积极探索农产品价值链整体风险管理的农业保险产品。当前农产品的国际竞争已逐步演化成农产品价值链竞争的格局。农业保险作为一项符合国际惯例的重要的支持农业发展的"绿箱政策"，应在农产品国际竞争中逐步发挥其应有的作用。各地区应积极探索农产品价值链整体风险管理的农业保险产品，提升地方优势特色农产品的国际竞争力。

（四）提高农业保险服务水平，培养农业保险专业人才

1. 加强农业保险基层服务网络建设，提高农业保险信息化服务水平

保监会2011年下发了《关于做好2011年农业保险工作的通知》，要求承保公司建立有效的农业保险服务网络，服务涉农第一线，及时提供农业保险服务。但农业保险实践中，由于农户和地块分散度高，增加农业保险服务网络的密度，会大大增加保险公司的经营管理成本，这对原本就严重亏损的农业保险业务，提出了更高的要求。所以，建议在政府有效协调下，由目前分布较为广泛的乡村农业（林业）基层服务站协办农业保险业务，由农业（林业）基层服务站的技术人员代理农业保险经办人员，他们具备专业的农业技术，再经过保险技术的培训，完全能够胜任，通过建立有效的激励考核制度，更好地服务于农业保险业务。提高农业保险信息化服务水平。目前各经办农业保险的公司基本都建立起了支持分户采集农户基本信息和保险标的信息的农业保险信息系统（朱俊生，2012）。但由于部分地区农业保险的承保机构对农业保险业务的经营缺乏连续性，导致原本采集到的农户和保险标的信息缺乏连

续性甚至缺失。建议由政府农业部门、财政部门、气象预测部门、保监部门等联合搭建服务于区域农业保险的信息化平台，实现区域内所有农业保险业务经办机构共享的信息化管理系统，保障农业保险数据信息的质量。同时，政府相关部门、农业保险经办机构和农业保险监管部门等均能实现信息共享，对防灾减灾实现快速响应。而且，也为我国农业保险再保险业务在国际再保险市场中取得良好信誉奠定基础。

2. 提高专业人才队伍道德风险防范能力

农业保险模式体系的进一步完善需要专业人才的支持。我国应加大投入、制定相关政策来培养农业保险专业的人才，学校、社会形成一个良好的培养体系。农业保险在展业、费率厘定、防灾减损、查勘定损和报灾理赔等环节的业务，不仅涉及保险技术，还涉及复杂的农业技术。这就要求农业保险专业人才既要精通保险技术，又要熟知相关的农业技术。而我国农业保险几经起伏，该领域的专业人才缺口较大。各地区应加强对农业保险专业人员在技术和素质上的培训力度，招聘专业对口的优秀人才加入农业保险队伍。农业保险经办人才的技术能力和业务素养的提高，能更有效地防范道德风险。

（五）强化政府主导地位

1. 各级政府应加强对农业保险中政府主导作用的认识

世界上成功的农业保险有效需求激励机制都离不开政府的主导作用。目前，我国《农业保险条例》中第三条规定，农业保险实行政府引导、市场运作、自主自愿和协同推进的原则。应进一步确立政府的主导作用，以保障农业保险有效需求提升。各级政府应予以高度重视，充分认识到农业保险是国家一项支农惠农政策，应纳入农村经济发展的主要工作之中。各地区可以建立多部门联动的农业保险工作领导机构，并予以常态化和规范化，将农业保险的绩效纳入该机构和人员的业绩考核体系，以激励该机构职能作用的充分发挥。

2. 各地区政府应因地制宜地选择和确立农业保险经营模式

任何一种成功的农业保险经营模式，都是在本国家（地区）长期探索中不断修正、完善和创新而取得的。我国地域广袤，各地区自然环境条件、气候特征和经济发展差异较大，不可能有那么一种具有普适性的农业保险经营模式。各地区政府应在现有农业保险经营模式的基础上，及时总结经验和教训，积极借鉴国际先进农业保险经营模式，避免盲目照搬照抄，探索出一种适合本地农业经济发展的经营模式，并在实践中不断修正、完善和创新。各级政府应采用科学的政府主导方式对农业保险适度干预。历史经验教训告诉我们，对农业保险和再保险市场的过度干预，将导致市场扭曲，出现政府失灵。目前一些地方政府也存在着不规范的政府行为，如遭遇严重灾害损失的年份，违背保险合同条款约束，允许保险公司封顶赔付，这不但损害农户利益，而且严重挫伤农户参保热情。也有少数地方政府，扭曲地落实国家农业保险制度安排，大灾之际对保险公司进行行政干预，强行推进农业保险。这些缺乏规范性和约束力的政府主导方式，严重违背农业保险运作的市场规律，给农业保险健康发展带来负面影响。

（六）完善农业保险补贴制度

1. 拓展农业保险财政补贴品种、构建多元化的财政补贴模式

我国农业保险还存在着补贴效率不高的问题，这将削弱农业保险各级财政补贴资金的财务杠杆作用，进而削弱政府补贴激励农业保险有效需求的效应。农户对农业保险的满意度是影响其有效需求的一个重要因素，满意度越高，农户购买农业保险的有效需求越高。在深度访谈中发现，险种设置不能满足农户多元化种植的需要也是农户对农业保险不满意的原因之一。建议不断推出农业保险补贴的新产品，拓展农业保险业务的覆盖面，让农业风险在更广的范围内得到分散和有效补偿。各地方应因地制宜地开办特色优势农业保险险种，更好地发挥农业保险对现代化农业发展的推动作用。目前的财政补贴仅对农户进行保费补贴，这对于激励农户的有效需求发挥了重要作用。但鉴于农业保险市场的特殊性，保险公司经营管理费较高，历年赔付率高居不下，为避免农业保险市场出现供给不足，应对保险公司的农业保险业务的经营管理费用给予

一定的补贴，保障农业保险产品的供给。另外，近年来受世界范围极端气候影响，自然灾害频发，农业保险承保公司面对系统性的农业风险，赔付能力十分有限。政府应对农业保险的再保险业务给予财政补贴支持，以保障农业保险可持续发展。

2. 加强农业保险补贴预算管理、完善农业保险财税补贴优惠政策

为保证各级财政农业保险补贴资金的连续性，应建立农业保险补贴预算管理制度，在每年年末对下一财政预算年度的农业保险政策性补贴资金，纳入预算支出管理。另外，目前农业保险的财政补贴是在中央补贴比例的基础上，地方财政给予一定的配套。但部分经济困难的地方财政，由于无力配套补贴而无法开展农业保险。这些地区往往又是自然灾害频发，农户收入相对低下的地区。对这些地区应取消财政配套的制约，由中央和省级财政加大支持，使农业保险在这些地区尽快覆盖，这对解决我国低收入农户农业保险支付能力短缺问题具有积极作用。目前，农业保险实行的税收优惠政策是对保险公司种养两业农业保险免征一切税赋。建议加大对专业农业保险公司、承办农业保险的机构以及农业保险再保险市场的税收优惠力度。如可以通过对专业农业保险公司农业保险以外业务的营业税、印花税等采取先征后返的做法，返还税金计入保险公司大灾准备金，并实行专账专户管理，提高保险公司应对灾害损失的能力。只有保险公司经营农业保险的热情被充分调动起来，农业保险市场才能实现更高水平的均衡。加强对农业保险补贴效率的评估，为了考察农业保险财政补贴的效果，以便对农业保险财政补贴进行经验总结和借鉴，需要定期对补贴资金的预算、拨付和监管等流程进行评估，以便及时发现问题及时解决，也给农业保险财政补贴效率的进一步提高提供决策依据。

（七）健全农业保险法律体系

1. 加快出台农业保险监管法律法规

我国农业保险试点难以可持续发展，有效需求严重不足，其根源在于农业保险法律法规的缺失（黄英君，2011）。尽快构筑农业保险法律

体系，尤其是农业保险的实施细则亟待配套出台。这对推动农业保险制度不断完善，避免农业保险的随意性和有效提升农业保险有效需求具有决定性的意义。目前我国农业保险监管法律法规的缺失，加大了农业保险运作中的风险。尽快推出农业保险监管法律法规，使农业保险监管有法可依，才能从本质上提高农业保险运作效率，避免人为性和随意性。另外，农业保险实现有效运作，离不开多部门联动监管机制的建立。各级地方政府、农业部门、财政部门、气象预测部门、国土资源部门、承保机构等都是农业保险工作中的参与者，多数地区都是由保监局对农业保险的运作进行监管，但其监管难以有效延伸，可以通过建立省级农业保险工作领导机构，由其牵头组织纪检监察、财政、农业、保监等多部门组成的监管体系，担负起农业保险的监管职责。

2. 建立农业保险基本管理制度和规范

保监会针对维护投保农户的合法权益，制定了《关于规范农业保险业务管理的通知》（以下简称《通知》）。尽管《通知》中对承保公司的资格条件、农业保险产品开发报审、销售管理、单证管理、赔案管理、资金管理和财务核算管理等方面做出了相应的规定，但由于其法律效力较低，对承保公司的违规行为难以起到应有的约束力。应尽快建立农业保险基本管理制度和规范的法规，以法律形式规制农业保险业务。我国的农业保险领域一直没有相关的法律法规，只有在早年我国颁布实行的《保险法》中提到了要鼓励支持国家的农业保险发展，但是一直没有进一步的相关政策出台。所以起初保险公司承保农险业务并没有相关的依据，农业保险领域十分混乱。相反，在农业保险十分发达、经营很完善的发达国家，都是很早便颁布了农业保险的相关法律，并且一再的修改，使之越来越完善，使得农业保险市场经营规范，国内农业发展迅速。例如，日本早从1929年开始便依次颁布了《牲畜保险法》、《农业保险法》以及《农业灾害补偿法》，并且至此之后根据国内的实践情况不断的修改完善，使得日本有了十分健全的农业保险法律体系，使农业保险能够在良好的外部环境下发展完善；和日本一样，美国于1938年开始运行《联邦作物保险法》，并多次修改。国内农业保险的经营历史比较短，关于农业保险的法律又一再地滞后。经过多年的努力，在2012年我国通过了首部关于农业保险的法律——《农业保险条例》，并已经在2013年3月开始运行。《农业保险条例》的颁布是建设我国农业保险法律体系的第一步。虽然《农业保险条例》填补了我国农业保险法律体系的空缺，但是其颁布时间短，还有许多问题和漏洞需要发现和完善。因为农业保险的特殊性质，在经营过程中需要地方政府和保险公司共同参与。而该条例中有很多针对经营农业保险的保险公司的行为规定和一些处罚规定，但是没有针对地方政府行为的相关规定。所以需要进一步完善《农业保险条例》，加入对地方政府行为的规定和一下惩处措施。这只是一方面，相信在以后的实践中还会发现方方面面需要完善的地方。不断地完善我国农业保险的法律体系才能使之逐渐走向成熟，使农业保险市场健康发展。

3. 加强农业保险服务标准建设

目前，我国农业保险在服务中还存在着很多薄弱环节，尤其是承保和理赔等关键环节，这些薄弱环节加剧了道德风险和逆向选择发生的概率。保监会颁发的《关于加强农业保险理赔管理工作的通知》和《关于加强农业保险承保管理工作的通知》，是对农业保险承保和理赔业务的规范。但农业保险服务中其他的一些突出问题和薄弱环节，如报灾环节、防灾减损环节、查勘环节等还缺乏相对细化的服务标准，这些环节服务上的问题会进一步影响承保和理赔这些关键环节上的服务效果。应进一步制定相关制度，不断提高农业保险的服务水平。

参 考 文 献

［1］安德鲁·马斯·克莱尔、麦克尔·D.温斯特、杰里·R.格林：《微观经济学》，中国社会科学出版社2001年版。

［2］张柄根、赵玉芝：《科学与工程中的随机微分方程》，海洋出版社1981年版，第232～259页。

［3］陈锡文：《中国政府支农资金使用与管理体制研究》，山西经济出版社2004年版。

［4］邓磊：《政策性农业保险模式研究》，对外经贸大学2005年版。

［5］郭晓航、姜云亭：《农业保险》，中国金融出版社1987年版。

［6］HullJC.（张陶伟译）：《期权，期货和其它衍生产品》，华夏出版社2000年版。

［7］胡宜达、沈厚才：《风险管理基础—数理方法》，东南大学出版社2001年版。

［8］Kraft Darley：《影响农场决策的一切险：农作物保险的微观经济问题》，陕西人民出版社1996年版。

［9］李世奎：《中国农业灾害风险评价与对策》，气象出版社1999年版。

［10］林伟、刘明杨：《分布参数控制系统》，工业出版社1981年版。

［11］龙文军：《谁来拯救农业保险》，中国农业出版社2004年版。

［12］聂荣：《农业风险及其规避机制的研究》，中国农业科学院2006年版。

［13］普兰纳布、巴德汉、克利斯托弗·尤迪著、陶然：《发展微

观经济学》，北京大学出版社 2002 年版。

[14] 施红：《生猪保险对农户收入的稳定效应研究》，载《浙江大学学报》（人文社会科学版）。

[15] 庹国柱、王国军：《中国农业保险和社会保障制度研究》，首都经济贸易大学出版社 2002 年版。

[16] 庹国柱、李军：《国外农业保险：时间、研究和法规》，陕西人民出版社 1996 年版。

[17] 庹国柱、王国军：《中国农业保险与农村社会保障制度研究》，首都经济贸易大学出版社 2002 年版。

[18] 庹国柱：《保险研究》，中国人民大学出版社 2005 年版。

[19] 王照林：《现代控制理论基础》，国防工业出版社 1981 年版，第 96～136 页。

[20] 伍德里奇：《计量经济学导论》，中国人民大学出版社 2007 年版。

[21] 西奥多·W. 舒尔茨：《改造传统农业》，商务印书馆 1999 年版。

[22] 谢家智：《中国农业保险发展研究》，科学出版社 2009 年版。

[23] 熊大国：《随机过程理论与应用》，国防工业出版社 1991 年版。

[24] 徐龙军：《农业保险对农户兼业决策的影响研究》，浙江理工大学 2014 年版。

[25] 约瑟夫·W. 格鲁勃、基思·柯林斯：《农业风险管理和政府的作用》，中国金融出版社 2004 年版。

[26] 张俊国、潘德惠：《基于分布参数模型的证券市场价值分析》，载《决策与控制》1999 年增刊。

[27] 张庆洪：《保险经济学导论》，经济科学出版社 2004 年版。

[28] 蔡洪滨：《农业保险和经济发展——来自随机自然实验的证据》，载《上海经济》2010 年第 7 期。

[29] 曹媛：《欠发达地区农业保险参保率低问题应予关注》，载《内蒙古金融研究》2011 年第 4 期。

［30］柴智慧、赵元凤：《农户对农业保险保费补贴政策的认知度与满意度研究——基于内蒙古自治区 500 多位农户的问卷调查》，载《农村经济》2013 年第 4 期。

［31］陈锡文：《资源配置与中国农村发展》，载《中国农村经济》2004 年第 1 期。

［32］陈晓安：《农业保险财政补贴的绩效评估：农业种植结构调整角度》，载《保险职业学院学报》2015 年第 2 期。

［33］陈妍、凌远云、陈泽育、郑亚丽：《农业保险购买意愿影响因素的实证研究》，载《农业技术经济》2007 年第 2 期。

［34］陈长杰、傅小锋：《中国可持续发展综合评价研究》，载《中国人口·资源与环境》2004 年第 14 期。

［35］杜家廷：《我国农业保险发展模式选择》，载《农村经济与技术》2002 年第 3 期。

［36］杜鹏：《农户农业保险需求的影响因素研究——基于湖北省五县市 342 户农户的调查》，载《农业经济问题》2011 年第 11 期。

［37］杜彦坤：《农业政策性保险体系构建的基本思路与模式选择》，载《农业经济问题》2006 年第 1 期。

［38］段昆：《美国农业保险制度及其对我国农业保险发展的启示》，载《中国软科学》2002 年第 3 期。

［39］段学慧：《开展农业保险建立农村社会"大保障"体系》，载《特区经济》2006 年第 5 期。

［40］段学慧：《论农业保险财政补贴机制的创新》，载《农村经济》2011 年第 11 期。

［41］费友海、张新愿：《对我国农业保险供求现状的经济学分析》，载《广西农村金融研究》2004 年第 3 期。

［42］费友海：《我国农业保险发展困境的深层根源——基于福利经济学角度的分析》，载《金融研究》2005 年第 3 期。

［43］冯文丽、杨美：《天气指数保险：我国农业巨灾风险管理工具创新》，载《金融与经济》2011 年第 6 期。

[44] 冯文丽、杨雪美、薄悦：《基于 DEA – Tobit 模型的我国农业保险效率及影响因素分析》，载《金融与经济》2015 年第 2 期。

[45] 冯文丽、杨雪美、薄悦：《基于 Tobit 模型的我国农业保险覆盖率实证分析》，载《金融与经济》2014 年第 4 期。

[46] 冯文丽、林宝清：《我国农业保险短缺的经济分析》，载《福建论坛·经济社会版》2003 年第 6 期。

[47] 冯文丽：《美、日农业保险制度对我国农险模式选择的启示》，载《农村经济》2002 年第 12 期。

[48] 冯文丽：《我国农业保险市场失灵的根本原因与制度供给》，载《经济研究参考》2004 年第 47 期。

[49] 冯文丽：《我国农业保险市场失灵与制度供给》，载《金融研究》2004 年第 4 期。

[50] 高梦滔、毕岚岚：《家庭人口学特征与农户消费增长——基于八省微观面板数据的实证分析》，载《中国人口科学》2010 年第 10 期。

[51] 巩前文、张俊飚、李瑾：《农户施肥量决策的影响因素实证分析——基于湖北省调查数据的分析》，载《农业经济问题》2008 年第 10 期。

[52] 郭晶：《浙江省农户技术采用行为影响因素的实证分析》，载《浙江学刊》2001 年第 6 期。

[53] 郭颂平、张伟：《中国农业保险供需"双冷"的经济解释》，载《广东金融学院学报》2009 年第 4 期。

[54] 贺京同、霍焰：《消费平滑性及其对中国当前消费政策的启示》，载《经济评论》2007 年第 3 期。

[55] 黄如金：《论把农业保险纳入农村社会保障体系》，载《市场与人口分析》1999 年第 5 期。

[56] 黄颖：《河南省农业保险财政补贴绩效评价——基于农户、保险公司和政府的角度》，载《信阳农林学院学报》2014 年第 4 期。

[57] 黄颖：《基于 DEA 模型的我国农业保险财政补贴绩效评价分析》，载《时代金融》2015 年第 24 期。

[58] 黄颖：《我国农业保险保费补贴的绩效评价——基于 2009～2013 年省际面板数据的 DEA 实证分析》，载《西南金融》2015 年第 5 期。

[59] 惠莉、刘荣茂：《农户对农业保险需求的实证分析——以江苏省涟水县为例》，载《灾害学》2008 年第 23 期。

[60] 金龙、张维：《金融资产的市场风险度量模型及其应用》，载《华侨大学学报》2002 年第 3 期。

[61] 李秉龙：《将农业保险纳入国家农业保护政策体系》，载《中国农村经济》1994 年第 4 期。

[62] 李军：《农业保险的性质、立法原则及发展思路》，载《中国农村经济》1996 年第 1 期。

[63] 李元、罗羡华、李小军：《一种新的金融风险度量—状态价格密度》，载《广州大学学报（自然科学版）》2003 年第 6 期。

[64] 梁世栋、李勇：《信用分析模型比较分析》2002 年第 10 期。

[65] 刘从敏、李丹：《基于 DEA 模型的黑龙江省种植业保险补贴效率实证研究》，载《黑龙江畜牧兽医》2015 年第 16 期。

[66] 刘导波：《订单农业风险转移探讨》，载《农业经济》2002 年第 9 期。

[67] 刘导波：《规避农业风险亟需完善农产品期货市场体系》，载《经济师》2002 年第 9 期。

[68] 刘海龙、樊治平、潘德惠：《一种证券收益与风险动态模型的辨识方法》，载《管理科学学报》1999 年第 2 期。

[69] 刘金霞、顾培亮：《农业系统风险的复杂性管理研究》，载《西北农林科技大学学报（社会科学版)》2003 年第 3 期。

[70] 龙春霞、姜俊臣、程伟民、王健：《论农业保险体系中存在的问题及对策》，载《河北农业大学学报》2003 年第 3 期。

[71] 龙文军、关锐捷：《加快建立中国政策性渔业保险制度》，载《中国水产》2004 年第 5 期。

[72] 龙文军、郑立平：《农业保险与可持续农业发展》，载《中国人口·资源与环境》2003 年第 1 期。

［73］ 罗向明、张伟、丁继锋：《地区补贴差异、农民决策分化与农业保险福利再分配》，载《保险研究》2011 年第 5 期。

［74］ 马超群、陈牡妙：《标的资产服从混合过程的期权定价模型》，载《系统工程理论与实践》1999 年第 4 期。

［75］ 马超群、李红权：《VaR 方法及其在中国金融风险管理中的应用》，载《系统工程》2000 年第 20 期。

［76］ 马洁、付雪、杨汭华：《如何将农作物保险的潜在需求转变为有效需求——基于吉林省农户的调查分析》，载《调研世界》2012 年第 12 期。

［77］ 聂谦、王克、张峭：《基于 Copula – ALM 模型的中国农业保险共保体运营效果评估研究》，载《农业展望》2015 年第 4 期。

［78］ 聂荣、王欣兰、闫宇光：《政策性农业保险有效需求的实证研究——基于辽宁省农村入户调查的证据》，载《东北大学学报（社会科学版）》2013 年第 5 期。

［79］ 聂荣、闫宇光、王欣兰：《政策性农业保险福利绩效研究——基于辽宁省微观数据的证据》，载《农业技术经济》2013 年第 4 期。

［80］ 聂荣：《政策性农业保险福利绩效评价——基于辽宁省微观数据的证据》，载《中国农业发展报告》2012 年。

［81］ 聂荣、潘德惠：《农业系统的定价模型及优化控制》，载《东北大学学报》2004 年第 7 期。

［82］ 聂荣、潘德惠：《粮食供给系统模型及最优策略的研究》，载《系统工程学报》2004 年第 3 期。

［83］ 聂荣、钱克明、潘德惠：《基于阶跃—扩散过程的农业期权定价及订单农业合约》，载《数量经济技术经济研究》2004 年第 10 期。

［84］ 聂荣、钱克明、张小洪：《农产品价格的随机模型及风险度量》，载《数学的实践与认识》2004 年第 11 期。

［85］ 聂荣、Holly H. Wang：《辽宁省农户参与农业保险意愿的实证研究》，载《数学的实践与认识》2011 年第 4 期。

［86］ 聂荣、王欣兰、赵海明：《辽宁省地区经济发展差异成因研

究》，载《辽宁大学学报（哲学社会科学版）》2011 年第 3 期。

[88] 聂荣：《基于加权马尔科夫链的粮食单产风险预测——以辽宁省为例》，载《农业技术经济》2007 年第 5 期。

[88] 聂荣、潘德惠、钱克明：《农业剩余劳动力转移的适度规模及优化控制》，载《控制与决策》2005 年第 2 期。

[89] 聂荣、潘德惠、钱克明：《基于分布参数系统的耕地可持续发展问题的建模与优化》，载《系统工程理论方法应用》2005 年第 1 期。

[90] 聂荣、潘德惠、钱克明：《技术创新的反应扩散模型研究》，载《运筹与管理》2005 年第 2 期。

[91] 聂荣、苏宇、王金玉：《关于辽宁省农业保险模式的探讨》，载《农业经济》2006 年第 11 期。

[92] 聂荣：《基于异质性偏好的农户消费平滑绩效研究——来自辽宁省农村入户调查的证据》，载《辽宁大学学报（哲学社会科学版）》2015 年第 6 期。

[93] 聂荣、沈大娟：《农业保险参保决策对农民消费行为影响的实证研究》，载《东北大学学报（社会科学版）》2016 年第 4 期。

[94] 宁满秀、苗齐、邢鹂、钟甫宁：《农户对农业保险支付意愿的实证分析——以新疆玛纳斯河流域为例》，载《中国农村经济》2006 年第 6 期。

[95] 宁满秀、邢骊、钟甫宁：《影响农户购买农业保险决策因素的实证分析——以新疆玛纳斯河流域为例》，载《农业经济问题》2005 年第 6 期。

[96] 彭可茂、席利卿：《政策性农业保险制度的国内研究概述》，载《安徽农业科学》2012 年第 40 期。

[97] 乔桂明：《论我国农业风险与农业保险的变革》，载《农业现代化研究》2000 年第 9 期。

[98] 邱君：《我国化肥施用对水污染的影响及其调控措施》，载《农业经济问题》2007 年第 S1 期。

[99] 施红：《政府介入对政策性农业保险运作效率影响的分析》，

载《农业经济问题》2008 年第 12 期。

[100] 石襄燕、李红平、尤军琴、李昌富：《对农业保险制度的研究及运用探讨》，载《武汉金融》2001 年第 3 期。

[101] 史树中译：《期权、期货和特征衍生证券》，载《机械工业出版社》2002 年第 3 期。

[102] 孙桂茹、解玺：《论定单农业中的道德风险》，载《上冻财经学院学报（双月刊）》2004 年第 71 期。

[103] 孙文军：《中国农业保险模式的比较与选择》，载《理论与改革》2000 年第 1 期。

[104] 孙香玉、钟甫宁：《对农业保险补贴的福利经济学分析》，载《农村经济》2008 年第 10 期。

[105] 孙香玉、钟甫宁：《福利损失、收入分配与强制保险——不同农业保险参与方式的实证研究》，载《管理世界》2009 年第 5 期。

[106] 唐德祥、周雪晴：《中国农业保险有效需求的影响因素研究——基于 2007～2013 年省际面板数据的实证检验》，载《南方金融》2015 年第 6 期。

[107] 庹国柱：《略论农业保险的财政补贴》，载《经济与管理研究》2011 年第 4 期。

[108] 庹国柱、李军、王国军：《外国农业保险立法的比较与借鉴》，载《中国农村经济》2001 年第 1 期。

[109] 庹国柱、李军：《我国农业保险试验的成就、矛盾及出路》，载《金融研究》2003 年第 9 期。

[110] 庹国柱：《略论农业保险的财政补贴》，载《经济与管理研究》2011 年第 4 期。

[111] 庹国柱、丁少群：《农作物保险风险分区和费率分区问题的研究》，载《中国农村经济》1994 年第 8 期。

[112] 庹国柱：《建设新农村需要加快农业保险建设》，载《经济与管理研究》2006 年第 5 期。

[113] 庹国柱：《垄断结构——中国保险业的必然选择》，载《首

都经济贸易大学学报》2002 年第 6 期。

[114] 王阿星、张峭：《内蒙古鄂尔多斯市农业保险需求实证分析》，载《农业经济问题》2008 年第 S1 期。

[115] 王春峰、万海晖、张维：《金融市场风险测量模型——VaR》，载《系统工程学报》2000 年第 1 期。

[116] 王国敏、张淋：《农产品期货市场》，载《经济体制改革》1995 年第 1 期。

[117] 王祺：《我国农业保险面对的困境及对策研究》，载《农村经济》2003 年第 1 期。

[118] 王琼、陈金贤：《基于跳—扩散过程的信用违约互换定价模型》，载《系统工程》2003 年第 5 期。

[119] 王秀芬、郭淑敏：《基于不同视角的政策性农业保险绩效评价指标探讨》，载《陕西农业科学》2015 年第 8 期。

[120] 王秀芬、李茂松、王春艳：《不同类型农户农业保险需求意愿影响因素分析——以吉林省为例》，载《吉林农业大学学报》2013 年第 3 期。

[121] 吴扬：《世贸政策与中国的农业保险》，载《社会科学》2001 年第 8 期。

[122] 夏云、龙文军：《农村土地流转与农业保险发展关系》，载《中国农垦》2015 年第 2 期。

[123] 肖宏伟：《中国农业保险运行绩效评价研究》，载《发展研究》2015 年第 1 期。

[124] 谢东梅：《农户贫困的影响因素分析》，载《农业技术经济》2009 年第 5 期。

[125] 谢汉阳：《农业保险促进农村信贷发展的机理、效果及政策建议》，载《金融时报》2012 年第 1 期。

[126] 谢家智：《发展我国农业保险应解决的相关重大问题及政策建议》，载《保险研究》2007 年第 3 期。

[127] 邢骊、钟甫宁：《我国现行农业保险的调查分析——以新疆

兵团棉花保险为例》，载《农业展望》2007 年第 3 期。

[128] 邢鹂、黄昆：《政策性农业保险保费补贴对政府财政支出和农民收入的模拟分析》，载《农业技术经济》2007 年第 3 期。

[129] 许桂红、陈珂：《农业保险发展模式研究》，载《农业经济》2003 年第 2 期。

[130] 杨振宇：《股票的随机模型及投资风险初探》，载《系统工程》1994 年第 12 期。

[131] 俞雅乖：《政策性农业保险的补贴政策及绩效——浙江省"共保体"的实践》，载《湖南农业大学学报（社会科学版）》2008 年第 9 期。

[132] 张车伟：《营养、健康与效率——来自中国贫困农村的证据》，载《经济研究》2003 年第 1 期。

[133] 张国海：《关于我国农业保险发展的"冷思考"》，载《当代经济研究》2007 年第 12 期。

[134] 张海峰、郭俊华：《荣获诺贝尔经济学奖的期权定价理论》，载《西北大学学报》1998 年第 28 期。

[135] 张建军、许承明：《农业信贷与保险互联影响农户收入研究——基于苏鄂两省调研数据》，载《财贸研究》2013 年第 5 期。

[136] 张连增：《避免破产的再保费用与投资基金的防护》，载《南开大学学报（自然科学）》2000 年第 33 期。

[137] 张峭、王克：《我国农业自然灾害风险评估与区划》，载《中国农业资源与区划》2011 年第 3 期。

[138] 张伟、郭颂平、罗向明：《风险演变、收入调整与不同地理区域农业保险的差异化需求》，载《保险研究》2013 年第 10 期。

[139] 张伟、罗向明、郭颂平：《民族地区农业保险补贴政策评价与补贴模式优化——基于反贫困视角》，载《中央财经大学学报》2014 年第 8 期。

[140] 张伟、罗向明、郭颂平：《农业保险补贴、农民生产激励与农村环境污染》，载《南方农村》2014 年第 5 期。

[141] 张文武：《小规模农户参保行为特征与农业保险创新模式构建》，载《农业经济》2010 年第 9 期。

[142] 张跃华、顾海英：《准公共产品、外部性与农业保险的性质——对农业保险政策性补贴理论的探讨》，载《中国软科学》2004 年第 9 期。

[143] 张跃华、何文炯：《农村保险、农业保险与农民需求意愿山西省、江西省、上海市 706 户农户问卷调查》，载《中国保险》2007 年第 4 期。

[144] 张跃华、何文炯：《政策性农房保险、社会福利与绩效评估——基于浙江省农村固定观察点 499 个农户的微观数据分析》，载《保险研究》2009 年第 7 期。

[145] 张跃华、施红：《补贴、福利与政策性农业保险——基于福利经济学的一个深入探讨》，载《浙江大学学报（人文社会科学版）》2007 年第 36 期。

[146] 张跃华、史清华、顾海英：《农业保险对农民、国家的福利影响及实证研究——来自上海农业保险的证据》，载《制度经济学研究》2006 年第 2 期。

[147] 张跃华、史清华、顾海英：《农业保险需求问题的一个理论研究及实证分析》，载《数量经济技术经济研究》2007 年第 4 期。

[148] 张跃华、史清华、顾海英：《农业保险需求问题的一个理论研究与实证分析》，载《数量技术经济研究》2007 年第 4 期。

[149] 张跃华、施红：《财政补贴对我国农户农业保险参保决策影响的实证研究——以浙江省为例》，载《农业技术经济》2008 年第 27 期。

[150] 张跃华：《农业保险、利益博弈分析与事后道德风险——基于浙江省乡（镇）级数据的经验分析》，载《中国保险学会首届学术年会会议论文》2009 年 5 月。

[151] 赵霞、连严燕：《基于变参数模型的我国保险有效需求与经济增长的关系探讨》，载《山东经济》2010 年第 1 期。

[152] 郑军、汪运娣：《农业巨灾风险保障体系构建的研究述评》，

载《保险研究》2015 年第 3 期。

［153］钟甫宁、宁满秀、邢鹂、苗齐：《农业保险与农用化学品施用关系研究——对新疆玛纳斯河流域农户的经验分析》，载《经济学（季刊）》2007 年第 1 期。

［154］周稳海、赵桂玲：《河北省农业保险需求的 Logistic 模型分析》，载《中国乡镇企业会计》2008 年第 7 期。

［155］朱俊生：《中国天气指数保险试点的运行及其评估保险研究》2011 年第 3 期。

［156］朱信凯：《"浴盆"曲线假说及验证：中国农户消费行为分析》，载《经济学动态》2004 年第 11 期。

［157］朱阳生：《关于政策性农业保险工作的调查及政策思考》，载《中国市场》2011 年第 22 期。

［158］宗国富、周文杰：《农业保险对农户生产行为影响研究》，载《保险研究》2014 年第 4 期。

［159］Abriel L，Michael B，Chris K. Empirical performance of the Czech and Hungarian index options under jump ［Z］. Reihe Okonomie Economics Series，2001.

［160］Ahsans，Alin，Kurianj. Toward a theory of agricultural insurance ［J］. American Journal of Agricultural Economics，1982，64（4）：pp. 502 – 529.

［161］Ajita Atreya，Susana Ferreira，Erwann Michel – Kerjan. *What drives households to buy flood insurance? New evidence from Georgia* ［J］. Ecological Economics. 2015（117）：153 – 161.

［162］AniL. Katchova，Mario J. Miranda. *Two – Step Econometric Estimation of Farm Characteristics Affecting Marketing Contract Decisions* ［J］. American Journal of Agricultural Economics，2004，86（1）：88 – 102.

［163］Anthony Whitbread. Global food security，*biodiversity conservation and the future of agricultural intensification* ［J］. Biological Conservation. July 2012：53 – 59.

［164］ Babcock B A, Hart C E. *Influence of the premium subsidy on farmers' crop insurance coverage decisions* ［M］. Ames: Center for Agricultural and Rural Development, Iowa State University, 2005.

［165］ Babcock, Bruce and David A. Hennessy. *Input Demand under Yield and Revenue Insurance* ［J］. American Journal of Agricultural Economics, 1996, 78 (4), 416 – 427.

［166］ Babcock, B. and C. Hart. *A Second Look at subsidies and Supply* ［J］. Lowa Ag Review (Winter 2000): 305 – 378.

［167］ Ball C A, Torous W N. *On jumps in common stock prices and their impact of call option pricing* ［J］. The Journal of Finance, 1985 (40): 155 – 173.

［168］ Barbara J. Mace. 1991, "Full Insurance in the Presence of Aggregate Uncertainty" ［J］. The Journal of Political Economy, 1991, 99 (5), 928 – 956.

［169］ Barry K., Goodwin, Monte L., Vandeveer and John L., Deal. *An Empirical Analysis of Acreage Effects of Participation in the Federal Crop Insurance Program* ［J］. American J. of Agricultural Economics, 2004, 86 (4): 1058 – 1077.

［170］ Bates D. S. Jumps and stochastic volatility: *exchange rate processes implicit in deutsche mark options* ［J］. Review of Financial Studies, 1996 (9): 69 – 107.

［171］ Blank S. C, Mcdonald J. *Preferences for Crop Insurance When Farmers are Diversified* ［J］. Agribusiness, 1996, 12 (6): 583 – 592.

［172］ Bogdan Marza, Carmen Angelescu, *Cristina Tindeche. Agricultural Insurances and Food Security.* The New Climate Change Challenges. Procedia Economics and Finance 27 (2015) 594 – 599.

［173］ Bruce A. Babcock. Time to Revisit Crop Insurance Premium Subsidies? ［R］. Center for Agricultural and Rural Development Policy Briefs, Lowa State University, 2011.

[174] Bruce A. Bobcock and Chad E. Hart, *Influenceof the Premium Subsidy on Farmer*, *Crop Insurance Coverage Decisions*, Wok – ing Paper 05 – wp393, April, 2005. www. card. iastate. edu.

[175] Calum G Turvey. 2010, "*Risk*, *Savings and Farm Household Credit Demand Elasticities in Rural China*", working papers series

[176] Calvin and Quiggin Just, RE, L. Calvin, and J. Quiggin, *Adverse Selection in Crop Insurance* [J]. Amer. J. Agr. Econ. 81 (1999, November): 834 – 849.

[177] Campbell, J. and Deaton, A. *Why is Consumption So Smooth? Review of Economic Studies*, 1989 (56): 357 – 374.

[178] Campbell, J. and Deaton, A. *Why is Consumption So Smooth? Review of Economic Studies*, 1989 (56): pp. 357 – 374.

[179] Carl H. Nelson, and Edna T. *Loehman. Further toward a theory of agricultural insurance* [J]. Agricultural insurance, 1987 (8): 523 – 531.

[180] Carriker G. L. , Williams J R, Barnaby Jr G A, et al. *Yield and income risk reduction under alternative crop insurance and disaster assistance designs* [J]. Western Journal of Agricultural Economics, 1991: 238 – 250.

[181] Chambers R. *Valuing agricultural insurance* [J]. American Journal of Agricultural Economics. 2007, 89 (3): 596 – 606.

[182] Coleman J A, Shaik S. *Time – Varying Estimation of Crop Insurance Program in Altering North Dakota Farm Economic Structure* [C]. Agricultural & Applied Economics Association 2009 AAEA & ACCI Joint Annual Meeting, Wisconsin. 2009: 26 – 29.

[183] Deal, John. *The Empirical Relationship Between Federally – Subsidized Crop Insurance and Soil Erosion.* PhD dissertation, North Carolina State University 2004.

[184] Debrai Ray, *Development Economics*, Princeton University Press,

1998: 181 - 266.

[185] Elisabeth Sadoulet Alain de Janvry. . *Quantitative Development Policy Analysis* [M]. The Johns Hopkins University Press, 1995.

[186] Enjolras G, Capitanio F, Adinolfi F. *The demand for crop insurance. Combined approaches for France and Italy* [J]. Agricultural Economics Review, 2012, 13 (1): 5 - 15.

[187] Ginder M, Spaulding A D, Tudor K W, et al. *Factors Affecting Crop Insurance Purchase Decisions by Farmers in Northern Illinois* [J]. Agricultural Finance Review, 2009, 69 (1): 113 - 125.

[188] Glauber W. Joseph & Keith J. Collins, *Crop Insurance, Disaster Assistance, and the Role of the Federal Government in Providing Catastrophic Risk Protection* [J]. Agricultural Finance Review, 2002 Fall, 82 - 103.

[189] Glauber J. W, Collins K J, Barry P. J. *Crop insurance, disaster assistance, and the role of the federal government in providing catastrophic risk protection* [J]. Agricultural Finance Review, 2002, 62 (2): 81 - 101.

[190] Glauber. J. W. & Keith J. Colins. *Crop Insurance, Disaster Assistance, and the Role of the Federal Government in Providing Catastrophic Risk Protection* [J]. Agricultural Finance Review, Fall 2002: 82 - 103.

[191] Goodwin B. K. , *An empirical analysis of the demand for multiple peril crop insurance* [J]. American Journal of Agricultural Economics, 1993, 75 (2): 425 - 434.

[192] Goodwin B. K. , Vandeveer M L, Deal J L. *An empirical analysis of acreage effects of participation in the federal crop insurance program* [J]. American Journal of Agricultural Economics, 2004, 86 (4): 1058 - 1077.

[193] Goodwin B. K. , Vandeveer M L, Deal J L. *An empirical analysis of acreage effects of participation in the federal crop insurance program* [J]. American Journal of Agricultural Economics, 2004, 86 (4): 1058 - 1077.

[194] Goodwin, B. K & V. H. Smith. *The Economics of Crop Insurance and Disaster Aid* [M]. Washington, DC: The AEI Press, 1995.

[195] Goodwin, Barry K. , Monte L. *Vandeveer and John Deal. The Federal Crop Insurance Pro – grams: An Empirical Analysis of Regional Differences in Acreage Response and Participation. Papers in The American Agricultural Economics Association s Annual Meeting*, August 5 – 8, 2001. Chicago, Illinois.

[196] Griffin, peter W. 1996. *Investigating the Conflict in Agricultural Policy Between the Federal Crop Insurance and Disaster Assistance Programs and the Conservation Reserve Program*, Ph. D. dissertation, University of Kentucky: Lexington, KY.

[197] Hall, Robert E. , *Stochastic Implications of the Life Cycle Permanent Income Hypothesis: Theory and Evidence*, Journal of Political Economy, 1978, 86 (6), 971 – 987.

[198] Hansen L P, Singleton K J. Stochastic consumption, *risk aversion, and the temporal behaveior of asset returns* [J]. Journal of Political Econimy, 1983 (91): 249 – 265.

[199] Hazell, P. B. R. , Pomareda, C. , Valdes, A. *Crop Insurance for Agricultural Development: Issues and Experience* [M]. Baltimore: The Johns Hopkins University Press, 1986.

[200] Hazell, P. B. R, Pomareda, C. Valdes, A. *Crop insurance for Agricultural Development: Issues and Experience* [C]. Baltimore: The Johns Hopk – ins University Press, 1986: 117 – 125.

[201] Hazell, P. B. R. *Crop insurance – A Time for Reappraisal* [J]. IFPRI Report3, (1981): 1 – 4.

[202] Hazell, P. B. R. *The Appropriate Role of Agricultural Insurance in Developing Countries* [J]. Journal of International Development, 1992, 4 (6): 567 – 582.

[203] Hazell, P. B. R. , Haggblade, S. *Rural – Urban Growth Linka-*

ges in India [J]. Indian Journal of Agricultural Economics, 1991, 46 (4):
515 – 529.

[204] Heckman, J. *Sample Selection Bias as a Specification Error* [J].
Econometrica, 1979, 47 (1): 153 – 161.

[205] Holly H. Wang, *Differences in need and demand for health insur-
ance in relatively developed and under developed rural areas in China*, 北京大
学中国经济中心讲座文稿, February 24, 2005.

[206] Horowitz, John and Erik Lichtenberg. *Risk – Reducing and Risk –
Increasing Effects of Pesticides.* Journal of Agricultural Economics, 1994, 45
(1), 82 – 89.

[207] Hosseini S. S, Gholizadeh H. *The Impacts of Crop Insurance on
Stabilization of Famers' Income* [J]. 2008: 27 – 45.

[208] Jalan, J. and Ravalion, M. *Geographic Poverty Traps* [J]. Boston
University – Institute for Economic, 1998, 8 (1), 130 – 144.

[209] John K. Horowita, Erik Lichtenberg. *Insurance, Moral Hazard,
and Chemical Use in Agriculture*, American Journal of Agricultural Econom-
ics, 1993, 75 (4): 926 – 935.

[210] Jon D, Casper G. *Value-at-risk and extreme returns.* www. risk
research. org, 2000.

[211] Jonathan Morduch. *Income Smoothing and Consumption Smoot-
hing. Journal of Economic Perspectives.* 1995, 6 (9): 103 – 114.

[212] Joseph W. Glauber, Double Indemnity, *Crop Insurance and the
Failure of U. S. Agricultural Disaster Policy* [J]. Paper prepared for American
Enterprise Institute project, Agricultural Policy for the 2007 Farm Bill and
Beyond.

[213] Joseph W. Glauber and Keith J. Collins. *Risk managemend and
the role of the Federal Government.* USDA, 2001, Washington, . D. C.

[214] Keeton K K. *The potential influence of risk management programs
on cropping decisions at the extensive margin* [D]. University of Kentucky,

1999.

[215] Keith H. Coble, Thomas O. Knight. *Crop Insurance as A Tool for Price and Yield Risk Management* [J]. Agriculture Natural Resource Management and Policy, 2002 (23).

[216] Khandker, S. R.. *Fighting Poverty with Microcredit : Experience in Bangladesh* [J]. Oxford University Press, New York, 1988.

[217] Kuznets. *Economic growth and income inequality* [J]. The American Economic Review, 1955, 45 (1), 1 – 28.

[218] Lafrance J T. *The environmental impacts of subsidized crop insurance* [R]. Department of Agricultural and Resource Economics, UCB, UC Berkeley, 2001.

[219] LAFRANCE. J T. *The environmental impacts of subsidized crop insurance* [R]. Department of Agricultural and Resource Economics, UCB, UC Berkeley, 2001.

[220] Leathers, H. D., and J. C. *Quiggin. Interactions between Agricultural and Resource Policy : The Importance of Attitudes toward Risk.* Amer. J. Agr. Econ. 73 (August 1991) : 757 – 64.

[221] Lim, Youngjae and Robert Townsend, *Currency, Transaction Patterns, and Consumption Smoothing : Theory and Measurement in ICRISAT Villages,* Working Paper, 1994.

[222] Luz Maria Bassoco, and Roger D. Norton. *A Quantitative Approach To Agricultural Policy Planning* [J]. Annals of Economic and Social Measurement, 1975 (4) : 571 – 594.

[223] Merton R. *Continuous Time Finance* [M]. BasilBlackWell Inc., 1990.

[224] Michael R. Carter, Julian May. *One Kind of Freedom : Poverty Dynamics in Post – apartheid South Africa* [J]. World Development, 2001, 29 (12), 1987 – 2006.

[225] Miranda, M. J. & J. W. Glauber. Systemic Risk, Reinsurance,

And the Failure of Crop Insurance Markets, American Journal of Agricultural Economics [J]. American Journal of Agricultural Economics, 1997, 79 (1): 206 –215.

[226] Mishra, Ashok, Wesley Nimon and Hisham El – Osta. Is Moral Hazard Good for The Environment? Revenue Insurance and Chemical Input Use. Journal of Environmental Management, 2005, 74 (1), 11 –20.

[227] Mishra, P. Agricultural Risk, Insurance and Income: A Study of the Impact and Design of India's Comprehensive Crop Insurance Scheme [M]. Aldershot: Avebury Publishing, 1996.

[228] Monte L Vandeveer. *Demand for Area Crop Insurance among Litchi Producers in Northern* Vietnam [J]. Agricultural Economics, 2001, 26 (2): 173 –184.

[229] Mosley P, Krishnamurthy R. *Can crop insurance work? The case of India* [J]. The Journal of Development Studies, 1995, 31 (3): 428 – 450.

[230] Mosley Paul and R. Krishnamurthy, *Can crop insurance work? The Journal of Development Studies*, Vol. 31, No. 3, February 1995: 428 – 450.

[231] Nelson C H, Loehman E T. *Further toward a theory of agricultural insurance* [J]. American Journal of Agricultural Economics, 1987, 69 (3): 523 –531.

[232] Nyman J. A.. *The Theory of the Demand for Health Insurance* [M]. Stanford University Press, 2002.

[233] Oded Galor and Joseph Zeira. *Income Distribution and Macroeconomics* [J]. Review of Economic Studies, 1993, 60 (1), 35 –52.

[234] Orden D. , *Should There Be a Federal Income Safety Net? Paper Presented at the Agricultural Outlook Forum* 2001, Washington, DC, 22 February 2001.

[235] Orion P. Risk: *Measuring the risk in value at risk* [J]. Financial

Analysts Journal, 1996 (2).

[236] P. K. Ray. *Agricultural Insurance, Theory and Practice and Application to Developing Countries 2nd Edition.* Pegamon Press.

[237] Peter B R. Hazell. *The Appropriate Role of Agricultural Insurance in Developing Countries.* Agricultural and Rural Developmend Dept, The Word Bank.

[238] Peter Hazell, Carlos Pomareda, Alberto Valdes. *Crop Insurance for Agricultural Development, issues and experience .* The Johns University Press, 1986.

[239] Quiggin, John. Some Observations on Insurance, Bankruptcy and Input Demand. Journal of Economic Behavior and Organization, 1992, 18 (1), 101 – 110.

[240] R. Chakir, J. Hardelin, *Crop Insurance and Pesticides in French Agriculture: An Empirical Analysis of Multiple Risks Management,* Cahiers De Recherche Working Papers, 2010.

[241] Ralph M. Chite. *federal Crop Insurance. Reform Issues in the 106th Congress,* 1999.

[242] RAMASWAMIB. *Supply response to agricultural insurance: risk reduction and moral hazard effects* [J]. American Journal of Agricultural Economics, 1993, 75 (4): 914 – 925.

[243] Robert G. Chambers. *Insurability and moral hazard in agricultural insurance markets* [J]. American Journal of Agricultural Economics, 1989 (8): 604 – 616.

[244] Rui Zhang. , Jack E. Houston, Dmitry V. , Vedenov, Barry J. Bamett. *Hedging Downside Risk To Farm Income With Futures and Options: Effects of Government Payment Programs and Federal Crop Insurance Plans* [R]. American Agricultural Economics Association Annual Meeting, Portland, OR, 2007, July 29 – August 1.

[245] Ruiqing Miao, Hongli Feng, David A. Hennessy, 2011. *Land*

Use Consequences of Crop Insurance Subsidies, *Agricultural & Applied Economics Association's* 2011 *AAEA & NAREA Joint Annual Meeting*, Pittsburgh, Pennsylvania, July, 24 – 26.

[246] Ruth Gastel. *Crop Insurance. Insurance information institute*, New York, 2000.

[247] Serra T, Goodwin B K, Featherstone A M. *Modeling Changes in the US Demand for Crop Insurance during the 1990s* [J]. Agricultural Finance Review, 2003, 63 (2): 109 – 125.

[248] Sherrick B. J., Barry P J, Schnitker C D, et al. *Farmers' Preferences for Crop Insurance Attributes* [J]. Review of Agricultural Economics, 2003, 25 (2): 415 – 429.

[249] Sherrick B. J., Barry P J. *Factors Influencing Farmers' Crop Insurance Decisions* [J]. American Journal of Agricultural Economics, 2004, 86 (1): 103 – 114.

[250] Siamwalla, Valdes. *Should Crop Insurance be subsidized? Issues and Experience.* The Johns Hopk-ins University Press, 1986: 117 – 125.

[251] Siamwalla, Valdes. *Should Crop Insurance be Subsidized?* [A]. Agricultural Risk and Insurance, 2010.

[252] Sidra Ghazanfar, Zhang Qiwen, Muhammad Abdullah, Zeeshan Ahmad, and Majid Lateef. *Farmers' Perception and Awareness and Factors Affecting Awareness of Farmers Regarding Crop Insurance as a Risk Coping Mechanism Evidence from Pakistan.* Journal of Northeast Agricultural University (English Edition), March 2015: 76 – 82.

[253] Skees J, Hazell P, Miranda M. *New Approaches to Crop Yield Insurance in Developing Countries*, Discussion paper No. 55. International Food Policy Research Institute, Environment and Production Technology Division: Washington, DC, 1999.

[254] Smith, Vincent and Barry Goodwin. *Crop Insurance, Moral Hazard, and Agricultural Chemical Use.* American Journal of Agricultural Eco-

nomics, 1996, 78 (2), 428 – 438.

[255] Stefan Dercon, and Stefan Dercon, *Consumption risk, technology adoption and poverty traps: Evidence from Ethiopia*, Journal of Development Economics, 2011 (96): 159 – 173.

[256] Torkamani J. *Effects of Agricultural Crop Insurance on Farmers' Risk Aversion and Income Distribution: A Case Study of Fars Province* [J]. Journal of Agricultural Economics Research, 2009, 1 (1): 34 – 47.

[257] Townsend, Robert M, Consumption Insurance: *An Evaluation of Risk Bearing Systems in LowIncome Economies, Journal of Economic Perspectives*, 1995, 9 (3): 83 – 102.

[258] Townsend, Robert M. *Risk Insurance in Village India, Manuscript, Chicago:* University of Chicago, 1987.

[259] Townsend, Robert M. , *Risk and Insurance in Village India, Econometrica* [J], 1994, 62 (3): 539 – 591.

[260] Tronstad R, Bool R. *US cotton acreage response due to subsidized crop insurance* [C]. Agricultural and Applied Economics Association Annual Meeting, Denver, CO. 2010: 25 – 27.

[261] Tzafestas S G. *Applied control, current trends and modern methodologyies* [M]. New York: Marcel Dekker Inc Press, 1994: 401 – 487.

[262] Vincent H. Smith. *Federal Crop and Crop Revenue Insurance Programs Income Protection* [M]. Working Paper, 2001.

[263] Wilson, Robert, *The Theory of Syndicates, Econometrica*, 1968, 36 (1), 119 – 132.

[264] Wright, B. D. & J. D. Hewitt, *All Risk Crop Insurance: Lessons From Theory and Experience* [J], California Agricultural Experiment Station, Berkeley, April, 1990.

[265] Wu JunJie. *Crop insurance, acreage decisions, and nonpoint – source pollution* [J]. American Journal of Agricultural Economics, 1999, 81 (2): 305 – 320.

[266] Yamauchi, T, 1986. *Evolution of the Crop Insurance Program in Japan*, *Crop Insurance for Agricultural Development*: *Issues and Experience*, Hazell, P. Pomareda, C. Valdes, A. Hazell, J. S. (eds.). – Baltimore (USA): Pub. for Internatl. *Food Policy Research* Inst. by Johns Hopkins Univ. Press, ISBN 08 – 018 – 2673X. pp. 223 – 239.

[267] Young, C. Edwin, M. L. Vandeveer, and R. D. Schnepf, *production and Price Impacts of U. S. Crop Insurance Programs* [J]. American Journal of Agricultural Economics, 2001, 83 (5): 1196 – 1203.

[268] Zafestas. *SGT Distributed parameter control system* [M]. New York: Pergamon Press Ltd, 1982: 87 – 90.

后　　记

　　此书初稿是作者在过去的几年里从事科学研究的主要成果。其中有两项科研成果，包括教育部人文社科规划项目"中国农业保险多维绩效与制度优化研究"（14YJA790040）；辽宁省教育厅人文社科重点研究基地专项项目"辽宁省农业保险制度优化研究——基于福利绩效视角（ZJ2015023）研究项目，多篇公开发表的高质量学术论文。本书主要是关于农业风险规避机制及农业保险的理论、实证与政策研究。

　　本书通过对中国经济发展状况下农业风险类型及其特征的分析，建立农业风险规避的基本理论研究框架，在利用多科学方法建立数理模型的基础上，利用各种宏观及微观数据进行模拟与检验，最终提出相应的政策建议。在农业风险控制及规避机制研究的基础上，进一步研究规避农业风险的主要手段：农业保险，本书重点研究农业保险激励农户消费及农业保险需求状况，在理论分析的基础上，建立模型进行实证研究，针对我国现阶段农业保险发展情况提出切实可行的政策建议。本书在理论研究、模型构建及政策建议方面有一定的创新价值，同时本书具有重大的学术意义及社会贡献。

　　此书的不足和需要改进的地方包括：①由于时限问题数据需要更新；②由于宏观环境及微观条件的改变，研究框架、实证及政策建议需要做相应调整；③理论、实证及政策建议需要进一步丰富与充实。这也是作者今后工作的重点。

　　本书的出版得益于辽宁大学经济学院的支持。感谢研究过程中宋妍及王志强同学在内容和资料充实等方面付出的努力！